中央级公益性科研院所专项资金项目(2009DP01-2)

中国企业创新发展指数 2010

中国科学技术信息研究所　著

(京)新登字130号

内容简介

《中国企业创新发展指数2010》系列报告,是中国科学技术信息研究所按照国家科技发展战略的整体规划和部署,开展的关于我国企业创新评价的理论和应用研究。整体目标是建立功能齐全、高效快捷、基于事实型数据、开放性的企业创新发展监测和评价系统。通过建立综合、全面、系统的评价指标体系,实现对我国企业创新发展的动态监测和科学评价,激励和引导我国企业大力提升自主创新能力和核心竞争力,为建设创新型国家,实现我国小康和谐社会的目标做出更大的贡献。

报告主要内容包括:企业创新评价的理论与方法、中国企业创新发展指数研究、企业创新发展指数分析方法、我国各省市工业企业创新发展总体评价、我国各行业企业创新发展总体评价、我国各省市企业创新发展指数各类型排序表,以及我国工业行业企业创新发展指数排序表等。

《中国企业创新发展指数 2010》编委会

前　言

党的十七届五中全会把科技进步和创新摆在了“十二五”发展的突出位置。胡锦涛总书记强调指出，加快经济发展方式转变，最根本的是要靠科技的力量，最关键的是要大幅度提高自主创新能力。国务院2009年9号文件明确提出加快推进技术创新工程，把其作为加强科技支撑、促进经济平稳较快发展的重要措施之一。

为贯彻落实党中央、国务院关于以技术创新体系建设为突破口、全面推进国家创新体系建设和确立企业在技术创新中的主体地位的战略要求，按照《国家中长期科学与技术发展规划纲要(2006—2020年)》的整体规划和部署，中国科学技术信息研究所及时开展了我国企业创新评价的理论和应用研究，整体目标是建立功能齐全、高效快捷、基于事实型数据、开放性的企业创新发展监测和评价系统。通过建立综合、全面、系统的评价指标体系，面向全社会搭建客观、准确评估我国企业自主创新能力和核心竞争力发展状况的信息资源平台，促进我国企业创新评价工作的科学化和公开化，实现对我国区域和行业企业创新发展的动态监测和科学评价，为建设创新型国家，实现我国小康和谐社会的目标做出更大的贡献。

为了更加全面、客观、有效地评价企业创新发展的状况和趋势，在本研究中，我们以国家科学技术部、国资委、中华全国总工会等国家政府管理机构对创新型企业功能和作用的界定作为评价企业创新发展的标准为基础，采用IMD研究比较成熟的对称性设计模式，选择58个评价指标，利用等权-综合的方法体系，并根据我国各省市、地区和工业行业创新发展的总体情况，构建了我国企业创新发展的综合评价指标体系，即中国企业创新发展指数。

该报告是继《中国企业创新发展指数2008》版报告之后编辑出版的系列报告，由中国科学技术信息研究所战略研究中心确定研究路线，采集相关数据，设计总体框架和方法，并进行全书的编写工作。以下人员承担了相关研究工作和各章的具体编写：第一章、第二章、第三章：庞景安；第四章：于洁；第五章：曹燕。同时，由于洁负责各省市企业创新发展指数的统计分析，曹燕负责工业行业企业创新发展指数的统计分析。最后，由庞景安负责全书的统稿、校对和整体编辑工作。在报告的研究和编写过程中，得到中国科学技术信息研究所赵志耘副所长，以及战略研究中心张旭、佟贺丰、程如烟等领导的大力支持和具体指导，为报告的研究和撰写提出许多宝贵意见和建议。战略研究中心的赵蕴华、孟浩、杜艳艳、傅俊英、刘润生、陈建东、王勇等同志在课题研究的数据采集、统计和分析方面进行了大量的工作，在此对他们的支持和帮助表示最诚挚的感谢。

在报告的研究和编写过程中，我们尽可能采用国家政府部门公布的权威统计数据，并力求统计分析严格规范，客观准确，但错误和疏漏仍在所难免。真诚希望广大读者提出批评建议，以利于我们不断改进统计评价工作，促进我国的科学技术事业不断进步发展。

目　录

第一章　企业创新评价的理论与方法

20世纪60年代以来，有关企业创新与竞争力评价的理论与方法开始受到国际学术界的关注和重视。许多著名的经济学家，如克里斯托夫·弗里曼（Christophe Freeman）、华尔特·惠特曼·罗斯托（Walt Whitman Rostow）、迈克尔·波特（Michael E. Porter）、保罗·罗默（Paul M. Romer），以及保罗·迈尔斯（Paul S. Myers）等分别从不同的视角发表了相关领域的重要研究成果。与此同时，许多国家政府和非政府机构也开始进行企业创新与竞争力评价理论和方法的研究。例如，美国国家科学基金会、欧盟委员会、日本政府、经济合作与发展组织（OECD）等都纷纷组织开展对技术变革和技术创新的研究。

21世纪国家竞争力的核心和动力是国家创新能力，而形成国家创新能力的主体是企业创新能力。因此，引导企业重视和加强在研究开发方面的投入，支持企业成为技术创新的主体，促进创新资源的合理流动，提高国家科技投入的效率，为企业技术创新提供良好支撑环境，逐步提升我国整体创新的能力，成为各级政府科技主管部门的当务之急。同时，深入研究和开发企业创新评价的理论和方法，及时对企业创新发展状况进行科学有效的监测和评价，也日益成为科技管理部门、企业界和学术界关注的热点问题。

一、企业创新评价的意义和作用

1. 企业创新评价的意义

党的十七届五中全会是在我国即将完成“十一五”规划，进入全面建设小康社会的关键时期召开的一次重要会议，对于提高我国自主创新能力，建设创新型国家，具有十分重要的意义。全会把科技进步和创新摆在了“十二五”发展的突出位置。胡锦涛总书记强调指出，加快经济发展方式转变，最根本的是要靠科技的力量，最关键的是要大幅度提高自主创新能力。

自主创新能力是一个创新型国家的重要标志，是增强企业和产业竞争力的关键环节。随着经济全球化进程的加快，国际间产业分工和转移越来越依赖于本国企业自主创新能力的高低。近百年世界产业发展的历史表明，真正起作用的技术大都来自企业。在市场经济中，企业作为最活跃的社会细胞，既是技术创新的吸纳器，又是技术创新的发动机。企业在技术创新方面具有其他各类创新机构无法替代、也无可比拟的优势，只有千千万万个企业的自主创新能力得到提升，国家的整体创新能力和科技竞争力才能真正得到提高。

为贯彻党中央、国务院关于以技术创新体系建设为突破口、全面推进国家创新体系建设和确立企业在技术创新中的主体地位的战略要求，根据《国家中长期科学和技术发展规划纲要（2006—2020年）》的部署，在“十一五”之初，由科学技术部、国资委、全国总工会联合实施了技术创新引导工程。

在应对国际金融危机冲击的关键时刻，党中央、国务院再次强调，要充分发挥科技的支撑作用。国务院 2009 年 9 号文件明确提出加快推进技术创新工程，把它作为加强科技支撑、促进经济平稳较快发展的重要措施之一。胡锦涛总书记在关于加快转变经济发展方式的多次重要讲话中强调，要深入实施技术创新工程。温家宝总理在国务院常务会议上指出，要加快实施技术创新工程，培育新的经济增长点。刘延东国务委员亲自出席技术创新工程启动实施大会并作动员部署。

科学技术部党组书记、副部长李学勇 2010 年 11 月在《全面实施国家技术创新工程　深入推动产业技术创新战略联盟发展》的讲话中明确提出：要紧紧围绕加快转变经济发展方式这条主线，实施好技术创新工程。要着力推进产业技术创新战略联盟、技术创新服务平台和创新型企业三大载体建设，积极构建产业技术创新基地，充分发挥创新人才的重要作用，营造良好政策环境，把技术创新工程做强、做大、做深。

通过工程的全面实施，使企业在技术创新中的主体地位进一步增强，使重点产业核心竞争力大幅度提升，使以企业为主体、产学研相结合的技术创新体系建设取得突破性进展，加快培育和发展战略性新兴产业，为经济结构战略性调整和加快经济发展方式转变做出重要贡献。

当前，世界已经步入知识经济时代，在这样一个时期，创新已经成为知识经济社会的核心内容。推动企业自主创新发展，提高企业技术创新能力是全面落实科学发展观，促进我国未来科技发展的重大战略选择。因此，尽快开展我国企业自主创新能力的评价，及时建立适合我国国情的企业创新评价体系，全面反映和评估我国企业创新活动的整体发展状况，使企业的各种创新过程和科技竞争力相关参数具体化、数字化，为政策制定者提供便利、完整的企业创新信息，对于推动我国科学技术和经济社会发展具有十分重要的理论与实践意义。

2. 企业创新评价的作用

经过改革开放 30 年的快速发展，我国经济社会发展进入了一个新的阶段。加快转变经济发展方式，推动产业结构优化升级，加强能源资源节约和生态环境保护，保障国家安全，要求我们必须立足国情，坚持走中国特色的自主创新道路。30 年的实践经验表明，建设创新型国家的关键是持续不断地提升我国企业的自主创新能力，使我国真正成为以创新为主要发展动力的国家。在这种形势下，尽快建立基于事实型数据的、能够全面反映企业创新发展状况的企业创新监测评价系统，具有非常重要的意义和极大的作用：既能帮助政府监测企业在开展技术创新和科技进步方面的活动、绩效、优势和劣势，为政府制定科技政策提供决策支持，又能积极促进企业自主创新能力和科技竞争力的提高。

科学技术部等三部委联合实施的国家技术创新工程和构建的产业技术创新战略联盟，为经济结构战略性调整提供了有效支撑。从 2006 年 7 月到 2010 年 8 月，共选择了 550 家试点企业，包括国家大型骨干企业、民营科技企业，以及实施企业化转制的科研机构。试点企业中既包括工业和高新技术企业，也有农业产业化龙头企业和环保企业。

正如科学技术部党组书记、副部长李学勇在《全面实施国家技术创新工程　深入推动产业技术创新战略联盟发展》的讲话中所说的那样，在中央的高度重视和领导下，各有关部门和各地方共同推动，国家技术创新工程实施进展顺利，已见成效。一批充满活力的创新型企业正在健康成长，一批具有示范性的产业技术创新战略联盟正在加紧构建，一批具有发展潜力的战略性新兴产业正在孕育和发展，一大批创新型人才活跃在技术创新的第一线。浙江、安徽、江苏、山东、广东、四川、辽宁、上海和青岛等九省市相继开展国家技术创新工程试点工作，取得了积极的成效。实践证明，国家技术创新工程的实施，不仅在应对国际金融危机、扩内需、保增长中发挥了重要作用，而且成为了调结构、转方式的重要支撑。不仅促进了企业创新能力和产业竞争力的提升，而且加快了技术创新体系建设。

产业技术创新战略联盟作为实施国家技术创新工程的一项重要载体，从试点起步，在探索中不断成长，在创新中不断发展，显示出日益重要的作用：

(1)增强了企业在技术创新中的主体地位。以往我国的技术创新活动多以高校和科研机构为主，企业的主体作用不突出，市场需求导向不强，创新活动分散，难以形成产业技术创新链。以企业为主体、产学研相结合的产业技术创新联盟，强化了技术创新的市场导向，围绕企业发展和产业竞争力的提升加强产学研合作，使企业在技术创新中的主导作用得以发挥，创新动力显著增强，研发投入大幅增加。

(2)促进了产业核心竞争力的提升。联盟围绕产业技术创新链开展集成创新，突破产业发展的核心关键环节，推动了产业技术进步，促进了战略性新兴产业的培育和发展。如钢铁可循环流程创新联盟突破六大核心关键技术，按产业链集成创新 220 项技术，形成了采用“新一代钢铁可循环流程工艺”的示范工程；新一代煤化工创新联盟打破国外垄断，开发出“流化床甲醇制丙烯工业技术”，实现了煤化工产业技术关键环节的重大突破；半导体照明创新联盟坚持集成创新，让我国国产 LED 照明产品装上了“中国芯”；第三代移动通信(TD)创新联盟不仅推动了 TD-SCDMA 技术标准实现了商业化应用，而且在第四代移动通信技术开发上做出了处于世界领先水平的成果；无线局域网基础架构创新联盟突破 WAPI 关键核心技术，制定出我国在基础性信息安全领域的第一个国际标准；抗生素创新联盟在新药研制中取得了重大突破等。

(3)推动了产学研在战略层面的紧密合作。联盟的试点探索，创新了产学研合作的组织模式和运行机制。联盟围绕产业链解决产业共性技术难题，探索了在重点产业和关键领域通过产学研用结合实现重大技术创新的有效途径。联盟通过签订具有法律约束力的契约，建立技术创新合作中的信用机制和利益保障机制，使产学研各方形成了共同投入、成果共享、风险共担的长期稳定合作关系。

(4)促进了创新要素的合理流动和优化配置。联盟成员单位围绕产业技术创新链进行分工合作，有效衔接，实现了优势互补和强强联合。联盟内部建立信用机制和合作创新机制，强化了市场在资源配置中的基础性作用，保障了创新要素在联盟单位之间的合理流动，显著提高了资源的使用效率。依托联盟整合资源建立的行业共性技术平台，对提升产业竞争力发挥了重要作用，如半导体照明创新联盟建立联合实验室，钢铁可循环流程创新联盟建立了信息共享平台，农业装备创新联盟建立了为行业服务的研发平台等。同时，联盟作为产业技术创新活动的组织载体，也对政府优化资源配置，改进管理方式，产生了积极影响。

为了贯彻党的十七届五中全会和全国科技大会精神，落实党中央、国务院关于提高自主创新能力，建设创新型国家的要求，配合科学技术部等国家部委开展的技术创新工程，按照国家科技发展战略的整体规划和部署，中国科学技术信息研究所及时开展了我国企业创新评价的理论和应用研究，整体目标是建立功能齐全、高效快捷、基于事实型数据、开放性的企业创新发展监测和评价系统。通过建立综合、全面、系统的评价指标体系，面向全社会搭建客观、准确评估我国企业自主创新能力和科技竞争力发展状况的信息资源平台，促进我国企业创新评价工作的科学化和公开化，实现中国企业创新发展的动态监测和评价，激励和引导我国企业大力提升自主创新能力和科技竞争力，为建设创新型国家，实现我国小康和谐社会的目标做出更大的贡献。

二、企业创新评价的理论基础

1. 创新概念及其发展

创新的英文单词为 Innovation,起源于拉丁语,原意包括三层含义:更新、创造新的东西,以及改变。简单地说,就是利用已存在的自然资源创造新东西的一种手段。创新作为一种理论可追溯到 1912 年由美国哈佛大学教授、美籍奥地利经济学家约瑟夫·熊彼特(Joseph Alois Schumpeter)出版的《经济发展理论》这本专著。

熊彼特在该书中,从经济学角度首次提出和使用了“创新”的概念。他认为创新是新技术、新发明在生产中的首次应用,是建立一种新的生产函数或供应函数,是在生产体系中引进一种生产要素和生产条件的新组合。在资本主义经济中,主要是依靠内部力量打破旧的均衡,实现新的均衡,其中最重要的就是创新,正是创新引起经济的增长和发展。根据创新浪潮的起伏,熊彼特把资本主义经济的发展分为三个长波,即 1787—1842 年的产业革命发生和发展时期;1842—1897 年的蒸汽和钢铁时代;以及 1898 年以后出现的电气、化学和汽车工业时代。

第二次世界大战以后,世界各国学者继续从不同角度对创新进行了深入研究,并赋予创新不同的理论内涵。

20 世纪 60 年代,面对新技术革命的迅猛发展,美国经济学家罗斯托提出了“起飞”的六阶段理论,将“创新”概念发展为“技术创新”,把“技术创新”提高到“创新”的主导地位。

美国国家科学基金会(NSF),也从 20 世纪 60 年代开始兴起并组织对技术的变革和技术创新的研究,迈尔斯和马奎斯(D. G. Marquis)是其中主要的倡议者和研究者。在 1969 年的研究报告《成功的工业创新》中,他们将创新定义为技术变革的集合,认为技术创新是一个复杂的活动过程,从新思想、新概念开始,通过不断地解决各种问题,最终使一个有经济价值和社会价值的新项目得到实际的成功应用。而在 1976 年的报告《1976 年:科学指示器》中,又将技术创新的定义拓宽为“将新的或改进的产品、过程或服务引入市场”,明确将模仿和不需要引入新技术知识的改进也作为最终层次上的两类创新而划入技术创新定义的范围中。

20 世纪 70 年代以来,门施、弗里曼、克拉克等用现代统计方法验证了熊彼特的观点,并进一步发展了创新理论——“新熊彼特主义”和“泛熊彼特主义”。

以爱德温·曼斯菲尔德、莫尔顿·卡曼、南赛·施瓦茨、理查德·列文、海纳等为代表的技术创新经济理论,研究了技术创新与垄断、竞争和企业规模之间的关系,认为竞争程度、企业规模和垄断力量是决定技术创新的三个重要因素。对技术创新来说,最有利的市场结构是介于垄断和完全竞争之间的市场结构。在最优的市场结构下存在两类技术创新,一类是垄断所推动的“技术创新”;一类是竞争所推动的技术创新。

戴维斯和诺尔斯在 1971 年出版的《制度变革与美国经济增长》一书中,提出制度创新理论。制度创新理论是从资产阶级垄断竞争理论出发,将制度变革引入经济增长过程。他们认为,所谓“制度创新”是指经济的组织形式或经营管理方式的革新,例如股份公司、工会制度、社会保险制度、国营企业建立等,都属于“制度创新”。

这一时期技术创新理论研究的问题主要涉及技术创新过程,影响技术创新的因素,技术创新的市场体制、扩散模式,与企业经营的关系,对企业、行业、国民经济增长的贡献的测度方法,同时也研究了企业的组织结构、管理策略、企业内外因素等与技术创新的关系。

学术界在熊彼特创新理论的基础上开展了进一步的研究，使创新的经济学研究日益精致和专门化，仅创新模型就先后出现了许多种，其代表性的模型有技术推动模型、需求拉动模型、相互作用模型、整合模型、系统整合网络模型等，构建起技术创新、机制创新、创新双螺旋等理论体系，形成关于创新理论的经济学理解。

进入21世纪，信息技术推动下知识社会的形成及其对创新的影响进一步被认识，科学界进一步反思对技术创新的认识，创新被认为是各创新主体、创新要素交互复杂作用下的一种复杂涌现现象，是创新生态下技术进步与应用创新的创新双螺旋结构共同演进的产物，关注价值实现、关注用户参与的以人为本的创新2.0模式也成为新世纪对创新重新认识的探索和实践。

2. 创新活动评价研究

创新是经济发展和社会进步的重要原动力，人类的文明史就是一部无止尽的创新史。它具有十分广泛的内涵，具体包括知识创新、技术创新、机制创新、知识传播和知识应用等诸多方面的内容。近年来，随着创新在国家经济与科技发展中的地位和作用日益凸显，国内外许多学者采用各种评价指标体系对企业、区域、国家等的创新能力进行了综合评价。

国际上关于创新活动的评价研究主要包括两个独立的体系：以英国Sussex大学STPR机构为代表的体系，主要以单项技术创新项目作为分析单元，例如，Davis、Hobday对通信技术和半导体技术的创新研究就属于此类相关成果；以ISTAT和德国IFO组织为代表的体系，其研究则是以企业的技术创新为分析单元。20世纪90年代以来，国内许多学者也开始对创新活动进行有效的评价研究。初始的研究主要集中在企业的技术创新领域，近年来针对行业、区域、城市以及高校、研究机构创新活动的评价研究也日益引起人们的重视。

随着各国创新活动的不断深入，创新研究的重点逐渐从对单个创新主体创新过程的研究，转向对各创新主体相互作用整体效果的研究，从一般的理论研究发展到政府在创新发展与改革方面决策问题的探讨，系统的创新模式取代了“线性创新模式”，从而产生了国家创新系统（NIS）的概念。C. Freeman等人提出的NIS是对科技与经济发展关系的认识不断深化的结果。

企业创新能力是国家创新能力的重要组成部分。通常是指在一定的科技支撑环境下，企业通过研究开发、技术创新、技术转移以及知识产权等活动，利用科学技术成果实现科技进步，在竞争性市场中持续有效地生产或提供比其他企业更好的产品或服务，并长久获得更多市场赢利和自身发展的能力。在现代经济中，技术创新正在成为企业或产业生存和发展的根本，一个企业的核心竞争力优势的形成靠的是其技术创新的效率及影响其创新效率的创新环境。

如果以动力和竞争方式作为描述企业发展的两个主导因素，可以将企业发展大致分为三个阶段：第一阶段，企业以劳动力要素为主要动力，竞争方式以价格竞争为主；第二阶段，企业以资本要素为主要动力，竞争方式以生产标准产品和提高服务效率为主；第三阶段，企业则以技术要素为主要动力，以激励技术创新和输出核心产品为主要竞争方式。而无论是知识创新、技术创新，管理创新，制度创新，以及社会组织创新等都取决于企业创新发展的水平。因此，企业创新发展水平是提高企业增加值创造能力的直接动力，是企业发展知识经济，提升自主创新能力的竞争主体。

从经济全球化的总体趋势分析，凡是企业或产业国际竞争力强的国家，必然是国家创新能力强的国家。例如，美国是当今世界高技术产业最发达的国家之一，其高科技产业，特别是信息、通讯、软件、航空航天、新材料、医药、环保等高科技产业在全球位居前列，具有很强的国际竞争力。但美国高科技产业的发展是以科学技术发展为基础的,始终保持第一流的科技创新力,使美国的高科技产业一直保持着绝对的竞争优势,推动了美国经济的持续发展和繁荣。因此,科学技术进步在企业或产业国际竞争力中起着决定性的作用,提高企业或产业国际竞争力的关键是提高其自主创新能力。

3. 企业创新评价的经济学基础

企业创新评价研究是一项理论性和方法性都很强的系统工程,因此首先应该探讨和建立企业创新评价研究的理论基础,尤其是它的经济学研究方法。

按照前文关于企业创新能力概念的讨论,从市场经济的角度看,企业创新能力最直观的体现就是一个企业能够比其他企业以更低的价格或者消费者更满意的质量持续地生产和销售。因此,评估企业创新能力最基本的经济学指标就是市场占有率和企业盈利率。但是,对于如何解释为什么有些企业会在激烈竞争的市场环境中,能够比其他企业更长期地占领市场,并持续获得较高的盈利率这一核心问题,经济学界却经历了漫长的研究和探索过程,并且从纯粹的经济学领域的企业竞争力研究逐步转向更加重视科学技术对经济发展发挥决定性作用的企业创新能力的研究领域。

(1)关于"同质企业"和"企业异质"的讨论。在一般传统经济学的分析中,都强调"同质企业"和"匀质市场"的假设条件,即假设企业都是原子型的实体,一个企业同单个"个人"没有实质上的差别,同时假定相互竞争的企业所生产和销售的产品是完全相同的。在这样的基本假设条件下,只能认为市场占有率高的企业源于其提供的产品价格更低。为了解释企业成本的差别,经济学家,如亚当·斯密等,开始关注企业的分工、专业化,以及规模效应对于提高劳动生产率和降低产品成本所起的作用。

产业组织经济学对于企业竞争力的研究有了进一步的发展。首先,产业组织经济学认为可以从各个产业所具有的不同市场结构以及各产业内企业所处的不同市场地位来解释和研究企业或产业的竞争力;其次,产业组织经济学拓展了一般微观经济学中一个企业只生产一种产品的假设条件,假设一个企业可能生产许多不同种类的产品,这样就使得产品竞争力和企业竞争力成为不同的理论概念和研究对象。

以上两种经济学对竞争力的讨论集中于对企业或产业本身状况的研究,他们的共同之处是假定所有的产品都在一个无差异的市场空间中生产和销售,即市场空间是没有任何区别和分界的。而实际上,市场是分为不同地区和国家的,产品的生产和销售是在具有很大差异的多元空间中进行的,所以必须考虑国家之间存在的诸如关税、汇率等多种因素对产品市场竞争力造成的影响。同时,对于不同的地区也要综合考虑交通运输成本、自然条件、要素禀赋等条件对产品生产和销售的影响。因此,在国际经济学和区域经济学(区位经济学)领域,又引入反映空间差异的因素,如"绝对成本优势"、"比较成本优势"等,作为研究企业竞争力的重要条件和指标。

从以上讨论可以看出,经典的经济学,无论是一般微观经济学、产业组织经济学、国际经济学,还是区域经济学及区位经济学,都是以假定"企业同质"作为研究和分析的基本逻辑基础,也就是假定个人和企业都是理性的,所有个人决策和各个企业的行为都没有什么本质的差异。因此,所有企业都被假定为是按照经济人的理性行为进行决策,构成输入—输出原理完全相同的"黑箱"。

以这样的假设前提,就很难解释,在各方面条件相同的情况下,为什么有的企业竞争力强,能够长期占领产品市场;而有的企业竞争力弱,处于市场的边缘地位。处于不利地位的企业应该如何改变自己的被动地位，使企业逐步走向成功。显然，如果按照经典的经济学方法和原则，把企业视为具有严格经济人理性行为的“黑箱”，有关企业竞争力的各种研究和分析都将难以进行。

企业经济学或者管理经济学的研究开始将企业视为可以深入观察的“白箱”，认为企业是具有不同内部结构和运行机制的特殊实体。于是，诸如“企业组织、企业战略、企业家行为”等直接影响企业经营成败的因素成为人们关注和研究的热点。在肯定和承认“企业异质”的理论基础之上，学术界开始讨论“企业核心竞争力”、“企业理念”、“企业家精神”等与企业竞争力以及企业创新能力密切相关的概念。同时，由于企业的运行必然会受到国家经济体制和政府政策的影响，所以制度经济学和政府管理经济学又将经典经济学有关无制度差异、无政府干预的假设条件转变为存在制度差异和政府干预的假设条件，认为市场经济制度不可能是纯粹的，产权制度也因体制不同具有复杂的性质。所以，企业竞争力与企业创新能力不可避免地会受到上述政策和制度方面因素的影响，尤其对于中国这样正处于经济体制转型期的国家，所受的影响将会更加强烈。

(2)产业竞争力的成因与计量理论。国际著名战略专家迈克尔·波特认为，传统经济理论如比较优势理论、规模经济理论都不能说明产业竞争力的来源，必须采用竞争优势理论来解释产业竞争力问题。竞争优势有别于比较优势，它是指各国或各地区相同产业在同一国际竞争环境下所表现出来的不同的市场竞争能力。因此，比较优势是产业竞争力的基础性决定因素，而竞争优势是直接作用因素。目前，在产业竞争力的理论框架中主要包括以下几种典型的理论：

①“钻石模型”理论。波特在对多个国家、多个产业的竞争力进行深入研究后认为，产业竞争力是由生产要素，国内市场需求，相关与支持性产业，企业战略、企业结构和同业竞争等四个主要因素，以及政府行为、机遇等辅助因素共同作用而形成的。“钻石模型”构筑了全新的竞争力研究体系，提出的竞争优势理论包含了比较优势原理，并大大超出了后者的解释范围。

②竞争力过程理论。国外学者提出国际竞争力的形成机理为：国际竞争力是竞争力资产与竞争力过程的统一。用公式表示就是：国际竞争力 = 竞争力资产 × 竞争力过程。中国学者将这一竞争力理论加以改造，提出相应的产业竞争力分析模型，即产业竞争力 = 竞争力资产 × 竞争力环境 × 竞争力过程。

③以指标体系解释的产业竞争力成因理论。中国学者利用具有数量表征特性的竞争力指标体系来解释产业竞争力的形成机理。竞争力指标有两类：一类是分析性指标，主要反映竞争力的形成原因；另一类是显示性指标，主要反映竞争力的结果。按照“间接因素指标→直接因素指标→显示性指标”的逻辑顺序，描绘出产业竞争力的形成机理：竞争潜力→竞争实力→竞争力的实现。

④产业竞争力计量分析理论。产业竞争力成因理论主要采用的是定性分析的方法，如果将现代计量经济学的分析方法引入产业竞争力理论研究，就形成产业竞争力计量分析理论。产业竞争力计量分析必须解决两个关键问题：一个是评价指标的选取和指标体系的建立；另一个是对各指标科学地赋予权重。其中，在指标赋权方面，可以直接借用统计学中的赋权理论，既可以采用传统赋权方法，也可以采用主成分分析法等现代数学计量方法。

⑤产业竞争力发展阶段理论。从产业发展的角度来讲，产业竞争力成因理论和产业竞争力计量分析理论都是静态的产业竞争力理论，截取产业发展的某个横断面作为研究对象；动态的产业竞争力理论应以产业发展为研究对象，研究产业发展各阶段的竞争力特性。例如，产业生命周期理论将产业发展分为形成期、成长期、成熟期和衰退期四个阶段，不同的发展阶段具

有不同的特征。迈克尔·波特结合产业生命周期理论,提出产业竞争力发展的"四阶段理论",即要素驱动阶段、投资驱动阶段、创新驱动阶段和财富驱动阶段,四个阶段是依次递进的,但也可能发生折返现象。

(3)科技进步对经济增长作用的测度。关于科技进步对经济增长的重要影响和作用,一些著名的经济学家作了大量的研究和论证,得出了肯定的结论。20 世纪初,著名经济学家熊彼特首先将科技与经济联系起来,力图将科技进步作为其理论体系的核心,用创新的概念来解释资本主义经济发展和周期波动。其后,经济理论界对科技在经济增长中的作用日益关注。20 世纪 20 年代,C-D 函数的提出开始了科技进步对于经济增长作用的研究,以索洛为代表的新古典经济增长理论,探讨了科学技术对生产的重要意义,证明了技术进步是经济增长的主要源泉,并利用"余值法"测度了技术进步对经济增长的巨大作用。新经济增长理论的创始人保罗·罗默认为,作为知识体现的科技是一个重要的生产因素,它可以提高投资的收益,实现收益递增,最终推动经济持续增长。他同时提出知识累积模型,强调创新知识的生产对现有知识存量的依赖取决于未来研究者从现有知识存量中所得到的"基于时间序列"的知识溢出。发展经济学家认为,在工业化的一定阶段,工业产业是对科学技术进步最敏感的经济部门。

产生于 20 世纪 80 年代的技术内生化经济增长论分为两类:一是在完全竞争的框架下,技术进步通过阿罗提出的技术溢出,罗默的知识溢出,卢卡斯的人力资本溢出等正外部性的作用促进经济增长;二是 R&D 模型,明确地将技术进步或创新能力归结为企业有意识的、旨在获取垄断收益的活动。因此,长期经济增长取决于技术进步,即生产经验的积累、技术与知识的投资、教育的发展,以及研究开发的投入等都可有效地促进技术进步,进而促进经济持续增长。

综上所述,企业的创新发展是一种非常复杂的现象,它涉及科学技术,以及社会、经济、文化、伦理等诸多的知识领域。在经济学领域内,研究企业创新评价的目的是在承认"企业异质"、"竞争优势",以及科技进步对经济增长具有巨大推动作用的前提下,探求不同企业由于科技进步程度不同,主要是开展技术研发和科技创新活动的优劣,造成企业经济效率或生产效率的差异,最终形成企业竞争力和企业创新能力强弱不平衡现象的原因。同时,应用技术创新、管理学,以及人文社会科学的研究方法,探讨诸如企业创新、企业文化、企业核心能力等影响企业竞争力深层机制的因素,为全面提升我国企业国际竞争力提供有效的方法和途径。

三、企业创新评价的主要方法

近年来,国内外一些国际组织、科研单位和专家学者,在深入学习企业创新评价的理论和方法的基础上,相继开展了对企业创新发展评价的研究,并总结提炼出许多不同的评价方法和指标体系,常用的包括以下几种:

1. 因素分析法

这种方法的特点是首先将决定和影响企业创新发展的各种内在因素和外在影响分解和揭示出来。通常采取"内表及里"的方式进行,即从表面的、容易掌握分析的属性入手,逐步深入到更为内在的属性和因素,进而再分析影响其内在因素发生变化的外部环境条件等等。尽可能了解因素之间的相互关系和系统作用,具体应用因素分析法时主要包括以下几个重要步骤:

(1)因素分解,选取指标;

(2)构造各指标之间的因果关系;
(3)确定各指标的权重;
(4)计算各指标共同作用产生的目标综合值;
(5)对统计结果进行科学判断和解释。

2. 对比差距法(标杆法)

这种评价方法是首先选择本行业或产业中最优秀的一家或几家企业的一系列显性特征，然后通过将待评企业与最优秀企业的一系列显示性指标进行比较来评估该企业在创新发展上存在的差距。应用对比差距法所涉及的步骤包括:

(1)选取本行业内优秀企业的相应对比指标;
(2)比较待评企业与最优秀企业各项指标之间的差距;
(3)综合评价待评企业与最优秀企业之间的具体差距。

这种方法的特点和优势是可以方便地进行多指标的直接对比,而不必进行数值的加总比较,因此可以避免权重确定过程中的人为干预因素。

3. 定性分析与定量分析相结合的方法

前边两种方法都是采用定量分析的方法,尽可能将企业创新发展的内在因素和外部条件直接量化分析。而这种方法的重点是分析决定和影响企业科技竞争力的内涵性因素,达到对企业创新发展状况进行测度,以及提示企业核心竞争力的最终目标。这种方法的特点是对于一些难以直接量化的因素采取专家意见或问卷调查的方式进行分析和判断,可以深入到对企业创新能力和核心竞争力的分析。但是由于难以全面计量化,存在较大的主观性,有些因素在性质上难以进行企业间的直接分析比较。

4. 国家和区域创新发展评价方法

从 1988 年 Steele 利用核对表(Checklist)形式对 R&D 活动进行评价开始,直到 20 世纪 90 年代初,国内外对企业技术创新能力测度的理论研究都比较缺乏,使用的指标也比较粗略,而且大多是针对国家和区域的,不太适合测度企业技术创新能力。例如,我国国家统计局在 20 世纪 90 年代初,主要以技术开发经费投入等为基础建立技术开发能力综合指数指标;意大利在测度其国家技术创新能力时采用了专利、技术贸易、高技术产品出口等 3 个指标;日本科学技术厅推荐的指标有专利、技术贸易、技术密集产品输出、制造业总附加值等。

5. 企业技术创新能力评价方法

20 世纪 90 年代中期以后,国内外对测度企业技术创新能力的研究开始活跃起来。Ransley 和 Rogers(1994)对企业的最佳 R&D 实践进行了研究总结,提出了有关技术策略等 7 个方面的问题。加拿大的专家在进行创新能力评价研究中,采用 8 个相应的指标来进行分析,即:创新人员投入占从业人数的百分比,创新资本投入占销售收入的百分比,非专门的创新人员投入占从业人数的百分比,非专门的创新资本投入占销售收入的百分比,专门的创新人员投入占从业人数的比重,专门的创新资本投入占销售收入的百分比,出口销售收入占销售收入的比重和企业的创新倾向。

国内有些学者将技术创新能力分解为六大创新能力要素，即创新资源投入能力、创新管理能力、创新倾向、研究开发(R&D)能力、制造能力和营销能力。吴运建等(1995)提出了测度技术创新能力的4个角度，即：投入产出的角度、知识的产生和交流角度、商业化角度、分类测度的角度。曹崇延、王淮学(1998)将企业技术创新的能力分成7个方面，对应于每个能力，分别设计了7个指标体系，共40个分指标等。

2006年，中国科学技术信息研究所在学习和综合其他评价方法优点长处的基础上，应用经济学、管理学、统计学的方法，通过建设或利用各种类型企业事实型数据库，构建企业科技竞争力监测与评价系统平台，利用统计指标数据，反映企业科技竞争力状况，达到对企业科技竞争力分析和评价的目的。同时，利用定性与定量相结合的评价方法，例如：模糊综合评判数学模型、相关分析方法、线性加权和法、综合指数法、模糊聚类分析、层次分析法(APH)、数据包络分析法(DEA)等，对企业技术创新能力和科技竞争力进行全面深入地监测和评价。

6. 国际组织关于技术创新能力评价研究

国际组织一般采用主导因素法、系统分析法和学习过程法等方法，从影响创新能力因素、知识的流动效率和社会的广泛参与角度对国家和企业的创新能力进行评估。OECD在进行技术创新能力调查时，将反映企业技术创新能力的指标确定为6个重点方面：一是企业发展战略；二是创新成果的扩散；三是企业创新的信息源和创新障碍；四是企业创新的投入；五是政府在创新中的作用；六是企业创新的产出。OECD还曾提出一套测度知识经济的基本框架，包括知识投入、知识存量和流量、知识产出、知识网络以及知识与学习等6个主要内容。

欧盟理事会在2000年也曾明确提出了建立欧盟创新评价指标体系，并以此作为提高欧盟经济竞争力的重要手段和措施。该指标体系包括人力资源、新知识的产生、新知识的转移和应用及创新的投入、产出和市场等四类，共计10项指标。同时，欧洲国家的CIS项目是关于国家创新能力的更为全面的调查评价。

7. IMD和WEF关于国际竞争力的评价研究

按照世界经济论坛(WEF)和瑞士国际管理学院(IMD)的观点，国际竞争力取决于5种因素的组合，即变革因素、变革过程，竞争力环境、企业自信心和工业序位结构。其中，变革因素包括人力因素、金融活力和自然资源；变革过程涉及工业效率、企业内部的创新、企业外向性等；竞争力环境涉及经济活力、市场导向、政府干预程度，以及政治的稳定性；企业自信心反映企业经理对其所在国家或地区国际竞争力的评价与判断；工业序位结构包括各国十大出口工业在国际市场贸易份额中及其贸易额的变化情况等。

随着科学技术在社会经济发展中发挥的作用越来越重要，2001年以后，《世界竞争力年鉴》将有关国家创新能力和科技竞争力的评价指标由原来的26项调整为34项，2002年又继续增加到42项。该研究认为，构成国家创新能力和科技竞争力的主要要素由R&D经费、R&D人员、技术管理、科学环境和知识产权等5方面构成，其中特别强调企业在国家创新能力和科技竞争力中的核心地位。2003年以后又增加了信息环境、信息技术、信息应用等方面的指标，以及涉及与R&D过程相关的体制、机制、环境等方面的因素。同时提出，评价企业创新能力的目标，是将企业科技进步的内在特征尽可能显现出来，使其成为可感知、度量的属性。同时，要对影响企业科技进步的综合因素进行分析和分解，使之尽可能地指标化，成为可计量的经济数据。

第二章　中国企业创新发展指数研究

一、企业创新发展评价的标准和原则

1. 创新型企业的判断标准

企业创新发展的标准是什么？如何评价企业的创新发展状况，以及如何定义创新型企业等，都是学术界和管理界经常探讨的问题。2006 年 4 月，科学技术部、国资委、中华全国总工会三部委在《关于开展创新型企业试点工作的通知》中初步界定创新型企业的定义：创新型企业即是在技术创新、品牌创新、体制机制创新、经营管理创新、理念和文化创新等方面成效突出的企业，它需具备以下 5 个条件：一是具有自主知识产权的核心技术；二是具有持续创新能力；三是具有行业带动性和自主品牌；四是具有较强的盈利能力和较高的管理水平；五是具有创新发展战略和文化。

有些学者进一步提出技术创新型企业的概念，认为这类型企业应具有健全的技术创新体系和机制，持续技术创新，并取得显著技术创新效果、具有活力的现代企业。同时认为，这种企业在创新发展机制上应具有两个基本特点：一是持续技术创新是企业获取利润的源泉；二是企业对于技术创新的投资力度较大。

2008 年 7 月，科学技术部党组书记、副部长李学勇在创新型企业建设工作会议上的讲话中，再次强调和阐述了创新型企业应具备的核心竞争力和在区域、同行中的示范引领作用：创新型企业应明确以创新为核心的发展战略，加大研发投入，建设企业研发机构，努力攻克关键技术，以掌握核心技术和自主知识产权。同时，积极吸引和培养创新人才，大力开展职工技术创新和技能培训、技术竞赛等活动，大胆探索和创新产学研合作的机制与模式，吸纳和采用先进的管理理念和管理方法，努力建设企业创新文化，积极发挥在行业和区域发展中的带动作用。

在本研究中，将以我国政府最高管理机构对创新型企业功能和作用的界定作为评价企业创新发展的标准，并以该标准为基础，构建我国企业创新发展的综合评价指标体系，即中国企业创新发展指数，具体实施对我国区域和行业企业创新发展的动态监测和科学评价。

2. 评价企业创新发展的原则

(1)评价企业创新发展的基本原则

根据国家推进企业创新发展和建设创新型企业相关政策和文件中界定的标准和定义，确定了在该研究中评价企业创新发展状况和方向的 5 项基本原则：

①具有自主知识产权的核心技术。企业要掌握经营发展的核心技术并具有自主知识产权，包括发明专利，软件、集成电路、著作权、集成电路布图设计权，以及植物新品种权等，整体技术水平在同行业居于领先地位。有较强的技术话语权，主持或参与国际、国家或行业技术标

准的制定工作。

②具有持续创新能力。与同类企业相比,企业的研发投入占年主营业务收入的比例较高。有健全的研发机构,并与国内外大学、科研机构建立了长期稳定的产学研合作关系。重视科技人员和高技能人才的培养、吸引和使用,显示出较强的创新发展潜力。

③具有行业带动性和自主品牌。在行业发展中具有较强的带动性或带动潜力。注重自主品牌的管理和创新,通过竞争发展,形成了企业独特的品牌。在同行业中,企业主导产品的市场占有率以及新产品销售收入占主营业务收入的比例都比较高。

④具有较强的盈利能力和较高的管理水平。企业近几年连续盈利,整体财务状况良好,销售收入和利润总额呈稳定上升势头。建立了比较完善的知识产权管理体系和质量保证体系,具有良好的社会诚信形象。

⑤具有创新发展战略和文化。为了未来的发展,企业制定技术发展规划和创新发展战略。具有良好的创新文化氛围和健全的激励创新的奖励表彰制度,企业劳动关系和谐,职工技术创新活跃。

通过以上5项基本原则,可以归纳总结出评价一个企业创新发展水平的三个基本要点:

①是否具备将现有的知识和技术资源通过R&D活动创造性地运用于技术实践的优势,即将已有的知识和技术资源变成现实生产力或者技术成果、经济成果,并不断创造、积累新的知识和技术资源的技术创新能力。

②是否具有良好的创新环境,使人力、财力资源都能高效率地充分发挥。

③当企业发展到一定规模时,是否注意强化基础研究和创新活动的投资,即强调R&D投资与新产品的投资,以保持持久较高的创新竞争力水平。

(2)评价企业创新发展的数据采集原则

评价企业创新发展的主要目的是揭示企业通过研究开发与技术创新活动取得市场经营成败的原因,探寻企业在这一过程中获得较高创新效率和竞争优势的深层机制和规律。因此,在进行企业创新发展评价时,其数据采集过程必须坚持以下几个原则:

①企业创新发展所依存的环境,是竞争和开放的市场,在垄断、封闭和过度人为干预的市场环境中是无法对企业创新发展进行评价的。因此,数据的采集应以客观、公开和事实性的数据为主,尽量减少人为干预的因素,从而最大限度保证评价结果的有效性。在该研究中,数据来源基本以国家统计局公布的我国工业企业科技活动和自主创新数据为主,建立权威、严格、准确的数据采集渠道。同时,尽量减少和避免企业自报以及社会调查的数据。

②评价企业创新发展的实质,是企业整体创新效率的高低,以及影响和作用企业创新效率发展的各类环境因素。因此,评价企业创新发展数据的主体是能反映企业开展研究开发与技术创新活动整体状况的各类经济与技术指标,以及环境影响因素指标。

③企业创新发展状况反映的是企业长期存在的状态和优势,具有稳定、持续和非偶然性的特点。一些短期的和偶然的因素可能会对企业经营状态造成较大的影响,但它们可能与企业创新发展没有直接的关系。因此,评价企业创新发展应采集能反映企业竞争优势实质的、比较稳定长期性的数据,这样可能避免偶然性因素的影响。

④企业创新发展态势是企业整体实力和内在潜力的综合体现,因此造成影响和决定企业创新发展的因素很多。它们相互依存和影响,形成一个整体,对企业经营和发展状况产生持续的作用。所以,评价企业创新发展的数据应来源于企业的各个方面,有机结合起来形成一个综

合的指标评价体系。

所以,该研究的研究目标就是以事实性数据库为基础,以国家政府部门提供数据为依据,构建全方位反映企业研究开发和技术创新动态发展状况的企业创新发展监测与评价平台。

(3)评价企业创新发展的比较原则

评价企业创新发展的比较原则主要针对评价企业创新发展水平所面临的两类基本问题:一个是企业创新发展水平应在多大的产业范围内讨论才有意义;另一个是对于不同省市、不同行业进行创新发展水平比较的依据是什么?

对于第一个问题,首先应该明确评价企业创新发展的目标,是探求企业通过科技进步和技术创新途径,持续获得产品盈利率和市场占有率。所以,在对企业创新发展进行评价时,首先要确定在多大的产业范围内具有创新竞争力。因为只有在一定的产业或行业分类的前提下,讨论企业的产品和市场竞争力才有实际意义,也才能准确判断某一个企业是否具有创新竞争力。

但是准确地对企业进行产品分类并不是很容易的,尤其是随着企业开展多种经营业务,使它的产品市场归属变得更加模糊和多元化。例如,许多钢铁企业在发展传统的冶金产品之外,也大力发展电子类产品,而且电子产品销售额所占的比重越来越高,使得这些企业的归属边界趋于模糊化。一些新兴的综合类企业、公司在这方面的趋势更加明显,这些都为企业的科学分类造成很大的困难,并直接影响企业创新发展水平的评价判断。

所以应该明确,在进行各省市、各行业企业创新发展水平的分析时,都是基于一定的行业分类原则的。不同的行业分类条件将会造成企业创新发展监测评价得分的差异和不同。但是这并不影响企业创新发展评价的科学性,仅仅是说明企业处于不同的参照条件下,企业与企业之间的比较和关系。

对于第二个问题的讨论则涉及竞争力理论中深层次经济基础的研究。人们对于企业或产品之间竞争的理解仅仅局限于产品替代性的层面,即只是具有相互替代性的企业或产品之间才构成竞争关系,才可能进行竞争力强弱的比较。而有关竞争力经济基础理论的研究表明,不同的行业之间也同样可以进行创新发展水平的比较和评价。

①企业创新发展水平是产品市场与要素市场综合竞争能力的体现。企业、行业之间的竞争关系要比产品之间的竞争关系复杂得多。它不仅包括传统产品市场对于共同资源和有限客户等基本要素的争夺,而且还涉及对诸如资本、原材料、人才、知识,甚至政府许可证等要素市场基本单元的竞争和争夺。因此,企业创新发展水平是产品市场与要素市场综合竞争能力的体现。产品市场竞争力是企业创新发展水平的基础,而要素市场竞争力是促进产品竞争力发展的动力。显然,对于要素市场竞争能力而言,不同的行业仍然具有可比性,体现了行业经营理念和运行管理机制方面更深层次的问题。

②企业创新发展水平是企业研究开发与技术创新综合竞争能力的体现。如前所述,企业创新发展水平是企业开展科技进步、自主创新活动状况及其影响的全面评价,是企业研究开发与技术创新综合竞争能力的体现。企业创新发展水平反映的是企业在持续获得产品盈利率和市场占有率过程中,所涉及的有关体制、环境、科技、文化等深层次原因的问题。而这些体制、机制,以及科技对于经济发展促进等问题是可以在不同省市、不同行业之间进行比较,可以反映它们之间经营状况和实质。

③对于不存在竞争关系的行业也可以对其进行创新发展水平的比较。企业创新发展水平是衡量企业、行业、区域、国家之间科技进步对于经济发展促进作用的能力,是企业、行业、区域

和国家中科技对于社会经济发展支撑和引领作用的综合竞争能力。它表征了企业经营的一种状况、素质和结果,在经济学中称为存量。两个企业、行业没有经济市场意义的竞争关系,不一定没有创新发展水平的比较基础,两个企业、行业之间创新发展水平的比较是不以是否存在竞争关系为前提的。这正如美国的大学与中国的大学之间同样可以进行有关创新发展的比较,并从中发现我国在办学理念、方法等方面与国际先进大学之间存有差距。同样,可以对美国与中国企业之间进行创新发展比较,尽管他们之间大多并不存在实际意义的竞争关系。

④企业创新发展水平的比较是企业科技进步发展状况相对优势的比较。创新发展水平测度了企业开展研究开发与技术创新的能力和竞争优势,属于一种相对竞争优势的测量,反映了企业相对于竞争群体平均水平而言的竞争优势,以及企业在该竞争群体中的相对位次。按照竞争力经济学的理论和方法,相对竞争优势是一个相对量,处于不同竞争群体的企业或行业的相对竞争优势是可以比较的。这样可以通过经济学的方法测量企业、行业之间的相对竞争优势,而且不同方面的竞争优势还可以相互累加,从而测量不同行业之间企业创新发展水平的相对强弱。具体处理过程和数据计算方法将在下面章节中详细讨论。

二、企业创新发展指数评价指标体系

1. 企业创新发展指数指标选取原则

在以上评价原则的基础上,就可以实际构建企业创新发展指数评价指标体系。在具体确定和选择企业创新发展评价指标时,应注意遵循以下原则:

(1)科学性。评价指标要能真正反映企业研发活动和技术创新的现实状况,发展潜力和变化趋势。强化指标的客观监测与科学评价功能,以及对企业创新活动的实际引导作用。

(2)国际可比性。指标选择要注意与目前国际通行的指标保持一致,尤其是与洛桑国际管理学院、世界经济论坛、OECD 等国际权威评价机构的指标相互一致,保证评价指标具有国际可比性,能够被世界学术界认可和应用。

(3)独创性。在国际通用和可比的前提下,在评价指标的选取上,还要注意反映,由于我国政治制度和政策法规的不同,我国企业开展自主创新活动所独具的性质和特点。创造性地提出具有我国评价特色的、新型的企业创新发展评价指标,作为国际创新评价指标体系的有益补充和动态发展。

(4)可操作性。在指标设置上的一个关键问题,是要考虑这些指标是否能够采集到权威、准确的公开数据。虽然在理论研究中可以设置很多指标,有些甚至是非常具有理论和实践意义的,但如果该指标采集不到数据,也是没有用的,因为不具有可操作性。

(5)相对稳定性。评价指标体系要保持相对的稳定,在一般情况下,不要轻易的变动,否则达不到累积比较的目的。例如,如果一个指标在二三年之后就没有了,就很难在该指标涉及的方面动态监测和比较分析一个企业在 5 年或 10 年以后的发展变化情况。

为了使统计评价工作更加准确和客观,真正反映我国企业创新发展的实际情况和发展趋势,在评价指标的设计和选择上,还要根据统计和评价的理论方法基础,注意遵循以下一些指标选取原则,以使评价指标能够相关互补、有机平衡,并满足唯一的评价服务目标。

(1)总量指标与平均指标相结合。为了更加全面的反映不同省市、不同行业企业创新发展的水平状况和变化趋势，兼顾发达地区、落后地区、优势行业，以及后进行业的不同情况，需要平衡考虑总量指标（如 R&D 总经费）和平均指标（人均 R&D 总经费）所占的比例。一般来说，总量指标可以更好地反映企业或行业创新发展的规模或实力，而平均指标能够更加深入地揭示企业或行业创新资源的开发及利用的效率。

（2）绝对指标与相对指标相结合。其实绝对指标和相对指标是更加宽泛的概念，总量指标属于绝对指标，而人均指标属于相对指标。绝对指标显示的是评价对象针对某项指标的绝对数量，并不考虑产生该数量的其他因素。为了更客观地评价企业的创新发展状况，在该研究中，很多情况是将企业 3 年的平均值作为该指标的绝对数量。相对数量显示的是该指标经过计算和比较得出的相对数量，例如，人均数量、年增长率、单位投入产值、所占总量比例，以及不同指标比值等。相对指标一般能够从多方面、多视角，更加客观、准确地揭示评价对象的发展状况和工作绩效。因此，在该研究中采取了比较多的相对指标，以期能够更加全面、客观地描述我国企业创新发展的状况和趋势。

（3）经济指标与科技指标相结合。企业创新发展的终极目标是在竞争性市场中，持续有效地生产或提供比其他企业更好的产品或服务，并长久获得更多市场赢利和自身发展的能力。技术创新与科技进步的成果和作用要最终体现在企业经济实力的提升和市场占有率的提高。所以，评价企业创新发展水平应该选择相应的经济学指标，例如，企业利润总额、企业营业总收入、全员劳动生产率等。只有经济指标与科技指标相互有机结合，才能真正反映出企业创新发展和科技进步对于经济社会的强大推动作用。

2. 企业创新发展指数系统设计思想

企业创新发展评价是一个复杂的大系统，它包含企业创新发展水平的总体评价，各组成要素发展水平评价、各子要素发展水平评价，以及各评价指标发展水平的评价。实际上，企业创新发展评价是由单个指标评价和整个指标体系的综合评价组成的。就目前应用的有关经济、社会、科技，以及竞争力的综合评价指标体系而言，大致可以分为两类：一类是以 IMD 和 WEF 为代表的指标评价体系，主要以大量指标的系统描述为基础，展现了竞争力信息平台的潜在功能，为分析和研究国际竞争力背后的复杂关系和成立模式提供了比较充分的变量与结构空间。另一类是以少数核心指标为中心建立的评价指标体系，例如英国贸工部以及联合国工业发展组织，分别选择 1 个或 5 个评价指标构建的创新评价指数。

通过分析近几年 IMD 体系结构的发展变化，可以看出，IMD 国际竞争力的评价指标体系正在逐步实现对称性设计。例如，从 2001 年以后，IMD 国际竞争力指标体系基本都采用 4 × 5 的对称式结构，即在国际竞争力总体评价目标之下，设计 4 个基本要素，每个基本要素所代表的部分竞争力追求大致平衡。而在每个基本要素之下，又分别设计 5 个子要素，各个子要素包括若干评价指标，指标数量不一定相等，但基本保持平衡。

类似于国际竞争力评价，企业创新发展评价也是一个复杂的巨系统。在信息化、全球化的影响下，创新发展涉及的范围越来越广，影响因素非常多，因此需要直接描述的评价指标也越来越多。

为了更加全面、客观、有效地评价企业创新发展的状况和趋势，我们采用 IMD 研究比较成熟的对称性设计模式，选择比较多的评价指标，利用等权-综合的方法体系，并根据我国各省市、地区和工业行业创新发展的总体情况，构建了中国企业创新发展指数。总体评价目标被划分为 4 个组成要素，然后，每个组成要素进一步分解成 3 个子要素；最后，每个子要素再分解为

4～6 个评价指标。整个指标体系共包括 4 个层次,58 个评价指标。

3. 企业创新发展指数组成要素

在瑞士洛桑国际管理学院(IMD)和世界经济论坛(WEF)有关国家和企业竞争力研究的影响下,国内许多专家、学者也分别从不同角度、不同层面对企业创新发展和核心竞争力的基本组成要素进行了研究和界定。现有的研究普遍比较重视创新基础、创新投入、创新支出等几类属于比较优势范畴的基础性要素,认为创新基础是形成企业创新发展的经济基础和发展潜力,创新投入是构成企业创新发展的必要条件和前提,而创新产出是创新活动结果的外在表现形式,也是显示企业创新发展水平高低的重要组成部分。同时,从竞争优势范畴考虑,认为比较一个国家、地区或企业创新发展优势的核心要素是其创新活动主体的创新效率及影响其效率的创新环境。因此在对国家、地区或企业的创新发展水平进行评价时,还应该适当增加评价其创新效率及影响环境的要素和指标。

综合分析现有理论的研究要点,并考虑中国企业创新发展的现状和特征,该研究运用迈克尔·波特提出的描述某一区域或某一特定领域竞争优势的钻石理论,提出反映企业创新发展的效率和影响科技创新效率的 4 个关键组成要素:创新基础要素、创新能力要素、创新活动要素和创新绩效要素构成企业创新发展钻石评价模型,并据此建立评价我国企业创新发展指数评价指标体系。企业创新发展指数钻石评价模型可以用图 2-1 表示。

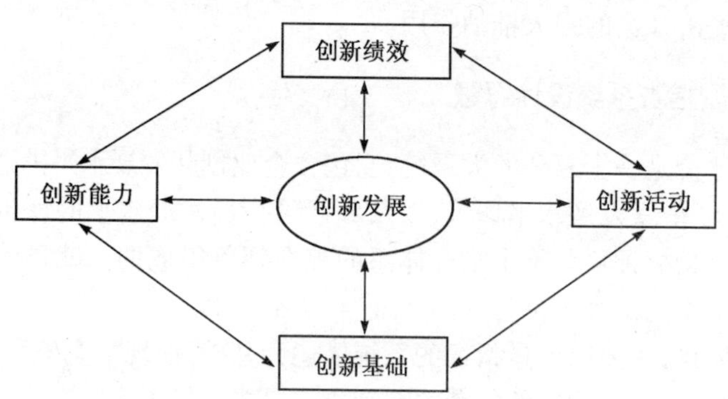

图 2-1　企业创新发展指数钻石评价模型

(1)创新基础要素。创新基础要素主要反映支撑企业创新发展的经济实力、经费来源,以及设施基础,由经济表现、基础设施和 R&D 经费 3 个子要素组成。企业通过研究开发、技术创新等活动使科技资源变成现实科技生产力,必须以强大的经济实力为基础,良好的基础设施保障,以及拥有充足稳定的研究开发经费投入。同时,创新基础要素也从另一个侧面反映了企业创新发展对其经济市场运营的直接促进作用。

具有较高创新发展水平的企业应该具有较好的市场盈利能力和较高的运营管理水平,企业近 3 年销售收入和利润总额呈稳定上升势头。应该持续加大研究开发和技术创新的经费投入,技术储备能力较强,并不断提高研发投入占销售收入的比例。同时,企业不断强化基础设施现代化的建设,大力推广节能降耗、环境保护、安全生产等方面的先进适用技术,倡导节约型的生产方式和消费方式,使总资产收益率逐年提高。

(2)创新能力要素。在该研究中,企业创新能力的概念是狭义的,主要根据科学能力论中社会科学能力的含义,即科研人力、实验条件和信息网络等,所以创新能力要素选择 R&D 人力、科研条件和技术获取 3 个子要素。因为投入充足的、高素质的研究开发人力,具有先进的科研实验条件,以及畅通的技术和信息获取渠道是企业创新发展的前提条件和根本保证。

具有较高创新发展水平的企业,应该不断加强创新人才队伍的建设,重视对科技人员和高技能人才的培养、吸引和使用。持续更新和引进国内外最新的仪器设备和前沿技术,始终保持较强的技术开发能力和雄厚的科研发展后劲。

(3)创新活动要素。创新活动要素具体反映企业开展研究开发和技术创新活动的进展状况,由技术研发、项目研究和科研合作 3 个子要素构成。创新活动的有效开展是全面促进企业提高创新效率的直接的动力和因素,也是强化企业创新发展水平的最重要的环节和基础。

具有较高创新发展水平的企业,应该有比较完善的、产学研相结合的技术创新体系,能够有效促进科研成果尽快转化为现实生产力,提高企业的自主创新能力和国际竞争力。同时,积极承担或参与国家研究开发任务和国家、地方的科技计划。在引进国内外先进技术的基础上,促进消化吸收和再创新。营造创新氛围,建设创新文化,努力开展技术革新、技术攻关、技术发明等各种类型的创新活动。

(4)创新绩效要素。创新绩效要素反映企业通过研究开发和技术创新活动所创造出的全部科技成果以及由此引起的影响和进步,包括知识产权、产品开发和技术进步 3 个子要素。创新绩效是开展研究开发和技术活动效果的最终体现,是企业创新发展水平最集中的表现形式。

具有较强创新竞争力的企业,应该掌握核心技术并具有自主知识产权,整体技术水平在同行业居于领先地位,处于产业链的高端,对行业发展和产业升级的带动作用较大。积极主导或参与国际、国家或行业技术标准的制定工作,通过竞争发展形成企业独特的自主品牌。建立了比较完善的知识产权管理体系和质量保证体系,努力获得更多的科学发现和技术发明。

表 2-1 企业创新发展指数组成要素及子要素

企业创新发展指数			
创新基础	创新能力	创新活动	创新绩效
经济表现	R&D 人力	技术研发	知识产权
基础设施	科研条件	项目研究	产品开发
R&D 经费	技术获取	科研合作	技术进步

创新基础要素、创新能力要素、创新活动要素和创新绩效要素相互作用、相互影响,形成一个有机的整体。以创新基础作为企业创新发展的支撑和动力;促进创新能力发挥最大的效能,正常高效地运转;通过创新活动转化为现实生产力,不断发挥科技资源的潜力,提高企业创新效率,保持持续的经济增长和市场占有率,使企业科技竞争力进一步提高,不断推动企业的进步和发展,形成拥有自主知识产权、自主品牌和持续创新发展的创新型企业。

针对我国大多数企业创新机制不畅、创新能力薄弱、创新活动不足,以及创新绩效不高的突出问题,中国科学技术信息研究所开展企业创新发展指数研究,以提升企业自主创新能力为核心,推动企业建立和完善有利于创新的体制和机制,增强技术创新的内在动力和能力,引导企业走创新型发展的道路。加强对省市与行业创新发展的动态监测和评估,定期公布统计分析结果。激励和引导企业增强自主创新能力、加快经济结构调整和增长方式转变、为建设创新型国家提供有力的支撑。

4. 企业创新发展指数评价指标体系

企业的创新发展过程是技术创新活动、生产经营活动与管理实践活动的统一体，是从技术开发到最终商业化应用的一系列相关活动的总和。因此要对企业创新发展水平的高低进行评价是一个复杂的系统工程问题，需要对构成企业创新发展的各种要素进行系统的综合评估。

因此，设计科学合理的评价指标体系是对企业创新发展进行客观、公正评价的重要基础。企业创新发展水平是个相对的概念，需要通过相互比较而得出，任何孤立的评价值或评价判定都是无现实意义的。同时，在实际评价企业创新发展水平时，不能只对其行为业绩进行评价，还应该从形成其创新发展水平高低的原因、过程及条件进行全面、动态的评价。所以，对企业创新发展的评价要通过多角度、多指标描述，既包括过程的评价也包括结果的评价。

在对企业创新发展组成要素系统分析的基础上，经过初选以及专家评议，选择从创新基础、创新能力、创新活动、创新绩效等 4 个方面刻画企业创新发展水平，并最终构建了一个包含 4 个组成要素、12 个子要素、58 个评价指标的企业创新发展指数评价指标体系（表 2-2）。

三、企业创新发展指数评价指标说明

1. 企业基本情况数据

在这部分中，主要列举一些事实性数据，用以显示全国各个省市和行业企业经营发展的基

表 2-2　企业创新发展指数评价指标体系

总体目标	组成要素	子要素	评价指标	指标编号	指标类型
企业创新发展指数	创新基础	经济表现	企业人均主营业务收入	1.1.1	相对指标
			企业人均利润总额	1.1.2	相对指标
			3 年主营业务收入平均值	1.1.3	绝对指标
			3 年利润总额平均值	1.1.4	绝对指标
			利润总额占主营业务收入比例	1.1.5	相对指标
		基础设施	生产经营用机器设备原价	1.2.1	绝对指标
			微电子控制设备费用	1.2.2	绝对指标
			企业人均生产经营用机器设备原价	1.2.3	相对指标
			微电子设备费用占机器设备原价比例	1.2.4	相对指标
		R&D 经费	3 年 R&D 经费平均值	1.3.1	绝对指标
			R&D 人员平均 R&D 经费	1.3.2	相对指标
			R&D 经费占主营业务收入比例	1.3.3	相对指标
			3 年 R&D 经费平均增长率	1.3.4	相对指标
			企业人均科技活动经费	1.3.5	相对指标
			吸收政府资金占企业科技活动经费比例	1.3.6	相对指标

续表

总体目标	组成要素	子要素	评价指标	指标编号	指标类型
企业创新发展指数	创新能力	R&D 人力	R&D 人员占从业人员比例	2.1.1	相对指标
			3 年 R&D 人员全时当量平均值	2.1.2	绝对指标
			科学家和工程师占科技活动人员比例	2.1.3	相对指标
			企业每千人拥有高中级技术职称人数	2.1.4	相对指标
			企业每千人拥有博士和硕士人数	2.1.5	相对指标
		科研条件	企业平均设立科技机构数	2.2.1	相对指标
			设立科技机构企业占本行业/省市企业总数比例	2.2.2	相对指标
			企业平均科技机构经费支出	2.2.3	相对指标
			科研基建支出占科技活动内部支出比例	2.2.4	相对指标
			科技机构人均仪器设备原价	2.2.5	相对指标
		技术获取	技术引进支出占主营业务收入比例	2.3.1	相对指标
			企业对国外技术的依存度	2.3.2	相对指标
			购买国内技术经费支出占主营业务收入比例	2.3.3	相对指标
			3 年购买国内技术经费平均值	2.3.4	绝对指标
			购买国内技术经费与技术引进支出比值	2.3.5	相对指标
	创新活动	技术研发	有 R&D 活动企业占本行业/省市企业总数比例	3.1.1	相对指标
			技术改造经费支出占主营业务收入比例	3.1.2	相对指标
			3 年技术改造经费平均值	3.1.3	绝对指标
			消化吸收支出占主营业务收入比例	3.1.4	相对指标
			消化吸收支出与技术引进支出比值	3.1.5	相对指标
		项目研究	企业平均拥有 R&D 项目数	3.2.1	相对指标
			企业平均拥有新产品开发项目数	3.2.2	相对指标
			企业 R&D 项目数占企业科研项目数比例	3.2.3	相对指标
			项目人员平均科研项目经费	3.2.4	相对指标
			3 年科研项目经费平均增长率	3.2.5	相对指标
		科研合作	科技活动外部支出占科技活动总额比例	3.3.1	相对指标
			对科研院所和高校科技支出	3.3.2	绝对指标
			对其他企业科技支出	3.3.3	绝对指标
			对科研院所和高校科技支出与对其他企业科技支出比值	3.3.4	相对指标

续表

总体目标	组成要素	子要素	评价指标	指标编号	指标类型
企业创新发展指数	创新绩效	知识产权	企业每千人申请专利数量	4.1.1	相对指标
			企业每千人拥有发明专利数量	4.1.2	相对指标
			发明专利申请量占全部专利申请量比例	4.1.3	相对指标
			每百万元 R&D 经费产生发明专利数量	4.1.4	相对指标
			3 年发明专利申请量平均增长率	4.1.5	相对指标
		产品开发	有新产品销售企业占本行业/省市企业总数比例	4.2.1	相对指标
			单位新产品开发经费获得新产品产值	4.2.2	相对指标
			新产品销售收入占主营业务收入比例	4.2.3	相对指标
			新产品出口额占新产品销售收入比例	4.2.4	相对指标
			企业人均新产品销售收入	4.2.5	相对指标
		技术进步	享受各级政府技术开发减免税	4.3.1	绝对指标
			国家认定创新型企业占全部企业的比例	4.3.2	相对指标
			全员劳动生产率	4.3.3	相对指标
			3 年工业总产值平均增加值	4.3.4	相对指标

本情况，包括：企业数量、从业人员、工业总产值、主营业务收入，以及利润总额等。这部分指标不作为评价指标，也不参加企业创新发展指数评价指标体系的综合评价排序。这些数据仅作为读者和用户了解省市、行业企业发展情况的基本参考。

2. 评价指标说明

企业创新发展指数评价指标体系共包括 4 个组成要素、12 个子要素和 58 个评价指标。有关 4 个组成要素和 12 个子要素的构成和关系已如前所述，下面按 12 个子要素，分别对 58 个评价指标进行简要的说明。由于在该研究中，所有基础数据均采自国家统计局公布的工业企业科技活动统计资料以及企业自主创新统计数据，所以基础数据的统计意义和采集方法，都按照国家统计局认定的标准和口径。

(1)经济表现。在这一子要素中包括 5 个评价指标：企业人均主营业务收入、企业人均利润总额、3 年主营业务收入平均值、3 年利润总额平均值和利润总额占主营业务收入比例，主要考察企业近 3 年来的经济实力和市场盈利情况。在这部分，同时包括了两个平均指标和总量指标，其目的是既要考虑企业的经济发展规模，也要重视人员生产效率，使不同规模的企业置于相同的评价比较平台之上。而“利润总额占主营业务收入比例”这一指标能够更好地反映企业低耗节能生产，获取最大利润的能力。

(2)基础设施。在这一子要素中包括 4 个评价指标：生产经营用机器设备原价、微电子控制设备费用、企业人均生产经营用机器设备原价和微电子控制设备费用占机器设备原价比例，主要考察企业进行生产经营的基础设施建设情况。前两个指标主要通过企业对于基础设施的投资数量，反映企业建设生产经营设备的状况。第3个指标进一步表现企业人均拥有生产设备的情况，从而可判断其从业人员的生产能力和效率。第4个指标则集中显示了企业设备的现代化和电子化程度。

(3)R&D经费。在这一子要素中包括6个评价指标：3年R&D经费平均值、R&D人员平均R&D经费、R&D经费占主营业务收入比例、3年R&D经费平均增长率、企业人均科技活动经费和吸收政府资金占企业科技活动经费比例，主要考察企业对于技术创新和研究开发的经费投入情况。前两个指标同样是总量指标与平均指标的结合；第3个指标通常称为R&D投入强度，鉴于目前企业经营的多样化，该指标强调主营业务收入，而非笼统的销售收入，这样更易于按专业分类的行业比较；第4个指标是一个描述增长趋势的指标，表现企业对于研发活动的重视程度；由于企业科技活动是研发活动的基础和外延，所以增加“企业人均科技活动经费”这一指标，以反映企业更广泛的创新发展基础；目前在我国，政府资金主要是以重大科研项目的形式投入到高校、研究机构和企业之中，所以设立第6个指标用于比较企业科技活动经费的创新程度，同时也可以表现企业逐步成为我国创新主体的趋势。

(4)R&D人力。在该研究中，将R&D人力作为企业创新能力的重要组成部分。在这一子要素中包括5个评价指标：R&D人员占从业人员比例、3年R&D人员全时当量平均值、科学家和工程师占科技活动人员比例、企业每千人拥有高中级技术职称人数和企业每千人拥有博士和硕士人数，通过各种人员比例动态地显示企业创新人力资源的实际构成。其中，第1个指标通过R&D人员所占的比例表示企业开展创新活动的基础和能力；第2个指标利用企业3年R&D人员全时当量的数据，比较客观地揭示了企业开展创新活动的实际情况；第3个指标通过科技活动人员中科学家和工程师所占的成分，可以比较准确地表明企业开展科技活动的科技含量和预期效果；后两个指标按照国际惯例，显示了企业千人中拥有的博士、硕士和高中级技术职称的人数，通过高端科技人才的比较，体现企业创新开发的能力和潜力，以及企业实施创新人才政策战略的实际成效。

(5)科研条件。在这一子要素中包括5个评价指标：企业平均设立科技机构数、设立科技机构企业占本行业/省市企业总数比例、企业平均科技机构经费支出、科研基建支出占科技活动内部支出比例和科技机构人均科技机构仪器设备原价，主要反映企业开展技术创新活动所拥有的基础科研条件，并将此作为构成企业创新能力的基本组成部分。由于这部分可利用的统计数据比较少，所以主要通过设立科技机构数量、科研基建支出和科技机构仪器设备投入等基本指标描述。第1个指标中提及的“企业平均设立”是指某省市或行业中所有企业平均拥有的科技机构数量；第2个指标通过设立科技机构企业的数量比例显示省市或行业科研条件的实力和基础；第3个指标也是反映省市或行业中企业平均支出的科技机构经费，可以更加客观地表现发达省市、优势行业与落后地区、后进行业企业的真实实力；而后两个指标则是通过科研基建和仪器设备的投入，具体显示了企业在科研条件方面所体现的优势和竞争能力。

(6)技术获取。一般在创新能力和社会科学能力中主要讨论信息网络建设和竞争情报收集。但在企业创新发展过程中更多地需要技术的支持和引进，所以将这一子要素定义为技术获取。在这一子要素中包括5个评价指标：技术引进支出占主营业务收入比例、企业对国外技术的依存度、购买国内技术经费支出占主营业务收入比例、3年购买国内技术经费平均值和购买国内技术经费与技术引进支出的比值。前两个指标的设立似乎有些矛盾，因为企业对国外技术依存度的降低取决于技术引进的减少和R&D经费投入的增加。但通过对我国省市或行业现实引进情况的调查发现，我国大部分省市和行业的技术引进的投入其实还是较低的。考虑到在企业创新发展的初级阶段，适当的技术引进还是一个迅速提高企业技术实力的有力手段和必要措施，所以第 1 个指标仍然鼓励企业在主营业务收入中适当加大技术引进的比例。与此同时，让指标设计的更加提倡和引导企业更多吸收和获取国内的先进和适用技术，从而持续不断促进国内技术的流动和输出，推动企业技术创新的发展。因此第 3 和第 4 个指标给予这方面的分析和监测，而第 5 个指标更是将购买国内技术的经费与技术引进支出的经费进行了直接的比较。

(7)技术研发。作为企业开展技术创新活动的主体，技术研发子要素包括 5 个评价指标：有 R&D 活动企业占本行业/省市企业总数比例、技术改造经费支出占主营业务收入比例、3 年技术改造经费平均值、消化吸收支出占主营业务收入比例和消化吸收支出与技术引进支出比值，主要反映企业开展技术改造活动和坚持消化吸收再创新的情况。第 1 个指标通过具有 R&D 活动企业在本行业或省市企业中所占的比例，清楚地表现了行业或省市开展技术创新活动的总体情况；第 2 个指标和第 3 个指标利用绝对指标和相对指标的结合，集中显示了企业开展技术改造活动的情况；第 4 个指标则是鼓励企业使自己的消化吸收支出在主营业务收入中占到更大的比例；第 5 个指标是国际通行的评价指标，直接比较企业用于消化吸收和技术引进的经费支出。在工业发达国家，其企业消化吸收与技术引进支出的比值通常都达到 5∶1～8∶1，而我国企业该项指标的比值还普遍比较低。

(8)项目研究。在这一子要素中包括 5 个评价指标：企业平均拥有 R&D 项目数、企业平均拥有新产品开发项目数、企业 R&D 项目数占企业科研项目数的比例、项目人员平均科研项目经费和 3 年科研项目经费平均增长率，主要表现企业进行有关技术创新项目研究的情况。第 1 个指标和第 2 个指标分别显示省市或行业中企业平均拥有的 R&D 项目数和新产品开发项目数，可以用于监测企业开展创新项目研究实际状况；第 3 个指标主要反映了企业科研项目中 R&D 项目所占的成分，通过项目的细分，更加准确地反映企业开展创新活动的态势和投入比重；第 4 个指标是平均指标，用以表现每一个项目研究人员实际拥有的项目研究经费，通过平均值客观显示项目研究的运营效率和人员与经费匹配的科学性及合理性。而第 5 个指标是增长率指标，主要反映企业对于创新项目的重视程度，以及对于创新项目持续支持投入的发展趋势。

(9)科研合作。该子要素是创新活动另一个重要组成部分，共包括 4 个评价指标：科技活动外部支出占科技活动总额比例、对科研院所和高校科技支出、对其他企业科技支出和对科研院所和高校科技支出与对其他企业科技支出比例，主要反映企业与外部机构，尤其是与科研院所及高校开展科研合作的情况。第 1 个指标是通过监测企业科技活动外部支出所占的比例来体现企业开展对外科研合作的整体趋势；第 2 和第 3 个指标都是绝对指标，直接显示企业与科研院所和高校进行的合作交流状况，以及企业相互之间开展合作交流的态势；第 4 个指标通过不同企业对外合作支出的对比，动态监测企业开展对外科研合作的重点和倾向，努力引导企业加快建设以企业为主体、市场为导向、产学研相结合的技术创新体系。

(10)知识产权。不断研发和拥有自主知识产权，例如，专利、标准、软件著作权等，是企业创新发展最主要的目标和任务。因此，也是企业创新绩效评价的重要内容，受到国内外企业创新评价专家、机构的普遍重视。鉴于我国企业的实际情况和统计数据的限制，在该子要素中包括 5 个评价指标：每千人申请专利数量、每千人拥有发明专利数量、发明专利申请量占全部专利申请量比例、每百万元 R&D 经费产生发明专利数量和 3 年发明专利申请量平均增长率，主要反映企业申请和批准专利的情况,以此客观体现企业创新发展的绩效水平。前两个指标是国际通行的评价指标,以千人为单位监测企业申请专利的数量,以及被批准发明专利的数量;第3个指标是以发明专利申请量所占的比例,区分不同专利申请的重要程度,突出显示企业进行技术创新的成果;第4个指标是投入-产出比指标,通过每百万R&D经费投入产出的发明专利数量,反映企业创新发展的成果和效率;而第5个指标是增长率指标,显示企业在3年内发明专利的增长速率,可以更好地表明企业研究开发和技术创新良好发展的趋势。

(11)产品开发。将实验室研究成果转化为现实生产力的最主要体现是企业持续开发具有自主知识产权的新产品,因此,产品开发是评价企业创新绩效的另一个重要方面。在该子要素中包括5个评价指标:有新产品销售企业占本行业/省市企业总数比例、单位新产品开发经费获得新产品产值、新产品销售收入占主营业务收入比例、新产品出口额占新产品销售收入比例、企业人均新产品销售收入,从多角度和多途径反映企业开发新产品的现实状况和发展趋势。第1个指标是从宏观方面描述省市或行业开发新产品的整体状况;第2个指标是投入-产出指标,用以显示单位新产品开发经费所获得的新产品产值,可以很好地评价企业新产品开发的经济效率;第3个指标通过细分新产品销售收入在企业主营业务收入的比重,能够更准确地反映新产品开发在企业经济运营中的地位和作用;第4个指标则是通过考察新产品出口额在销售总收入中的比重,更加深入地反映企业开发新产品的水平,争夺海外市场状况,以及形成国际品牌的态势;第5个指标是平均指标,从人均的角度反映企业开发新产品的经济效率和收益。

(12)技术进步。企业推行创新发展战略的直接作用是全面促进企业的技术进步和效率提升,因此,技术进步也是评价企业创新绩效的重要方面。在该子要素中包括4个评价指标:享受各级政府技术开发减免税、国家认定创新型企业占全部企业的比例、全员劳动生产率、3年工业总产值平均增加值,通过外界的认可和评价,以及企业相关的统计数据,动态监测企业获得技术进步的效果和影响。第1个指标是通过企业享受各级政府技术开发减免税,反映企业开展技术创新被各级政府承认和奖励的情况,以此表示企业获得技术进步所产生的社会影响;第2个指标通过国家认定创新型企业在省市或行业全部企业所占的比例,表现该省市或行业推行创新发展战略的成效和影响。其中国家认定的创新型企业是指科学技术部、国资委、全国总工会在联合开展的创新型企业试点工作中,从2006年7月到2010年8月,共选择了550家试点企业,包括国家大型骨干企业、民营科技企业,以及实施企业化转制的科研机构;第3个指标和第4个指标分别为人均指标和总量指标,都是表现企业生产运营效率和工业总产值平均增加变化趋势的指标,重点体现企业在推行技术创新的过程中,相应引发的技术进步和效率提升。因为,在国家统计局公布的"2008年工业企业科技活动统计资料"中取消了"工业增加值"这项指标,所以在2010年创新指数的统计中,我们用"3年工业总产值平均增加值"指标来代替。而相应的"全员劳动生产率"也用工业总产值平均增加值来计算。

如前所述,在本研究中,主要选择和使用的基本都是国家统计局公布的数据型定量指标。其实,为了更加客观、准确地评价企业创新发展的整个过程,还需要许多的定性指标、调查指标,以及背景指标。例如,对于企业创新组织、创新管理、创新环境,以及创新文化的监测和评价等,都非常需要这样类型的指标。在今后的研究中,我们将不断研究、开拓,并及时引进、补充这类型的指标。

第三章　企业创新发展指数分析方法

中国企业创新发展指数基于IMD等国际著名竞争力研究机构的评价理论和方法,设计了一整套定量评价的指标体系和数据处理方法。在强调地区或行业宏观环境对企业创新发展影响和作用的同时,更加关注创新发展指标之间交互作用的结果。具体评价过程是:广泛采集多项指标,分层归类,做出可比口径的标准化值,进而做出各项指标及综合目标的排序,并在实际跟踪企业创新发展变化的过程中,不断补充完善年度评价指标体系。

一、指标标准化与要素权重确定

由于企业创新发展评价的统计指标功能各异,视角不同,并且指标之间的量纲也不尽相同,因此,对于企业创新发展评价指标体系的设计不能简单化。首先在内容上,要保证每个组成要素、子要素和评价指标都能够深刻体现和科学测度企业创新发展各个方面的内在实力和外部影响;其次还要考虑统计技术上的要求。例如,不同性质指标的有机配合及比例问题,消除不同量纲标准化的客观性问题,指标采集与测度的误差影响问题等,都要求利用规范的统计理论和方法,以保证和提高企业创新发展评价指标体系的质量和功能。

1. 评价指标的标准化

在中国企业创新发展指数的指标体系中,评价指标的量纲很多是不同的,不可以直接相加和对比,因此首先需要对评价指标做标准化处理。得到一个可以相互对比的标准化值,用于计算评价总体、组成要素和子要素的得分结果。标准化处理的方式有很多种,在该项研究中,采用国际通行的标准差方法(Standard Deviation Method,SDM),将各个评价指标转化为可比的标准化值(STD)。

实际上,标准差方法(SDM)是以标准差为单位表示某个数据在全部样本中所处位置的相对位置量数,它可以用来衡量不同国家、地区,以及行业之间的相对差别。具体来说,标准差方法是以一批数的算术平均值作为参照点,以标准差为单位表示每一个数与算术平均值之间的距离。计算出的标准化值(STD)由正负号和绝对数值两部分组成,正负号说明原始数是大于还是小于算术平均值,绝对数值说明原始数相距算术平均值的远近程度,从而准确地刻画了某个数在一批数中的相对位置。原始数据被全部转换成标准化值后,它们的整个分布形态并不会发生改变。经过这样处理以后,就可以将原来不能直接加总的原始指标数据,转化为消除了量纲因素,可以随意相加的标准化值。

在该项研究中,对于每个评价指标,首先计算全部省市或行业的算术平均值和标准差;再使用标准差公式,分别计算每个省市或行业的标准化值(STD)。指标原始数据的标准化处理步骤如下:

(1)计算全部省市或行业某一项指标j的算术平均值:

$$\overline{X_j} = \frac{\sum_{i=1}^{N} X_{ij}}{N}$$

（2）计算全部省市或行业某一项指标 j 的标准差：

$$S_j = \frac{\sqrt{\sum_{i=1}^{N} (X_{ij} - \overline{X_j})^2}}{N}$$

（3）计算第 i 个省市或行业的第 j 项指标的标准化值（STD）：

$$STD_{ij} = \frac{X_{ij} - \overline{X_j}}{S_j}$$

$$(i = 1, \cdots\cdots, N; \quad j = 1, \cdots\cdots, M)$$

其中，X_{ij}表示第 i 个省市或行业的第 j 项指标的原始数据，N 表示参评省市或行业的总数，M 表示评价指标的总数，$\overline{X_j}$ 表示第 j 项指标全部省市或行业的算术平均值，S_j 表示第 j 项指标全部省市或行业的标准差。标准化以后，所有指标数据的均值为 0，方差为 1，即指标数据满足标准正态分布。

由于任何指标的标准差都大于零（不考虑等于零的情况，即各省市或行业的某项指标的值完全相等），STD_{ij}有可能为正值，说明第 i 个省市或行业的第 j 项指标的值高于全部省市或行业的平均水平，而且数值越大，说明该省市或行业在此项指标上的相对优势越明显；也可能为负值，说明第 i 个省市或行业的第 j 项指标的值低于全部省市或行业的平均水平，而且数值越小，说明该省市或行业在此项指标上的相对劣势越明显；若 $STD_{ij} = 0$，则说明第 i 个省市或行业的第 j 项指标在全部省市或行业中处于平均水平。

2. 缺失数据的处理

在国家统计局发布的我国工业企业科技活动统计资料中，有些省市或行业的部分数据有缺失的现象，需要对这些缺失数据进行特殊处理。一般处理缺失数据最常见、最简单的方法是用个案剔除法，但这种方法没法保证行业数据信息的完备性。均值替换法是另外一种常用的处理缺失数据方法，是利用该变量所在群体其他对象取值的平均值来替换该缺失值。这种方法简便、易行，而且对该变量所在群体的均值不会产生影响。但是均值替换法将会造成该变量所在群体标准差的变小，而且对其他统计对象是一种不公平的处理。

由于在工业企业科技活动统计中缺失的数据，通常是那些比较分散、数据量较小，或者难以统计到的数据，因此可以考虑将缺失数据统一默认为零进行计算。但是在样本量较小的情况下，这种处理方法非常容易影响数据的客观性和结果的正确性。尤其是对于数据绝对值比较大的情况，这一处理方法容易对均值和标准差的计算结果产生较大影响。基于以上考虑，在本研究中采取最小值替换法，即利用该变量所在群体其他对象的最小值来替换缺失的变量值，这样既可以避免对均值和标准差产生较大影响，也不至于造成缺失数据被无形“拔高”而产生不公平的排名结果。

3. 要素权重的确定

从 IMD 和 WEF 等国际竞争力权威评价机构关于综合评价方法的研究过程看，他们一直采用等权-综合的方法设计其国际竞争力评价指标体系，只是其评价指标在不断的改进。

这种对称性的指标体系设计为等权的代表性提供了定性的理论依据。设计包含大量指标的综合评价体系，最为重要的一点，是要将现行的评价理论和实证分析结论或经验，以定性的方式，并按照统计思想的分析方式转化为定量的代表性设计。这是一种非常有效的科学研究方法，能够适应信息化社会和社会经济系统日益复杂化的趋势，更好地认识和解决困难多变的现实问题。同时，也适合应用越来越广泛的多学科交叉研究。

中国企业创新发展指数正是这种类型的综合性指标评价体系，包含若干层次、涉及大量指标。因此，中国企业创新发展指数在考虑确定要素权重时，也遵循 IMD 和 WEF 的系统理念和设计思想，主要基于以下两个系统设计原则：

(1)组成要素等权。即创新基础、创新能力、创新活动和创新绩效等 4 个组成要素保持等量权重，每个组成要素权重均为 25%。这样处理就使得 4 个组成要素对于评价总目标的贡献是平等一致的，形成典型的对称设计、等权-综合的应用评价模式。

(2)子要素等权。即每个组成要素下的 3 个子要素保持等量权重，每个子要素的权重均为 8.33%(即 0.25/3 = 0.0833)。但是，子要素等权并不要求其所含的指标数目相同，因为子要素权重的确定并不依赖于它所包含指标的数目。这样可以使得子要素中评价指标的选择更加灵活、合理，便于满足不同情况的需要。

中国企业创新发展指数采取要素等权分配设计的主要好处在于：可以从全局上把握评价省市或行业创新发展各组成要素(或子要素)的重要性，强调各组成要素对于提升企业创新发展水平所做出的贡献，避免使个别组成要素或子要素在创新发展过程中发挥过分重要的作用，而忽视其他组成要素或子要素在创新发展过程中的表现。同时，这样处理可以在一定程度上弥补在指标体系设计中指标间信息的重叠问题，以及在综合评价技术中极端值所带来的偏态分布问题。

二、综合排序方法

经过以上指标标准化与要素等权处理之后，就可以根据指标标准化分值与各组成要素及子要素的赋权值对我国 30 个省市以及全部工业行业的创新发展状况和趋势进行量化评估，并按照计算得出的中国企业创新发展指数进行排序。

1. 子要素与组成要素排序

中国企业创新发展指数在计算评价指标标准化值的基础上，采取分层汇总，等权-综合的方式得出企业创新发展水平的各级排序。具体的数据处理步骤如下：

(1)首先计算 58 个评价指标的标准化值，并且按子要素项目进行归类。由于每个子要素中包含的指标数量不等，所以需要计算子要素内若干评价指标的平均值，然后将 12 个子要素赋以 8.33% 的相等权重(12 × 8.33 = 100)，得到各个子要素的评估得分。进而根据子要素的得分值，给出省市或行业关于每个子要素的排序。

(2)将各省市或行业子要素的得分值按组成要素项目进行归类加总。这样就可以得到省市或行业各个组成要素的评估得分。最后根据组成要素的得分值，给出省市或行业关于每个组成要素的排序。

2. 各省市与行业总体得分及排序

将以上计算出的4个组成要素的得分值加总，并将其转化为百分制数值，就可以得到各个省市和行业的企业创新发展指数的总体得分，并据此最终给出省市或行业的企业创新发展指数总排序。

应该注意，中国企业创新发展指数的总体得分，并不是四大组成要素得分的直接加总，而是经过进一步计算获得的间接数值。即将名列第1位的省市或行业的得分确定为100，其他省市或行业依照各自的相对指数计算得分，这样可以更清楚地显示各省市或行业之间存在的差距。

最后还需要解释的是，对不同省市或行业的企业创新发展水平进行比较是否合理或有意义？前文已经谈到，企业创新发展是一个企业通过研究开发、技术创新，获取科技成果，实现科技进步，在竞争性市场中，持续有效地生产或提供比其他企业更好的产品或服务，并长久获得更多市场赢利的发展过程，是企业现有科技资源、科研能力、创新研发、技术潜质等方面的综合表现。

虽然不同省市或行业的企业发展有着不同的特点和规律，尤其是不同行业的企业在经济规模、产品、市场等方面各不相同，有的甚至有较大差距。但是在现代经济中，技术创新正在成为企业或行业生存和发展的根本，不同行业的企业在利用现有经济与科技资源，通过研究开发和技术创新，营造良好的创新环境、为企业获得经济效益和竞争优势的发展途径，在本质上是一致的，所以也是完全可以监测评价和相互比较的。

在现代市场经济条件下，竞争是绝对的。与不同企业之间存在产品市场竞争和要素市场竞争一样，在企业创新发展能力和水平方面，也同样存在创新基础、创新能力、创新活动，以及创新绩效等方面的相互竞争。例如，企业首先必须在市场竞争中取得经济和规模上的优势，才可能为企业的创新发展打下坚实的基础，持续不断加大对研究开发与技术创新的投入。在一定时期内，一个地区或者国家中数量有限的科技人才，也会成为不同企业在创新发展过程中激烈争夺的对象。为了获取更多的自主知识产权，各个企业都会积极创建有利于技术创新的机制和环境，努力提高科技人员申请专利、发表论文等创新产出的绩效水平。由此可知，从企业创新发展的意义上讲，这种竞争活动是各企业所共有的，而且竞争目标是一致的，因此也就可以在一个共同的信息平台上进行比较和评价。

第四章　我国各省份企业创新发展总体评价

区域创新和企业创新是国家创新体系的重要组成部分，本研究主要利用国家统计局2007—2009年出版的《工业企业科技活动统计资料》公布的数据，选取了中国大陆30个省、自治区、直辖市(以下简称“省份”)的统计数据，根据中国企业创新发展指数的指标体系框架和分析方法，对我国各省工业企业的创新发展情况进行了动态监测与量化分析，为促进我国以及各省更好地开展和实施自主创新发展战略提供参考数据和决策咨询。另外，由于《工业企业科技活动统计资料》统计指标调整的原因，中国企业创新发展指数指标体系中指标编号为“4.3.4”的“3年工业增加值平均值”替换为“3年工业总产值平均增加值”。

一、2008年我国各省份工业企业经营发展状况简要分析

1. 2008年我国工业发展整体情况

工业生产总值创历史新高，但受金融危机的影响，增速持续下跌。2008年，我国大中型工业企业工业总产值按现值计算，首次突破300 000亿元，达到319 348亿元，按2000年不变价计算，亦高涨至228 964亿元，但增长速度继续下降，为14.3%，比2007年下降近4个百分点，降幅有所扩大。这表明，2007年底美国次贷危机爆发，特别是2008年9月演变成国际金融危机以来，我国受国际贸易、产业等传导机制的影响，经济预期下调，再加上国内经济结构调整等因素，全国主要工业生产增速迅速回落。

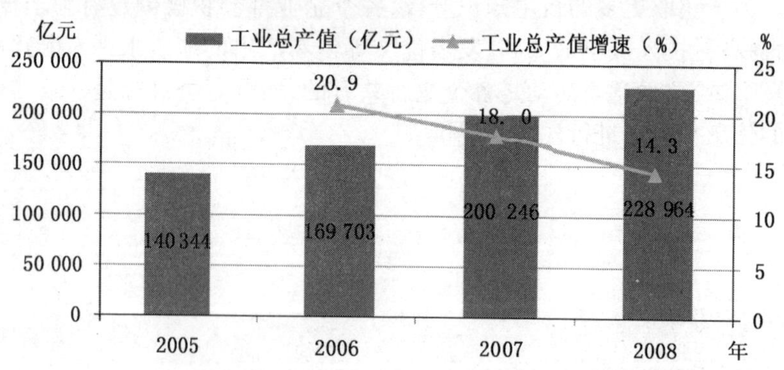

图4-1　2005—2008年我国全部工业总产值及年增长率走势图

注：工业总产值按2000年不变价计算；统计口径为大中型工业企业。

数据来源：国家统计局，国家发展和改革委员会编．工业企业科技活动统计资料(2006—2009)．北京：中国统计出版社

大部分主要工业产品产量有所增长，但增速降幅较大。2008年，我国主要工业产品产量基本上都在增加，但与2007年相比，主要工业产品的增长率均有较大下降。2008年，产量增

幅超过5%的主要工业产品有7种：布、成品糖、家用电冰箱、10种有色金属、汽车、大中型拖拉机和微型电子计算机。但2008年增速比2007年增速下降10个百分点以上的主要工业产品达到13种，包括纱、化学纤维、成品糖、家用电冰箱、房间空气调节器、粗钢、钢材、10种有色金属、乙烯、汽车、集成电路、移动通信手持机和微型电子计算机。特别是乙烯，产量出现了下降（见表4-1）。主要工业产品产量增长乏力，这在很大程度是受到国际金融危机的冲击，市场预期低迷，企业生产望而却步。

表4-1　2008年主要工业产品产量及其增长速度

产品名称	产量	2008年比2007年增长(%)	2007年比2006年增长(%)
纱	2 148.9万吨	3.9	14.7
布	710.0亿米	5.1	10.3
化学纤维	2 415.0万吨	0.1	15.3
成品糖	1 449.5万吨	14.0	34.0
家用电冰箱	4 756.9万台	8.2	24.5
房间空气调节器	8 230.9万台	2.7	17.0
一次能源生产总量	26.0亿吨标准煤	5.2	7.0
粗钢	50 091.5万吨	2.4	16.8
钢材	58 488.1万吨	3.4	21.3
10种有色金属	2 520.3万吨	5.9	22.7
乙烯	998.3万吨	-2.9	11.4
化肥(折100%)	6 012.7万吨	3.2	8.3
发电设备	13 319.4万千瓦	2.5	11.1
汽车	934.55万辆	5.1	22.1
大中型拖拉机	21.7万台	6.9	1.9
集成电路	417.1亿块	1.3	22.6
移动通信手持机	55 964.0万台	2.0	14.3
微型电子计算机	13 666.6万台	13.2	29.3

数据来源：国家统计局．2008年国民经济和社会发展统计公报．2009

全国规模以上工业企业利润总额保持两位数的增长，这主要来自规模以上私营企业的贡献。2008年，全国规模以上工业企业累计实现利润30 562亿元，比2007年上涨12.5%，其中，按注册登记类型划分，私营企业约占27.2%，并同比强劲增长了64.3%。受金融危机的影响，国有和集体企业的利润总额均在减少（见表4-2）。

表 4-2　2008 年规模以上工业企业实现利润及其增长速度

企业类型	利润总额（亿元）	比 2007 年同期增长（%）
规模以上工业企业	30 562	12.5
其中：国有企业	2 532	-3.7
集体企业	617	-3.6
私营企业	8 302	64.3
外商及港澳台投资企业	8 243	9.5
其他企业	10 868	-3.9

数据来源：国家统计局．中国统计年鉴 2008—2009．北京：中国统计出版社，2008—2009

2. 我国各省份工业企业经营发展状况

企业的经营和创新是相互促进、相互影响的。企业只有依靠创新，才能获得持续发展和壮大的动力，而企业良好的经营发展状态将为创新活动提供有力的经济基础和组织支撑，越是经营效益好的企业，越是重视创新活动。本研究选取了 6 项绝对指标（企业数、从业人员年平均人数、工业总产值、工业总产值增加值、主营业务收入、利润总额）和 2 项相对指标（人均主营业务收入、人均利润总额）来进行具体比较和分析，旨在尽可能地从总量规模和相对水平两个层面对各省工业企业发展水平进行全面考察和分析。这一方法并非忽视了区位特征、历史基础、人口条件、政策支持等与一个地区的工业企业经营发展水平密切相关的其他因素，而是便于从定量的层面给出更为直观的描述和比较。涉及对各省份有关情况进行具体分析时，亦会对上述各项其他因素予以考虑。

在工业企业经营发展总量指标上，排名前 5 位的 8 个省份大部分为传统的、基础条件好的东部工业强省（见表 4-3）。其中，广东优势明显，在企业数、从业人员年平均人数、工业总产值和主营业务收入这 4 项指标中位居第 1，并在工业总产值增加值和利润总额中分列第 2、第 3 位；江苏在工业总产值增加值和利润总额两项指标中拔得头筹，并在企业数、工业总产值和主营业务收入 3 项指标中均位居第三；山东在从业人员年平均人数和利润总额两项指标中均位居第二，在企业数指标上位居第四，并在其他 3 项指标中均位列第三；浙江在企业数指标上名列第三，并在从业人员年平均人数、工业总产值以及主营业务收入 3 项指标中均位列第四；河南在企业数、从业人员年平均人数、工业总产值增加值和利润总额指标中均位列第五。其他进入总量指标前 5 位的省份还有上海（工业总产值和主营业务收入均排第五）和黑龙江（利润总额指标排第四）。

与上述总量指标排名集中于传统工业强省的分布特征不同，人均指标上的排名情况较为复杂。在人均主营业务收入指标上，经济发达的津、京、沪三大直辖市分列前 3 位，紧随其后的是新疆和海南；在人均利润指标上，新疆、黑龙江、青海、陕西和天津分列前 5 位。利润总额指标领先的省份中仅有黑龙江在人均利润总额指标中位列第二，其他省份均未能在人均指标中进入前 5 位。一些经济和工业基础较为薄弱的省，如新疆、海南、青海等，在人均指标排名中却取得了不错的表现，这主要是因为这些省份的工业从业人员数量较少，工资及其他成本较低，导致人均主营业务和人均利润总额较高。

表 4-3　2008 年工业企业经营发展基本指标排名前 5 位的省份

排名	企业数（个）	从业人员年平均人数（人）	工业总产值（万元）	工业总产值增加值（万元）	主营业务收入（万元）	利润总额（万元）	人均主营业务收入（万元）	人均利润总额（元）
1	广东 6 539	广东 8 311 491	广东 438 697 473	江苏 88 623 303	广东 426 505 793	江苏 24 761 861	天津 124	新疆 173 883
2	江苏 4 792	山东 5 571 426	江苏 402 867 591	广东 60 936 987	江苏 396 669 661	山东 24 189 809	北京 123	黑龙江 132 911
3	浙江 4 516	江苏 5 365 463	山东 352 265 629	山东 57 214 883	山东 362 438 876	广东 22 454 481	上海 119	青海 114 124
4	山东 3 658	浙江 3 533 029	浙江 229 155 700	河北 40 891 449	浙江 221 899 762	黑龙江 14 902 399	新疆 116	陕西 90 870
5	河南 2 120	河南 2 429 828	上海 174 002 230	河南 28 914 102	上海 182 862 618	河南 11 024 242	海南 106	天津 84 629

注：表内数据为各省份全部企业经营发展基本情况对应的数值。以下同。统计口径为大中型工业企业。以下同。

数据来源：国家统计局，国家发展和改革委员会编．2009 工业企业科技活动统计资料．北京：中国统计出版社，2009

6 项总量指标中排名后 5 位的省份共有 8 个，主要集中在西部欠发达省份（见表 4-4）。其中，海南和宁夏在所有 6 项总量指标中均位列后 3 位；青海除利润总额外在其他 5 项总量指标中排在后 3 位；甘肃在企业数、工业总产值和利润总额指标中排名靠后；贵州在从业人员年平均人数、工业总产值及增加值、主营业务收入这 4 项指标中排名靠后；新疆在企业数、从业人员年平均人数上均排名 27 位，广西在主营业务收入和利润总额上分列第 26、第 27 位。经济基础较好的北京，在工业总产值增加值指标中位列第 26 位（工业总产值全国排名 14 位），这主要是因为其工业总产值基数相对较高，并可能与北京大力发展现代服务业，促进产业升级战略有关。

表 4-4　2008 年工业企业经营发展基本指标排名后 5 位的省份

排名	企业数（个）	从业人员年平均人数（人）	工业总产值（万元）	工业总产值增加值（万元）	主营业务收入（万元）	利润总额（万元）	人均主营业务收入（万元）	人均利润总额（元）
26	甘肃 283	贵州 454 187	甘肃 30 758 311	北京 5 530 592	广西 31 299 939	贵州 1 461 284	四川 50	广东 27 016
27	新疆 282	新疆 412 310	贵州 22 192 257	甘肃 3 519 169	贵州 21 230 145	广西 1 448 788	宁夏 50	江西 24 348
28	宁夏 131	宁夏 192 883	宁夏 9 897 007	青海 1 877 905	宁夏 9 566 329	甘肃 780 770	山西 49	甘肃 16 358
29	海南 99	青海 130 374	青海 8 654 413	宁夏 1 871 001	青海 8 362 948	海南 445 435	福建 48	宁夏 14 577
30	青海 84	海南 75 737	海南 8 271 506	海南 769 760	海南 8 053 927	宁夏 281 171	贵州 47	辽宁 12 821

数据来源：国家统计局，国家发展和改革委员会编．2009 工业企业科技活动统计资料．北京：中国统计出版社，2009

与6项总量指标不同,在2项相对指标上,排名后5位的省份同样东、西部省份兼有。不仅有宁夏、贵州、甘肃等西部欠发达省份,亦有广东、辽宁这样的经济和工业基础比较好的省份。广东、四川分列人均主营业务收入和人均利润总额的第26位,它们较高的从业人员数量造成人均指标偏低;另外一些省份(尤其是西部省份)的总量指标数值和排名较低,也造成了人均指标排位靠后。

上述情况和分析表明,在工业企业经营发展水平上,我国"东强、中西弱"的局面依然持续,但中西部欠发达地区企业的经营状况有所改善。如,重庆和江西2007年在利润总额指标中分别排名第26、第27位,但在2008年排名中已各上升到第24、第25位,脱离了排名后5位的区域。由于中西部人力资源等成本较低,又抓住国家实施中部崛起和西部大开发战略,以及承接东部产业转移的大好时机,中西部地区在经济和创新方面具备较强的发展动力和后劲;在国家政策扶持、后发优势和追赶效应等因素的共同作用下,中西部欠发达地区有能力在企业经济效益,进而在创新发展上取得更大的进步。

二、各省份企业2010年创新发展指数排序情况分析

"中国企业创新发展指数"通过精心筛选的58个指标,利用2006—2008年大中型工业企业统计数据,从创新基础、创新能力、创新活动和创新绩效4个组成要素以及12个子要素两个层面,对我国各省份的企业创新发展水平进行了综合测度和排名。结果显示,与前述各省份工业企业经营发展水平情况类似,我国东部发达地区的企业创新发展水平总体上要高于中、西部欠发达地区,这也在一定程度上印证了企业经营发展水平的提高,促进了创新发展水平的增强。本研究将从总体排名和分类排名两个方面,对我国各省份企业创新发展指数排序情况进行详细分析。

1. 2010年企业创新发展指数排名前10位的省份分析

2010年企业创新发展指数排名前10位的省份仍以东部省份为主,中、西部入围省份各有消长。最新排名表明,创新指数最高的前10位省份是:北京、天津、江苏、上海、山东、广东、浙江、安徽、湖南、重庆(见表4-5)。其中,东、中、西部省份的数量分布是7:2:1,与上一年指数7:1:2的分布情况相比,东部省份仍明显占优,中部省份有所进步,增加了1个(湖南),而西部省份减少了1个(四川)。和"2008年指数"排名相同,前7位均由东部省份包揽,仅排序位次略有变动(见表4-5)。

表4-5 2008年与2010年企业创新发展指数排名前10位的省份比较

排名	2010年企业创新发展指数排名前10位省份	2010年企业创新发展指数	2008年企业创新发展指数排名前10位省份*
1	北京	100.00	北京
2	天津	89.31	上海
3	江苏	83.46	江苏
4	上海	76.81	天津

续表

排名	2010 年企业创新发展指数排名前 10 位省份	2010 年企业创新发展指数	2008 年企业创新发展指数排名前 10 位省份*
5	山东	73.29	广东
6	广东	73.09	山东
7	浙江	63.53	浙江
8	安徽	62.24	四川
9	湖南	61.55	安徽
10	重庆	61.00	重庆

* 来源：庞景安，等．中国企业创新发展指数 2008．北京：科学技术文献出版社，2009

北京连续两年在创新发展指数上获得第 1，企业研发项目众多、技术创新积极有效。北京在创新活动和创新绩效两大组成要素中夺得双冠（见表 4-6）。其中，创新活动的科研合作、项目研究两项子要素居全国第 1 和第 2 位，显示出北京企业较强的研发活力和积极性（特别在企业平均拥有 R&D 项目数、企业 R&D 项目数占企业科研项目数的比例、对科研院所和高校科技支出这些指标上均高居第一）。创新绩效以领先第 2 名天津 26 分的较大优势稳居榜首，其中，子要素知识产权和产品开发均居第一，说明北京的技术创新活动具有很强的优势，发明专利成果丰富（其对应指标：每千人申请专利数量、每千人拥有发明专利数量、发明专利申请量占全部专利申请量比例均独占榜首①）。北京的创新能力进入前三甲，只有创新基础排名相对稍弱（第 6），这主要是子要素：企业经济表现（第 10）和 R&D 经费（第 8）排名略有靠后，其对应的评价指标：3 年利润总额平均值（第 14）、利润总额占主营业务收入比例（第 22）、R&D 经费占主营业务收入比例（第 13）和 3 年 R&D 经费平均增长率（第 29）等处在中下游的位置，表明北京企业的利润总额还有较大的上升空间，此外，尽管研发项目数量可观，但研发经费支出比例及其持续增长机制有待加强。

表 4-6　2010 年企业创新发展指数排名前 10 位省份组成要素的表现

企业创新发展指数排名	省份	创新基础	创新能力	创新活动	创新绩效
1	北京	6(6)	3(9)	1(4)	1(1)
2	天津	5(5)	5(10)	2(1)	2(4)
3	江苏	1(1)	12(8)	3(2)	4(6)
4	上海	3(2)	1(2)	9(5)	5(2)
5	山东	4(4)	7(12)	4(7)	9(8)
6	广东	2(3)	9(6)	22(25)	3(3)
7	浙江	8(7)	16(13)	13(8)	6(5)

① 子要素和指标的排名详情见附录，下同。

续表

企业创新发展指数排名	省份	创新基础	创新能力	创新活动	创新绩效
8	安徽	17(16)	4(3)	11(6)	8(12)
9	湖南	13(19)	6(4)	10(22)	10(9)
10	重庆	16(17)	11(7)	12(16)	7(7)

注:“(　)”中的数字为“2008 年创新指数”组成要素的排名。

天津积极开展研发活动,企业合作研发活跃,劳动生产率高,技术创新产出成绩斐然,其创新发展指数由 2008 年的第 4 位快速上升至第 2 位。天津的创新活动和创新绩效均排名第 2,其中,创新绩效比 2008 年提升了 2 位(见表 4-6)。创新活动和创新绩效的子要素:项目研究(第 1)、科研合作(第 2)、知识产权(第 2)、产品开发(第 3)表现优秀。具体就指标来看,企业平均拥有新产品开发项目数(第 1)、对其他企业科技支出(第 1)、企业平均拥有 R&D 项目数(第 2)、全员劳动生产率(第 1)、每千人拥有发明专利数量(第 2)、发明专利申请量占全部专利申请量比(第 2)均拥有较强的竞争力。天津的创新基础和创新能力都居第 5 位,分别与 2008 年持平和前进了 5 位(见表 4-6),前者的子要素 R&D 经费表现第 1,特别是企业人均科技活动经费是全国最多的,表明研发活动经费有保证。天津的科研基础设施条件比较突出,“企业人均生产经营用机器设备原价”这一指标高居第 2 位,并带动了全员劳动生产率(第 1)的大幅提高。

江苏的创新基础实力雄厚、技术改造强度较大、新产品有较好的国际市场,在 2010 年创新指数上保持原有的优势,仍列第 3 位。江苏创新基础(第 1)实力不俗,其三大子要素:基础设施(第 1)、经济表现(第 3)和 R&D 经费(第 3)的竞争力较强,创新基础全面均衡发展。江苏的创新活动(第 3)、创新绩效(第 4)名列前茅,表现突出的指标有:3 年技术改造经费平均值(第 1)、对其他企业科技支出(第 3)、对科研院所和高校科技支出(第 3)、新产品出口额占新产品销售收入比(第 2)。表明江苏重视技术研发改造,注重产学研合作,新产品对外出口的势头强劲。

上海由 2008 年指数排名第 2 位降至 2010 年指数的第 4 位,和天津互换了位置,主要是因为企业 R&D 活动和对技术改造的投入偏少,产学研合作氛围还不浓厚,发明专利产出少,但仍拥有较好的创新能力和创新基础。上海在创新能力(第 1)和创新基础(第 3)上排名仍然占优,特别是相应的一些子要素:技术获取(第 1),R&D 人力(第 5),R&D 经费(第 2),基础设施(第 4)都显示出较强的活力,表明上海重视吸收和获取国内的先进和适用技术,在 R&D 人力与经费投入、企业生产经营设备条件等创新基础上竞争力强。

但上海的创新活动(第 9)和创新绩效(第 5)分别较上一年排名降低了 4 位和 3 位(见表 4-6),使得上海总体的创新发展指数排名降低。其中,技术研发(第 22)、科研合作(第 9)和知识产权(第 15)三大子要素排名靠后,位次降幅较大,在相应的一些指标上竞争力较弱。如,技术改造经费支出占主营业务收入比(第 24)、消化吸收支出与技术引进支出比值(第 24)、对科研院所和高校科技支出与对其他企业科技支出比值(第 29)、每百万 R&D 经费产生发明专利数量(第 24)、3 年发明专利申请量平均增长率(第 30)。需要指出的是,上海的技术开发减免税力度是全国最大的,“享受各级政府技术开发减免税”这一指标排名全国第 1,企业进行技术研发的政策环境不错，但上海的技术研发子要素连续两年排名第22位，造成发明专利增长乏力，知识产权子要素从2008年指数的排名第5位，直降到第15位，技术开发减免税政策的产出效果似乎并不明显；而且，"对科研院所和高校科技支出与对其他企业科技支出比"这一指标连续两年排名第29位，表明上海的企业进行科研合作时，更多地是与企业进行合作，与科研院所和高校进行合作的积极性不高，产学研合作水平和层面需要提升。

山东开展创新的经济基础较强，科研经费和人力投入全国领先，在2010年指数上领先于广东（第6），排名第5，扭转了2008年指数落于其后的局面。山东的创新基础仍保持第4，与2008年指数评价结果相同（见表4-6），其中有指标"3年利润总额平均值"居第1，经济实力雄厚。创新能力（第7）和创新活动（第4）两大组成要素较往年提升了3～5个位次，其指标：3年购买国内技术经费平均值（第3）、3年R&D人员全时当量平均值（第3）、企业平均科技机构经费支出（第3）、对科研院所和高校科技支出（第2）排名靠前，说明山东在技术获取、R&D人力和科研经费投入以及开展广泛的产学研合作方面具备较强的竞争力。

广东拥有良好的创新基础设施和经济条件，创新绩效凸显，企业技术进步和生产效率大幅提升，创新指数排名全国第6，比2008年指数后退了1位，这主要受创新能力和创新活动排名的影响。广东的创新基础名列前茅（第2），其子要素：经济表现排名第5，比2008年指数评价结果提升2位；基础设施（第2）虽让位于江苏，不能蝉联第1，但仍具有较强的竞争力；R&D经费排名（第7）略落后于创新指数排名，主要是3年R&D经费平均增长率（第13，2008年第8）和企业人均科技活动经费（第26，2008年第23）比较低，而指标"3年R&D经费平均值"（第1）又连续两年一枝独秀，再结合2009年广东大中型工业企业从业人员年均人数达到831.15万人，全国排名第1，可以认为，广东的R&D经费总量和基数以及从业人员总数已经很大了，因此R&D经费增长率保持在一个比较稳定的中等水平、企业的人均科技活动经费被摊小是符合规律的。R&D经费的另外一个指标：吸收政府资金占企业科技活动经费比例（第26，上一年第21）处在下游的位置，说明广东的大中型企业从政府渠道吸收的科技活动经费比重与其他省份相比比较低，它们更多地从非政府渠道筹集科技活动经费。总体上，广东的创新基础优势明显，R&D经费投入力度是比较大的，这助推广东的创新绩效（第3）保持领先优势（3年工业总产值平均增加值排名第1，发明专利申请量占全部专利申请量比例、新产品出口额占新产品销售收入比例均居第3）。

但广东的创新能力（第9）和创新活动（第22）得分拉低了创新指数。就创新能力组成要素而言，仅R&D人力子要素（第2）表现出非凡实力，说明广东的R&D人才基础不错，其他两个子要素：科研条件（第19）、技术获取（第12）的排名都不理想，表明广东大中型工业企业的科研条件实力和基础还需要加强（如企业平均设立科技机构数（第20）、设立科技机构企业占本省市企业总数比例（第20）、科研基建支出占科技活动内部支出比例（第23）都不高）；与购买国内技术相比，广东更愿意引进国外技术（技术获取指标：购买国内技术经费支出占主营业务收入比（第20）、购买国内技术经费与技术引进支出比值（第26）排名靠后，而技术引进支出占主营业务收入比例（第7）、企业对国外技术的依存度（第13）排名相对靠前）。在创新活动评价中，其子要素：技术研发（第23）、项目研究（第15）、科研合作（第13）名列中下游。如前所述，广东虽然更倾向于引进国外技术，但没有注重提升消化吸收能力（技术研发的指标：消化吸收支出占主营业务收入比例、消化吸收支出与技术引进支出比值分别列第20、第25位），此外，广东的技术改造经费总额虽然不算低（技术研发的指标：3年技术改造经费平均值排名第 9),但相对主营业务收入而言,技术改造的支出是全国最低的(技术改造经费支出占主营业务收入比例排名第 30),广东需着重加强技术改造和消化吸收再创新的能力。从项目研究和科研合作来看,广东的 R&D 和新产品开发项目数量还不多(项目研究的指标:企业平均拥有 R&D 项目数第 22、企业平均拥有新产品开发项目数第 21),企业对外进行科研合作的情况不理想,特别需要加强同科研院所的合作(科技活动外部支出占科技活动总额比例,对科研院所和高校科技支出与对其他企业科技支出比值分别排名第 30、第 23 位)。

浙江具有较好的创新基础设施,新产品的市场表现出众,2010 年创新指数排名第 7,与 2008 年相同。创新基础的子要素基础设施排名第 5,其中,指标微电子控制设备费用、微电子控制设备费用占机器设备原价比例均名列第 3 位,表明浙江企业的生产设备智能化和自动化水平较高。创新绩效的子要素产品开发排名第 4,其指标:有新产品销售企业占本省市企业总数比例(第 2)、新产品销售收入占主营业务收入比例(第 5)、新产品出口额占新产品销售收入比例(第 4)、企业人均新产品销售收入(第 6)都居上游水平,说明浙江企业的新产品开发意识强,新产品市场认可度较高,但企业的新产品开发项目数量有待提高(指标企业平均拥有新产品开发项目数排名第 23)。此外,需引起注意的是,浙江的四大组成要素排名同比均有不同程度地降低,特别是创新活动(第 13)和创新能力(第 16)分别下降了 5 位和 3 位,其中创新活动的子要素"项目研究"排名 27 位,比上一年降低了 10 位,其指标:企业平均拥有 R&D 项目数(第 24)、3 年科研项目经费平均增长率(第 30)拉低了创新活动的排名。浙江的创新能力还有较大的提升空间,特别要加强 R&D 人力和科研条件的建设,相应的一些指标:企业每千人拥有高中级技术职称人数(第 29)、科学家和工程师占科技活动人员比例(第 26)、科研基建支出占科技活动内部支出比例(第 28)名次偏低。只有加大 R&D 项目数量、经费和人员的投入,浙江才能不断提升创新竞争力。

中部省份安徽连续两年进入创新指数前 10 位,2010 年指数排名第 8,比 2008 年提升了 1 位,创新能力(第 4)和创新绩效(第 8)表现出色。安徽的科研条件(第 2)具有较强的优势,其中,指标:企业平均设立科技机构数(第 2)、设立科技机构企业占本省市企业总数比例(第 2)都名列前茅,说明安徽企业注重自身的科研基础条件建设。安徽的创新绩效也取得了不错的成绩,特别是知识产权(第 5)比较突出,人均发明专利数量处在全国领先地位,R&D 活动的发明专利产出效率较高(每千人拥有发明专利数量(第 3)、每百万 R&D 经费产生发明专利数量(第 4))。

中部省份湖南首次进入前 10 位,排名第 9,比 2008 年前进了 3 位。创新能力(第 6)、创新活动(第 10)和创新绩效(第 10)均进入前 10 名。湖南的创新基础提升了 6 位(从第 19 到第 13),这主要得益于注重 R&D 经费和科技活动经费的投入(3 年 R&D 经费平均增长率(第 1)、R&D 经费占主营业务收入比例(第 2)、企业人均科技活动经费(第 9))。创新活动大幅提高了 12 位(见表 4-6),是进步最快的组成要素,表现在,开展 R&D 活动的企业越来越多,科研项目经费不断增长,积极与科研院所和高校进行合作(有 R&D 活动企业占本省市企业总数比例连续两年排名第 1,3 年科研项目经费平均增长率(第 2),对科研院所和高校科技支出与对其他企业科技支出比值(第 3))。创新绩效有了新进展,企业纷纷进行新产品开发,新产品市场前景喜人,人均发明专利处在全国前列(有新产品销售企业占本省市企业总数比例(第 3)、新产品销售收入占主营业务收入比(第 7)、每千人拥有发明专利数量(第 6))。

西部省份重庆在 2010 年和 2008 年两次评估中均排名第 10,其中,创新绩效仍保持了第 7 的地位。企业开发新产品和申请专利的积极性很高(新产品销售收入占主营业务收入比例

(第1),有新产品销售企业占本省市企业总数比例(第1)、每千人申请专利数量(第2))。但重庆应加快提升创新基础(第16)和创新能力(第11),更好地开展创新活动(第12),以在今后的竞争中继续占据优势。

四川在2008年排名第8位,本年度缺席前十大省份,排名15位。

2. 2010年企业创新发展指数排名后10位的省份分析

从地区分布来看,2010年企业创新发展指数排名后10位的省份在东、中、西部省份的数量分布为3:3:4,而2008年的分布情况是3:2:5(见表4-7),中部增加了一个排名后10位的省份,西部则减少一个。西部欠发达地区在企业创新发展方面具有强大的发展后劲,且取得了一定成绩。

表4-7　2008年与2010年企业创新发展指数排名后10位的省份比较

排名	2010年企业创新发展指数排名后10位省份	2010年企业创新发展指数	2010年企业创新发展指数排名后10位省份
21	江西	46.21	青海
22	河北	45.67	宁夏
23	内蒙古	45.23	河北
24	广西	39.62	内蒙古
25	贵州	39.49	云南
26	福建	39.12	山西
27	云南	38.86	福建
28	吉林	37.42	吉林
29	山西	37.02	广西
30	海南	23.06	海南

具体来说,西部省份主要有内蒙古(第23位)、广西(第24位)、贵州(第25位)和云南(第27位);中部省份主要是江西(第21位)、吉林(第28位)和山西(第29位);东部省份则是河北(第22位)、福建(第26位)和海南(第30位)。与2008年指数相比,2010年指数中排名后10位的西部省份由5个减少为4个,且2008年位列后10位的青海和宁夏2010年指数分别升至第14位和第16位。对于这两个省企业创新发展指数排名的大幅提升,本文将在后面进行具体分析。分析表明,这两个省在某些指标(尤其是相对指标)方面的突出表现有助于其拉高总体得分,从而获得名次上的显著提升。

结合前述工业企业经营发展基本指标排名情况来看,企业创新发展指数排名后10位的省份中,有7个省份(海南、云南、贵州、福建、广西、山西和江西)在工业企业经营发展基本指标中有一项或数项位列最后5位;除河北外,其他两个省份(内蒙古和吉林)在工业企业经营发展基本指标排名中大部分也比较靠后。但是,值得注意的是,某些工业企业经营发展水平显著偏低的省份,如青海、宁夏、甘肃等传统西部省份,其企业创新发展水平并非相应地处于低位——上述3省的企业创新发展指数排名分别为第14、第16和第19位。这也从另外一个方面说明了西部企业经营发展水平暂时较低的省份在企业创新发展方面大有空间,完全可以有所作为。

从四大组成要素来看,上述排名后 10 位省份的组成要素排名均不甚理想。海南和山西在四大组成要素中均处于后 10 位;吉林和内蒙古在创新能力和创新活动方面表现较弱;广西、贵州、福建和云南均在创新基础、创新能力和创新活动中落入后 10 位;河北在创新能力和创新绩效方面表现不佳;江西则在创新绩效方面排名较为靠后(见表 4-8)。

表 4-8　企业创新发展指数排名后 10 位省份其组成要素的表现

企业创新发展指数排名	省份	创新基础	创新能力	创新活动	创新绩效
21	江西	20(22)	20(15)	8(9)	28(29)
22	河北	14(13)	21(22)	18(24)	23(28)
23	内蒙古	10(12)	24(23)	26(29)	17(26)
24	广西	27(30)	28(27)	21(23)	18(21)
25	贵州	26(26)	27(20)	25(12)	21(13)
26	福建	24(18)	26(29)	27(26)	15(17)
27	云南	22(20)	25(26)	28(28)	16(10)
28	吉林	19(23)	23(25)	29(30)	19(18)
29	山西	23(25)	29(28)	23(20)	26(25)
30	海南	28(29)	30(300)	30(27)	22(22)

尽管上述省份在经济基础和创新发展方面暂时较为落后,但在政策扶持、后发优势等有利条件的帮助下,其创新发展的潜力依然很大,正不断缩短与先进省份的差距。

3. 各省份企业创新发展指数按从业人员年均人数的排名

(1)工业企业从业人员年均 100 万人及以上省份的企业创新发展指数排名

在 30 个省份中,2009 年工业企业从业人员年均 100 万人及以上的省份共有 14 个。其中,企业创新发展指数高居前 5 位的省份是:江苏、上海、山东、广东和浙江,居后 5 位的是:黑龙江、河南、河北、福建和山西(见表 4-9)。与 2008 年相比,这一排名并没有发生太大变化。

表 4-9　大中型工业企业从业人员年均 100 万人及以上省份的企业创新发展指数排名

排　名	省　市	企业创新发展指数	从业人员年均人数(人)
1	江苏	83.46	5 365 463
2	上海	76.81	1 536 881
3	山东	73.29	5 571 426
4	广东	73.09	8 311 491
5	浙江	63.53	3 533 029

续表

排　名	省　市	企业创新发展指数	从业人员年均人数(人)
6	安徽	62.24	1 182 596
7	湖北	57.43	1 289 451
8	辽宁	57.03	1 933 837
9	四川	50.04	1 663 705
10	黑龙江	47.33	1 121 231
11	河南	46.57	2 429 828
12	河北	45.67	1 954 612
13	福建	39.12	1 840 062
14	山西	37.02	1 720 140

(2)工业企业从业人员年均100万人及以下省份的企业创新发展指数排名

在30个省份中,2009年工业企业从业人员年均100万人以下的省份共有16个,其中,企业创新发展指数位居前5位的是:北京、天津、湖南、重庆和陕西,而居后5位的是:广西、贵州、云南、吉林和海南(见表4-10)。与2008年相比,前、后5位的排名变化并不大,但排名居中的省份的具体排位变化较大,尤其是青海和宁夏两个省进步明显。

表4-10　大中型工业企业从业人员年均100万人以下省份的企业创新发展指数排名

排　名	省　市	企业创新发展指数	从业人员年均人数(人)
1	北京	100.00	699 676
2	天津	89.31	754 742
3	湖南	61.55	949 242
4	重庆	61.00	700 219
5	陕西	57.61	941 315
6	青海	52.86	130 374
7	宁夏	49.18	192 883
8	新疆	47.82	412 310
9	甘肃	46.87	477 304
10	江西	46.21	768 594
11	内蒙古	45.23	634 176
12	广西	39.62	519 259
13	贵州	39.49	454 187
14	云南	38.86	505 346
15	吉林	37.42	773 034
16	海南	23.06	75 737

4. 各省份的企业创新发展指数按东、中、西部的排名

从表 4-11 至表 4-13 可以看出，在 11 个东部地区省份中，企业创新发展指数居前 3 位的是：北京、天津和江苏，居后 3 位的是：河北、福建和海南。在 8 个中部地区省份中，企业创新发展指数居前 3 位的是：安徽、湖南和湖北，随后是：黑龙江、河南、江西、吉林和山西。而在 11 个西部地区省份中，企业创新发展指数居前 3 位的是：重庆、陕西和青海，居后 3 位的是：广西、贵州和云南。与 2008 年指数相比，西部地区省份排名变化较大，东部和中部省份排名基本上没有太多变化。

表 4-11　东部地区省份企业创新发展指数排名

排　名	省　市	企业创新发展指数
1	北京	100.00
2	天津	89.31
3	江苏	83.46
4	上海	76.81
5	山东	73.29
6	广东	73.09
7	浙江	63.53
8	辽宁	57.03
9	河北	45.67
10	福建	39.12
11	海南	23.06

表 4-12　中部地区省份企业创新发展指数排名

排　名	省　市	企业创新发展指数
1	安徽	62.24
2	湖南	61.55
3	湖北	57.43
4	黑龙江	47.33
5	河南	46.57
6	江西	46.21
7	吉林	37.42
8	山西	37.02

表 4-13　西部地区省份企业创新发展指数排名

排　名	省　市	企业创新发展指数
1	重庆	61.00
2	陕西	57.61
3	青海	52.86
4	四川	50.04
5	宁夏	49.18
6	新疆	47.82
7	甘肃	46.87
8	内蒙古	45.23
9	广西	39.62
10	贵州	39.49
11	云南	38.86

5. 各省份的企业创新发展指数按工业总产值的排名

2009 年工业总产值达 5 000 亿元及以上的省份共有 20 个，较 2008 年增加 4 个。其中，企业创新发展指数居前 5 位的是：北京、天津、江苏、上海和山东，居后 5 位的是：河北、内蒙古、福建、吉林和山西。2009 年工业总产值 5 000 亿元以下的省份共有 10 个，其企业创新发展指数排名顺次为重庆、青海、宁夏、新疆、甘肃、江西、广西、贵州、云南和海南（表 4-14 和表 4-15）。

表 4-14　2009 年工业总产值达 5 000 亿元及以上省份的企业创新发展指数排名

排　名	省　市	企业创新发展指数	2008 年工业总产值（万元）
1	北京	100.00	78 989 399
2	天津	89.31	90 064 748
3	江苏	83.46	402 867 591
4	上海	76.81	174 002 230
5	山东	73.29	352 265 629
6	广东	73.09	438 697 473
7	浙江	63.53	229 155 700
8	安徽	62.24	72 872 056
9	湖南	61.55	59 075 155
10	陕西	57.61	57 466 868
11	湖北	57.43	92 030 316

续表

排　名	省　市	企业创新发展指数	2008 年工业总产值(万元)
12	辽宁	57.03	144 286 282
13	四川	50.04	84 309 368
14	黑龙江	47.33	61 206 345
15	河南	46.57	153 609 135
16	河北	45.67	155 364 986
17	内蒙古	45.23	51 461 018
18	福建	39.12	90 410 080
19	吉林	37.42	56 568 292
20	山西	37.02	8 207 1642

表 4-15　2009 年工业总产值 5 000 亿元以下省份的企业创新发展指数排名

排　名	省　市	企业创新发展指数	2008 年工业总产值(万元)
1	重庆	61.00	38 830 684
2	青海	52.86	8 654 413
3	宁夏	49.18	9 897 007
4	新疆	47.82	35 016 235
5	甘肃	46.87	30 758 311
6	江西	46.21	40 673 197
7	广西	39.62	33 880 438
8	贵州	39.49	22 192 257
9	云南	38.86	38 532 709
10	海南	23.06	8 271 506

综上所述,从企业创新发展指数总体评价来看,我国东部经济较为发达、创新活动较为活跃的传统优势省份在企业创新发展上继续保持着领先地位。但是,某些西部欠发达省份(如青海和宁夏)以及近年来地区经济迅速崛起的中部省份(如安徽和湖南)在企业创新发展方面亦取得了长足的进步。这表明,“西部赶超”将对传统的“东强西弱”局面形成冲击,并将不断促进我国形成更为均衡的地区创新发展新格局。

三、各省份企业创新发展指数组成要素及子要素排序情况分析

企业创新发展指数指标体系分为四大组成要素,四大组成要素进一步分为 12 个子要素。子要素的得分直接决定了相应组成要素的分值,并进而影响了创新发展指数的高低。本研究将从组成要素和子要素两个层面入手,进一步深入分析各省份在企业创新发展指数的组成要

素和子要素中的排序情况。

企业创新发展指数是按照四大组成要素标准化值的平均值计算得出的。

1. 企业创新发展指数组成要素排名前 10 位与后 10 位的省份

企业创新发展指数各组成要素排名前 10 位的省份共有 19 个(见表 4-16)。其中,位于创新发展指数前 10 位的省份中,除重庆外,至少在两项组成要素中进入前 10 位,表明其具有很强的创新实力。它们分别是:北京、天津、江苏、上海、山东、广东、浙江、安徽和湖南。在这些省份中,北京在创新活动和创新绩效两个组成要素中均排名第 1,并且创新能力要素中夺得第 3,这也是北京以较为明显优势获得企业创新发展指数第 1 名的重要因素。需要说明的是,重庆尽管仅在创新绩效一项组成要素中获得了第 7 位,但创新能力、创新活动和创新基础排名不高,需进一步提升上述方面的竞争力。

表 4-16　企业创新发展指数组成要素排名前 10 位的省份

排名	创新基础	创新能力	创新活动	创新绩效
1	江苏 100.00	上海 100.00	北京 100.00	北京 100.00
2	广东 82.55	陕西 98.68	天津 98.32	天津 73.87
3	上海 77.84	北京 98.13	江苏 73.13	广东 62.64
4	山东 77.08	安徽 93.3	山东 70.31	江苏 55.68
5	天津 71.09	天津 88.44	甘肃 69.17	上海 54.71
6	北京 69.55	湖南 87.51	宁夏 61.41	浙江 53.25
7	黑龙江 59.9	山东 84.38	湖北 60.09	重庆 52.64
8	浙江 59.34	宁夏 83.52	江西 58.93	安徽 47.71
9	新疆 54.32	广东 83.16	上海 58.77	山东 45.31
10	内蒙古 53.32	青海 82.86	湖南 57.84	湖南 42.87

注:表中各省份下面的数据为经过计算后的组成要素指数值。

其他位于组成要素排名前 10 位的 9 个省份分别是黑龙江(创新基础第 7)、新疆(创新基础第 9)、内蒙古(创新基础第 10)、宁夏(创新能力第 8,创新活动第 6)、青海(创新能力第

10）、甘肃（创新活动第 5）、湖北（创新活动第 7）、陕西（创新能力第 2）和江西（创新活动第 9）。

需要指出的是，内蒙古尽管在创新基础要素中跻身第 10 位，但由于其在创新能力和创新活动中排位较靠后（均在后 10 位），故其企业创新发展指数排名依然落入后 10 位。

企业创新发展指数组成要素排名后 10 位的省份共有 19 个（见表 4-17）。其中，位于创新发展指数后 10 位的省份中，除江西外，至少在两项组成要素中落入后 10 位，它们分别为河北、内蒙古、广西、贵州、福建、云南、吉林、山西和海南。江西尽管只在创新绩效一项组成要素中位于后 10 位，但由于其在创新基础和创新能力要素中均排名较低（均为第 20 位），故在企业创新发展指数排名中落入后 10 位。

表 4-17　企业创新发展指数组成要素排名后 10 位的省份

排名	创新基础	创新能力	创新活动	创新绩效
21	四川 35. 26	河北 49. 78	广西 43. 34	贵州 33. 38
22	云南 34. 12	新疆 48. 65	广东 42. 75	海南 31. 44
23	山西 33. 95	吉林 46. 49	山西 41. 55	河北 30. 45
24	福建 33. 86	内蒙古 44. 19	河南 41. 28	陕西 28. 40
25	青海 33. 79	云南 2. 60	贵州 40. 97	新疆 27. 17
26	贵州 31. 28	福建 41. 83	内蒙古 34. 07	山西 27. 04
27	广西 28. 93	贵州 41. 38	福建 32. 82	宁夏 26. 81
28	海南 25. 72	广西 40. 01	云南 31. 49	江西 26. 63
29	宁夏 23. 55	山西 35. 15	吉林 22. 22	甘肃 23. 08
30	甘肃 20. 95	海南 8. 17	海南 13. 25	黑龙江 20. 48

注：表中各省份下面的数据为经过计算后的组成要素指数值。

其他在组成要素排名位于后 10 位的 9 个省份分别为：四川（创新基础第 21）、青海（创新基础第 25）、宁夏（创新基础第 29，创新绩效第 27）、新疆（创新能力第 22，创新绩效第 25）、广东（创新活动第 22）、河南（创新活动第 24）、陕西（创新绩效第 24）、甘肃（创新基础第 30，创新绩效第29)和黑龙江(创新绩效第30)。

与组成要素排名前10位的省份进行比较后发现,有9个省份同时进入了组成要素排名前10位和后10位,它们是广东、黑龙江、新疆、内蒙古、宁夏、青海、甘肃、陕西和江西。其中,广东虽然在创新活动这项组成要素中位于后10位,但由于其在创新基础和创新绩效两项组成要素中分别高居第2和第3位,在创新能力中亦排名第9位,故仍能取得企业创新发展指数排名前10位的地位。

对于黑龙江(企业创新发展指数第18)、新疆(企业创新发展指数第17)、内蒙古(企业创新发展指数第23)、宁夏(企业创新发展指数第16)、青海(企业创新发展指数第14)、甘肃(企业创新发展指数第19)、陕西(企业创新发展指数第11)和江西(企业创新发展指数第21)这些省来说,它们在各大组成要素中的表现不是很均衡,起伏较大(见表4-16和表4-17)。除宁夏外,其他省均只有一项组成要素排名进入前10,并且大部分在组成要素前10位的排名中还比较靠后,另外在组成要素后10位的排名中也不是很靠前,故在企业创新发展指数排名中未能进入前10,有的排名还落入了后10位。

2. 企业创新发展指数子要素排名前10位的省份

各组成要素指数值是由其子要素的标准化值的平均值所决定的。

(1)创新基础子要素排名前10位的省份

创新基础所包含的子要素分别为经济基础、基础设施和企业R&D经费。在创新基础排名中位于前10位的省份顺次为江苏、广东、上海、山东、天津、北京、黑龙江、浙江、新疆和内蒙古。这些省份均出现在其子要素排名的前10位中,尤其是前6位的省份,还是企业创新发展指数排名前10位的省份,并且除天津外,其他5个省份在创新基础所包含的3个子要素排名中均进入前10位(见表4-18)。

表4-18　创新基础子要素排名前10位的省份

排名	省市	经济表现平均值	省市	基础设施平均值	省市	企业R&D经费平均值
1	新疆	1.37	江苏	1.94	天津	1.11
2	黑龙江	1.25	广东	1.30	上海	0.95
3	江苏	1.09	北京	0.95	江苏	0.93
4	山东	1.05	上海	0.83	山东	0.74
5	广东	0.91	浙江	0.70	湖南	0.67
6	天津	0.67	山东	0.44	辽宁	0.46
7	上海	0.52	辽宁	0.31	广东	0.44
8	陕西	0.42	河北	0.16	北京	0.33
9	青海	0.41	内蒙古	0.12	江西	0.29
10	北京	0.39	吉林	0.05	陕西	0.25

具体来看,经济表现子要素排名前3位的省份顺次为新疆、黑龙江和江苏;基础设施子要素排名前3位的省份顺次为江苏、广东和北京;企业R&D经费子要素排名前3位的省份顺次

为天津、上海和江苏。

此外，上述在创新基础子要素排名前 10 位的省份中，江西在企业创新发展指数中位于 21 位，且在创新基础组成要素中的排名也比较靠后，为第 20 位。这主要是因为江西的企业从业人员相对较少，科技经费筹集总额和主营业务收入绝对数也比较少，这样使得其某些相对指标（如 R&D 经费占主营业务收入比例、吸收政府资金占企业科技活动经费比例等）较大，从而使得其在企业 R&D 经费子要素排名中进入了前 10 位。因此，对于某些相对指标和变化率指标排名较高而其他大部分指标排名较低而造成总体排名较低的情况，应进行深入分析和认真、全面对待，不能简单地据此判别其创新活力的强弱。

（2）创新能力子要素排名前 10 位的省份

创新能力所包含的子要素分别有 R&D 人力、科研条件和技术获取。创新能力排名前 10 位的省份顺次为上海、陕西、北京、安徽、天津、湖南、山东、宁夏、广东和青海。同样，这些省份也出现在创新能力子要素前 10 位的名单中（见表 4-19），且有 7 个省份在至少 2 项子要素的排名中进入前 10 位。

表 4-19　创新能力子要素排名前 10 位的省份

排名	省市	R&D 人力平均值	省市	科研条件平均值	省市	技术获取平均值
1	北京	1.72	陕西	1.60	上海	0.91
2	广东	1.21	安徽	1.24	宁夏	0.90
3	湖南	0.94	天津	0.82	青海	0.83
4	重庆	0.54	山东	0.59	辽宁	0.67
5	上海	0.53	青海	0.45	江苏	0.26
6	湖北	0.50	江苏	0.41	河南	0.24
7	天津	0.48	上海	0.38	山东	0.24
8	陕西	0.38	重庆	0.36	浙江	0.22
9	辽宁	0.37	宁夏	0.34	江西	0.20
10	甘肃	0.21	北京	0.33	四川	0.05

具体来看，R&D 人力排名前 3 位的省份顺次为北京、广东和湖南，其中北京在 2010 年度超越广东，由 2008 年度的第 2 位上升至第 1 位，并取得了大幅领先的优势，这主要是由于北京在“科技北京”等一系列创新政策的支持下大力推动科技创新人才建设与培养的结果；科研条件排名前 3 位的省份顺次为陕西、安徽和天津，其中陕西也在 2010 年超越安徽，由 2008 年度第 2 位上升至第 1 位，并在得分上遥遥领先；技术获取排名前 3 位的省份顺次为上海、宁夏和青海，这一排名较上年有较大变化，其中上海由 2008 年的第 2 位升至第 1 位，宁夏和青海更是由 2008 年的第 15 位和第 29 位一举跃升至 2009 年的第 2 位和第 3 位。宁夏和青海之所以在这一子要素排名上取得如此巨大的上升幅度，主要来自于某些指标的突出表现。如宁夏在技术引进支出占主营业务收入比例和购买国内技术经费支出占主营业务收入比例这两项指标上均遥遥领先后来者，这主要是由于其主营业务收入绝对数较少，从而造成相对比例数值较大；青海在购买国内技术经费与技术引进支出比值这一指标上则领先第 2 名近 10 倍之巨，从而拉

高了其在该子要素上的总体得分。但从相对指标的意义来看，这2个省在相应指标上所取得的成绩亦表明其在某些方面还是取得了不错的成绩。

另外，江西在技术获取子要素排名中位居第9，主要是因为其两项指标（技术引进支出占主营业务收入比例和购买国内技术经费支出占主营业务收入比例）排名较高——分别位居第6位和第4位所致。这也需要考虑到其主营业务收入绝对值较低的因素。

（3）创新活动子要素排名前10位的省份

创新活动所包含的子要素分别有技术研发、项目研究和科研合作。创新活动排名前10位的省份顺次为北京、天津、江苏、山东、甘肃、宁夏、湖北、江西、上海和湖南。这些省份同样均进入了子要素排名的前10位，且有8个省份在至少2项子要素的排名中进入前10位（见表4-20）。

表4-20　创新活动子要素排名前10位的省份

排名	省市	技术研发平均值	省市	项目研究平均值	省市	科研合作平均值
1	湖北	0.95	天津	1.81	北京	2.10
2	江苏	0.78	北京	1.27	天津	1.38
3	宁夏	0.69	重庆	0.64	山东	0.89
4	湖南	0.64	陕西	0.63	新疆	0.82
5	安徽	0.56	上海	0.56	甘肃	0.73
6	甘肃	0.55	宁夏	0.44	江苏	0.59
7	四川	0.51	黑龙江	0.26	江西	0.25
8	浙江	0.50	山东	0.22	浙江	0.20
9	江西	0.32	江苏	0.12	上海	0.18
10	青海	0.26	辽宁	0.11	山西	0.16

具体来看，技术研发子要素排名前3位的顺次为湖北、江苏和宁夏，与2008年相比，湖北和宁夏在这一子要素排名上进步明显；项目研究子要素排名前3位的顺次为天津、北京和重庆，且天津的领先优势较2008年继续扩大；科研合作子要素排名前3位的顺次为北京、天津和山东，与2008年相比，北京由第7位跃升至第1位，且遥遥领先第2位天津。北京、天津在项目研究和科研合作两个子要素中均进入前2位，且大幅领先后来者，说明其创新活动非常活跃。

（4）创新绩效子要素排名前10位的省份

创新绩效包含的子要素分别为知识产权、产品开发和技术进步。其中北京揽得知识产权和产品开发两项子要素的第1名，且大幅领先排名第2的省份；知识产权和产品开发排名第2和第3的省份分别为天津和广东、重庆和天津。另外，技术进步排名前3位的省份顺次为广东、江苏和山东；这一排名较2008年发生了较大变化，北京和上海均跌出前3名之列，广东和江苏分别由2008年的第4和第6上升至2009年的前2名（见表4-21）。

同样，创新绩效排名前10位的省份均进入了其子要素排名的前10位，但仅有排名前5位的省份在2项或3项子要素中均进入前10位。不少企业创新发展指数或创新绩效子要素排名在后10位的省份在某些创新绩效子要素排名中进入前10位，这需要进行具体分析。

表 4-21　创新绩效子要素排名前 10 位的省份

排名	省市	知识产权平均值	省市	产品开发平均值	省市	技术进步平均值
1	北京	2.60	北京	1.96	广东	0.90
2	天津	1.19	重庆	1.54	江苏	0.77
3	广东	0.80	天津	1.41	山东	0.66
4	青海	0.63	浙江	0.97	北京	0.59
5	安徽	0.46	上海	0.90	上海	0.42
6	贵州	0.42	福建	0.63	青海	0.32
7	云南	0.13	江苏	0.51	辽宁	0.32
8	海南	0.08	吉林	0.42	河北	0.29
9	内蒙古	0.07	湖南	0.31	天津	0.26
10	广西	0.04	广东	0.18	新疆	0.24

以海南为例，该省在创新绩效和企业创新发展指数排名中均位列后 10 位，但在知识产权排名中排名第 8 位。主要原因在于其在 3 年发明专利申请量平均增长率这一相对指标中高居各省份第 1 位，且指标数值几乎为第 2 名广西的 2 倍之多。造成这一相对指标较高的原因主要是由于其在 2006 年的发明专利申请量基数过低，从而使得其 3 年发明专利申请量平均增长率高企，并进而拉高了该子要素的整体分值，但这不能简单说明海南在知识产权方面取得了全面的进步。

四、各省份企业创新发展详细指标排序情况分析

企业创新发展指数指标体系共包括 58 项指标。对具体指标的直接比较和分析有助于更加直观和全面地了解各省份的企业创新发展状况。由于指标较多，本节仅选取其中部分指标进行举例分析，其他指标情况详见附录 1。在指标选择上，本节尽量通过绝对指标与相对指标或变化率指标相结合来更加全面地反映各省份企业创新发展状况。

1. 创新基础部分指标的省份排名

企业人均主营业务收入是一个相对指标，反映了企业创造主营业务收入的能力。该指标排名前 5 位的省份顺次为天津、北京、上海、新疆和海南。这一排名与 2008 年基本相同，另外新疆和海南的排名高企的主要原因亦在于其较低的从业人员人数。3 年主营业务收入平均值是一个绝对指标，主要考察企业近 3 年创造主营业务收入的实力。该指标排名前 5 位的省份顺次为广东、江苏、山东、浙江和上海。很明显，这一排名相当符合相应省份的经济基础与整体实力。

微电子控制设备费用是一个绝对指标，反映了企业配备和使用微电子控制设备的情况。该指标排名前 5 位的省份顺次为江苏、广东、浙江、山东、上海。这一排名与 2008 年也基本相同。微电子控制设备费用占机器设备原价比例是一个相对指标，显示了企业设备的现代化和电子化程度。该指标排名前 5 位的省份顺次为重庆、江苏、浙江、福建和广东。

3 年 R&D 经费平均增长率是一个变化率指标,反映了 R&D 经费的增长情况。这一指标的高低与基数高低密切相关。对于 R&D 经费本身已经很高的省份,其最近 3 年的增长率不会很高,而对于企业 R&D 活动之前不太活跃,相应经费支出较低的省份,其 R&D 经费支出增长空间较大,因此其增长率在相当长一段时间内可能都会较高。这一指标前 5 位的排名顺次为湖南、内蒙古、新疆、湖北和山西。这一排名与相应省份近年来的经济和科技进步情况基本相符,尤其是近年来发展速度较快的中部省份——湖南和湖北。企业人均科技活动经费是一个相对指标,它更广泛反映了企业的创新发展基础。该指标排名前 5 位的省份顺次为天津、北京、上海、重庆和江苏。

上述各项指标的分类排名情况见表 4-22。

表 4-22　创新基础 6 项指标的省份排名

排名	1.1.1 企业人均主营业务收入(万元/人)	1.1.3 3 年主营业务收入平均值(万元)	1.2.2 微电子控制设备费用(万元)	1.2.4 微电子控制设备费用占机器设备原价比例(%)	1.3.4 3 年 R&D 经费平均增长率(%)	1.3.5 企业人均科技活动经费(万元/人)
1	天津	广东	江苏	重庆	湖南	天津
2	北京	江苏	广东	江苏	内蒙古	北京
3	上海	山东	浙江	浙江	新疆	上海
4	新疆	浙江	山东	福建	湖北	重庆
5	海南	上海	上海	广东	山西	江苏

2. 创新能力部分指标的省份排名

R&D 人员占从业人员比例是一个相对指标,反映了企业中从事 R&D 人员的比重,进而从一个方面反映了企业对 R&D 活动的重视程度。该指标排名前 5 位的省份顺次为北京、湖南、天津、重庆和陕西。除天津替代四川进入前 5 并排名第 3 之外,这一排名较上年度相比变化不大。3 年 R&D 人员全时当量平均值是一个绝对指标,它可以较为客观地反映近 3 年企业开展创新活动的人力资源情况。该指标排名前 5 位的省份顺次为广东、江苏、山东、浙江和河南。

企业平均设立科技机构数是一个相对指标,整体上反映了企业科研机构数量的多少。这一指标排名前 5 位的省份顺次为陕西、安徽、浙江、北京和湖南。企业平均科技机构经费支出也是一个相对指标,反映了企业科研机构经费的多少。该指标排名前 5 位的省份顺次为天津、上海、山东、安徽和北京。

企业对国外技术的依存度是一个相对指标,反映了企业在自主创新过程中对国外技术的依赖程度。依存度最小的前 5 个省份分别是内蒙古、湖南、河南、广西和青海。3 年购买国内技术经费平均值是一个绝对指标,它可以从总体上反映企业吸收和获取国内先进和适用技术的情况。该指标排名前 5 的省份顺次为上海、江苏、山东、辽宁和浙江。

上述各项指标的分类排名情况见表 4-23。

表 4-23　创新能力 6 项指标的省份排名

排名	2.1.1 R&D 人员占从业人员比例(%)	2.1.2 3 年 R&D 人员全时当量平均值(人年)	2.2.1 企业平均设立科技机构数	2.2.3 企业平均科技机构经费支出(万元)	2.3.2 企业对国外技术的依存度(%)	2.3.4 3 年购买国内技术经费平均值(万元)
1	北京	广东	陕西	天津	内蒙古	上海
2	湖南	江苏	安徽	上海	湖南	江苏
3	天津	山东	浙江	山东	河南	山东
4	重庆	浙江	北京	安徽	广西	辽宁
5	陕西	河南	湖南	北京	青海	浙江

3. 创新活动部分指标的省份排名

有 R&D 活动企业占本省份企业总数比例是一个相对指标，反映了一个省份的企业从事 R&D 活动的整体活跃情况。该指标排名前 5 的省份顺次为湖南、北京、江苏、重庆和浙江。与上年相比，这一排名变化不大。3 年技术改造经费平均值是一个绝对指标，总体上反映了企业近 3 年技术改造方面的投入情况。该指标排名前 5 的省份顺次为江苏、浙江、湖北、山东和辽宁。这些省份工业基础普遍较好，技改活动和投入均持续活跃。

企业平均拥有新产品开发项目数是一个绝对指标，反映了企业对新产品开发的整体投入程度。该指标排名前 5 位的省份顺次为天津、陕西、北京、重庆和宁夏。与 2008 年相比，北京、重庆和宁夏分别取代了贵州、安徽和重庆，表明其在新产品开发的整体投入上力度较大。项目人员平均科研项目经费是一个相对指标，反映了项目人员人均拥有的项目研究经费，以及项目研究的运营效率和人员/经费的匹配程度。该指标排名前 5 位的省份分别是海南、天津、上海、江苏和山东。海南在这一指标中排名第一主要原因在于其项目人员数量相对较低，故在这一平均指标中获得较高数值。

科技活动外部支出占科技活动总额比例是一个相对指标，反映了企业开展对外科研合作的整体趋势。该指标排名前 5 位的省份顺次为甘肃、北京、天津、青海和江西。对科研院所和高校科技支出是一个绝对指标，反映了科技经费投向科研院所和高校的力度。该指标排名前 5 位的省份顺次为北京、山东、江苏、浙江和天津。这些省份都拥有雄厚的科技经费实力以及较好的科研院所和高校基础。

上述各项指标的分类排名情况见表 4-24。

表 4-24　创新活动 6 项指标的省份排名

排名	3.1.1 有 R&D 活动企业占本省份企业总数比例(%)	3.1.3 3 年技术改造经费平均值(万元)	3.2.2 企业平均拥有新产品开发项目数(项)	3.2.4 项目人员平均科研项目经费(万元/人)	3.3.1 科技活动外部支出占科技活动总额比例(%)	3.3.2 对科研院所和高校科技支出(万元)
1	湖南	江苏	天津	海南	甘肃	北京
2	北京	浙江	陕西	天津	北京	山东
3	江苏	湖北	北京	上海	天津	江苏
4	重庆	山东	重庆	江苏	青海	浙江
5	浙江	辽宁	宁夏	山东	江西	天津

4. 创新绩效部分指标的省份排名

每千人申请专利数量是一个相对指标,反映了企业在专利申请方面的活跃程度。该指标排名前 5 的省份顺次是北京、重庆、天津、浙江和上海。发明专利是创新实力最直接、最重要的反映,发明专利申请量占全部专利申请量的比例可以衡量一个省份创造发明的活力。这一指标排名前 5 的省份顺次是北京、天津、广东、内蒙古和云南。内蒙古和云南由于专利申请绝对数量偏低,因此尽管其发明专利绝对申请量同样较低,但依然在这一相对指标中有较好的表现。

单位新产品开发经费获得新产品产值是一个相对指标,反映了企业新产品开发投入的产出效果。这一指标排名前 5 的省份顺次是北京、吉林、重庆、上海和天津。新产品销售收入占主营业务收入比例是一个相对指标,反映了企业的产品更新程度及新产品的市场表现。这一指标排名前 5 的省份顺次为重庆、北京、天津、上海和浙江。

享受各级政府技术开发减免税是一个绝对指标,反映了一个省份运用技术开发税收优惠政策的力度和企业进行技术开发的活跃度。该指标排名前 5 的省份分别是上海、山东、浙江、江苏和广东。实际情况表明,这些省份均为财政实力雄厚且政府财政支持科技创新力度较大的地区,同时企业对政策较为敏感,对政策的运用较为充分。全员劳动生产率是一个相对指标,反映了技术进步对企业生产运营效率的提升程度。这一指标排名前 5 位的省份顺次是天津、内蒙古、河北、新疆和湖北,这一指标不仅受工业总产值增加值的影响,同样亦受到从业人员绝对数量的影响,另外还要考虑既定时期内技术进步在不同发展程度区域所产生的边际效应的大小。

上述各项指标的分类排名情况见表 4-25。

表 4-25　创新绩效 6 项指标的省份排名

排名	4.1.1 每千人申请专利数量(件/千人)	4.1.3 发明专利申请量占全部专利申请量比例(%)	4.2.2 单位新产品开发经费获得新产品产值(万元)	4.2.3 新产品销售收入占主营业务收入比例(%)	4.3.1 享受各级政府技术开发减免税(万元)	4.3.3 全员劳动生产率(万元/人)
1	北京	北京	北京	重庆	上海	天津
2	重庆	天津	吉林	北京	山东	内蒙古
3	天津	广东	重庆	天津	浙江	河北
4	浙江	内蒙古	上海	上海	江苏	新疆
5	上海	云南	天津	浙江	广东	湖北

五、各省份企业创新发展情况总结

总的来说,2009 年我国各省份企业创新发展局面呈现出“稳中有升、升中有变”的特征。与工业发展继续取得显著增长相对应,我国各省份工业企业创新发展各项指标绝大部分均取得了长足进展,企业创新发展水平稳步上升。同时,从地区结构来看,我国各省份企业创新发展水平总体上依然呈现从东至西、由强到弱的特征。这一特征与各省份工业发展水平基本相符,也与长期以来我国各地经济社会总体发展水平基本相符。

但是,值得注意的是,2009 年我国各省份的企业创新发展局面还是呈现出了一些可喜的变化,主要体现在总体水平持续上升的背景下中西部地区发展速度的提升和赶超效应的凸显。尽管这一变化对目前我国企业创新发展的地区格局尚未形成实质影响,但这依然充分表明我国中西部地区在创新发展方面拥有巨大潜力,未来发展速度和空间可期,同时亦有助于我国形成较为均衡的国家创新发展地区格局。

第五章　我国工业行业企业创新发展总体评价

我国工业行业企业创新发展的总体评价，是以国家权威机构公布的统计数据为依据，以科学性、完备性和可比性的原则，设计了一套评价工业企业创新活动实践的指标体系，深入探究现阶段我国各工业行业自主创新发展状况和趋势，为国家各级科技管理部门提供科学数据和决策咨询。

一、数据来源与行业分类

本研究的全部原始数据都是取自国家统计局发布的《工业企业科技活动统计资料（2006—2009）》，以及国家其他权威机构公布的相关数据。本研究依据国家统计局的统计口径，所有数据均为大中型企业的数据，未将小型企业纳入统计范畴，以下不再赘述。选择大中型工业企业的数据，主要是由于在缺少全部工业企业相应数据的情况下，且大中型工业企业在我国全部工业企业中，无论是产值、利税还是从业人数，都占绝对多数，构成了中国工业的主体部分。

同时，按照国家统计局制定的我国国民经济行业分类标准（见表 5-1），对我国 38 个行业 2010 年的创新发展指数进行了全面系统的计算和分析研究，包括创新发展指数的 4 个组成要素、12 个子要素，以及 58 个评价指标，并基于企业数据进一步对 3 个大行业：采矿业、制造业和电力、燃气及水的生产和供应业进行了创新发展监测研究。通过对 38 个行业的创新发展指数进行动态比较，可以揭示我国行业创新能力的布局和变化，以及我国行业创新发展的基础路径和发展趋势。

表 5-1　我国国民经济行业分类标准

三大行业	具体行业
采矿业	煤炭开采和洗选业
	石油和天然气开采业
	黑色金属矿采选业
	有色金属矿采选业
	非金属矿采选业
制造业	农副食品加工业
	食品制造业
	饮料制造业
	烟草制品业

续表

三大行业	具体行业
制造业	纺织业
	纺织服装、鞋、帽制造业
	皮革、毛皮、羽毛(绒)及其制品业
	木材加工及木、竹、藤、棕、草制品业
	家具制造业
	造纸及纸制品业
	印刷业和记录媒介的复制
	文教体育用品制造业
	石油加工、炼焦及核燃料加工业
	化学原料及化学制品制造业
	医药制造业
	化学纤维制造业
	橡胶制品业
	塑料制品业
	非金属矿物制品业
	黑色金属冶炼及压延加工业
	有色金属冶炼及压延加工业
	金属制品业
	通用设备制造业
	专用设备制造业
	交通运输设备制造业
	电气机械及器材制造业
	通信设备、计算机及其他电子设备制造业
	仪器仪表及文化、办公用机械制造业
	工艺品及其他制造业
	废弃资源和废旧材料回收加工业
电力、燃气及水的生产和供应业	电力、热力的生产和供应业
	燃气生产和供应业
	水的生产和供应业

二、各行业经营发展状况简要分析

市场经济条件下，企业的经营业绩是企业生存和发展的根本，也是其创新发展的基础。经营是否得当决定了企业能否在风云变幻的市场中突破困局，改善生存条件，并寻求创新之路，获取更大的发展空间。

本节主要通过6项基本指标：企业数、从业人员年平均人数、工业总产值、主营业务收入以及利润总额，对各行业的生产经营情况进行了简要描述。表5-2至表5-6列出了2008年6个基本指标排名前10位的行业，可以看出无论是行业规模还是市场产值，在各行业之间都存在很大的差别。

表5-2　企业数排名前10位的行业

行业名称	企业数(个)	位次
通信设备、计算机及其他电子设备制造业	3 203	1
纺织业	3 024	2
电气机械及器材制造业	2 875	3
交通运输设备制造业	2 546	4
通用设备制造业	2 411	5
非金属矿物制品业	2 322	6
化学原料及化学制品制造业	2 151	7
电力、热力的生产和供应业	1 787	8
纺织服装、鞋、帽制造业	1 551	9
专用设备制造业	1 502	10

表5-3　企业从业人员排名前10位的行业

行业名称	从业人员年平均人数(人)	位次
通信设备、计算机及其他电子设备制造业	5 235 328	1
煤炭开采和洗选业	4 456 529	2
纺织业	3 110 470	3
交通运输设备制造业	3 077 458	4
电气机械及器材制造业	2 995 305	5
黑色金属冶炼及压延加工业	2 492 552	6
化学原料及化学制品制造业	2 115 784	7
电力、热力的生产和供应业	2 065 548	8
通用设备制造业	1 994 209	9
非金属矿物制品业	1 986 813	10

表 5-4　企业工业总产值排名前 10 位的行业

行业名称	工业总产值(万元)	位次
通信设备、计算机及其他电子设备制造业	385 846 546	1
黑色金属冶炼及压延加工业	371 552 312	2
交通运输设备制造业	260 298 240	3
电力、热力的生产和供应业	249 835 958	4
石油加工、炼焦及核燃料加工业	201 702 135	5
电气机械及器材制造业	188 750 694	6
化学原料及化学制品制造业	176 081 747	7
有色金属冶炼及压延加工业	123 203 163	8
通用设备制造业	113 843 064	9
煤炭开采和洗选业	101 710 941	10

表 5-5　企业主营业务收入排名前 10 位的行业

行业名称	主营业务收入(万元)	位次
黑色金属冶炼及压延加工业	380 069 749	1
通信设备、计算机及其他电子设备制造业	379 608 179	2
电力、热力的生产和供应业	263 867 080	3
交通运输设备制造业	258 369 926	4
石油加工、炼焦及核燃料加工业	202 444 152	5
电气机械及器材制造业	182 851 946	6
化学原料及化学制品制造业	177 968 165	7
有色金属冶炼及压延加工业	123 230 677	8
石油和天然气开采业	117 591 945	9
通用设备制造业	110 238 657	10

表 5-6　企业利润总额排名前 10 位的行业

行业名称	利润总额(万元)	位次
石油和天然气开采业	44 569 358	1
交通运输设备制造业	18 394 128	2
煤炭开采和洗选业	17 485 997	3
通信设备、计算机及其他电子设备制造业	13 347 729	4
黑色金属冶炼及压延加工业	13 094 529	5
电气机械及器材制造业	12 281 535	6
化学原料及化学制品制造业	9 304 399	7

续表

行业名称	利润总额(万元)	位次
通用设备制造业	7 928 113	8
烟草制品业	7 027 503	9
非金属矿物制品业	6 048 146	10

与2008年相比,各行业企业数量的排名并没有出现太大的变化,仅是通信设备、计算机及其他电子设备制造业的名次相对纺织业上升了1位。企业数最少的仍然是废弃资源和废旧材料回收加工业,但该行业正呈加速发展的态势。

从从业人员数来看,煤炭开采和洗选业、石油和天然气开采业、黑色金属矿采选业及有色金属矿采选业均为劳动密集型产业,其就业人数比上一年度有了较大幅度的提高,其行业排名也跃升为前4位。我国纺织行业作为中国出口的大户,受金融危机、国际需求不振的影响,部分依赖于低成本、竞争力不强的中小企业纷纷倒闭,企业数量均急剧下降,这在很大程度上导致了其从业人数的减少,从2007年的316万人降到2008年的173 311万人,这也是前10行业中唯一一个从业人数下降的行业。

与企业数量和从业人数的下降趋势相对应的,纺织行业的产值规模也有所下降,退出前10的行列,其他行业的工业总产值排名基本不变。

尽管遭受世界经济危机的冲击,但我国采取了积极的措施进行应对,扩大内需,以投资带消费,以消费促增长,从而保障了经济平稳较快增长。各行业的主营业务收入均有较大幅度的增长。可以看到,由于基础设施建设投资力度的持续加大,使得一些资源生产型产业获得了较快的增长,如黑色金属冶炼及压延加工业高达3.8万亿元,同比增长了30.72%,排名晋升1位,位居38个行业的首位。

从利润总额来看,2008年38个工业行业利润总额超过2万亿元,相比2007年的1.97万亿元略有增长,其中绝大多数行业保持了盈利能力。以资源矿采业增长速度为最快,如煤炭开采和洗选业及黑色金属矿采选业的利润增长幅度达1倍以上。交通运输设备制造业、通信设备、计算机及其他电子设备制造业、电气机械及器材制造业等制造行业仍居于前10行列。

从产值和盈利情况来看,这些指标排名比较靠后的行业有燃气生产和供应业、水的生产和供应业,以及废弃资源和废旧材料回收加工业等,这主要是由于行业本身所具有的规模特征造成的。

三、各行业创新发展总体情况概述

企业创新发展指数是测度企业创新发展状况和趋势的综合性指标,是对4个组成要素和12个子要素进行标准化处理计算得出的结果,其综合考虑了一系列指标的交互作用,平衡了不同指标在创新过程中的重要程度,能够比较全面、客观地评价企业的创新发展的水平。

1. 三大行业创新发展基本情况

表5-7为2010年三大行业中企业创新发展指数排列前10位的行业,可以看出,交通运输设备制造业的名次相比较2008年提升了2位,相应的通信设备、计算机及其他电子设备制造

业下滑了 2 位，烟草制品业上升较快，从第 10 名跃升到第 6 名，其他行业位次变化不大，这些行业的总体创新发展水平相对较高，其中前 5 位中有两个行业为高技术行业。

表 5-7 企业创新发展指数位于前 10 位的行业

排名	行业名称	2010 年创新发展指数	与 2008 年排名变化
1	交通运输设备制造业	100.00	+2
2	黑色金属冶炼及压延加工业	98.18	0
3	通信设备、计算机及其他电子设备制造业	94.55	-2
4	医药制造业	87.27	0
5	石油和天然气开采业	80.00	0
6	烟草制品业	78.18	+4
7	化学原料及化学制品制造业	76.36	-1
8	电气机械及器材制造业	76.36	-1
9	专用设备制造业	74.55	-1
10	通用设备制造业	70.91	-1

同时可以看出，装备制造业的创新发展水平较高，在企业创新发展指数排名前 10 位的行业中以装备制造业为主。包括交通运输设备制造业、电气机械及器材制造业、专用设备制造业、通用设备制造业等。装备制造业作为满足国民经济各部门发展需要而提供各种技术装备的产业，是衡量我国国际竞争力的重要标志，也是决定国家在经济全球化进程中国际分工地位的关键因素。

而企业创新发展指数排列在后 10 位的行业（见表 5-8）多为传统的劳动密集型企业，它们分别是黑色金属矿采选业，木材加工及木、竹、藤、棕、草制品业，印刷业和记录媒介的复制，文教体育用品制造业，工艺品及其他制造业，水的生产和供应业，燃气生产和供应业，纺织服装、鞋、帽制造业、皮革、毛皮、羽毛（绒）及其制品业，以及废弃资源和废旧材料回收加工业。与 2008 年不同，农副食品加工业，塑料制品业，家具制造业已退出后 10 的行列，而新增的黑色金属矿采选业，印刷业和记录媒介的复制，工艺品及其他制造业等行业的技术创新总体水平还有待提高。特别是废弃资源和废旧材料回收加工业 2010 年与 2008 年相比，与其他行业的创新发展指数差距大幅缩小，作为环保型行业未来技术创新发展的空间将会很大。

表 5-8 企业创新发展指数位于后 10 位的行业

排名	行业名称	2010 年创新发展指数	与 2008 年排名变化
29	黑色金属矿采选业	38.18	-7
30	木材加工及木、竹、藤、棕、草制品业	38.18	0
31	印刷业和记录媒介的复制	38.18	-6
32	文教体育用品制造业	38.18	+1
33	工艺品及其他制造业	38.18	-15

续表

排名	行业名称	2010 年创新发展指数	与 2008 年排名变化
34	水的生产和供应业	36.36	-2
35	燃气生产和供应业	34.55	+2
36	纺织服装、鞋、帽制造业	27.27	-1
37	皮革、毛皮、羽毛(绒)及其制品业	27.27	-1
38	废弃资源和废旧材料回收加工业	21.82	0

2. 采矿业创新发展基本情况

尽管采矿业被认为是以自然资源为生产对象的古老产业，但随着矿产资源埋藏得越来越深，周围环境越来越复杂，地下采矿环境对采矿设备和人员提出了更高的要求。利用各种具有创新性的采矿技术和先进的采矿设备，这些方法比传统采矿方法更易实现自动化，可以提高安全、效率和成本效益。近年来，能源效率和二氧化碳排放的问题正在迅速成为采矿业最重要的战略议题。研究表明，通过使用现代采矿设备和方法，可以大量降低能源消耗，从而大量降低二氧化碳的排放。图 5-1 显示了我国 2010 年采矿业的企业创新发展指数得分情况，包括石油和天然气开采业、有色金属矿采选业、煤炭开采和洗选业、非金属矿采选业、黑色金属矿采选业 5 个子行业。可以看出，石油和天然气开采业仍遥遥领先于其他同类行业，与 2008 年指数相比，煤炭开采和洗选业在同类行业中的排名有所提高，黑色金属矿采选业则相应下降。在资源日益匮乏，生态环境加速恶化的背景下，我国的采矿业正在朝着高度信息化，加快大型矿井技术改造，充分利用数控采矿设备，保持良好的生态环境，大力提高企业科技竞争能力的方向迈进。

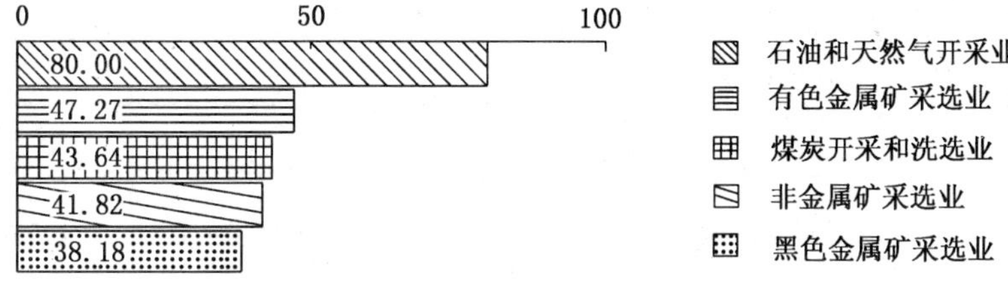

图 5-1　2010 年采矿业企业创新发展指数及排名

3. 制造业创新发展基本情况

随着科学技术的高速发展以及市场需求和环境的瞬息万变，制造业的竞争日趋激烈，各国政府均十分重视先进制造业的发展。我国正处于经济发展的关键时期，跟上先进制造业发展的世界潮流，发展在全球生产体系中处于高端、具有较高的附加值和技术含量的高技术制造业。金融危机之后，我国经济政策目标根据经济形势变化进行了灵活调整，强调要大力发展新兴产业，关注高端装备制造等先进制造业，并将其放在国家战略地位。

当前，全球经济逐步走出金融危机的阴影，各国经济逐步复苏，制造业的活力也日渐恢复。但从总体来看，我国制造业的技术开发与技术创新能力仍较薄弱，重制造、轻研发，许多产品产量都居世界第一位，但核心技术水平不高，很多技术依靠从国外引进，世界级顶尖品牌的创造能力也不强,制造业的创新之路仍很长。

在国家统计局统一分类的38个行业里,共计有30个行业属于制造业,表5-9显示了制造业企业创新发展指数排名前10位行业的情况。排名第一的是交通运输设备制造业,从交通运输设备制造业对国民经济的巨大带动作用来看,选择其作为新的经济增长点是非常必要的。交通运输设备制造业具有产业关联度大、规模效益显著等特点,可以直接带动钢材、橡胶、塑料、机械、电气等行业的发展,同时可间接带动商业、金融保险、产业服务业的发展,对于拓展市场需求,形成完整的工业体系,促进经济快速发展具有重要的作用。

此外,黑色金属冶炼及压延加工业、医药制造业、化学原料及化学制品制造业、烟草制品业、有色金属冶炼及压延加工业也位居前列。而文教体育用品制造业、工艺品及其他制造业、轻纺类制造业等行业的创新发展指数相对较低(见表5-9,表5-10)。

表5-9 创新发展指数排名前10位的制造业

排序	制造业行业	2010年创新发展指数	与2008年排名变化
1	交通运输设备制造业	100.00	+2
2	黑色金属冶炼及压延加工业	98.18	0
3	通信设备、计算机及其他电子设备制造业	94.55	-2
4	医药制造业	87.27	0
5	烟草制品业	78.18	+5
6	化学原料及化学制品制造业	76.36	-1
7	电气机械及器材制造业	76.36	-1
8	专用设备制造业	74.55	-1
9	通用设备制造业	70.91	-1
10	有色金属冶炼及压延加工业	69.09	0

表5-10 创新发展指数排名后5位的制造业

排序	制造业行业	2010年创新发展指数	与2008年排名变化
26	文教体育用品制造业	38.18	0
27	工艺品及其他制造业	38.18	-11
28	纺织服装、鞋、帽制造业	27.27	0
29	皮革、毛皮、羽毛(绒)及其制品业	27.27	0
30	废弃资源和废旧材料回收加工业	21.82	0

4. 电力、燃气及水的生产和供应业创新发展基本情况

电力、燃气及水的生产和供应业指利用煤炭、油、燃气等能源生产和供应电力、燃气和水,是致力于动力和能源生产的行业,也是国家的重点节能减排领域。该行业的创新发展,不论是从国家能源战略、技术进步、社会效益,还是能源企业发展等各方面来看都具有深远的意义。不仅有助于我国能源领域重大关键技术和前沿科技研究取得重大突破,而且对增强企业技术

创新能力具有重大的带动作用。

图5-2显示了2010年该行业的企业创新发展指数及排名情况。与上一年度情况类似，电力、热力的生产和供应业的技术创新能力明显高于其他两个行业，未来电力采用的技术路线是利用煤气化技术，形成清洁的能源供应体系，减少碳排放。通过发电领域清洁生产的技术开发，有助于我国能源领域形成低投入、低消耗、低排放和高效率的节约型增长方式，对我国建设资源节约型、环境友好型和可持续发展型社会具有重要的现实意义。

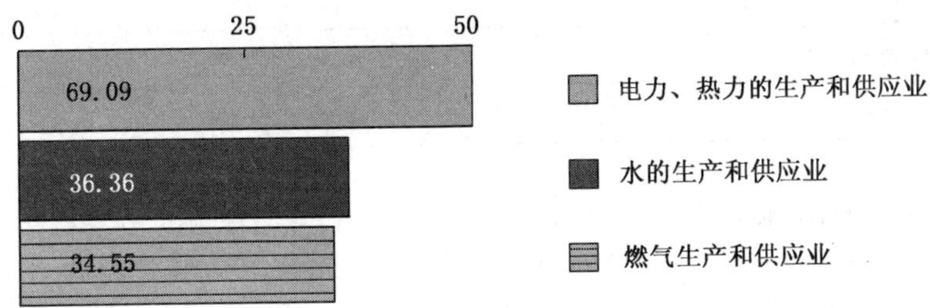

图5-2　电力、燃气及水的生产和供应业企业创新发展指数及排名

四、各行业企业创新发展指数组成要素及子要素排序情况

企业创新发展指数分别从创新基础、创新能力、创新活动、创新绩效等4个组成要素对企业创新发展的水平进行监测和评价。每个组成要素又由3个子要素构成，子要素的分解分析有助于更加深入地把握各个行业企业的创新发展侧重点，以及制约企业创新发展的各种因素。以下将38个行业大中型企业的创新发展水平按照各个组成要素及其子要素进行分析研究。

1. 创新基础组成要素及子要素排名情况

企业技术创新决策能否正常运转的一个重要因素在于企业资源的投入与配置，这是技术创新成功的物质基础，它决定创新的规模、速度、能力和效果。创新基础主要指支撑企业创新发展的物资资源和实力，主要从企业的经济表现、基础设施投入，以及R&D经费投入3个方面进行概括和监测。

从创新基础要素的行业排名来看（表5-11），创新发展水平比较高的行业，其创新基础要素的排序也比较靠前。如企业创新发展指数排列前10位（见表5-7）除医药制造业外，其他行业均同样名列创新基础的前10位。值得一提的是，电力、热力的生产和供应业虽未进入企业创新发展指数的前10，但其创新基础要素位居全行业第4，究其原因，主要是其基础设施的完善，特别是大量投入先进的大型机器设备所致。

表5-11　创新基础组成要素排名前10位的行业

排序	行业名称	2010年创新基础要素	与2008年排名变化
1	通信设备、计算机及其他电子设备制造业	100.00	0
2	黑色金属冶炼及压延加工业	99.44	0
3	交通运输设备制造业	91.52	+1
4	电力、热力的生产和供应业	90.27	-1

续表

排序	行业名称	2010 年创新基础要素	与 2008 年排名变化
5	石油和天然气开采业	87.01	0
6	烟草制品业	80.47	0
7	化学原料及化学制品制造业	73.08	0
8	电气机械及器材制造业	67.78	0
9	通用设备制造业	61.84	+2
10	专用设备制造业	59.39	+2

从表 5-12 可以看出，创新基础要素排名比较靠后的行业有废弃资源和废旧材料回收加工业，家具制造业，皮革、毛皮、羽毛(绒)及其制品业，文教体育用品制造业，纺织服装、鞋、帽制造业，木材加工及木、竹、藤、棕、草制品业，燃气生产和供应业等行业。不论是在生产经营方面，还是在物力财力投入、基础设施配置等方面，这些行业都处于较低水平。在整体产业结构升级过程中，急需加大技术创新投入，提高信息化水平，增加产品附加值。

表 5-12　创新基础组成要素排名后 10 位的行业

排序	行业名称	2010 年创新基础要素	与 2008 年排名变化
29	燃气生产和供应业	34.31	+7
30	水的生产和供应业	33.75	-2
31	木材加工及木、竹、藤、棕、草制品业	32.92	+2
32	纺织服装、鞋、帽制造业	30.44	+2
33	文教体育用品制造业	30.27	+2
34	非金属矿采选业	29.27	-3
35	工艺品及其他制造业	29.11	-6
36	皮革、毛皮、羽毛(绒)及其制品业	25.07	+1
37	家具制造业	24.90	-5
38	废弃资源和废旧材料回收加工业	15.45	0

创新基础组成要素由经济表现、基础设施和 R&D 经费 3 个子要素构成，经济表现主要从主营业务收入、利润额等经营指标来体现；基础设施则从固定资产投资，包括机器设备投入以及设备信息化程度等进行考察；而 R&D 经费投入与技术创新的强度、规模和水平有很强的相关性，是支撑技术创新的基本物质条件。

表 5-13 给出了部分行业 3 个子要素的排名情况，择选标准为 3 个子要素中满足任一要素进入前 5 名(下同)。可以看出，入选行业的 3 个子要素的排名并非均衡分布，有的甚至严重倾斜。比较突出的是电力、热力的生产和供应业，其经济表现排名第 6，基础设施排名行业第一，但 R&D 经费指标却位于第 35 名。因此，在等权重的情况下考察行业的总体创新表现应全面综合考虑各个要素。3 个子要素排名均靠前的通信设备、计算机及其他电子设备制造业，黑色金属冶炼及压延加工业，交通运输设备制造业等行业的 3 个子要素的发展则较为均衡。

表 5-13　部分行业创新基础子要素的排名情况

行业＼排名	创新基础子要素		
	经济表现	基础设施	R&D 经费
石油和天然气开采业	1	8	32
烟草制品业	2	4	22
化学原料及化学制品制造业	8	5	7
黑色金属冶炼及压延加工业	3	3	2
专用设备制造业	18	20	4
交通运输设备制造业	5	6	1
电气机械及器材制造业	9	11	5
通信设备、计算机及其他电子设备制造业	4	2	3
电力、热力的生产和供应业	6	1	35

2. 创新能力组成要素及子要素排名情况

创新能力组成要素主要根据科学能力论中关于社会科学能力的含义，包括创新人力资源、科技研发机构，以及对外部先进技术的跟踪获取。用于直接考察企业现有的创新能力以及未来的发展潜力。

从创新能力要素的行业排名来看（见表 5-14），前三甲的行业略有变化，医药制造业和石油、天然气开采业仍位居前列，通信设备、计算机及其他电子设备制造业从 2008 年的第 3 位下滑了 2 个位次，退出了前 3 名的行列。而黑色金属冶炼及压延加工业则因为上升了 2 个名次而列入。黑色金属矿采选业 2010 年未进入创新能力前 10 位，取而代之的是烟草制品业。

表 5-14　创新能力组成要素排名前 10 位的行业

排序	行业名称	2010 年创新能力要素	与 2008 年排名变化
1	医药制造业	100.00	+1
2	黑色金属冶炼及压延加工业	97.01	+2
3	石油和天然气开采业	96.22	-2
4	交通运输设备制造业	92.48	+1
5	通信设备、计算机及其他电子设备制造业	87.99	-2
6	专用设备制造业	81.79	0
7	通用设备制造业	76.93	0
8	化学原料及化学制品制造业	76.14	0
9	电气机械及器材制造业	74.07	0
10	烟草制品业	72.41	+5

从大行业类别来看，采矿业除了石油和天然气开采业排列第三以外，平均排名为第 21 位，比 2008 年下降了 4 位。制造业行业门类较多，以生物化工领域的医药制造业为排头兵，化学原料与化学制品制造业、化学纤维制造业分别排在第 7、第 12 名。机械设备制造业的创新能力要素整体较高，包括交通运输设备制造业、通信设备、计算机及其他电子设备制造业、专用设备制造业、通用设备制造业、电气机械及器材制造业等行业等。与农副业相关的饮料制造业、食品制造业、农副产品加工业等行业在全行业里处于中下游的水平。

烟草制造业的创新能力水平得到很大的提高，《烟草行业中长期科技发展规划纲要(2006—2020 年)》确定了烟草行业中长期科技发展总体目标，到 2020 年，我国烟草行业要拥有一批具有自主知识产权和国际影响力的成果、专利及以我为主的技术标准，降低技术依存度，成为创新型行业。

创新能力要素排名比较靠后的行业见表 5-15，可以看到废弃资源和废旧材料回收加工业在全行业末位的情况发生了变化，皮革、毛皮、羽毛(绒)及其制品业落后于它。结合该行业 2008 年度在人才投入上进行大量创新储备(排名位于全行业的第 14 位)，可见为能适应未来环保产业的巨大市场需求，其技术创新能力的潜力非常大。纺织服装、鞋、帽制造业，黑色金属矿采选业，家具制造业，印刷业和记录媒介的复制、文教体育用品制造业、纺织业，煤炭开采和洗选业以及工艺品及其他制造业等劳动密集型的行业创新能力均比较落后。燃气生产和供应业，电力、热力的生产和供应业，农副食品加工业，木材加工及木、竹、藤、棕、草制品业四个行业的位次相比 2008 年均有所提高，不再排在后 10 位。

表 5-15　创新能力组成要素排名后 10 位的行业

排序	行业名称	2010 年创新能力要素	与 2008 年排名变化
29	工艺品及其他制造业	39.73	-10
30	煤炭开采和洗选业	37.55	-6
31	纺织业	36.26	-3
32	文教体育用品制造业	33.97	+2
33	印刷业和记录媒介的复制	33.80	-1
34	家具制造业	30.70	+1
35	黑色金属矿采选业	28.93	-25
36	纺织服装、鞋、帽制造业	22.97	-6
37	废弃资源和废旧材料回收加工业	21.61	+1
38	皮革、毛皮、羽毛(绒)及其制品业	18.32	-1

创新能力组成要素由 R&D 人力、科研条件、技术获取 3 个子要素构成，从不同的角度展示了各行业的创新发展特征。R&D 人力是技术创新实施和投入的主体力量，是推动技术创新运行的主观源泉；不少企业的 R&D 活动完全在自己相对独立的技术开发机构中进行，设立科技机构是企业科研条件的重要体现，在企业创新活动中起着重要作用；在知识经济时代，科技进步日新月异，企业完全通过自主开发已远远不能适应科技发展的速度，再加上自主研发具有较长的周期和较大的风险性，为此许多企业都力争从外部获取技术创新资源。

表5-16给出了部分行业3个子要素的排名情况。其中石油和天然气开采业以科研条件子要素的优势名列第1位,通信设备、计算机及其他电子设备制造业是以创新人力资源见长,而医药制造业则3个子要素均有不俗表现。技术信息资源是诱发技术创新的外部因素,是推动技术创新的知识源泉。黑色金属冶炼及压延加工业、燃气生产和供应业、医药制造业在紧跟本行业最前沿技术,获取外部技术方面在全行业中表现为最佳。

表5-16　部分行业创新能力子要素的排名情况

排名 行业	创新能力子要素		
	R&D人力	科研条件	技术获取
通信设备、计算机及其他电子设备制造业	1	15	15
交通运输设备制造业	2	6	4
专用设备制造业	3	10	8
医药制造业	4	3	3
石油和天然气开采业	5	1	29
烟草制品业	11	2	37
化学纤维制造业	10	4	14
水的生产和供应业	18	5	9
黑色金属冶炼及压延加工业	9	16	1
燃气生产和供应业	14	35	2
化学原料及化学制品制造业	10	11	5

3. 创新活动组成要素及子要素排名情况

创新活动组成要素主要是针对企业创新行为进行描述,也是企业创新能力的直观体现,包括技术研发、项目研究、科研合作等方面。表5-17给出了创新活动组成要素排名前10位的行业,仍以黑色金属冶炼及压延加工业、交通运输设备制造业、医药制造业的创新活动最为活跃,且指数遥遥领先于其他行业。通用设备制造业、电气机械及器材制造业的创新活跃度相对下降,名列前10之后。而电力、热力的生产和供应业、烟草制品业则跃升至前10之列,前者甚至排名第6。通信设备、计算机及其他电子设备制造业相对2008年创新活动排名下降了4位。

表5-17　创新活动组成要素排名前10位的行业

排序	行业名称	2010年创新活动要素	与2008年排名变化
1	黑色金属冶炼及压延加工业	100.00	0
2	交通运输设备制造业	97.38	0
3	医药制造业	85.08	0
4	有色金属冶炼及压延加工业	79.66	+1
5	石油和天然气开采业	74.15	+2

续表

排序	行业名称	2010 年创新活动要素	与 2008 年排名变化
6	电力、热力的生产和供应业	73.07	+9
7	化学原料及化学制品制造业	72.00	-3
8	烟草制品业	68.38	+12
9	专用设备制造业	66.80	0
10	通信设备、计算机及其他电子设备制造业	65.27	-4

从创新活动要素排名后 10 位的行业来看(表 5-18),仍是由一些劳动力密集型行业组成,例如,燃气生产和供应业,纺织服装、鞋、帽制造业,水的生产和供应业,皮革、毛皮、羽毛(绒)及其制品业,文教体育用品制造业等行业开展的技术创新活动较少。与非金属矿物制品业、纺织业、家具制造业这 3 个行业相比,木材加工及木、竹、藤、棕、草制品业,工艺品及其他制造业以及印刷业和记录媒介的复制的创新活跃度相对有所降低,因此成为新进入后 10 的 3 个行业。值得一提的是,废弃资源和废旧材料回收加工业由 2008 年创新指数的全行业末位升至倒数第 5,尽管创新活动仍处于全行业的下游,但其快速增长趋势是显而易见的。

表 5-18　创新活动组成要素排名后 10 位的行业

排序	行业名称	2010 年创新活动要素	与 2008 年排名变化
29	印刷业和记录媒介的复制	37.85	-16
30	文教体育用品制造业	36.69	+5
31	塑料制品业	36.27	+2
32	工艺品及其他制造业	34.13	-16
33	木材加工及木、竹、藤、棕、草制品业	31.84	-11
34	废弃资源和废旧材料回收加工业	28.57	+4
35	皮革、毛皮、羽毛(绒)及其制品业	25.38	+1
36	水的生产和供应业	25.17	-7
37	纺织服装、鞋、帽制造业	21.80	-5
38	燃气生产和供应业	20.86	-1

表 5-19 显示了部分行业创新活动要素及 3 个子要素的排序情况。黑色金属冶炼及压延加工业、医药制造业等在技术研发的资源投入最多,石油和天然气开采业、烟草制品业所进行的项目研究活动最为丰富,科研合作以电力、热力的生产和供应业、交通运输设备制造业的积极性最高。一个有趣的现象是,尽管电力、热力的生产和供应业的科研合作子要素得分位居全行业第一,但其技术研发和项目研究却均处于中下游水平。石油和天然气开采业在项目研究方面表现非常好,但技术研发活动却不能与之相匹配,煤炭开采和洗选业在科研合作方面也有不俗的表现,然而其技术研发和项目研究得分却差强人意,这一定程度上与采矿业本身的行政垄断和公用事业性质有关。而通信设备、计算机及其他电子设备制造业的创新发展能力指数

尽管是全行业最高,但其技术研发子要素仅排在第25位。这说明不同行业在其创新过程中,不同要素的发展程度也不尽相同。

表5-19　部分行业创新活动子要素的排名情况

行业＼排名	创新活动子要素		
	技术研发	项目研究	科研合作
黑色金属冶炼及压延加工业	1	3	6
医药制造业	2	6	7
有色金属冶炼及压延加工业	3	11	4
化学原料及化学制品制造业	4	15	9
交通运输设备制造业	5	4	2
石油和天然气开采业	33	1	0
烟草制品业	14	2	14
专用设备制造业	6	5	20
电力、热力的生产和供应业	27	31	1
通信设备、计算机及其他电子设备制造业	25	9	3
煤炭开采和洗选业	21	33	5

4. 创新绩效组成要素及子要素排名情况

创新绩效组成要素主要反映企业技术创新产出和企业实现技术创新效益等方面的情况,重在考核企业利用创新资源研究开发科技成果的水平(包括专利等知识产权)及其利用先进技术开发新产品的能力,是实现创新能力与创新目标的匹配,提高企业技术进步水平(劳动生产率)的落脚点。技术创新的实现不仅是开发出新产品,更重要的是创新产品进入市场并占有市场,获得最佳的经济效益,因此创新绩效要素还需要从新产品的产值和销售收入等方面进行测度。

表5-20和表5-21分别显示了在全行业中,创新绩效要素排名前10位和后10位的行业。创新绩效组成要素排名情况与2008年变化不大,仍以通信设备、计算机及其他电子设备制造业为最高,交通运输设备制造业和医药制造业的创新绩效分列第2、第3名。其中专业设备制造业上升明显,烟草制品业的创新绩效得分排名下降明显,其他均未产生太大变化。

表5-20　创新绩效组成要素排名前10位的行业

排序	行业名称	2010年创新绩效要素	与2008年排名变化
1	通信设备、计算机及其他电子设备制造业	100.00	0
2	交通运输设备制造业	93.88	0
3	医药制造业	91.55	0
4	电气机械及器材制造业	81.49	+1

续表

排序	行业名称	2010 年创新绩效要素	与 2008 年排名变化
5	专用设备制造业	76.23	+3
6	黑色金属冶炼及压延加工业	74.29	0
7	烟草制品业	71.33	-3
8	通用设备制造业	68.24	-1
9	化学原料及化学制品制造业	65.54	+1
10	仪器仪表及文化、办公用机械制造业	65.44	-1

与2008年的数据对比可以发现,创新绩效组成要素排名后10位中,塑料制品业,有色金属矿采选业,农副食品加工业被皮革、毛皮、羽毛(绒)及其制品业,饮料制造业,非金属矿采选业所代替。创新绩效要素得分最低的行业依然是废弃资源和废旧材料回收加工业,但与其他行业的差距正在逐步缩小。

表 5-21　创新绩效组成要素排名后 10 位的行业

排序	行业名称	2010 年创新绩效要素	与 2008 年排名变化
29	印刷业和记录媒介的复制	32.44	+6
30	煤炭开采和洗选业	31.52	+3
31	皮革、毛皮、羽毛(绒)及其制品业	30.27	-4
32	饮料制造业	30.26	-4
33	非金属矿采选业	29.63	-15
34	纺织服装、鞋、帽制造业	27.75	-4
35	黑色金属矿采选业	26.82	-1
36	水的生产和供应业	19.84	0
37	燃气生产和供应业	19.47	0
38	废弃资源和废旧材料回收加工业	16.82	0

表5-22给出了部分行业创新绩效的3个子要素——知识产权、产品开发、技术进步的排序情况。知识产权子要素排名前5名的行业有通信设备、计算机及其他电子设备制造业,医药制造业,仪器仪表及文化、办公用机械制造业等。新产品开发效益比较好的行业有交通运输设备制造业,通信设备、计算机及其他电子设备制造业等。黑色金属冶炼及压延加工业的强项指标是技术进步要素。

表 5-22　部分行业创新绩效子要素的排名情况

行业＼排名	创新绩效子要素		
	知识产权	产品开发	技术进步
通信设备、计算机及其他电子设备制造业	1	2	4
医药制造业	2	9	3
仪器仪表及文化、办公用机械制造业	3	5	19
烟草制品业	4	4	13
专用设备制造业	5	8	8
交通运输设备制造业	10	1	2
电气机械及器材制造业	6	3	6
黑色金属冶炼及压延加工业	26	11	1
石油加工、炼焦及核燃料加工业	14	17	5

五、各行业企业创新发展指数评价指标排序情况

如前所述，本研究关于企业创新发展水平的评价体系包括 4 个层次，58 个具体指标。这些指标对创新过程产生影响的诸多因素进行了综合分析，可以从全局锁定企业创新发展各要素的重要性。分别看每个指标都包含了不同的评价内涵，可以对创新发展水平的各个方面进行测度。它们之间的有机协调和相互配合，又可以比较全面、准确地反映企业技术创新的运行状况和发展趋势。以下择选其中几个具有代表性的指标进行分析。

1. R&D 经费

R&D 经费是目前测度企业创新发展最基础的参量之一。表 5-23 显示了 2006—2008 年 R&D 经费平均值位于前 5 位和后 5 位的行业。可以看出，R&D 经费投入最多的是通信设备、计算机及其他电子设备制造业，年均高达 411 亿元，体现了该行业的高技术产业特征。该项指标比较强势的行业还有交通运输设备制造业、黑色金属冶炼及压延加工业等。而该项指标较弱的行业主要分布在矿采选业和水、燃气的供应业，也反映出较明显的行业特性。

表 5-23　2006—2008 年 R&D 经费平均值位于前 5 位和后 5 位行业

行业	3 年 R&D 经费平均值（万元）	位次
通信设备、计算机及其他电子设备制造业	4 111 308	1
交通运输设备制造业	2 993 642	2
黑色金属冶炼及压延加工业	2 277 570	3
电气机械及器材制造业	2 186 303	4
通用设备制造业	1 388 951	5

续表

行业	3 年 R&D 经费平均值(万元)	位次
非金属矿采选业	18 526	34
黑色金属矿采选业	13 035	35
水的生产和供应业	6 122	36
燃气生产和供应业	2 075	37
废弃资源和废旧材料回收加工业	87	38

注:废弃资源和废旧材料回收加工业的部分年份数据缺失,表中为经特殊处理后的数据。

值得一提的是,仅以 R&D 经费来反映整体创新发展水平是不全面的,不同类型的创新,如自主创新与模仿创新在 R&D 投入上的差别较大。此外,由于技术创新过程中的风险和不确定性,前期的 R&D 投入与后期的产出之间也很难有完全对应的线性关系。

作为一套完整的评价指标体系,在衡量绝对量的同时,适当考虑相对量的因素是非常必要的。R&D 经费投入强度就是从相对结构的视角对创新投入的考察。2008 年,九大行业 R&D 经费投入强度(R&D 经费与主营业务收入之比)超过 1%。其中专用设备制造业为 1.93%,医药制造业为 1.74%,通用设备制造业为 1.59%,分居前 3 位;其他依次为电气机械及器材制造业,交通运输设备制造业,橡胶制品业,通信设备、计算机及其他电子设备制造业,仪器仪表及文化、办公用机械制造业,以及化学纤维制造业。其余的 29 个行业的 R&D 经费投入强度均在 1% 以下,说明我国大中型企业虽然 R&D 投入总量增加,但总体强度不足。

表 5-24　2006—2008 年 R&D 经费投入强度位于前 5 位和后 5 位行业

行业	R&D 经费占主营业务收入比例(%)	位次
专用设备制造业	1.93	1
医药制造业	1.74	2
通用设备制造业	1.59	3
电气机械及器材制造业	1.50	4
交通运输设备制造业	1.44	5
石油加工、炼焦及核燃料加工业	0.14	34
水的生产和供应业	0.14	35
电力、热力的生产和供应业	0.10	36
燃气生产和供应业	0.04	37
废弃资源和废旧材料回收加工业	0.00	38

注:废弃资源和废旧材料回收加工业的部分年份数据缺失,表中为经特殊处理后的数据。

2. R&D 人员

R&D 人员作为 R&D 活动的主体,对技术创新的成功起着关键作用。R&D 人员投入是评测企业创新能力的重要切入点。从表5-25看出，R&D人员占从业人员比例较高的行业有医药制造业和专用设备制造业，名列前5位的行业这一比例均超过了4%。而这一比例较低的行业有家具制造业，纺织服装、鞋、帽制造业，水的生产和供应业等，创新人力资源的缺乏成为制约这些行业创新发展水平提高的主要因素之一。

表5-25　R&D人员占从业人员比例位于前5位和后5位的行业

行业	R&D人员占从业人员比例(%)	位次
医药制造业	5.40	1
专用设备制造业	5.11	2
交通运输设备制造业	4.88	3
通用设备制造业	4.49	4
通信设备、计算机及其他电子设备制造业	4.21	5
家具制造业	0.42	34
纺织服装、鞋、帽制造业	0.36	35
水的生产和供应业	0.30	36
皮革、毛皮、羽毛(绒)及其制品业	0.27	37
废弃资源和废旧材料回收加工业	0.11	38

3. 微电子控制生产设备比率

信息设备制造业的发展能够有力地促进传统产业的信息化和自动化改造。在电子计算机、集成电路迅猛发展的时代，企业生产经营设备的科技含量都有不同程度的提高。我国大中型工业企业在固定资产设备购置中，微电子控制设备所占的比例能够在一定程度上反映企业的信息化程度。

2008年，微电子控制设备原价占机器设备原价比例达到30%以上的行业有烟草制品业和通信设备、计算机及其他电子设备制造业。而石油和天然气开采业、有色金属矿采选业等行业这一比例较上一年度均有提高，从1%～2%增长到3%以上，仅废弃资源和废旧材料回收加工业的微电子控制设备原价占机器设备原价的比例仍不足2%，说明我国这些行业的大中型企业核心技术发展滞后，设备信息化、自动化程度较低。

表5-26　微电子控制设备费用占机器设备原价比例排列前5位和后5位的行业

行业	微电子控制设备费用占机器设备原价比例(%)	位次
烟草制品业	34.89	1
通信设备、计算机及其他电子设备制造业	31.55	2
印刷业和记录媒介的复制	27.89	3
橡胶制品业	21.41	4
交通运输设备制造业	19.81	5

续表

行业	微电子控制设备费用占机器设备原价比例(%)	位次
石油和天然气开采业	5. 18	34
燃气生产和供应业	4. 68	35
有色金属矿采选业	3. 22	36
黑色金属矿采选业	3. 14	37
废弃资源和废旧材料回收加工业	1. 48	38

4. 购买国内技术经费与技术引进支出比值

企业通过直接购买技术迅速提高技术水平,缩短与竞争对手的技术差距,增强自身创新能力是企业创新的重要途径和手段。按照技术来源地的不同可以分成技术引进和购买国内技术两种类型。2008 年企业技术引进经费和消化吸收经费增长放缓,2008 年企业技术引进经费为 440. 4 亿元,增长率比 2007 年下降了 2. 61 个百分点;消化吸收经费支出为 106. 4 亿元,增速比 2007 年下降 0. 19 个百分点。与此形成对照的是,近 3 年来我国大中型工业企业用于购买国内技术的经费一直稳步上升,2008 年达到 166. 2 亿元,比 2007 年增长 28. 24% 。

尽管如此,我国大中型企业购买国内技术经费占技术引进支出的比值依然很低,全行业仅为 0. 38,值得一提的是,仪器仪表及文化、办公用机械制造业,通信设备、计算机及其他电子设备制造业作为高技术产业,对国外技术的依赖程度非常高,技术自主度较低。

表 5-27 购买国内技术经费与技术引进支出比值位于前 5 位和后 5 位的行业

行业	购买国内技术经费与技术引进支出比值	位次
燃气生产和供应业	7. 71	1
水的生产和供应业	2. 51	2
有色金属矿采选业	2. 10	3
医药制造业	1. 41	4
电力、热力的生产和供应业	1. 19	5
仪器仪表及文化、办公用机械制造业	0. 13	34
煤炭开采和洗选业	0. 11	35
造纸及纸制品业	0. 09	36
通信设备、计算机及其他电子设备制造业	0. 07	37
废弃资源和废旧材料回收加工业	0. 07	38

5. 新产品开发

2008 年大中型工业企业共投入新产品开发经费 3 095. 8 亿元,比 2007 年增长 26. 1% ,平均每一新产品项目的投入经费为255.1万元,比上年增加36.8万元。随着企业新产品开发经费投入力度的加大,我国大中型工业企业新产品产出也不断增加。2008年,我国大中型工业企业新产品销售收入达到5.1万亿元,增长率达到24.4%;新产品销售收入占全部大中型工业企业产品销售收入的比重为16.03%,比2007年提高了0.3个百分点。设备制造业的新产品销售收入在主营业务收入的比例比其他行业要高。

表5-28　新产品销售收入占主营业务收入比例位于前5位和后5位的行业

行业	新产品销售收入占主营业务收入比例(%)	位次
交通运输设备制造业	39.95	1
电气机械及器材制造业	28.92	2
通信设备、计算机及其他电子设备制造业	28.72	3
专用设备制造业	26.14	4
通用设备制造业	25.72	5
非金属矿采选业	9.49	34
燃气生产和供应业	6.81	35
黑色金属矿采选业	5.54	36
水的生产和供应业	2.74	37
电力、热力的生产和供应业	1.22	38

然而同时考虑投入的因素,从新产品开发效率来看,大中型企业的单位新产品开发经费(元)获得新产品产值仅为16.93元,这一数字还相当低。与表5-28截然不同的是,新产品投入效益较高的为烟草制品业、石油加工、炼焦及核燃料加工业以及采矿业等,不再是设备制造业。

表5-29　单位新产品开发经费获得新产品产值位于前5位和后5位的行业

行业	单位新产品开发经费获得新产品产值	位次
烟草制品业	58.28	1
石油加工、炼焦及核燃料加工业	41.64	2
石油和天然气开采业	41.14	3
有色金属矿采选业	36.50	4
煤炭开采和洗选业	23.90	5
非金属矿采选业	9.49	34
燃气生产和供应业	6.81	35
黑色金属矿采选业	5.54	36
水的生产和供应业	2.74	37
电力、热力的生产和供应业	1.22	38

六、各行业企业创新发展情况总体评价

本研究对我国各行业企业创新发展进行了多维度地动态监测和定量测度，力求全面、准确、客观、深入地反映我国各行业在技术创新活动中的现实状况、发展趋势和影响因素，为各级科技管理部门研究和制定切合实际的企业创新政策提供科学的依据和参考。通过以上的研究和分析，可以简要概括出我国各行业在创新发展过程中的一些主要特征：

1. 研发投入继续加大，人才队伍不断扩大，技术创新愈加活跃，创新成果大幅增长

研发投入是企业开展技术创新的前提条件和基本保证，只有保障一定的经费投入，企业才能持续提高技术创新能力。2008 年，大中型工业企业总共筹集科技经费 5 220 亿元，企业人均科技活动经费为 1.08 万元，比上一年度增加了 0.09 万元。其中，R&D 经费内部支出 2 681 亿元，比上一年度增长了 26.9%，这一增长速度虽然略低于上一年度的增长率，但在全球经济危机的影响下，各国企业均大幅缩减研发开支，中国企业对于研发投入的热情仍十分高涨。2008 年，我国大中型工业企业 R&D 经费支出占科技活动内部支出的比例已经达到 53.2%，这在一定程度上说明大中型工业企业的自主创新力度正在增强。

2008 年，我国大中型企业科技活动人员合计 247 万人，其中科学家和工程师有 159 万人，占全部科技活动人员比重为 64.4%。同期，R&D 人力投入（折合全时当量计）为 101 万人/年，比上一年度增长了 18.3%。这表明我国企业的科技人员队伍继续扩大，素质显著提升，科研实力不断增强。

我国工业企业的技术创新更加活跃。2008 年，我国大中型工业企业共有 40 304 家，有 R&D 活动的企业占 24.9%，共 10 027 家，其中制造业里有科技活动的企业数比例为 26.5%；企业办科技机构共 13 241 个，比 2007 年增加了 1 394 个。其中设立了科技机构的企业有 9 940家，占企业总数比例为 24.7%。

科研活动所产生的创新成果大幅增长，2008 年，大中型工业企业的专利申请共 122 076 件，同比增长 27.2%，其中发明专利 43 773 件，同比增长 21.3%。发明专利申请量占全部专利申请量比例仅为 35.9%，而国外申请以发明专利为主，占到 80% 以上。每千人（以从业人员计）申请专利数 2.52 件，每百万元 R&D 经费产生发明专利数 0.21 件。拥有发明专利数 55 723 件，每千人拥有发明专利数 1.15 件。

企业具有自主创新能力，不仅在于能够产生科研成果，更在于能够进行成果转化和产业化应用，新产品的开发和生产也是技术成果产业化的重要方面，2008 年新产品产值比上一年度增长 22.5%，新产品销售收入增长 25.2%，其中新产品出口增长 33.1%，均与 2007 年相比增幅缩小。新产品销售收入占主营业务收入比例为 16%，略高于 2007 年的 15.7%。

2. 行业创新能力呈非均衡分布，不同行业的创新驱动因素各异

在以上数据分析的基础上，我们进一步对中国大中型工业企业 2008 年的技术创新绩效从行业分布角度进行分析。

（1）技术创新效率较高的行业相对集中在高技术制造业，其中通信设备、计算机及其他电子设备制造业和医药制造业是我国高技术产业的代表。从表 5-30 可以看出，在 4 个组成要素

和12个子要素中排名前3位的行业分布中,通信设备、计算机及其他电子设备制造业和医药制造业均在3个组成要素和5个以上的子要素中均进入了前3名,这主要得益于R&D经费和R&D人力的大量投入,以及较高的创新产出效率。尽管部分高技术行业有相对较为突出的创新效率,但作为技术创新最具代表性的行业,其总体效率也不高。除了通信设备计算机及其他电子设备制造业和医药制造业之外,其他高技术行业都在行业均值以下,其中仪器仪表及文化办公用机械制造业低于烟草制造业,属于低创新发展指数行业。

(2)企业技术创新活动主要集中在装备制造业,其中以交通运输设备制造业、黑色金属冶炼及压延加工业以及专用设备制造业等行业的技术创新活动最为活跃。

(3)采矿行业里,石油和天然气开采业为技术创新的主力,创新能力远高于同行业类别中的其他矿选业,主要以科研条件为创新驱动因素。电力、燃气和水的供应业中,电力、热力的生产和供应业的技术创新基本由基础设施带动,项目研究的实施对其创新发展具有很大的促进作用。黑色金属矿采选业、石油加工及炼焦及核燃料加工业也有不错的表现。而煤炭开采和洗选业,有色金属矿采选业,非金属矿采选业,工艺品及其他制造业,燃气生产和供应业,水的生产和供应业,饮料制造业,纺织业,食品制造业,纺织服装、鞋、帽制造业,皮革、毛皮、羽毛(绒)及其制品业、木材加工及木、竹、藤、棕、草制品业等行业基本上在每个期间都处于平均值以下。

表5-30 2008年度4个组成要素和12个子要素中排名前3位的行业

创新基础	经济表现	基础设施	R&D经费
通信设备、计算机及其他电子设备制造业	石油和天然气开采业	电力、热力的生产和供应业	交通运输设备制造业
黑色金属冶炼及压延加工业	烟草制品业	通信设备、计算机及其他电子设备制造业	黑色金属冶炼及压延加工业
交通运输设备制造业	黑色金属冶炼及压延加工业	黑色金属冶炼及压延加工业	通信设备、计算机及其他电子设备制造业
创新能力	**R&D人力**	**科研条件**	**技术获取**
石油和天然气开采业	通信设备、计算机及其他电子设备制造业	石油和天然气开采业	黑色金属冶炼及压延加工业
医药制造业	交通运输设备制造业	烟草制品业	燃气生产和供应业
通信设备、计算机及其他电子设备制造业	专用设备制造业	医药制造业	医药制造业
创新活动	**技术研发**	**项目研究**	**科研合作**
黑色金属冶炼及压延加工业	黑色金属冶炼及压延加工业	石油和天然气开采业	电力、热力的生产和供应业
交通运输设备制造业	医药制造业	烟草制品业	交通运输设备制造业
医药制造业	有色金属冶炼及压延加工业	黑色金属冶炼及压延加工业	通信设备、计算机及其他电子设备制造业

续表

创新绩效	知识产权	产品开发	技术进步
通信设备、计算机及其他电子设备制造业	通信设备、计算机及其他电子设备制造业	交通运输设备制造业	黑色金属冶炼及压延加工业
交通运输设备制造业	医药制造业	通信设备、计算机及其他电子设备制造业	交通运输设备制造业
医药制造业	仪器仪表及文化、办公用机械制造业	电气机械及器材制造业	医药制造业

3. 技术创新主体机制尚未完善，创新的制约因素仍然存在

应该引起注意的是，在工业的 3 个大产业中，制造业的 36 095 家企业中有 9 552 家开展了 R&D 活动，比重达到 26. 5% 。采矿业的 2 079 家大中型企业中，有 256 家企业有 R&D 活动，占 12. 3% ，低于全行业的平均水平。在电力、燃气及水的生产供应业共有工业企业 2 130 家，其中有 R&D 活动的企业 219 家，占 10. 3% ，这说明大中型工业企业开展技术创新活动的企业不到一半，大多数企业尚未成为技术创新的主体。从企业创新发展能力的组成要素和子要素分析来看，目前制约我国企业技术创新的主要因素有：

第一，尽管我国大中型企业在一定程度上已经具备了作为 R&D 的投入主体和执行主体的能力，但创新基础仍比较薄弱。我国企业 R&D 经费增长较快，但投入强度还较低，2008 年全行业 R&D 经费支出占主营业务收入比为 0. 84% ，而发达国家的这一比例一般在 5% 以上，说明我国大中型工业企业在研发创新方面的资金投入仍然不足，无法满足其快速发展的需求。

第二，企业中的科技人才所占的比重过低，创新型人才资源仍显不足，人才培养和激励机制尚待完善。人才是企业发展的根本，是企业自主创新的实施者。2008 年，我国科技活动人员总数接近 500 万人，大中型工业企业科技活动人员 247 万人，R&D 人员为 124 万人年，仅占全国科技活动人员总数的 24. 8% 。而早在 1996 年美国从事研究与开发的人员为 96. 27 万人，分布在企业的占 79. 4% 。在日本与韩国，分布在企业中的研发人员分别为 60. 5% 与 63. 7% 。相比之下，我国的科研人才的配置主要集中在政府设立的研究机构和院校，特别是高级科研人才多滞留在科研院所中，企业中的工程技术人员数量较少。

第三，科研条件建设不够完备，内部研发机构数量少。从发达国家的高新技术发展可以看到，越来越多的技术创新直接来自于企业，发达国家几乎所有的大中型企业都有自己的研究开发机构，并有相当的科研水平，甚至超过大学和政府的研究机构。企业最易将创新的成果推向市场，但我国科技力量过多地集中在企业之外。2008 年，我国大中型企业中仅有 24. 7% 的企业设置了专门的科技研究机构，而且相当多的机构组织松散，没有经常性的开发任务，而在发达国家，企业承担着全国 60% ~70% 研究与开发任务。

第四，企业自主知识产权创新意识不强，重要的产品和工艺技术主要依靠从国外引进，自主知识产权的技术创新不足；21 世纪的竞争就是知识产权的竞争。企业作为知识产权的创新主体和市场承载者，其知识产权的意识强弱，直接决定了企业的市场竞争能力的高低。据瑞士国际管理与发展学院（IMD）2009 年《世界竞争力年鉴》，尽管中国在科技的国际竞争力上有所

提升,但是,在知识产权保护状况方面,中国不仅与发达国家之间存在差距,即使与主要发展中国家和地区相比,其排名也是靠后的,排于第48位;每10万人拥有的有效专利数为14件,排名世界第43位;每千名企业人员专利授权量排名世界第21位。

第五,引进技术的转化吸收水平低,技术自主度不够。技术获取可以分别通过自主研发(R&D)和引进国外技术两个基本途径获得,自主研发也包括通过对外引进技术消化吸收基础上的研发。技术引进支出是我国科技投入的一个组成部分,消化吸收支出是R&D经费的一个重要组成部分,前者表明我国对国外技术的依赖程度,后者反映已引进技术的消化吸收利用情况。通过消化吸收支出与技术引进支出两者的比例可以分别测度企业在两种技术获取途径中的投入程度,从而作为衡量企业的技术自主创新度的指标。

引进国外技术是一把双刃剑,一方面可以通过提高我国的科技水平而提高企业的自主创新能力,另一方面也会因企业对国外技术的依赖而制约自主创新能力的提升。我国许多大中型企业在进行自主创新时,重引进、轻消化、少创新的现象十分明显。2008年,我国大中型工业企业用于引进国外技术的支出与用于消化吸收的经费支出都有所增长,但全行业的消化吸收支出与技术引进支出之比仅为0.24,处于较低的水平。一般的工业国家的消化经费与技术引进经费之比为3,而在快速发展时期,日本、韩国的这一比值则达到5和8,而我国大中型企业达到1∶1匹配比例的行业都很少,这表明我国的技术引进目前还停留在只注重引进不注重消化吸收,只注重模仿不注重创新的阶段。

第六,产学研结合不足,创新的技术成果转化率较低。2008年,企业科技活动外部支出中对研究院所和高校支出所占比例不到40%,可见我国产学研的结合还处于一个相当低的水平,制约着技术型企业的创新发展。中国科技活动人员大多集中于高等院校与科研院所,直接介入科技开发第一线的科技人员不到1/4,科研人才在企业与科研机构之间的不合理配置无形中使科技活动与生产实践活动之间产生一定距离,科技成果不能迅速转化为生产力。

总体而言,受国际金融危机的影响,2008年我国大中型工业企业科技活动主要指标的增长幅度低于2007年相应指标的增速,但是绝大多数指标仍保持了较高的增长速度。从主要指标增长的趋势看,我国大中型工业企业科技水平在进一步提高。但必须意识到,目前我国经济发展正受到人口、资源和环境三大制约,经济增长方式还有待转变,产业结构亟需战略调整,创新驱动的产业发展模式尚未建立。为应对国际金融危机,世界经济形势正在悄然发生变化,重点培育先进制造业、战略新兴产业,大力发展现代服务业,增加产品附加值,提高创新绩效,大力提升我国工业企业的自主创新能力,走上依靠创新发展的道路。

附录1　我国各省市企业创新发展指数各类型排序表

一、我国各省市企业创新发展指数总排名

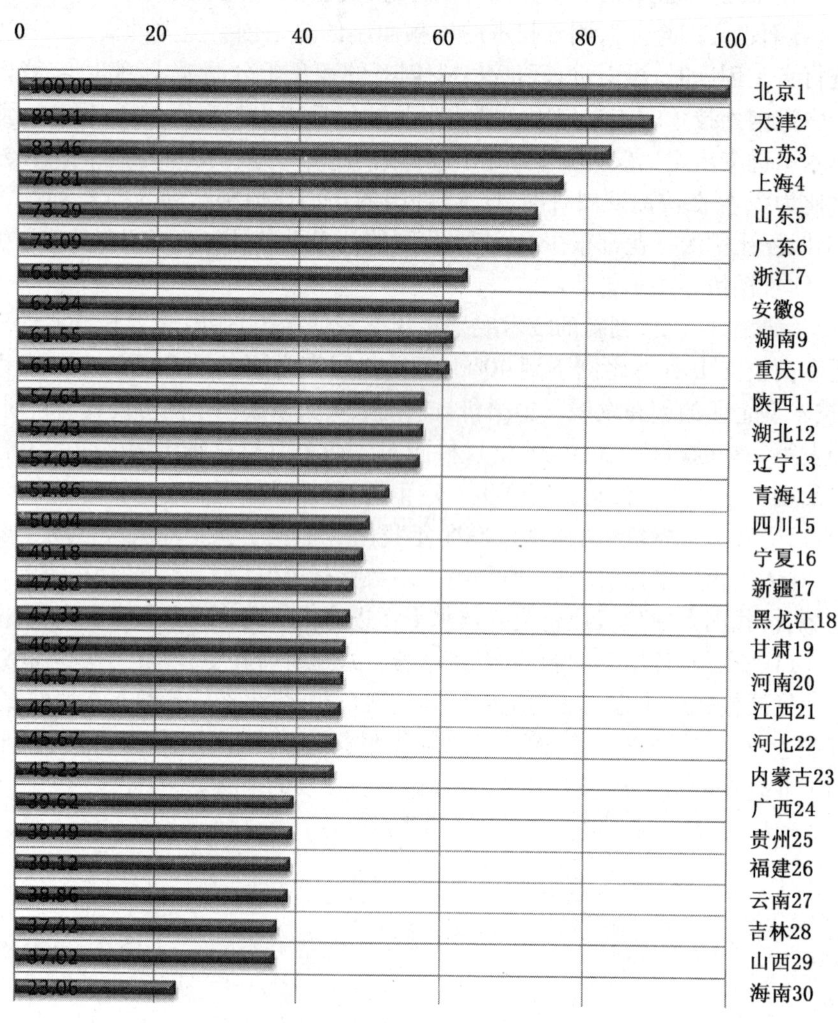

附图 1-1　我国各省市企业创新发展指数总排名

二、我国各区域省市企业创新发展指数排名

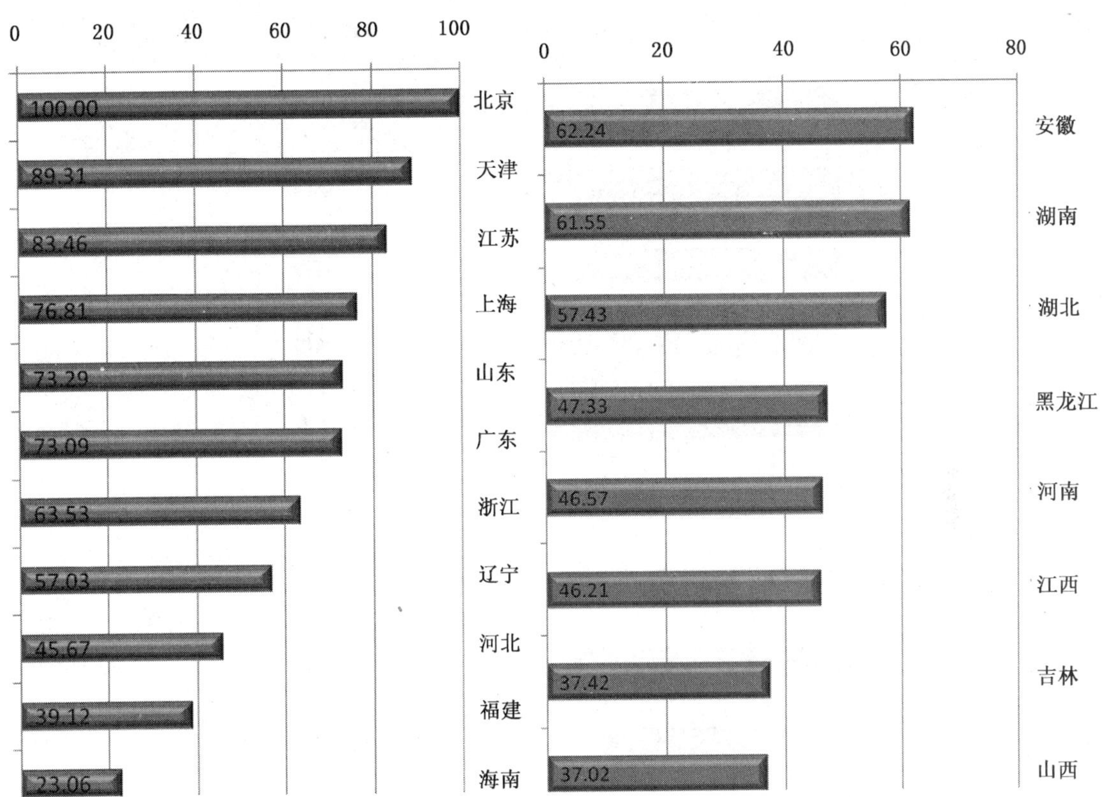

附图 1-2　我国东部省市企业创新发展指数排名

附图 1-3　我国中部省市企业创新发展指数排名

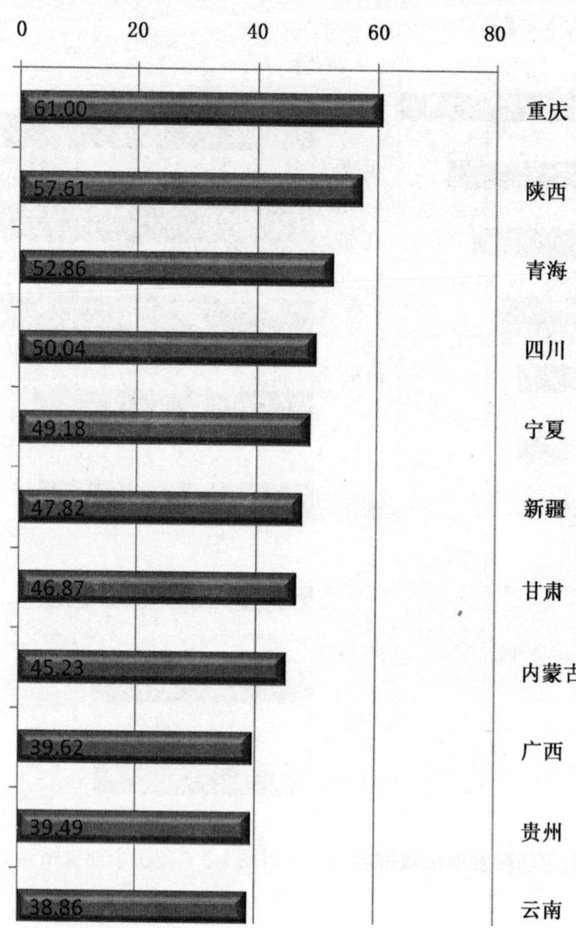

附图 1-4　我国西部省市企业创新发展指数排名

三、按工业总产值的省市企业创新发展指数排名

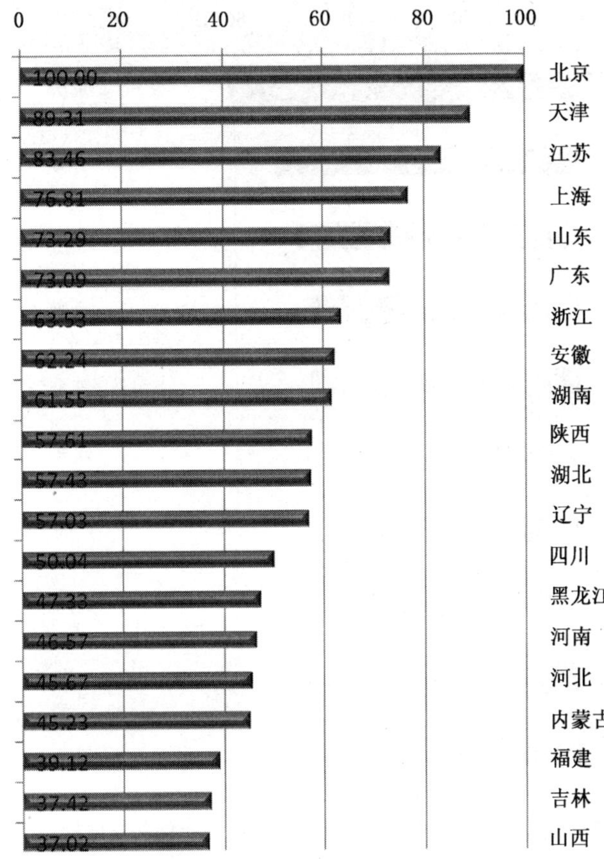

附图1-5　工业总产值5 000亿元及以上省市企业创新发展指数排名

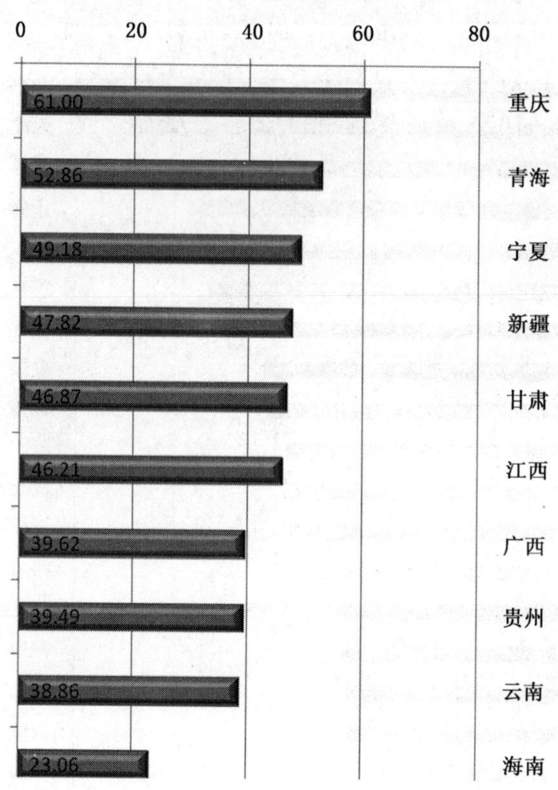

附图 1-6　工业总产值小于 5 000 亿元省市企业创新发展指数排名

四、按企业从业人数的省市企业创新发展指数排名

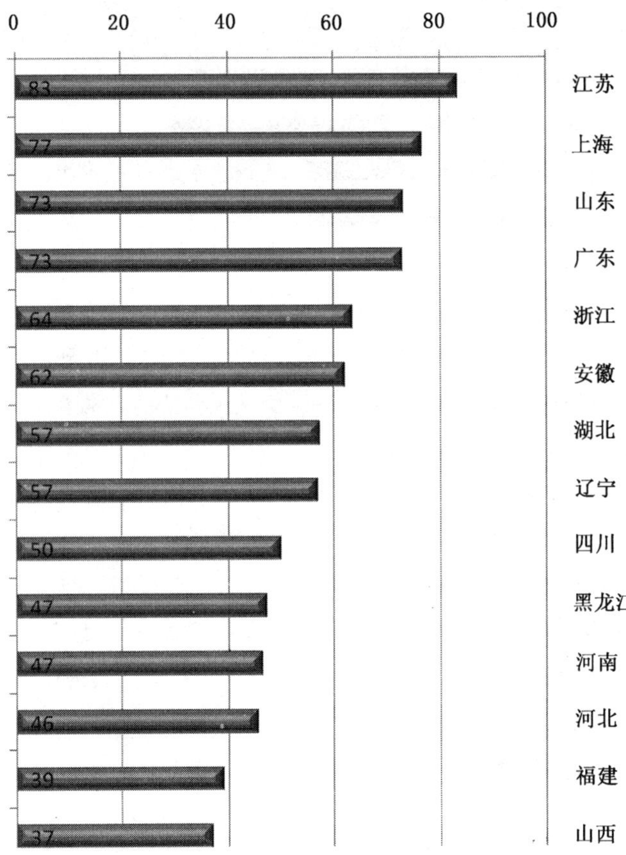

附图1-7　从业人数100万人及以上省市企业创新发展指数排名

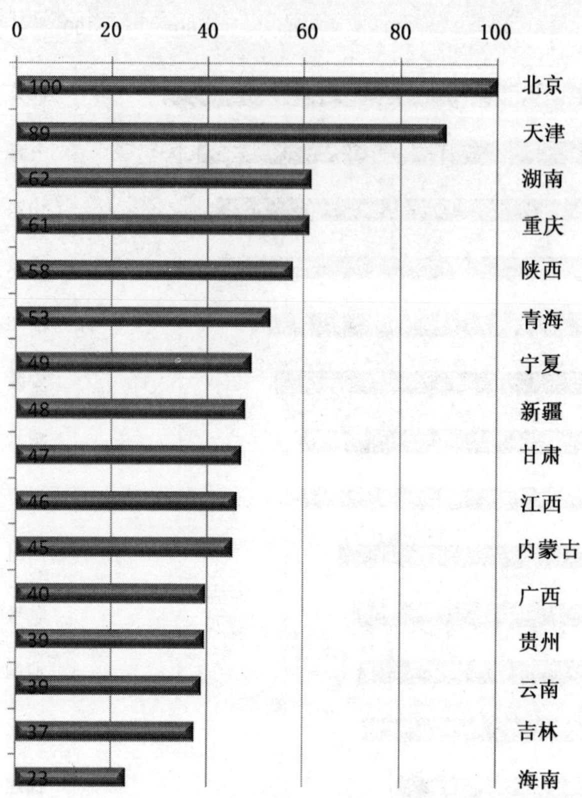

附图1-8　从业人数小于100万人省市企业创新发展指数排名

五、各省市企业创新发展指数组成要素与子要素排名

附表1-1　各省市企业创新发展指数总排名与组成要素排名

地区	总体排名	创新基础	创新能力	创新活动	创新绩效
北京	1	6	3	1	1
天津	2	5	5	2	2
河北	22	14	21	18	23
山西	29	23	29	23	26
内蒙古	23	10	24	26	17
辽宁	13	11	13	16	14
吉林	28	19	23	29	19
黑龙江	18	7	19	20	30
上海	4	3	1	9	5
江苏	3	1	12	3	4
浙江	7	8	16	13	6
安徽	8	17	4	11	8
福建	26	24	26	27	15
江西	21	20	20	8	28
山东	5	4	7	4	9
河南	20	18	18	24	20
湖北	12	15	14	7	12
湖南	9	13	6	10	10
广东	6	2	9	22	3
广西	24	27	28	21	18
海南	30	28	30	30	22
重庆	10	16	11	12	7
四川	15	21	17	14	13
贵州	25	26	27	25	21
云南	27	22	25	28	16
陕西	11	12	2	15	24
甘肃	19	30	15	5	29
青海	14	25	10	19	11
宁夏	16	29	8	6	27
新疆	17	9	22	17	25

附表 1-2　各省市企业创新发展指数组成要素与子要素排名

地区	创新基础			创新能力			创新活动			创新绩效		
	经济表现	基础设施	R&D经费	R&D人力	科研条件	技术获取	技术研发	项目研究	科研合作	知识产权	产品开发	技术进步
北京	10	3	8	1	10	25	17	2	1	1	1	4
天津	6	12	1	7	3	17	14	1	2	2	3	9
河北	12	8	24	20	26	15	12	19	20	28	24	8
山西	20	20	20	24	29	21	21	28	10	24	23	18
内蒙古	11	9	15	15	28	22	25	20	25	9	25	12
辽宁	19	7	6	9	23	4	16	10	15	22	17	7
吉林	22	10	26	19	24	26	28	29	29	27	8	24
黑龙江	2	19	16	12	22	28	24	7	19	21	29	29
上海	7	4	2	5	7	1	22	5	9	15	5	5
江苏	3	1	3	14	6	5	2	9	6	12	7	2
浙江	14	5	14	16	11	8	8	27	8	14	4	14
安徽	21	18	13	11	2	11	5	16	12	5	14	11
福建	18	17	25	25	27	18	26	21	26	23	6	30
江西	28	25	9	23	21	9	9	14	7	29	16	25
山东	4	6	4	13	4	7	11	8	3	18	13	3
河南	13	21	21	17	20	6	15	25	17	16	18	17
湖北	15	22	12	6	14	24	1	11	21	17	12	13
湖南	23	15	5	3	12	13	4	18	11	11	9	20
广东	5	2	7	2	19	12	23	15	13	3	10	1
广西	26	28	17	28	25	19	13	17	27	10	15	26
海南	16	23	30	27	30	30	30	30	30	8	27	19
重庆	25	11	11	4	8	14	18	3	23	13	2	27
四川	24	13	19	18	17	10	7	24	14	20	11	15
贵州	27	16	23	29	18	27	19	23	18	6	26	22
云南	17	14	28	30	15	23	27	22	28	7	22	16
陕西	8	26	10	8	1	20	20	4	22	19	20	23
甘肃	29	30	27	10	13	16	6	13	5	26	21	28
青海	9	29	29	22	5	3	10	26	16	4	29	6
宁夏	30	24	22	21	9	2	3	6	24	25	19	21
新疆	1	27	18	26	16	29	29	12	4	30	28	10

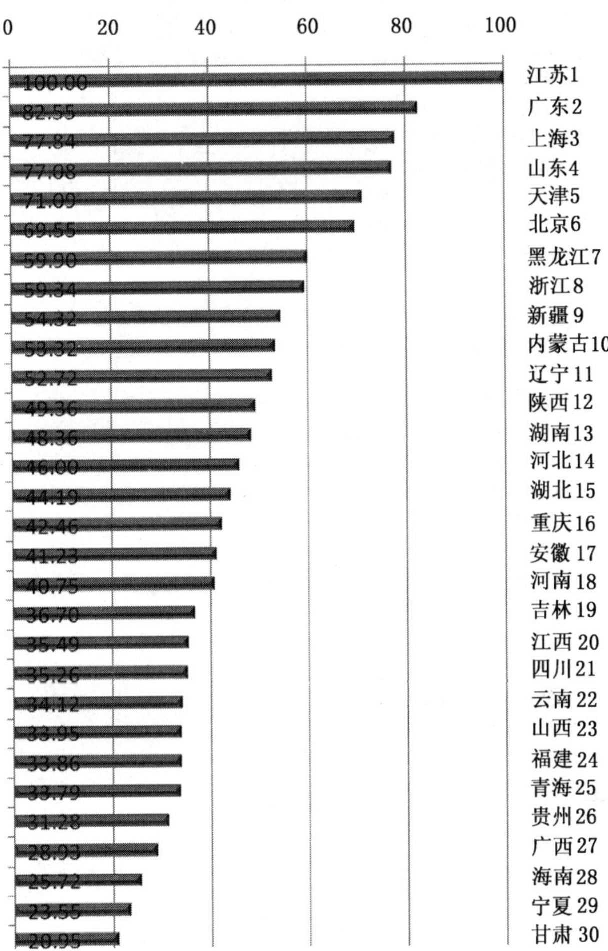

附图 1-9　各省市企业创新发展指数创新基础要素排名

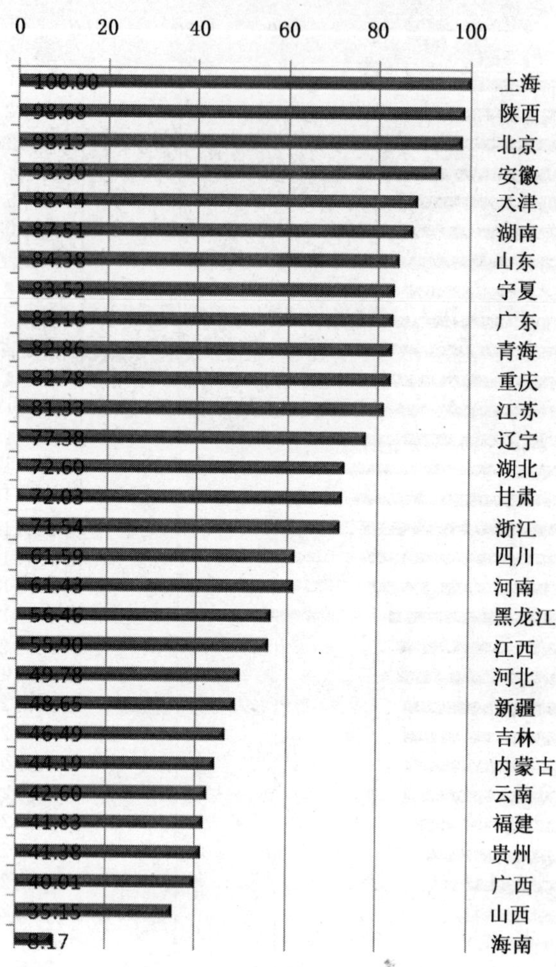

附图 1-10　各省市企业创新发展指数创新能力要素排名

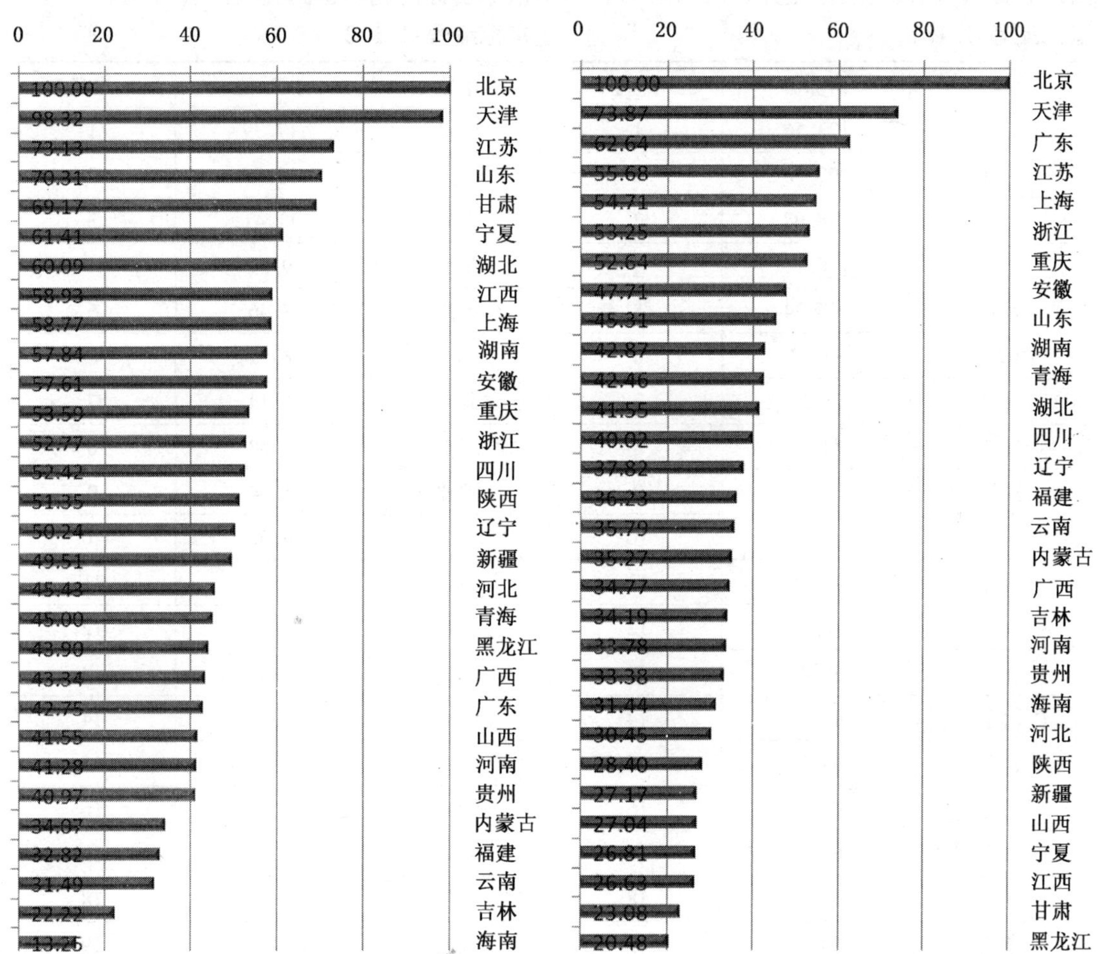

附图 1-11 各省市企业创新发展指数创新活动要素排名

附图 1-12 各省市企业创新发展指数创新绩效要素排名

六、各省市企业创新发展指数评价指标排名

指标名称:企业人均主营业务收入(万元)
指标编号:1.1.1

指标名称:企业人均利润总额(万元)
指标编号:1.1.2

地区	指标值	排名	地区	指标值	排名
天津	123.56	1	新疆	17.39	1
北京	122.70	2	黑龙江	13.29	2
上海	118.98	3	青海	11.41	3
新疆	116.11	4	陕西	9.09	4
海南	106.34	5	天津	8.46	5
内蒙古	84.93	6	内蒙古	8.39	6
河北	78.22	7	北京	6.14	7
辽宁	74.10	8	海南	5.88	8
江苏	73.93	9	湖北	5.04	9
云南	73.67	10	江苏	4.62	10
吉林	71.76	11	河南	4.54	11
湖北	70.08	12	云南	4.49	12
甘肃	67.42	13	河北	4.41	13
山东	65.05	14	山东	4.34	14
青海	64.15	15	上海	4.04	15
浙江	62.81	16	湖南	3.55	16
河南	61.99	17	安徽	3.46	17
安徽	61.59	18	吉林	3.26	18
湖南	60.92	19	山西	3.23	19
广西	60.28	20	贵州	3.22	20
黑龙江	59.82	21	福建	3.12	21
陕西	59.70	22	重庆	2.94	22
重庆	54.81	23	浙江	2.83	23
江西	54.27	24	广西	2.79	24
广东	51.32	25	四川	2.74	25
四川	49.70	26	广东	2.70	26
宁夏	49.60	27	江西	2.43	27
山西	48.63	28	甘肃	1.64	28
福建	48.11	29	宁夏	1.46	29
贵州	46.74	30	辽宁	1.28	30

指标名称:3 年主营业务收入平均值(万元)
指标编号:1. 1. 3

地区	指标值	排名
广东	365 827 246	1
江苏	319 991 537	2
山东	297 656 184	3
浙江	191 853 478	4
上海	162 470 832	5
河北	120 365 089	6
辽宁	118 867 342	7
河南	118 749 457	8
天津	78 952 049	9
北京	78 276 140	10
福建	74 057 949	11
湖北	70 139 059	12
山西	65 342 148	13
黑龙江	57 601 459	14
安徽	56 119 979	15
四川	52 620 598	16
新疆	45 300 058	17
湖南	44 830 564	18
吉林	44 381 627	19
陕西	40 196 963	20
内蒙古	39 587 276	21
江西	33 584 883	22
重庆	26 765 025	23
云南	26 310 923	24
广西	25 179 532	25
甘肃	23 513 732	26
贵州	14 811 404	27
宁夏	6 881 972	28
海南	6 288 106	29
青海	6 050 646	30

指标名称:3 年利润总额平均值(万元)
指标编号:1. 1. 4

地区	指标值	排名
山东	21 199 430	1
广东	19 834 925	2
江苏	18 699 261	3
黑龙江	13 179 916	4
浙江	9 852 471	5
河南	9 463 776	6
上海	7 992 478	7
河北	7 798 738	8
陕西	6 640 136	9
新疆	6 425 921	10
天津	6 327 832	11
湖北	5 256 013	12
福建	5 065 448	13
北京	4 615 651	14
山西	4 564 807	15
内蒙古	4 194 702	16
四川	4 127 724	17
辽宁	3 673 877	18
安徽	2 963 932	19
吉林	2 800 750	20
云南	2 728 616	21
湖南	2 628 457	22
江西	1 739 617	23
重庆	1 713 677	24
贵州	1 632 735	25
广西	1 608 724	26
青海	1 273 949	27
甘肃	1 234 656	28
海南	417 237	29
宁夏	323 025	30

指标名称:利润总额占主营业务收入比例(%)
指标编号:1. 1. 5

地区	指标值	排名
黑龙江	22. 22	1
青海	17. 79	2
陕西	15. 22	3
新疆	14. 98	4
内蒙古	9. 88	5
河南	7. 32	6
湖北	7. 19	7
贵州	6. 88	8
天津	6. 85	9
山东	6. 67	10
山西	6. 65	11
福建	6. 49	12
江苏	6. 24	13
云南	6. 09	14
湖南	5. 83	15
河北	5. 64	16
安徽	5. 62	17
海南	5. 53	18
四川	5. 51	19
重庆	5. 37	20
广东	5. 26	21
北京	5. 00	22
广西	4. 63	23
吉林	4. 54	24
浙江	4. 50	25
江西	4. 49	26
上海	3. 39	27
宁夏	2. 94	28
甘肃	2. 43	29
辽宁	1. 73	30

指标名称:生产经营用机器设备原价(万元)
指标编号:1. 2. 1

地区	指标值	排名
江苏	106 645 944	1
广东	103 240 558	2
山东	83 198 553	3
上海	61 779 236	4
辽宁	58 959 390	5
浙江	53 800 460	6
河北	45 629 399	7
北京	40 727 629	8
湖北	39 047 908	9
黑龙江	38 616 471	10
山西	37 667 987	11
河南	37 479 828	12
天津	36 484 761	13
四川	24 722 462	14
吉林	23 951 839	15
安徽	23 383 692	16
湖南	22 514 915	17
陕西	22 388 115	18
内蒙古	21 981 047	19
福建	20 198 878	20
云南	16 058 116	21
贵州	13 452 810	22
广西	12 883 729	23
甘肃	12 761 635	24
重庆	12 469 112	25
江西	11 537 861	26
新疆	11 485 729	27
宁夏	4 265 662	28
海南	3 576 157	29
青海	2 878 262	30

指标名称：微电子控制设备费用(万元)

指标编号：1.2.2

地区	指标值	排名
江苏	20 770 320	1
广东	16 399 194	2
浙江	9 936 977	3
山东	8 792 939	4
上海	7 432 990	5
辽宁	5 466 196	6
河北	5 333 650	7
北京	5 149 129	8
四川	3 767 412	9
河南	3 496 386	10
福建	3 216 520	11
吉林	3 006 931	12
山西	2 885 482	13
安徽	2 870 387	14
内蒙古	2 800 278	15
湖南	2 675 701	16
重庆	2 434 100	17
云南	1 882 562	18
湖北	1 620 137	19
黑龙江	1 616 705	20
贵州	1 582 461	21
天津	1 577 458	22
陕西	1 528 805	23
江西	1 404 747	24
广西	1 012 063	25
新疆	858 923	26
甘肃	677 231	27
宁夏	518 853	28
青海	297 084	29
海南	138 037	30

指标名称：企业人均生产经营用机器设备原价(万元)

指标编号：1.2.3

地区	指标值	排名
北京	58.21	1
天津	48.34	2
海南	47.22	3
上海	40.20	4
内蒙古	34.66	5
黑龙江	34.44	6
云南	31.78	7
吉林	30.98	8
辽宁	30.49	9
湖北	30.28	10
贵州	29.62	11
新疆	27.86	12
甘肃	26.74	13
广西	24.81	14
陕西	23.78	15
湖南	23.72	16
河北	23.34	17
宁夏	22.12	18
青海	22.08	19
山西	21.90	20
江苏	19.88	21
安徽	19.77	22
重庆	17.81	23
河南	15.42	24
浙江	15.23	25
江西	15.01	26
山东	14.93	27
四川	14.86	28
广东	12.42	29
福建	10.98	30

指标名称:微电子设备费用占机器设备原价比例(%)

指标编号:1.2.4

地区	指标值	排名
重庆	19.52	1
江苏	19.48	2
浙江	18.47	3
福建	15.92	4
广东	15.88	5
四川	15.24	6
内蒙古	12.74	7
北京	12.64	8
吉林	12.55	9
安徽	12.28	10
江西	12.18	11
宁夏	12.16	12
上海	12.03	13
湖南	11.88	14
贵州	11.76	15
云南	11.72	16
河北	11.69	17
山东	10.57	18
青海	10.32	19
河南	9.33	20
辽宁	9.27	21
广西	7.86	22
山西	7.66	23
新疆	7.48	24
陕西	6.83	25
甘肃	5.31	26
天津	4.32	27
黑龙江	4.19	28
湖北	4.15	29
海南	3.86	30

指标名称:3年R&D经费平均值(万元)

指标编号:1.3.1

地区	指标值	排名
广东	3 314 676	1
江苏	3 232 161	2
山东	2 587 106	3
浙江	1 608 512	4
上海	1 592 125	5
辽宁	1 080 588	6
河南	718 881	7
天津	670 004	8
北京	636 777	9
河北	578 525	10
湖北	562 880	11
四川	537 422	12
福建	532 430	13
安徽	456 176	14
湖南	436 644	15
黑龙江	392 242	16
江西	362 357	17
山西	361 262	18
陕西	353 128	19
重庆	351 794	20
吉林	201 385	21
内蒙古	193 991	22
广西	146 221	23
甘肃	139 253	24
贵州	118 862	25
云南	85 432	26
新疆	82 298	27
宁夏	52 020	28
青海	23 251	29
海南	4 792	30

指标名称：R&D 人员平均 R&D 经费（万元）

指标编号：1.3.2

地区	指标值	排名
上海	43.16	1
天津	33.76	2
山东	28.17	3
江苏	27.51	4
辽宁	24.22	5
内蒙古	21.47	6
北京	21.36	7
河北	21.03	8
吉林	20.52	9
广东	20.52	10
江西	19.89	11
浙江	19.67	12
广西	19.52	13
青海	18.81	14
贵州	18.61	15
新疆	18.50	16
重庆	18.03	17
安徽	18.00	18
湖北	18.00	19
湖南	17.22	20
福建	16.99	21
河南	14.93	22
黑龙江	14.69	23
宁夏	14.14	24
甘肃	13.85	25
山西	13.80	26
四川	13.08	27
陕西	12.90	28
云南	12.21	29
海南	11.60	30

指标名称：R&D 经费占主营业务收入比例（%）

指标编号：1.3.3

地区	指标值	排名
重庆	1.15	1
湖南	1.10	2
江西	1.08	3
江苏	1.03	4
上海	0.99	5
天津	0.96	6
广东	0.96	7
山东	0.95	8
辽宁	0.90	9
浙江	0.87	10
湖北	0.85	11
安徽	0.84	12
北京	0.83	13
陕西	0.75	14
四川	0.74	15
福建	0.73	16
黑龙江	0.72	17
贵州	0.66	18
广西	0.63	19
宁夏	0.63	20
河南	0.60	21
山西	0.56	22
甘肃	0.52	23
内蒙古	0.50	24
河北	0.48	25
吉林	0.46	26
云南	0.30	27
青海	0.30	28
新疆	0.25	29
海南	0.08	30

指标名称:3 年 R&D 经费平均增长率(%)
指标编号:1.3.4

地区	指标值	排名
湖南	58.77	1
内蒙古	49.24	2
新疆	41.96	3
湖北	38.45	4
山西	37.00	5
山东	36.42	6
安徽	36.31	7
天津	35.22	8
云南	33.67	9
广西	33.32	10
江苏	30.88	11
河南	29.93	12
广东	28.97	13
重庆	28.74	14
江西	27.78	15
河北	26.18	16
海南	25.30	17
吉林	24.60	18
宁夏	23.94	19
浙江	23.64	20
黑龙江	23.15	21
辽宁	22.52	22
福建	22.17	23
甘肃	21.58	24
陕西	20.58	25
四川	19.11	26
上海	16.35	27
贵州	11.10	28
北京	9.82	29
青海	9.22	30

指标名称:企业人均科技活动经费(万元)
指标编号:1.3.5

地区	指标值	排名
天津	2.87	1
北京	2.10	2
上海	1.89	3
重庆	1.46	4
江苏	1.44	5
安徽	1.40	6
辽宁	1.25	7
湖北	1.24	8
湖南	1.17	9
陕西	1.10	10
山东	1.09	11
浙江	1.04	12
江西	1.04	13
甘肃	0.99	14
青海	0.98	15
广西	0.95	16
四川	0.94	17
新疆	0.93	18
山西	0.92	19
内蒙古	0.91	20
云南	0.90	21
吉林	0.85	22
贵州	0.83	23
福建	0.79	24
河南	0.79	25
广东	0.75	26
黑龙江	0.73	27
宁夏	0.72	28
海南	0.70	29
河北	0.65	30

指标名称：吸收政府资金占企业科技活动经费比例(%)

指标编号：1.3.6

地区	指标值	排名
陕西	17.06	1
黑龙江	12.58	2
辽宁	8.64	3
北京	7.96	4
宁夏	7.80	5
江西	7.79	6
贵州	7.65	7
四川	6.06	8
湖南	5.58	9
新疆	4.08	10
内蒙古	4.04	11
湖北	3.48	12
云南	3.47	13
河南	3.36	14
甘肃	3.18	15
安徽	3.03	16
广西	2.92	17
青海	2.91	18
上海	2.87	19
重庆	2.83	20
山西	2.81	21
吉林	2.63	22
山东	2.44	23
江苏	2.40	24
河北	2.39	25
广东	2.24	26
浙江	1.90	27
天津	1.62	28
福建	1.57	29
海南	0.31	30

指标名称：R&D人员占从业人员比例(%)

指标编号：2.1.1

地区	指标值	排名
北京	4.75	1
湖南	3.87	2
天津	3.52	3
重庆	3.48	4
陕西	3.46	5
湖北	3.33	6
江西	2.93	7
黑龙江	2.92	8
安徽	2.88	9
四川	2.82	10
浙江	2.79	11
江苏	2.77	12
辽宁	2.75	13
上海	2.73	14
甘肃	2.55	15
河南	2.49	16
广东	2.41	17
山东	2.20	18
宁夏	2.20	19
福建	2.07	20
山西	1.98	21
内蒙古	1.97	22
广西	1.93	23
云南	1.81	24
河北	1.77	25
贵州	1.67	26
吉林	1.60	27
新疆	1.55	28
青海	1.02	29
海南	0.72	30

指标名称:3 年 R&D 人员全时当量平均值(人年)

指标编号:2. 1. 2

地区	指标值	排名
广东	141 811	1
江苏	101 112	2
山东	78 351	3
浙江	65 948	4
河南	40 902	5
辽宁	38 413	6
上海	33 453	7
四川	32 599	8
湖北	31 302	9
山西	25 652	10
福建	25 502	11
黑龙江	25 471	12
河北	24 652	13
陕西	23 758	14
北京	22 831	15
湖南	22 073	16
安徽	20 158	17
重庆	17 955	18
天津	17 552	19
江西	14 575	20
内蒙古	10 011	21
吉林	8 593	22
甘肃	7 911	23
广西	6 399	24
贵州	5 684	25
云南	5 389	26
新疆	4 058	27
宁夏	2 578	28
青海	958	29
海南	196	30

指标名称:科学家和工程师占科技活动人员比例(%)

指标编号:2. 1. 3

地区	指标值	排名
青海	75. 05	1
海南	73. 40	2
广东	73. 36	3
北京	71. 39	4
宁夏	69. 07	5
内蒙古	68. 09	6
重庆	67. 56	7
河北	67. 05	8
辽宁	66. 87	9
上海	66. 42	10
福建	66. 36	11
山东	66. 29	12
湖南	65. 97	13
甘肃	65. 24	14
湖北	65. 19	15
吉林	64. 35	16
黑龙江	63. 70	17
天津	63. 40	18
安徽	63. 32	19
新疆	62. 80	20
广西	61. 89	21
陕西	61. 02	22
江苏	60. 40	23
河南	59. 00	24
山西	58. 48	25
浙江	58. 32	26
江西	57. 87	27
四川	57. 46	28
贵州	57. 40	29
云南	55. 08	30

指标名称:企业每千人拥有高中级技术职称人数(人)

指标编号:2.1.4

地区	指标值	排名
甘肃	27.91	1
湖南	27.47	2
陕西	26.88	3
北京	26.27	4
天津	25.94	5
重庆	25.60	6
黑龙江	24.35	7
安徽	23.89	8
湖北	23.84	9
辽宁	23.74	10
吉林	21.73	11
河南	20.45	12
内蒙古	19.92	13
山西	19.50	14
四川	19.45	15
河北	18.09	16
青海	17.20	17
江西	17.19	18
新疆	16.76	19
贵州	16.23	20
上海	16.14	21
宁夏	16.07	22
云南	15.65	23
山东	15.63	24
海南	15.42	25
江苏	15.23	26
广东	15.02	27
广西	14.36	28
浙江	12.21	29
福建	9.90	30

指标名称:企业每千人拥有博士和硕士人数(人)

指标编号:2.1.5

地区	指标值	排名
北京	6.45	1
上海	5.36	2
广东	4.22	3
湖南	3.90	4
天津	2.70	5
湖北	2.62	6
浙江	2.50	7
安徽	2.35	8
陕西	2.28	9
重庆	2.15	10
吉林	2.06	11
辽宁	2.02	12
山东	2.01	13
新疆	1.98	14
甘肃	1.85	15
江苏	1.73	16
黑龙江	1.72	17
四川	1.64	18
内蒙古	1.62	19
河南	1.54	20
江西	1.50	21
宁夏	1.42	22
河北	1.41	23
广西	1.30	24
福建	1.25	25
贵州	1.05	26
青海	0.99	27
云南	0.94	28
山西	0.90	29
海南	0.74	30

指标名称:企业平均设立科技机构数(个)

指标编号:2. 2. 1

地区	指标值	排名
陕西	0. 56	1
安徽	0. 54	2
浙江	0. 47	3
北京	0. 42	4
湖南	0. 41	5
甘肃	0. 39	6
宁夏	0. 39	7
江苏	0. 38	8
山东	0. 38	9
天津	0. 37	10
重庆	0. 37	11
青海	0. 35	12
江西	0. 33	13
贵州	0. 33	14
河南	0. 32	15
黑龙江	0. 30	16
湖北	0. 30	17
广西	0. 30	18
四川	0. 30	19
广东	0. 26	20
辽宁	0. 25	21
新疆	0. 25	22
福建	0. 24	23
河北	0. 23	24
上海	0. 23	25
吉林	0. 22	26
云南	0. 20	27
内蒙古	0. 19	28
山西	0. 17	29
海南	0. 11	30

指标名称:设立科技机构企业占本省市企业总数比例(%)

指标编号:2. 2. 2

地区	指标值	排名
陕西	56. 43	1
安徽	53. 73	2
浙江	46. 55	3
北京	41. 54	4
湖南	40. 71	5
甘肃	39. 22	6
宁夏	38. 93	7
山东	38. 19	8
江苏	37. 81	9
重庆	37. 12	10
天津	36. 90	11
青海	34. 52	12
江西	32. 95	13
贵州	32. 58	14
河南	32. 03	15
广西	30. 46	16
湖北	30. 39	17
四川	30. 28	18
黑龙江	30. 12	19
广东	25. 66	20
新疆	24. 82	21
辽宁	24. 76	22
福建	23. 67	23
河北	23. 47	24
上海	22. 62	25
吉林	22. 42	26
云南	19. 96	27
内蒙古	19. 02	28
山西	16. 93	29
海南	11. 11	30

指标名称:企业平均科技机构经费支出(万元)

指标编号:2.2.3

地区	指标值	排名
天津	1 036.11	1
上海	957.57	2
山东	889.93	3
安徽	857.37	4
北京	782.54	5
重庆	677.82	6
广东	607.78	7
江苏	604.69	8
新疆	592.17	9
吉林	574.14	10
青海	566.42	11
宁夏	560.79	12
湖北	554.68	13
贵州	526.42	14
湖南	526.25	15
四川	525.98	16
浙江	500.87	17
辽宁	488.90	18
黑龙江	483.12	19
陕西	464.57	20
甘肃	449.29	21
福建	427.00	22
河南	382.19	23
江西	375.67	24
河北	369.34	25
内蒙古	360.12	26
广西	355.18	27
云南	219.43	28
山西	206.05	29
海南	47.05	30

指标名称:科研基建支出占科技活动内部支出比例(%)

指标编号:2.2.4

地区	指标值	排名
陕西	25.23	1
青海	17.14	2
湖北	13.60	3
新疆	11.05	4
安徽	11.04	5
四川	10.74	6
重庆	10.63	7
宁夏	10.60	8
上海	10.16	9
天津	10.15	10
山东	9.33	11
山西	9.24	12
内蒙古	9.12	13
江苏	8.75	14
湖南	8.53	15
辽宁	8.33	16
河北	8.16	17
甘肃	7.81	18
河南	7.20	19
吉林	7.04	20
黑龙江	6.96	21
贵州	6.75	22
广东	6.00	23
福建	5.47	24
广西	5.26	25
云南	4.93	26
江西	4.91	27
浙江	4.28	28
北京	3.07	29
海南	0.96	30

指标名称:科技机构人均仪器设备原价(万元)

指标编号:2.2.5

地区	指标值	排名
云南	82.05	1
上海	36.96	2
新疆	27.38	3
江苏	26.35	4
天津	24.62	5
甘肃	21.43	6
贵州	18.91	7
山西	18.72	8
山东	18.51	9
湖北	18.37	10
广东	18.20	11
福建	17.32	12
安徽	17.09	13
北京	17.02	14
陕西	16.36	15
吉林	16.34	16
江西	16.32	17
宁夏	15.91	18
河北	15.58	19
重庆	15.11	20
四川	14.40	21
青海	14.34	22
海南	12.70	23
内蒙古	12.42	24
河南	11.99	25
浙江	11.92	26
辽宁	11.67	27
广西	10.64	28
湖南	10.26	29
黑龙江	9.36	30

指标名称:技术引进支出占主营业务收入比例(%)

指标编号:2.3.1

地区	指标值	排名
宁夏	1.68	1
海南	0.90	2
天津	0.46	3
上海	0.36	4
重庆	0.33	5
江西	0.23	6
广东	0.17	7
辽宁	0.16	8
甘肃	0.14	9
安徽	0.12	10
山东	0.12	11
山西	0.11	12
福建	0.11	13
湖北	0.11	14
云南	0.11	15
江苏	0.09	16
北京	0.08	17
河北	0.08	18
吉林	0.08	19
陕西	0.08	20
浙江	0.07	21
湖南	0.07	22
四川	0.07	23
黑龙江	0.06	24
贵州	0.06	25
内蒙古	0.03	26
新疆	0.03	27
河南	0.02	28
广西	0.01	29
青海	0.001	30

指标名称:企业对国外技术的依存度(%)

指标编号:2.3.2

地区	指标值	排名
海南	92.02	1
宁夏	72.77	2
天津	32.26	3
上海	26.92	4
云南	26.07	5
重庆	22.51	6
甘肃	21.33	7
江西	17.40	8
山西	16.14	9
吉林	15.05	10
辽宁	14.98	11
河北	14.82	12
广东	14.67	13
福建	13.41	14
安徽	12.77	15
山东	11.13	16
湖北	10.96	17
新疆	10.77	18
陕西	9.43	19
北京	8.74	20
贵州	8.69	21
四川	8.60	22
江苏	8.17	23
浙江	7.71	24
黑龙江	7.40	25
内蒙古	5.77	26
湖南	5.72	27
河南	3.79	28
广西	2.12	29
青海	0.36	30

指标名称:购买国内技术经费支出占主营业务收入比例(%)

指标编号:2.3.3

地区	指标值	排名
宁夏	0.23	1
辽宁	0.14	2
上海	0.12	3
江西	0.11	4
重庆	0.08	5
甘肃	0.08	6
安徽	0.07	7
湖南	0.07	8
河南	0.07	9
天津	0.05	10
云南	0.05	11
河北	0.05	12
福建	0.05	13
四川	0.05	14
浙江	0.05	15
山西	0.04	16
山东	0.04	17
江苏	0.04	18
吉林	0.03	19
广东	0.03	20
陕西	0.03	21
广西	0.03	22
青海	0.028	23
湖北	0.02	24
新疆	0.02	25
北京	0.02	26
贵州	0.02	27
内蒙古	0.02	28
海南	0.01	29
黑龙江	0.01	30

指标名称:3年购买国内技术经费平均值(万元)

指标编号:2.3.4

地区	指标值	排名
上海	201 223	1
江苏	123 284	2
山东	121 973	3
辽宁	117 603	4
浙江	101 152	5
广东	81 323	6
四川	64 598	7
河南	60 383	8
河北	53 333	9
安徽	41 507	10
江西	37 871	11
天津	37 165	12
福建	24 187	13
陕西	23 051	14
云南	22 669	15
山西	21 171	16
湖南	21 032	17
重庆	20 702	18
甘肃	20 650	19
内蒙古	14 457	20
湖北	13 700	21
黑龙江	10 445	22
北京	9 761	23
宁夏	9 490	24
吉林	8 682	25
广西	5 765	26
新疆	4 749	27
贵州	3 848	28
青海	822	29
海南	705	30

指标名称:购买国内技术经费与技术引进支出比值

指标编号:2.3.5

地区	指标值	排名
青海	25.58	1
河南	2.96	2
广西	2.30	3
湖南	1.12	4
辽宁	0.89	5
内蒙古	0.79	6
浙江	0.75	7
四川	0.74	8
河北	0.62	9
新疆	0.58	10
甘肃	0.57	11
安徽	0.53	12
江西	0.50	13
云南	0.49	14
江苏	0.46	15
陕西	0.43	16
福建	0.41	17
吉林	0.40	18
贵州	0.39	19
山西	0.35	20
上海	0.34	21
山东	0.30	22
北京	0.26	23
重庆	0.23	24
黑龙江	0.22	25
广东	0.17	26
湖北	0.15	27
宁夏	0.14	28
天津	0.11	29
海南	0.01	30

指标名称:有 R&D 活动企业占本省市企业总数比例(%)

指标编号:3.1.1

地区	指标值	排名
湖南	42.48	1
北京	39.69	2
江苏	38.98	3
重庆	35.86	4
浙江	33.68	5
天津	33.24	6
宁夏	32.82	7
陕西	30.36	8
湖北	30.10	9
安徽	29.51	10
江西	28.31	11
广西	24.47	12
山东	23.46	13
福建	22.36	14
黑龙江	22.10	15
贵州	21.63	16
四川	21.26	17
甘肃	20.14	18
河南	19.15	19
上海	19.12	20
青海	19.05	21
云南	17.95	22
辽宁	17.75	23
广东	16.32	24
河北	14.14	25
吉林	12.28	26
山西	10.91	27
内蒙古	10.73	28
新疆	9.22	29
海南	9.09	30

指标名称:技术改造经费支出占主营业务收入比例(%)

指标编号:3.1.2

地区	指标值	排名
宁夏	4.18	1
湖北	4.08	2
贵州	3.36	3
广西	3.32	4
湖南	2.97	5
安徽	2.79	6
四川	2.48	7
江西	2.30	8
山西	2.29	9
辽宁	1.81	10
重庆	1.77	11
陕西	1.75	12
甘肃	1.69	13
河北	1.54	14
内蒙古	1.44	15
浙江	1.38	16
黑龙江	1.23	17
天津	1.18	18
云南	1.12	19
江苏	1.05	20
河南	1.00	21
吉林	0.98	22
山东	0.86	23
上海	0.72	24
北京	0.64	25
新疆	0.62	26
福建	0.58	27
青海	0.47	28
海南	0.43	29
广东	0.40	30

指标名称:3 年技术改造经费平均值(万元)

指标编号:3. 1. 3

地区	指标值	排名
江苏	3 531 418	1
浙江	2 854 022	2
湖北	2 624 938	3
山东	2 531 186	4
辽宁	2 428 881	5
安徽	2 061 507	6
河北	1 808 965	7
四川	1 718 951	8
广东	1 668 091	9
河南	1 620 286	10
山西	1 600 803	11
上海	1 363 255	12
湖南	1 286 716	13
天津	996 539	14
江西	800 631	15
广西	735 041	16
内蒙古	688 364	17
陕西	684 940	18
黑龙江	670 898	19
吉林	662 134	20
北京	654 803	21
贵州	619 508	22
重庆	567 840	23
福建	505 502	24
甘肃	419 182	25
云南	403 983	26
宁夏	288 370	27
新疆	281 246	28
青海	30 742	29
海南	13 942	30

指标名称:消化吸收支出占主营业务收入比例(%)

指标编号:3. 1. 4

地区	指标值	排名
甘肃	0. 12	1
宁夏	0. 07	2
河北	0. 06	3
江西	0. 06	4
四川	0. 06	5
天津	0. 04	6
上海	0. 04	7
江苏	0. 04	8
安徽	0. 04	9
山东	0. 04	10
湖北	0. 04	11
北京	0. 03	12
浙江	0. 03	13
河南	0. 03	14
湖南	0. 03	15
山西	0. 02	16
内蒙古	0. 02	17
辽宁	0. 02	18
福建	0. 02	19
广东	0. 02	20
重庆	0. 02	21
云南	0. 02	22
吉林	0. 01	23
黑龙江	0. 01	24
广西	0. 01	25
贵州	0. 01	26
陕西	0. 01	27
青海	0. 01	28
海南	0. 005	29
新疆	0. 005	30

指标名称:消化吸收支出与技术引进支出比值
指标编号:3. 1. 5

地区	指标值	排名
青海	5. 86	1
河南	1. 43	2
四川	0. 83	3
甘肃	0. 83	4
内蒙古	0. 77	5
广西	0. 70	6
河北	0. 68	7
湖南	0. 46	8
浙江	0. 45	9
江苏	0. 42	10
山东	0. 36	11
湖北	0. 35	12
北京	0. 33	13
安徽	0. 32	14
江西	0. 28	15
山西	0. 21	16
福建	0. 21	17
陕西	0. 19	18
黑龙江	0. 17	19
吉林	0. 16	20
云南	0. 15	21
新疆	0. 15	22
辽宁	0. 14	23
上海	0. 12	24
广东	0. 12	25
贵州	0. 10	26
天津	0. 08	27
重庆	0. 05	28
宁夏	0. 04	29
海南	0. 01	30

指标名称:企业平均拥有 R&D 项目数(个)
指标编号:3. 2. 1

地区	指标值	排名
北京	10. 35	1
天津	6. 98	2
陕西	5. 41	3
黑龙江	5. 14	4
宁夏	4. 27	5
重庆	4. 19	6
辽宁	3. 69	7
上海	3. 25	8
四川	3. 16	9
江西	3. 05	10
湖北	2. 98	11
山东	2. 91	12
甘肃	2. 89	13
安徽	2. 74	14
湖南	2. 62	15
江苏	2. 43	16
河北	2. 39	17
新疆	2. 17	18
贵州	2. 08	19
河南	2. 05	20
广西	1. 83	21
广东	1. 73	22
吉林	1. 67	23
浙江	1. 58	24
云南	1. 46	25
福建	1. 40	26
山西	1. 25	27
青海	1. 23	28
内蒙古	1. 16	29
海南	0. 44	30

指标名称:企业平均拥有新产品开发项目数(个)

指标编号:3.2.2

地区	指标值	排名
天津	9.05	1
陕西	8.25	2
北京	5.56	3
重庆	5.14	4
宁夏	4.85	5
安徽	4.17	6
黑龙江	4.11	7
湖北	3.98	8
四川	3.75	9
贵州	3.59	10
上海	3.55	11
辽宁	3.52	12
甘肃	3.46	13
山东	3.35	14
江苏	3.02	15
湖南	2.98	16
江西	2.95	17
吉林	2.70	18
广西	2.53	19
河南	2.48	20
广东	2.46	21
河北	2.23	22
浙江	2.23	23
山西	1.56	24
福建	1.38	25
云南	1.38	26
内蒙古	1.31	27
青海	1.12	28
新疆	0.99	29
海南	0.62	30

指标名称:企业 R&D 项目数占企业科研项目数比例(%)

指标编号:3.2.3

地区	指标值	排名
北京	77.69	1
福建	60.71	2
黑龙江	59.74	3
宁夏	59.47	4
重庆	58.76	5
河北	58.74	6
浙江	58.64	7
上海	58.42	8
江西	57.39	9
江苏	55.68	10
新疆	54.83	11
广东	51.71	12
辽宁	50.84	13
山东	50.50	14
天津	50.27	15
四川	44.90	16
河南	43.96	17
云南	43.66	18
甘肃	43.63	19
湖北	43.34	20
广西	42.96	21
陕西	41.79	22
山西	40.48	23
安徽	40.07	24
内蒙古	39.91	25
贵州	35.85	26
湖南	35.40	27
吉林	35.13	28
青海	34.33	29
海南	23.78	30

指标名称:项目人员平均科研项目经费(万元)

指标编号:3. 2. 4

地区	指标值	排名
海南	44. 68	1
天津	43. 19	2
上海	38. 51	3
江苏	27. 86	4
山东	27. 12	5
广西	26. 07	6
新疆	24. 07	7
北京	23. 69	8
辽宁	23. 62	9
云南	22. 27	10
重庆	22. 25	11
青海	22. 21	12
安徽	22. 18	13
福建	21. 72	14
吉林	20. 96	15
广东	20. 75	16
湖北	20. 60	17
贵州	20. 36	18
江西	20. 01	19
内蒙古	19. 82	20
浙江	19. 28	21
宁夏	18. 67	22
山西	18. 62	23
河北	17. 89	24
河南	16. 52	25
陕西	16. 09	26
湖南	16. 06	27
四川	15. 26	28
黑龙江	13. 62	29
甘肃	13. 47	30

指标名称:3 年科研项目经费平均增长率(%)

指标编号:3. 2. 5

地区	指标值	排名
内蒙古	46. 97	1
湖南	43. 76	2
甘肃	41. 32	3
天津	38. 26	4
青海	38. 03	5
新疆	37. 89	6
云南	36. 28	7
陕西	35. 77	8
湖北	35. 01	9
重庆	34. 66	10
广东	34. 37	11
广西	31. 83	12
山东	30. 60	13
宁夏	29. 83	14
贵州	29. 46	15
安徽	27. 24	16
河南	26. 60	17
黑龙江	26. 43	18
山西	25. 65	19
辽宁	24. 09	20
江苏	23. 34	21
上海	21. 31	22
福建	20. 36	23
四川	20. 14	24
江西	19. 95	25
河北	19. 08	26
吉林	13. 71	27
北京	11. 53	28
海南	2. 22	29
浙江	1. 10	30

指标名称：科技活动外部支出占科技活动总额比例（%）

指标编号：3. 3. 1

地区	指标值	排名
甘肃	30. 81	1
北京	26. 14	2
天津	22. 51	3
青海	20. 45	4
江西	15. 65	5
新疆	14. 03	6
山西	10. 59	7
上海	9. 70	8
重庆	9. 10	9
云南	8. 38	10
广西	8. 38	11
黑龙江	7. 93	12
贵州	7. 72	13
安徽	7. 71	14
辽宁	7. 69	15
陕西	7. 43	16
浙江	7. 06	17
河北	6. 95	18
山东	6. 83	19
四川	6. 34	20
吉林	6. 31	21
河南	6. 29	22
湖北	6. 15	23
福建	6. 11	24
海南	6. 07	25
湖南	5. 46	26
江苏	5. 38	27
宁夏	4. 97	28
内蒙古	4. 68	29
广东	3. 69	30

指标名称：对科研院所和高校科技支出（万元）

指标编号：3. 3. 2

地区	指标值	排名
北京	268 286	1
山东	206 603	2
江苏	164 623	3
浙江	99 224	4
天津	94 971	5
山西	80 333	6
广东	75 817	7
江西	64 926	8
安徽	63 482	9
甘肃	56 283	10
上海	55 992	11
四川	44 084	12
河南	43 680	13
新疆	41 694	14
辽宁	36 455	15
河北	35 156	16
湖北	32 240	17
黑龙江	30 332	18
湖南	29 889	19
福建	27 533	20
陕西	22 389	21
重庆	18 093	22
贵州	16 287	23
广西	13 533	24
内蒙古	13 245	25
吉林	13 180	26
云南	11 614	27
宁夏	4 067	28
青海	2 385	29
海南	1 330	30

指标名称:对其他企业科技支出(万元)

指标编号:3.3.3

地区	指标值	排名
天津	386 450	1
上海	209 511	2
江苏	175 488	3
浙江	148 147	4
广东	144 195	5
辽宁	133 117	6
山东	128 392	7
北京	111 665	8
甘肃	86 102	9
山西	77 511	10
河南	65 692	11
湖北	60 214	12
江西	59 844	13
重庆	59 676	14
福建	57 837	15
安徽	56 543	16
河北	43 744	17
陕西	32 731	18
黑龙江	32 171	19
四川	28 870	20
广西	26 942	21
云南	20 602	22
吉林	18 355	23
湖南	13 269	24
贵州	12 312	25
新疆	11 237	26
内蒙古	10 522	27
青海	7 668	28
宁夏	2 781	29
海南	1 869	30

指标名称:对科研院所和高校科技支出与对其他企业科技支出比值

指标编号:3.3.4

地区	指标值	排名
新疆	3.71	1
北京	2.40	2
湖南	2.25	3
山东	1.61	4
四川	1.53	5
宁夏	1.46	6
贵州	1.32	7
内蒙古	1.26	8
安徽	1.12	9
江西	1.08	10
山西	1.04	11
黑龙江	0.94	12
江苏	0.94	13
河北	0.80	14
吉林	0.72	15
海南	0.71	16
陕西	0.68	17
浙江	0.67	18
河南	0.66	19
甘肃	0.65	20
云南	0.56	21
湖北	0.54	22
广东	0.53	23
广西	0.50	24
福建	0.48	25
青海	0.31	26
重庆	0.30	27
辽宁	0.27	28
上海	0.27	29
天津	0.25	30

指标名称:企业每千人申请专利数量(件)

指标编号:4.1.1

地区	指标值	排名
北京	6.61	1
重庆	5.89	2
天津	4.79	3
浙江	4.50	4
上海	4.21	5
广东	3.99	6
江苏	2.48	7
安徽	2.30	8
山东	2.10	9
湖北	2.02	10
贵州	1.99	11
湖南	1.96	12
广西	1.68	13
河南	1.68	14
甘肃	1.58	15
海南	1.52	16
辽宁	1.47	17
陕西	1.45	18
四川	1.42	19
宁夏	1.26	20
福建	1.23	21
内蒙古	0.98	22
黑龙江	0.94	23
新疆	0.89	24
吉林	0.87	25
云南	0.81	26
河北	0.75	27
江西	0.74	28
青海	0.62	29
山西	0.57	30

指标名称:企业每千人拥有发明专利数量(件)

指标编号:4.1.2

地区	指标值	排名
北京	5.50	1
天津	3.23	2
安徽	2.07	3
青海	2.01	4
广东	1.92	5
湖南	1.57	6
上海	1.38	7
浙江	1.35	8
贵州	1.28	9
江苏	1.21	10
重庆	1.11	11
湖北	0.92	12
云南	0.82	13
四川	0.76	14
山东	0.76	15
黑龙江	0.69	16
广西	0.64	17
河南	0.63	18
陕西	0.61	19
甘肃	0.53	20
辽宁	0.47	21
宁夏	0.45	22
福建	0.42	23
河北	0.42	24
内蒙古	0.40	25
江西	0.39	26
吉林	0.37	27
新疆	0.34	28
山西	0.26	29
海南	0.11	30

指标名称:发明专利申请量占全部专利申请量比例(%)

指标编号:4.1.3

地区	指标值	排名
北京	64.82	1
天津	54.05	2
广东	51.94	3
内蒙古	51.21	4
云南	45.01	5
贵州	44.70	6
湖南	35.28	7
辽宁	34.92	8
青海	34.57	9
四川	32.81	10
江西	32.57	11
河北	31.48	12
吉林	31.20	13
陕西	31.19	14
黑龙江	31.18	15
湖北	31.15	16
上海	29.87	17
江苏	29.54	18
河南	29.46	19
安徽	29.26	20
山西	29.11	21
甘肃	28.46	22
山东	28.06	23
广西	27.95	24
福建	25.09	25
新疆	23.01	26
宁夏	21.81	27
浙江	16.63	28
重庆	14.01	29
海南	13.04	30

指标名称:每百万元R&D经费产生发明专利数量(件)

指标编号:4.1.4

地区	指标值	排名
青海	1.04	1
北京	0.54	2
贵州	0.41	3
安徽	0.40	4
广东	0.39	5
云南	0.37	6
天津	0.27	7
浙江	0.25	8
湖南	0.24	9
四川	0.21	10
重庆	0.18	11
广西	0.17	12
河南	0.17	13
黑龙江	0.16	14
江苏	0.16	15
湖北	0.15	16
甘肃	0.15	17
宁夏	0.15	18
陕西	0.14	19
海南	0.13	20
山东	0.12	21
福建	0.12	22
新疆	0.12	23
上海	0.12	24
河北	0.11	25
吉林	0.11	26
山西	0.09	27
内蒙古	0.09	28
辽宁	0.07	29
江西	0.07	30

指标名称:3 年发明专利申请量平均增长率(%)

指标编号:4. 1. 5

地区	指标值	排名
海南	173. 86	1
广西	95. 26	2
北京	92. 32	3
内蒙古	67. 02	4
安徽	63. 33	5
河南	56. 97	6
山西	52. 14	7
福建	51. 20	8
江苏	49. 21	9
陕西	47. 60	10
天津	45. 34	11
宁夏	42. 77	12
山东	42. 29	13
贵州	39. 20	14
云南	36. 70	15
湖北	35. 17	16
黑龙江	29. 56	17
湖南	26. 53	18
新疆	25. 89	19
辽宁	25. 09	20
广东	24. 38	21
吉林	24. 26	22
浙江	22. 51	23
重庆	21. 12	24
河北	20. 71	25
江西	20. 37	26
四川	15. 97	27
甘肃	6. 69	28
青海	0. 00	29
上海	-8. 43	30

指标名称:有新产品销售企业占本省市企业总数比例(%)

指标编号:4. 2. 1

地区	指标值	排名
重庆	52. 61	1
浙江	52. 06	2
湖南	40. 04	3
安徽	39. 04	4
北京	38. 92	5
四川	33. 36	6
天津	32. 65	7
江苏	32. 64	8
湖北	30. 29	9
宁夏	29. 77	10
陕西	29. 46	11
江西	23. 84	12
福建	23. 78	13
山东	23. 32	14
河南	21. 65	15
贵州	20. 79	16
甘肃	20. 14	17
上海	20. 13	18
广西	19. 54	19
辽宁	16. 85	20
黑龙江	16. 58	21
广东	16. 30	22
吉林	16. 18	23
河北	14. 21	24
云南	13. 74	25
新疆	12. 06	26
山西	9. 97	27
青海	9. 52	28
内蒙古	8. 29	29
海南	7. 07	30

指标名称: 单位新产品开发经费获得新产品产值(万元)

指标编号: 4.2.2

地区	指标值	排名
北京	35.28	1
吉林	33.54	2
重庆	27.07	3
上海	24.90	4
天津	23.69	5
四川	19.68	6
青海	18.87	7
云南	18.76	8
湖北	18.20	9
浙江	18.11	10
广西	17.89	11
内蒙古	17.29	12
福建	17.20	13
海南	16.04	14
山东	15.53	15
广东	15.43	16
湖南	15.24	17
辽宁	15.06	18
甘肃	14.31	19
江西	14.27	20
河北	13.96	21
新疆	13.67	22
河南	13.66	23
江苏	13.08	24
陕西	12.15	25
山西	12.03	26
安徽	11.49	27
宁夏	10.77	28
贵州	10.60	29
黑龙江	10.32	30

指标名称: 新产品销售收入占主营业务收入比例(%)

指标编号: 4.2.3

地区	指标值	排名
重庆	39.93	1
北京	29.08	2
天津	27.77	3
上海	25.79	4
浙江	21.48	5
吉林	20.63	6
湖南	19.82	7
湖北	18.34	8
广西	17.93	9
四川	17.76	10
福建	17.74	11
广东	16.66	12
江苏	16.61	13
山东	14.84	14
江西	13.66	15
安徽	12.69	16
辽宁	12.51	17
河南	9.01	18
陕西	8.41	19
贵州	8.37	20
云南	7.66	21
山西	7.63	22
海南	7.49	23
宁夏	7.27	24
甘肃	7.11	25
河北	6.67	26
黑龙江	6.42	27
内蒙古	6.31	28
青海	5.79	29
新疆	3.25	30

指标名称:新产品出口额占新产品销售收入比例(%)

指标编号:4.2.4

地区	指标值	排名
福建	54.23	1
江苏	42.49	2
广东	39.55	3
浙江	31.92	4
天津	28.87	5
北京	28.46	6
辽宁	22.11	7
山西	21.71	8
山东	19.21	9
江西	18.91	10
宁夏	16.45	11
上海	16.13	12
河南	16.09	13
安徽	15.60	14
甘肃	15.00	15
新疆	14.39	16
湖南	13.62	17
河北	12.23	18
陕西	10.00	19
广西	9.62	20
四川	9.15	21
重庆	8.94	22
黑龙江	8.87	23
内蒙古	8.56	24
云南	7.00	25
湖北	6.68	26
贵州	6.59	27
海南	3.29	28
吉林	3.25	29
青海	0.10	30

指标名称:企业人均新产品销售收入(万元)

指标编号:4.2.5

地区	指标值	排名
北京	35.68	1
天津	34.31	2
上海	30.68	3
重庆	21.89	4
吉林	14.80	5
浙江	13.49	6
湖北	12.85	7
江苏	12.28	8
湖南	12.07	9
广西	10.81	10
山东	9.66	11
辽宁	9.27	12
四川	8.82	13
广东	8.55	14
福建	8.54	15
海南	7.97	16
安徽	7.81	17
江西	7.41	18
云南	5.64	19
河南	5.58	20
内蒙古	5.36	21
河北	5.22	22
陕西	5.02	23
甘肃	4.79	24
贵州	3.91	25
黑龙江	3.84	26
新疆	3.77	27
山西	3.71	28
青海	3.71	29
宁夏	3.60	30

指标名称:享受各级政府技术开发减免税(万元)

指标编号:4.3.1

地区	指标值	排名
上海	200 858	1
山东	140 541	2
浙江	110 109	3
江苏	94 405	4
广东	86 138	5
山西	53 682	6
北京	42 365	7
河南	41 646	8
河北	40 951	9
安徽	38 538	10
辽宁	37 634	11
湖北	32 624	12
四川	25 271	13
湖南	20 219	14
陕西	17 009	15
天津	15 566	16
广西	14 370	17
黑龙江	14 085	18
江西	13 458	19
宁夏	12 465	20
福建	11 996	21
云南	11 972	22
重庆	11 667	23
甘肃	9 681	24
吉林	5 011	25
内蒙古	4 006	26
贵州	3 939	27
新疆	1 039	28
青海	1 024	29
海南	87	30

指标名称:国家认定创新型企业占全部企业的比例(%)

指标编号:4.3.2

地区	指标值	排名
北京	10.77	1
青海	9.52	2
海南	7.07	3
宁夏	5.34	4
新疆	4.61	5
甘肃	3.89	6
安徽	2.87	7
贵州	2.53	8
黑龙江	2.50	9
吉林	2.34	10
陕西	2.14	11
内蒙古	2.07	12
天津	2.05	13
江西	1.99	14
四川	1.79	15
辽宁	1.72	16
云南	1.65	17
湖北	1.61	18
广西	1.58	19
重庆	1.58	20
上海	1.43	21
福建	1.37	22
湖南	1.33	23
山西	1.22	24
山东	0.96	25
河北	0.82	26
浙江	0.78	27
河南	0.75	28
江苏	0.52	29
广东	0.47	30

指标名称:全员劳动生产率(万元)

指标编号:4.3.3

地区	指标值	排名
天津	22.83	1
内蒙古	22.59	2
河北	20.92	3
新疆	20.40	4
湖北	19.88	5
云南	18.83	6
安徽	16.92	7
江苏	16.52	8
湖南	16.41	9
四川	16.27	10
青海	14.40	11
辽宁	14.31	12
贵州	14.31	13
河南	11.90	14
广西	11.76	15
陕西	11.57	16
山西	11.03	17
吉林	10.74	18
重庆	10.36	19
山东	10.27	20
江西	10.26	21
海南	10.16	22
上海	9.86	23
宁夏	9.70	24
黑龙江	8.72	25
浙江	8.05	26
福建	7.96	27
北京	7.62	28
甘肃	7.37	29
广东	7.33	30

指标名称:3 年工业总产值平均增加值(万元)

指标编号:4.3.4

地区	指标值	排名
广东	70 136 211	1
江苏	67 434 970	2
山东	54 587 459	3
浙江	36 512 957	4
河南	30 321 764	5
河北	26 639 902	6
上海	23 097 134	7
辽宁	21 742 757	8
四川	16 458 053	9
湖北	16 132 568	10
山西	14 513 920	11
福建	13 598 151	12
安徽	13 115 417	13
天津	12 866 756	14
内蒙古	10 689 148	15
湖南	10 599 324	16
陕西	9 764 582	17
北京	9 164 411	18
吉林	8 681 315	19
江西	7 160 909	20
云南	7 010 884	21
黑龙江	6 786 426	22
广西	6 221 721	23
新疆	5 793 489	24
重庆	5 558 456	25
甘肃	4 845 662	26
贵州	3 405 623	27
海南	1 805 766	28
宁夏	1 633 685	29
青海	1 497 531	30

七、各省市企业创新发展指数综合评价情况

1. 北京

(1)基本情况

创新发展指数基本排序	排名	基本项目	数值	排名
全国总体排名	1	企业数(个)	650	16
东部省市排名	1	从业人员年平均人数(人)	699 676	21
工业总产值≥5 000 亿元省市排名	1	工业总产值(万元)	78 989 399	14
企业从业人数＜100 万人省市排名	1	主营业务收入(万元)	85 848 029	12
		利润总额(万元)	4 296 038	17

(2)北京企业创新发展指数12个子要素排名山峰图

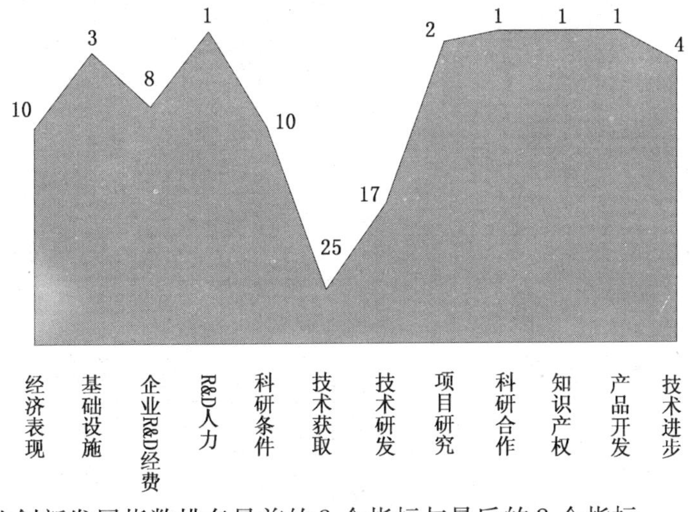

(3)北京企业创新发展指数排名最前的8个指标与最后的8个指标

排名最前的8个指标		
1.2.3	企业人均生产经营用机器设备原价	1
2.1.1	R&D 人员占从业人员比例	1
2.1.5	企业每千人拥有博士和硕士人数	1
3.2.1	企业平均拥有 R&D 项目数	1
3.2.3	企业 R&D 项目数占企业科研项目数的比例	1
3.3.2	对科研院所和高校科技支出	1
4.1.1	每千人申请专利数量	1
4.1.2	每千人拥有发明专利数量	1
排名最后的8个指标		
2.3.4	3年购买国内技术经费平均值	23
2.3.5	购买国内技术经费与技术引进支出比值	23

续表

排名最后的8个指标		
2.3.3	购买国内技术经费支出占主营业务收入比例	24
3.1.2	技术改造经费支出占主营业务收入比例	25
3.2.5	3年科研项目经费平均增长率	28
4.3.3	全员劳动生产率	28
1.3.4	3年R&D经费平均增长率	29
2.2.4	科研基建支出占科技活动内部支出比例	29

(4)创新基础

创新基础		**6**
经济表现		10
基础设施		3
R&D经费		8
最强的3个指标		
1.2.3	企业人均生产经营用机器设备原价	1
1.1.1	企业人均主营业务收入	2
1.3.5	企业人均科技活动经费	2
最弱的3个指标		
1.1.4	3年利润总额平均值	14
1.1.5	利润总额占主营业务收入比例	22
1.3.4	3年R&D经费平均增长率	29

(5)创新能力

创新能力		**3**
R&D人力		1
科研条件		10
技术获取		25
最强的3个指标		
2.1.1	R&D人员占从业人员比例	1
2.1.5	企业每千人拥有博士和硕士人数	1
2.1.3	科学家和工程师占科技活动人员比例	4
最弱的3个指标		
2.3.4	3年购买国内技术经费平均值	23
2.3.3	购买国内技术经费支出占主营业务收入比例	24
2.2.4	科研基建支出占科技活动内部支出比例	29

(6)创新活动

创新活动		**1**
技术研发		17
项目研究		2
科研合作		1
最强的3个指标		
3.2.1	企业平均拥有R&D项目数	1
3.2.3	企业R&D项目数占企业科研项目数的比例	1
3.3.2	对科研院所和高校科技支出	1
最弱的3个指标		
3.1.3	3年技术改造经费平均值	21
3.1.2	技术改造经费支出占主营业务收入比例	25
3.2.5	3年科研项目经费平均增长率	28

(7)创新绩效

创新绩效		**1**
知识产权		1
产品开发		1
技术进步		4
最强的3个指标		
4.1.1	每千人申请专利数量	1
4.1.2	每千人拥有发明专利数量	1
4.1.3	发明专利申请量占全部专利申请量比例	1
最弱的3个指标		
4.3.1	享受各级政府技术开发减免税	7
4.3.4	3年工业总产值平均增加值	18
4.3.3	全员劳动生产率	28

2. 天津

(1)基本情况

创新发展指数基本排序	排名	基本项目	数值	排名
全国总体排名	2	企业数(个)	683	15
东部省市排名	2	从业人员年平均人数(人)	754 742	19
工业总产值≥5 000 亿元省市排名	2	工业总产值(万元)	90 064 748	11
企业从业人数<100 万人省市排名	2	主营业务收入(万元)	93 255 924	9
		利润总额(万元)	6 387 276	11

(2)天津企业创新发展指数 12 个子要素排名山峰图

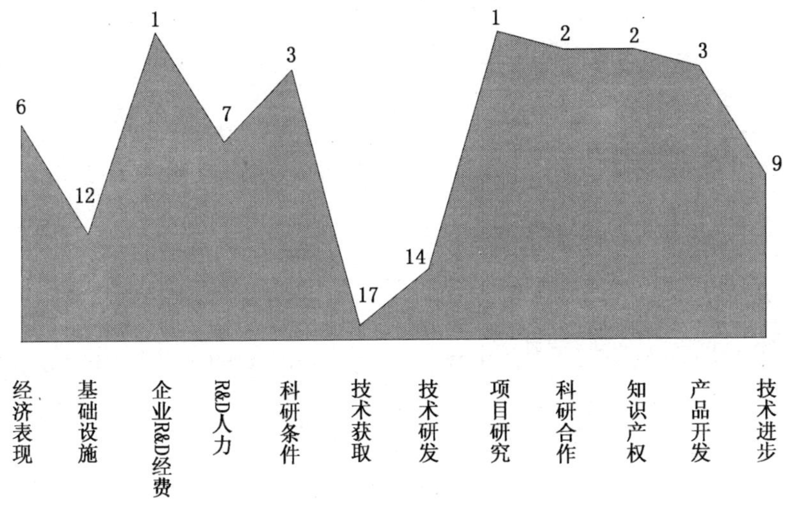

(3)天津企业创新发展指数排名最前的 8 个指标与最后的 8 个指标

排名最前的 8 个指标		
1. 1. 1	企业人均主营业务收入	1
1. 3. 5	企业人均科技活动经费	1
2. 2. 3	企业平均科技机构经费支出	1
3. 2. 2	企业平均拥有新产品开发项目数	1
3. 3. 3	对其他企业科技支出	1
4. 3. 3	全员劳动生产率	1
1. 2. 3	企业人均生产经营用机器设备原价	2
3. 2. 1	企业平均拥有 R&D 项目数	2
排名最前的 8 个指标		
3. 1. 2	技术改造经费支出占主营业务收入比例	18
2. 1. 2	3 年 R&D 人员全时当量平均值	19
1. 2. 2	微电子控制设备费用	22

续表

排名最前的 8 个指标		
1.2.4	微电子控制设备费用占机器设备原价比例	27
3.1.5	消化吸收支出与技术引进支出比值	27
1.3.6	吸收政府资金占企业科技活动经费比例	28
2.3.5	购买国内技术经费与技术引进支出比值	29
3.3.4	对科研院所和高校科技支出与对其他企业科技支出比值	30

(4)创新基础

创新基础		**5**
经济表现		6
基础设施		12
R&D 经费		1
最弱的 3 个指标		
1.1.1	企业人均主营业务收入	1
1.3.5	企业人均科技活动经费	1
1.2.3	企业人均生产经营用机器设备原价	2
最弱的 3 个指标		
1.2.2	微电子控制设备费用	22
1.2.4	微电子控制设备费用占机器设备原价比例	27
1.3.6	吸收政府资金占企业科技活动经费比例	28

(5)创新能力

创新能力		**5**
R&D 人力		7
科研条件		3
技术获取		17
最弱的 3 个指标		
2.2.3	企业平均科技机构经费支出	1
2.1.1	R&D 人员占从业人员比例	3
2.3.1	技术引进支出占主营业务收入比例	3
最弱的 3 个指标		
2.1.3	科学家和工程师占科技活动人员比例	18
2.1.2	3 年 R&D 人员全时当量平均值	19
2.3.5	购买国内技术经费与技术引进支出比值	29

(6)创新活动

创新活动		**2**
技术研发		14
项目研究		1
科研合作		2
最强的 3 个指标		
3.2.2	企业平均拥有新产品开发项目数	1
3.3.3	对其他企业科技支出	1
3.2.1	企业平均拥有 R&D 项目数	2
最弱的 3 个指标		
3.1.2	技术改造经费支出占主营业务收入比例	18
3.1.5	消化吸收支出与技术引进支出比值	27
3.3.4	对科研院所和高校科技支出与对其他企业科技支出比值	30

(7)创新绩效

创新绩效		**2**
知识产权		2
产品开发		3
技术进步		9
最强的 3 个指标		
4.3.3	全员劳动生产率	1
4.1.2	每千人拥有发明专利数量	2
4.1.3	发明专利申请量占全部专利申请量比例	2
最弱的 3 个指标		
4.3.2	国家认定创新型企业占全部企业的比例	13
4.3.4	3 年工业总产值平均增加值	14
4.3.1	享受各级政府技术开发减免税	16

3. 河北

（1）基本情况

创新发展指数基本排序	排名	基本项目	数值	排名
全国总体排名	22	企业数(个)	1 457	8
东部省市排名	9	从业人员年平均人数(人)	1 954 612	6
工业总产值≥5 000 亿元省市排名	16	工业总产值(万元)	155 364 986	6
企业从业人数≥100 万人省市排名	12	主营业务收入(万元)	152 896 153	6
		利润总额(万元)	8 623 278	7

（2）河北企业创新发展指数 12 个子要素排名山峰图

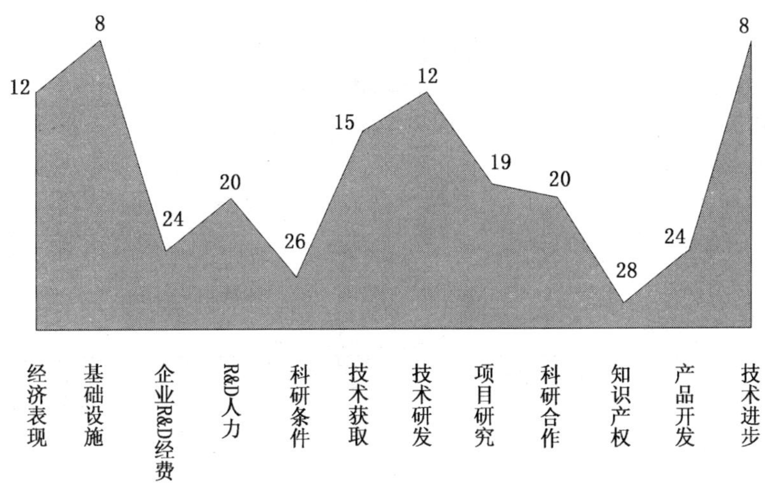

（3）河北企业创新发展指数排名最前的 8 个指标与最后的 8 个指标

排名最前的 8 个指标		
3. 1. 4	消化吸收支出占主营业务收入比例	3
4. 3. 3	全员劳动生产率	3
1. 1. 3	3 年主营业务收入平均值	6
3. 2. 3	企业 R&D 项目数占企业科研项目数的比例	6
4. 3. 4	3 年工业总产值平均增加值	6
1. 1. 1	企业人均主营业务收入	7
1. 2. 1	生产经营用机器设备原价	7
3. 1. 3	3 年技术改造经费平均值	7
排名最后的 8 个指标		
1. 3. 6	吸收政府资金占企业科技活动经费比例	25
4. 1. 4	每百万元 R&D 经费产生发明专利数量	25
4. 1. 5	3 年发明专利申请量平均增长率	25

续表

排名最后的 8 个指标		
3. 2. 5	3 年科研项目经费平均增长率	26
4. 2. 3	新产品销售收入占主营业务收入比例	26
4. 3. 2	国家认定创新型企业占全部企业的比例	26
4. 1. 1	每千人申请专利数量	27
1. 3. 5	企业人均科技活动经费	30

（4）创新基础

创新基础		**14**
经济表现		12
基础设施		8
R&D 经费		24
最强的 3 个指标		
1. 1. 3	3 年主营业务收入平均值	6
1. 1. 1	企业人均主营业务收入	7
1. 2. 1	生产经营用机器设备原价	7
最弱的 3 个指标		
1. 3. 3	R&D 经费占主营业务收入比例	25
1. 3. 6	吸收政府资金占企业科技活动经费比例	25
1. 3. 5	企业人均科技活动经费	30

（5）创新能力

创新能力		**21**
R&D 人力		20
科研条件		26
技术获取		15
最强的 3 个指标		
2. 1. 3	科学家和工程师占科技活动人员比例	8
2. 3. 4	3 年购买国内技术经费平均值	9
2. 3. 5	购买国内技术经费与技术引进支出比值	9
最弱的 3 个指标		
2. 2. 2	设立科技机构企业占本省市企业总数比例	24
2. 1. 1	R&D 人员占从业人员比例	25
2. 2. 3	企业平均科技机构经费支出	25

（6）创新活动

创新活动		**18**
技术研发		12
项目研究		19
科研合作		20
最强的 3 个指标		
3. 1. 4	消化吸收支出占主营业务收入比例	3
3. 2. 3	企业 R&D 项目数占企业科研项目数的比例	6
3. 1. 3	3 年技术改造经费平均值	7
最弱的 3 个指标		
3. 2. 4	项目人员平均科研项目经费	24
3. 1. 1	有 R&D 活动企业占本省市企业总数比例	25
3. 2. 5	3 年科研项目经费平均增长率	26

（7）创新绩效

创新绩效		**23**
知识产权		28
产品开发		24
技术进步		8
最强的 3 个指标		
4. 3. 3	全员劳动生产率	3
4. 3. 4	3 年工业总产值平均增加值	6
4. 3. 1	享受各级政府技术开发减免税	9
最弱的 3 个指标		
4. 2. 3	新产品销售收入占主营业务收入比例	26
4. 3. 2	国家认定创新型企业占全部企业的比例	26
4. 1. 1	每千人申请专利数量	27

4. 山西

(1)基本情况

创新发展指数基本排序	排名	基本项目	数值	排名
全国总体排名	29	企业数(个)	1 063	11
中部省市排名	8	从业人员年平均人数(人)	1 720 140	9
工业总产值≥5 000 亿元省市排名	20	工业总产值(万元)	82 071 642	13
企业从业人数≥100 万人省市排名	14	主营业务收入(万元)	83 643 115	13
		利润总额(万元)	5 561 812	14

(2)山西企业创新发展指数 12 个子要素排名山峰图

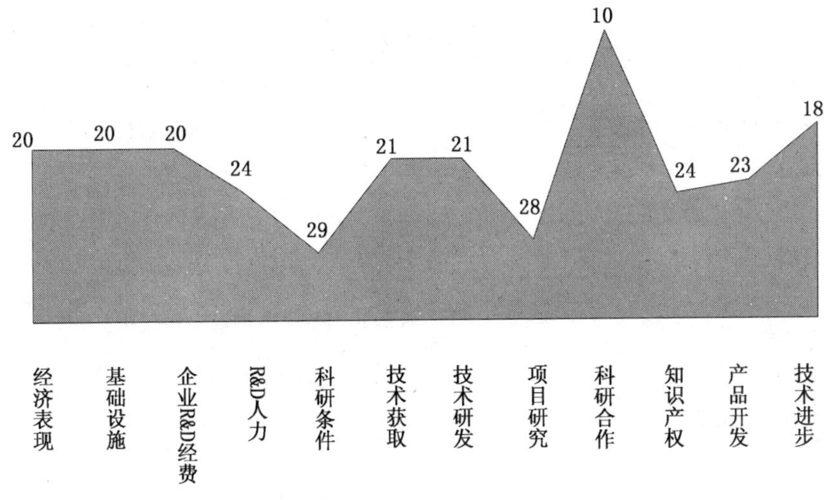

(3)山西企业创新发展指数排名最前的 8 个指标与最后的 8 个指标

排名最前的 8 个指标		
1.3.4	3 年 R&D 经费平均增长率	5
3.3.2	对科研院所和高校科技支出	6
4.3.1	享受各级政府技术开发减免税	6
3.3.1	科技活动外部支出占科技活动总额比例	7
4.1.5	3 年发明专利申请量平均增长率	7
2.2.5	科技机构人均仪器设备原价	8
4.2.4	新产品出口额占新产品销售收入比例	8
2.3.2	企业对国外技术的依存度	9
排名最后的 8 个指标		
1.1.1	企业人均主营业务收入	28
4.2.5	企业人均新产品销售收入	28
2.1.5	企业每千人拥有博士和硕士人数	29

续表

排名最后的 8 个指标		
2.2.1	企业平均设立科技机构数	29
2.2.2	设立科技机构企业占本省市企业总数比例	29
2.2.3	企业平均科技机构经费支出	29
4.1.2	每千人拥有发明专利数量	29
4.1.1	每千人申请专利数量	30

(4)创新基础

创新基础		**23**
经济表现		20
基础设施		20
R&D 经费		20
最强的 3 个指标		
1.3.4	3 年 R&D 经费平均增长率	5
1.1.5	利润总额占主营业务收入比例	11
1.2.1	生产经营用机器设备原价	11
最弱的 3 个指标		
1.2.4	微电子控制设备费用占机器设备原价比例	23
1.3.2	R&D 人员平均 R&D 经费	26
1.1.1	企业人均主营业务收入	28

(5)创新能力

创新能力		**29**
R&D 人力		24
科研条件		29
技术获取		21
最强的 3 个指标		
2.2.5	科技机构人均仪器设备原价	8
2.3.2	企业对国外技术的依存度	9
2.1.2	3 年 R&D 人员全时当量平均值	10
最弱的 3 个指标		
2.2.1	企业平均设立科技机构数	29
2.2.2	设立科技机构企业占本省市企业总数比例	29
2.2.3	企业平均科技机构经费支出	29

(6)创新活动

创新活动		**23**
技术研发		21
项目研究		28
科研合作		10
最强的 3 个指标		
3.3.2	对科研院所和高校科技支出	6
3.3.1	科技活动外部支出占科技活动总额比例	7
3.1.2	技术改造经费支出占主营业务收入比例	9
最弱的 3 个指标		
3.2.2	企业平均拥有新产品开发项目数	24
3.1.1	有 R&D 活动企业占本省市企业总数比例	27
3.2.1	企业平均拥有 R&D 项目数	27

(7)创新绩效

创新绩效		**26**
知识产权		24
产品开发		23
技术进步		18
最强的 3 个指标		
4.3.1	享受各级政府技术开发减免税	6
4.1.5	3 年发明专利申请量平均增长率	7
4.2.4	新产品出口额占新产品销售收入比例	8
最弱的 3 个指标		
4.2.5	企业人均新产品销售收入	28
4.1.2	每千人拥有发明专利数量	29
4.1.1	每千人申请专利数量	30

5. 内蒙古

(1)基本情况

创新发展指数基本排序	排名	基本项目	数值	排名
全国总体排名	23	企业数(个)	531	23
西部省市排名	8	从业人员年平均人数(人)	634 176	22
工业总产值≥5 000 亿元省市排名	17	工业总产值(万元)	51 461 018	20
企业从业人数＜100 万人省市排名	11	主营业务收入(万元)	53 862 172	20
		利润总额(万元)	5 320 556	15

(2)内蒙古企业创新发展指数 12 个子要素排名山峰图

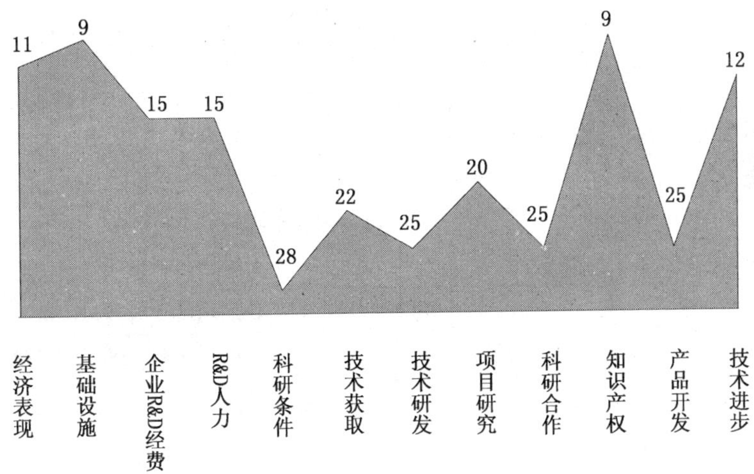

(3)内蒙古企业创新发展指数排名最前的 8 个指标与最后的 8 个指标

排名最前的 8 个指标		
3.2.5	3 年科研项目经费平均增长率	1
1.3.4	3 年 R&D 经费平均增长率	2
4.3.3	全员劳动生产率	2
4.1.3	发明专利申请量占全部专利申请量比例	4
4.1.5	3 年发明专利申请量平均增长率	4
1.1.5	利润总额占主营业务收入比例	5
1.2.3	企业人均生产经营用机器设备原价	5
3.1.5	消化吸收支出与技术引进支出比值	5
排名最后的 8 个指标		
2.2.1	企业平均设立科技机构数	28
2.2.2	设立科技机构企业占本省市企业总数比例	28
3.1.1	有 R&D 活动企业占本省市企业总数比例	28
4.1.4	每百万元 R&D 经费产生发明专利数量	28

续表

排名最后的 8 个指标		
4. 2. 3	新产品销售收入占主营业务收入比例	28
3. 3. 1	科技活动外部支出占科技活动总额比例	29
3. 2. 1	企业平均拥有 R&D 项目数	29
4. 2. 1	有新产品销售企业占本省市企业总数比例	29

(4)创新基础

创新基础		**10**
经济表现		11
基础设施		9
R&D 经费		15
最强的 3 个指标		
1. 3. 4	3 年 R&D 经费平均增长率	2
1. 1. 5	利润总额占主营业务收入比例	5
1. 2. 3	企业人均生产经营用机器设备原价	5
最弱的 3 个指标		
1. 1. 3	3 年主营业务收入平均值	21
1. 3. 1	3 年 R&D 经费平均值	22
1. 3. 3	R&D 经费占主营业务收入比例	24

(5)创新能力

创新能力		**24**
R&D 人力		15
科研条件		28
技术获取		22
最强的 3 个指标		
2. 1. 3	科学家和工程师占科技活动人员比例	6
2. 3. 5	购买国内技术经费与技术引进支出比值	6
2. 2. 4	科研基建支出占科技活动内部支出比例	13
最弱的 3 个指标		
2. 2. 3	企业平均科技机构经费支出	26
2. 2. 1	企业平均设立科技机构数	28
2. 2. 2	设立科技机构企业占本省市企业总数比例	28

(6)创新活动

创新活动		**26**
技术研发		25
项目研究		20
科研合作		25
最强的 3 个指标		
3. 2. 5	3 年科研项目经费平均增长率	1
3. 1. 5	消化吸收支出与技术引进支出比值	5
3. 3. 4	对科研院所和高校科技支出与对其他企业科技支出比值	8
最弱的 3 个指标		
3. 1. 1	有 R&D 活动企业占本省市企业总数比例	28
3. 2. 1	企业平均拥有 R&D 项目数	29
3. 3. 1	科技活动外部支出占科技活动总额比例	29

(7)创新绩效

创新绩效		**17**
知识产权		9
产品开发		25
技术进步		12
最强的 3 个指标		
4. 3. 3	全员劳动生产率	2
4. 1. 3	发明专利申请量占全部专利申请量比例	4
4. 1. 5	3 年发明专利申请量平均增长率	4
最弱的 3 个指标		
4. 1. 4	每百万元 R&D 经费产生发明专利数量	28
4. 2. 3	新产品销售收入占主营业务收入比例	28
4. 2. 1	有新产品销售企业占本省市企业总数比例	29

6. 辽宁

(1)基本情况

创新发展指数基本排序	排名	基本项目	数值	排名
全国总体排名	13	企业数(个)	1 341	10
东部省市排名	8	从业人员年平均人数(人)	1 933 837	7
工业总产值≥5 000 亿元省市排名	12	工业总产值(万元)	144 286 282	8
企业从业人数≥100 万人省市排名	8	主营业务收入(万元)	143 305 110	8
		利润总额(万元)	2 479 331	21

(2)辽宁企业创新发展指数 12 个子要素排名山峰图

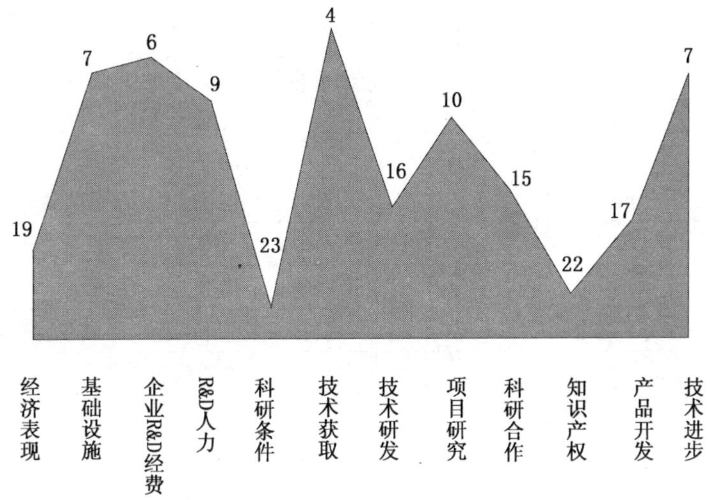

(3)辽宁企业创新发展指数排名最前的 8 个指标与最后的 8 个指标

排名最前的 8 个指标		
2. 3. 3	购买国内技术经费支出占主营业务收入比例	2
1. 3. 6	吸收政府资金占企业科技活动经费比例	3
2. 3. 4	3 年购买国内技术经费平均值	4
1. 2. 1	生产经营用机器设备原价	5
1. 3. 2	R&D 人员平均 R&D 经费	5
2. 3. 5	购买国内技术经费与技术引进支出比值	5
3. 1. 3	3 年技术改造经费平均值	5
1. 2. 2	微电子控制设备费用	6
排名最后的 8 个指标		
2. 2. 2	设立科技机构企业占本省市企业总数比例	22
3. 1. 1	有 R&D 活动企业占本省市企业总数比例	23
3. 1. 5	消化吸收支出与技术引进支出比值	23

续表

排名最后的 8 个指标		
2.2.5	科技机构人均仪器设备原价	27
3.3.4	对科研院所和高校科技支出与对其他企业科技支出比值	28
4.1.4	每百万元 R&D 经费产生发明专利数量	29
1.1.2	企业人均利润总额	30
1.1.5	利润总额占主营业务收入比例	30

（4）创新基础

创新基础		**11**
经济表现		19
基础设施		7
R&D 经费		6
最强的 3 个指标		
1.3.6	吸收政府资金占企业科技活动经费比例	3
1.2.1	生产经营用机器设备原价	5
1.3.2	R&D 人员平均 R&D 经费	5
最弱的 3 个指标		
1.3.4	3 年 R&D 经费平均增长率	22
1.1.2	企业人均利润总额	30
1.1.5	利润总额占主营业务收入比例	30

（5）创新能力

创新能力		**13**
R&D 人力		9
科研条件		23
技术获取		4
最强的 3 个指标		
2.3.3	购买国内技术经费支出占主营业务收入比例	2
2.3.4	3 年购买国内技术经费平均值	4
2.3.5	购买国内技术经费与技术引进支出比值	5
最弱的 3 个指标		
2.2.1	企业平均设立科技机构数	21
2.2.2	设立科技机构企业占本省市企业总数比例	22
2.2.5	科技机构人均仪器设备原价	27

（6）创新活动

创新活动		**16**
技术研发		16
项目研究		10
科研合作		15
最强的 3 个指标		
3.1.3	3 年技术改造经费平均值	5
3.3.3	对其他企业科技支出	6
3.2.1	企业平均拥有 R&D 项目数	7
最弱的 3 个指标		
3.1.1	有 R&D 活动企业占本省市企业总数比例	23
3.1.5	消化吸收支出与技术引进支出比值	23
3.3.4	对科研院所和高校科技支出与对其他企业科技支出比值	28

（7）创新绩效

创新绩效		**14**
知识产权		22
产品开发		17
技术进步		7
最强的 3 个指标		
4.2.4	新产品出口额占新产品销售收入比例	7
4.1.3	发明专利申请量占全部专利申请量比例	8
4.3.4	3 年工业总产值平均增加值	8
最弱的 3 个指标		
4.2.1	有新产品销售企业占本省市企业总数比例	20
4.1.2	每千人拥有发明专利数量	21
4.1.4	每百万元 R&D 经费产生发明专利数量	29

7. 吉林

(1) 基本情况

创新发展指数基本排序	排名	基本项目	数值	排名
全国总体排名	28	企业数(个)	513	24
中部省市排名	7	从业人员年平均人数(人)	773 034	17
工业总产值≥5 000 亿元省市排名	19	工业总产值(万元)	56 568 292	19
企业从业人数 < 100 万人省市排名	15	主营业务收入(万元)	55 470 327	19
		利润总额(万元)	2 520 116	20

(2) 吉林企业创新发展指数 12 个子要素排名山峰图

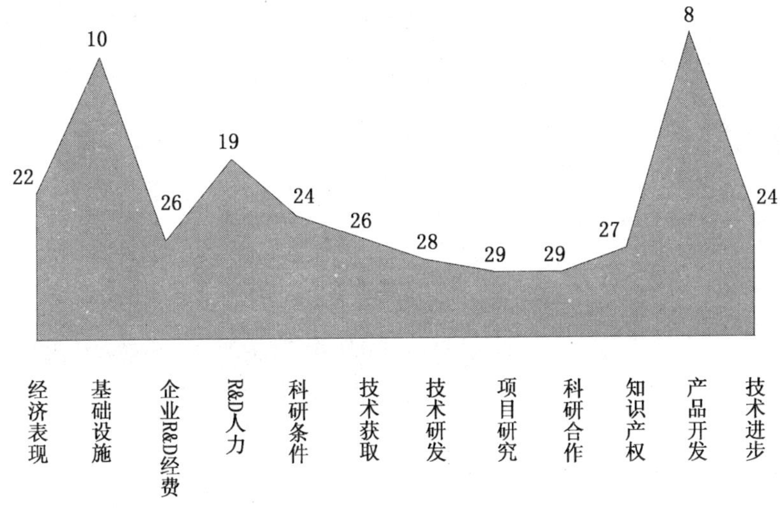

(3) 吉林企业创新发展指数排名最前的 8 个指标与最后的 8 个指标

排名最前的 8 个指标		
4.2.2	单位新产品开发经费获得新产品产值	2
4.2.5	企业人均新产品销售收入	5
4.2.3	新产品销售收入占主营业务收入比例	6
1.2.3	企业人均生产经营用机器设备原价	8
1.2.4	微电子控制设备费用占机器设备原价比例	9
1.3.2	R&D 人员平均 R&D 经费	9
2.3.2	企业对国外技术的依存度	10
4.3.2	国家认定创新型企业占全部企业的比例	10
排名最后的 8 个指标		
2.2.2	设立科技机构企业占本省市企业总数比例	26
3.1.1	有 R&D 活动企业占本省市企业总数比例	26
4.1.4	每百万元 R&D 经费产生发明专利数量	26

续表

排名最后的 8 个指标		
2. 1. 1	R&D 人员占从业人员比例	27
3. 2. 5	3 年科研项目经费平均增长率	27
4. 1. 2	每千人拥有发明专利数量	27
3. 2. 3	企业 R&D 项目数占企业科研项目数的比例	28
4. 2. 4	新产品出口额占新产品销售收入比例	29

(4) 创新基础

创新基础		**19**
经济表现		22
基础设施		10
R&D 经费		26
最强的 3 个指标		
1. 2. 3	企业人均生产经营用机器设备原价	8
1. 2. 4	微电子控制设备费用占机器设备原价比例	9
1. 3. 2	R&D 人员平均 R&D 经费	9
最弱的 3 个指标		
1. 3. 6	吸收政府资金占企业科技活动经费比例	22
1. 1. 5	利润总额占主营业务收入比例	24
1. 3. 3	R&D 经费占主营业务收入比例	26

(5) 创新能力

创新能力		**23**
R&D 人力		19
科研条件		24
技术获取		26
最强的 3 个指标		
2. 3. 2	企业对国外技术的依存度	10
2. 2. 3	企业平均科技机构经费支出	10
2. 1. 5	企业每千人拥有博士和硕士人数	11
最弱的 3 个指标		
2. 2. 1	企业平均设立科技机构数	26
2. 2. 2	设立科技机构企业占本省市企业总数比例	26
2. 1. 1	R&D 人员占从业人员比例	27

(6) 创新活动

创新活动		**29**
技术研发		28
项目研究		29
科研合作		29
最强的 3 个指标		
3. 2. 4	项目人员平均科研项目经费	15
3. 3. 4	对科研院所和高校科技支出与对其他企业科技支出比值	15
3. 2. 2	企业平均拥有新产品开发项目数	18
最弱的 3 个指标		
3. 1. 1	有 R&D 活动企业占本省市企业总数比例	26
3. 2. 5	3 年科研项目经费平均增长率	27
3. 2. 3	企业 R&D 项目数占企业科研项目数的比例	28

(7) 创新绩效

创新绩效		**19**
知识产权		27
产品开发		8
技术进步		24
最强的 3 个指标		
4. 2. 2	单位新产品开发经费获得新产品产值	2
4. 2. 5	企业人均新产品销售收入	5
4. 2. 3	新产品销售收入占主营业务收入比例	6
最弱的 3 个指标		
4. 1. 4	每百万元 R&D 经费产生发明专利数量	26
4. 1. 2	每千人拥有发明专利数量	27
4. 2. 4	新产品出口额占新产品销售收入比例	29

8. 黑龙江

(1)基本情况

创新发展指数基本排序	排名	基本项目	数值	排名
全国总体排名	18	企业数(个)	561	20
中部省市排名	4	从业人员年平均人数(人)	1 121 231	14
工业总产值≥5 000 亿元省市排名	14	工业总产值(万元)	61 206 345	16
企业从业人数≥100 万人省市排名	10	主营业务收入(万元)	67 076 400	16
		利润总额(万元)	14 902 399	4

(2)黑龙江企业创新发展指数 12 个子要素排名山峰图

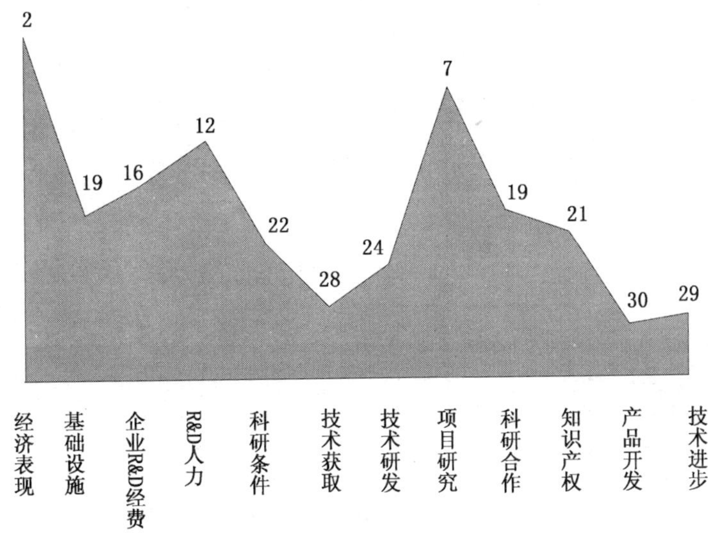

(3)黑龙江企业创新发展指数排名最前的 8 个指标与最后的 8 个指标

排名最前的 8 个指标		
1.1.5	利润总额占主营业务收入比例	1
1.1.2	企业人均利润总额	2
1.3.6	吸收政府资金占企业科技活动经费比例	2
3.2.3	企业 R&D 项目数占企业科研项目数的比例	3
1.1.4	3 年利润总额平均值	4
3.2.1	企业平均拥有 R&D 项目数	4
1.2.3	企业人均生产经营用机器设备原价	6
2.1.4	企业每千人拥有高中级技术职称人数	7
排名最后的 8 个指标		
4.2.5	企业人均新产品销售收入	26
1.3.5	企业人均科技活动经费	27

续表

排名最后的 8 个指标		
4.2.3	新产品销售收入占主营业务收入比例	27
1.2.4	微电子控制设备费用占机器设备原价比例	28
2.3.3	购买国内技术经费支出占主营业务收入比例	29
3.2.4	项目人员平均科研项目经费	29
2.2.5	科技机构人均仪器设备原价	30
4.2.2	单位新产品开发经费获得新产品产值	30

(4)创新基础

创新基础		**7**
经济表现		2
基础设施		19
R&D 经费		16
最强的 3 个指标		
1.1.5	利润总额占主营业务收入比例	1
1.1.2	企业人均利润总额	2
1.3.6	吸收政府资金占企业科技活动经费比例	2
最弱的 3 个指标		
1.3.2	R&D 人员平均 R&D 经费	23
1.3.5	企业人均科技活动经费	27
1.2.4	微电子控制设备费用占机器设备原价比例	28

(5)创新能力

创新能力		**19**
R&D 人力		12
科研条件		22
技术获取		28
最强的 3 个指标		
2.1.4	企业每千人拥有高中级技术职称人数	7
2.1.1	R&D 人员占从业人员比例	8
2.1.2	3 年 R&D 人员全时当量平均值	12
最弱的 3 个指标		
2.3.5	购买国内技术经费与技术引进支出比值	25
2.3.3	购买国内技术经费支出占主营业务收入比例	29
2.2.5	科技机构人均仪器设备原价	30

(6)创新活动

创新活动		**20**
技术研发		24
项目研究		7
科研合作		19
最强的 3 个指标		
3.2.3	企业 R&D 项目数占企业科研项目数的比例	3
3.2.1	企业平均拥有 R&D 项目数	4
3.2.2	企业平均拥有新产品开发项目数	7
最弱的 3 个指标		
3.3.3	对其他企业科技支出	19
3.1.4	消化吸收支出占主营业务收入比例	24
3.2.4	项目人员平均科研项目经费	29

(7)创新绩效

创新绩效		**30**
知识产权		21
产品开发		30
技术进步		29
最强的 3 个指标		
4.3.2	国家认定创新型企业占全部企业的比例	9
4.1.4	每百万元 R&D 经费产生发明专利数量	14
4.1.3	发明专利申请量占全部专利申请量比例	15
最弱的 3 个指标		
4.2.5	企业人均新产品销售收入	26
4.2.3	新产品销售收入占主营业务收入比例	27
4.2.2	单位新产品开发经费获得新产品产值	30

9. 上海

(1)基本情况

创新发展指数基本排序	排名	基本项目	数值	排名
全国总体排名	4	企业数(个)	1 684	7
东部省市排名	4	从业人员年平均人数(人)	1 536 881	11
工业总产值≥5 000 亿元省市排名	4	工业总产值(万元)	174 002 230	5
企业从业人数≥100 万人省市排名	2	主营业务收入(万元)	182 862 618	5
		利润总额(万元)	6 206 264	12

(2)上海企业创新发展指数12个子要素排名山峰图

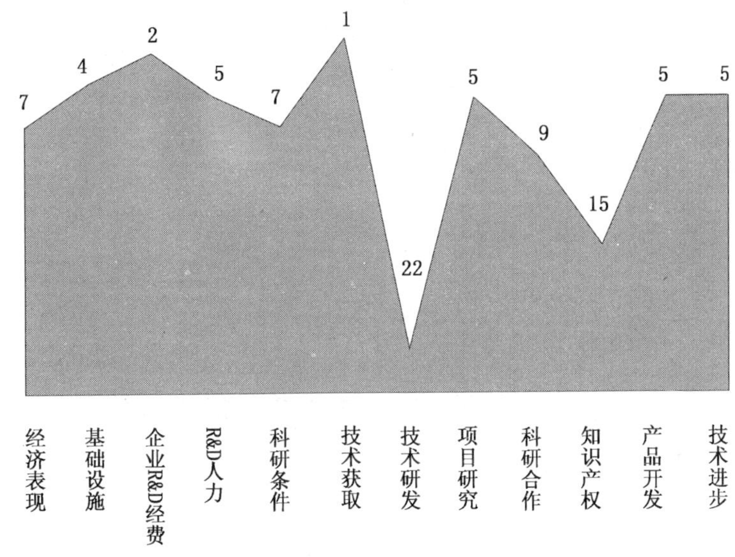

(3)上海企业创新发展指数排名最前的8个指标与最后的8个指标

排名最前的8个指标		
1.3.2	R&D 人员平均 R&D 经费	1
2.3.4	3 年购买国内技术经费平均值	1
4.3.1	享受各级政府技术开发减免税	1
2.1.5	企业每千人拥有博士和硕士人数	2
2.2.3	企业平均科技机构经费支出	2
2.2.5	科技机构人均仪器设备原价	2
3.3.3	对其他企业科技支出	2
1.1.1	企业人均主营业务收入	3
排名最后的8个指标		
3.1.2	技术改造经费支出占主营业务收入比例	24
3.1.5	消化吸收支出与技术引进支出比值	24

续表

排名最后的 8 个指标		
2.2.1	企业平均设立科技机构数	25
2.2.2	设立科技机构企业占本省市企业总数比例	25
1.1.5	利润总额占主营业务收入比例	27
1.3.4	3 年 R&D 经费平均增长率	27
3.3.4	对科研院所和高校科技支出与对其他企业科技支出比值	29
4.1.5	3 年发明专利申请量平均增长率	30

（4）创新基础

创新基础		**3**
经济表现		7
基础设施		4
R&D 经费		2
最强的 3 个指标		
1.3.2	R&D 人员平均 R&D 经费	1
1.1.1	企业人均主营业务收入	3
1.3.5	企业人均科技活动经费	3
最弱的 3 个指标		
1.3.6	吸收政府资金占企业科技活动经费比例	19
1.1.5	利润总额占主营业务收入比例	27
1.3.4	3 年 R&D 经费平均增长率	27

（5）创新能力

创新能力		**1**
R&D 人力		5
科研条件		7
技术获取		1
最强的 3 个指标		
2.3.4	3 年购买国内技术经费平均值	1
2.1.5	企业每千人拥有博士和硕士人数	2
2.2.3	企业平均科技机构经费支出	2
最弱的 3 个指标		
2.3.5	购买国内技术经费与技术引进支出比值	21
2.2.1	企业平均设立科技机构数	25
2.2.2	设立科技机构企业占本省市企业总数比例	25

（6）创新活动

创新活动		**9**
技术研发		22
项目研究		5
科研合作		9
最强的 3 个指标		
3.3.3	对其他企业科技支出	2
3.2.4	项目人员平均科研项目经费	3
3.1.4	消化吸收支出占主营业务收入比例	7
最弱的 3 个指标		
3.1.2	技术改造经费支出占主营业务收入比例	24
3.1.5	消化吸收支出与技术引进支出比值	24
3.3.4	对科研院所和高校科技支出与对其他企业科技支出比值	29

（7）创新绩效

创新绩效		**5**
知识产权		15
产品开发		5
技术进步		5
最强的 3 个指标		
4.3.1	享受各级政府技术开发减免税	1
4.2.5	企业人均新产品销售收入	3
4.2.3	新产品销售收入占主营业务收入比例	4
最弱的 3 个指标		
4.3.3	全员劳动生产率	23
4.1.4	每百万元 R&D 经费产生发明专利数量	24
4.1.5	3 年发明专利申请量平均增长率	30

10. 江苏

(1)基本情况

创新发展指数基本排序	排名	基本项目	数值	排名
全国总体排名	3	企业数(个)	4 792	2
东部省市排名	3	从业人员年平均人数(人)	5 365 463	3
工业总产值≥5 000 亿元省市排名	3	工业总产值(万元)	402 867 591	2
企业从业人数≥100 万人省市排名	1	主营业务收入(万元)	396 669 661	2
		利润总额(万元)	24 761 861	1

(2)江苏企业创新发展指数 12 个子要素排名山峰图

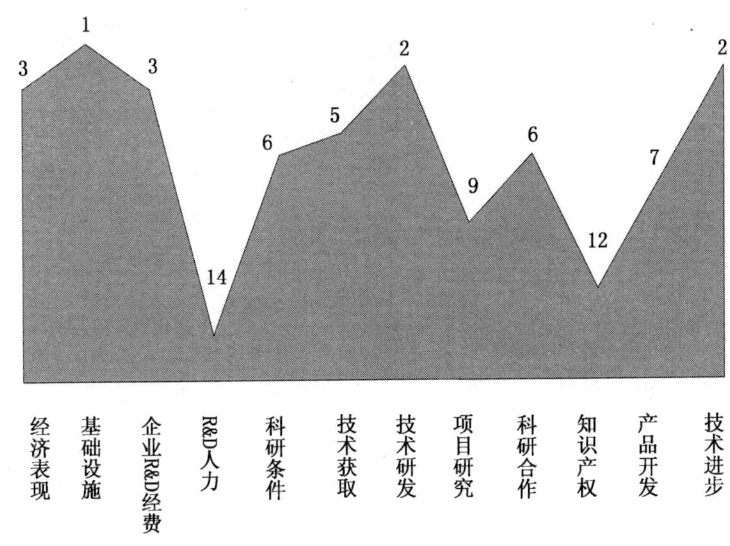

(3)江苏企业创新发展指数排名最前的 8 个指标与最后的 8 个指标

排名最前的 8 个指标		
1.2.1	生产经营用机器设备原价	1
1.2.2	微电子控制设备费用	1
3.1.3	3 年技术改造经费平均值	1
1.1.3	3 年主营业务收入平均值	2
1.3.1	3 年 R&D 经费平均值	2
2.1.2	3 年 R&D 人员全时当量平均值	2
2.3.4	3 年购买国内技术经费平均值	2
4.2.4	新产品出口额占新产品销售收入比例	2
排名最后的 8 个指标		
3.2.5	3 年科研项目经费平均增长率	21
2.1.3	科学家和工程师占科技活动人员比例	23

续表

排名最后的 8 个指标		
2.3.2	企业对国外技术的依存度	23
1.3.6	吸收政府资金占企业科技活动经费比例	24
4.2.2	单位新产品开发经费获得新产品产值	24
2.1.4	企业每千人拥有高中级技术职称人数	26
3.3.1	科技活动外部支出占科技活动总额比例	27
4.3.2	国家认定创新型企业占全部企业的比例	29

(4) 创新基础

创新基础		**1**
经济表现		3
基础设施		1
R&D 经费		3
最强的 3 个指标		
1.2.1	生产经营用机器设备原价	1
1.2.2	微电子控制设备费用	1
1.1.3	3 年主营业务收入平均值	2
最弱的 3 个指标		
1.1.5	利润总额占主营业务收入比例	13
1.2.3	企业人均生产经营用机器设备原价	21
1.3.6	吸收政府资金占企业科技活动经费比例	24

(5) 创新能力

创新能力		**12**
R&D 人力		14
科研条件		6
技术获取		5
最强的 3 个指标		
2.1.2	3 年 R&D 人员全时当量平均值	2
2.3.4	3 年购买国内技术经费平均值	2
2.2.5	科技机构人均仪器设备原价	4
最弱的 3 个指标		
2.1.3	科学家和工程师占科技活动人员比例	23
2.3.2	企业对国外技术的依存度	23
2.1.4	企业每千人拥有高中级技术职称人数	26

(6) 创新活动

创新活动		**3**
技术研发		2
项目研究		9
科研合作		6
最强的 3 个指标		
3.1.3	3 年技术改造经费平均值	1
3.3.2	对科研院所和高校科技支出	3
3.3.3	对其他企业科技支出	3
最弱的 3 个指标		
3.1.2	技术改造经费支出占主营业务收入比例	20
3.2.5	3 年科研项目经费平均增长率	21
3.3.1	科技活动外部支出占科技活动总额比例	27

(7) 创新绩效

创新绩效		**4**
知识产权		12
产品开发		7
技术进步		2
最强的 3 个指标		
4.2.4	新产品出口额占新产品销售收入比例	2
4.3.4	3 年工业总产值平均增加值	2
4.3.1	享受各级政府技术开发减免税	4
最弱的 3 个指标		
4.1.3	发明专利申请量占全部专利申请量比例	18
4.2.2	单位新产品开发经费获得新产品产值	24
4.3.2	国家认定创新型企业占全部企业的比例	29

11. 浙江

(1)基本情况

创新发展指数基本排序	排名	基本项目	数值	排名
全国总体排名	7	企业数(个)	4 516	3
东部省市排名	7	从业人员年平均人数(人)	3 533 029	4
工业总产值≥5 000 亿元省市排名	7	工业总产值(万元)	229 155 700	4
企业从业人数≥100 万人省市排名	5	主营业务收入(万元)	221 899 762	4
		利润总额(万元)	9 993 861	6

(2)浙江企业创新发展指数12个子要素排名山峰图

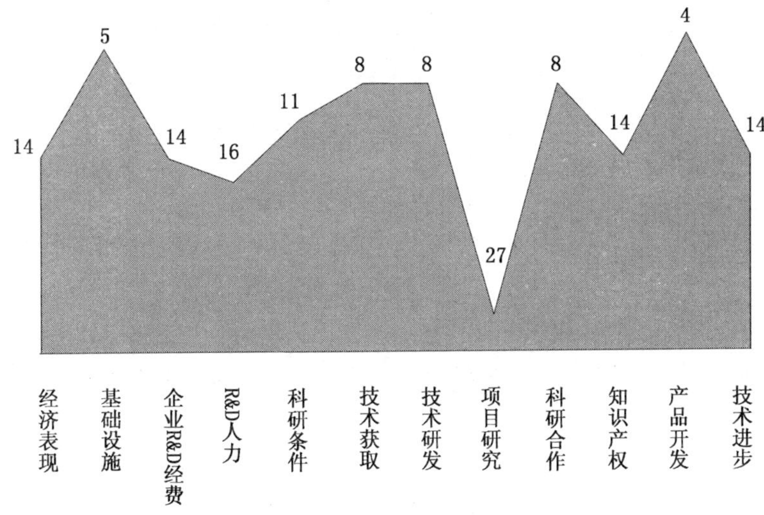

(3)浙江企业创新发展指数排名最前的8个指标与最后的8个指标

排名最前的8个指标		
3.1.3	3年技术改造经费平均值	2
4.2.1	有新产品销售企业占本省市企业总数比例	2
1.2.2	微电子控制设备费用	3
1.2.4	微电子控制设备费用占机器设备原价比例	3
2.2.1	企业平均设立科技机构数	3
2.2.2	设立科技机构企业占本省市企业总数比例	3
4.3.1	享受各级政府技术开发减免税	3
1.1.3	3年主营业务收入平均值	4
排名最后的8个指标		
2.1.3	科学家和工程师占科技活动人员比例	26
4.3.3	全员劳动生产率	26
1.3.6	吸收政府资金占企业科技活动经费比例	27

续表

排名最后的 8 个指标		
4.3.2	国家认定创新型企业占全部企业的比例	27
2.2.4	科研基建支出占科技活动内部支出比例	28
4.1.3	发明专利申请量占全部专利申请量比例	28
2.1.4	企业每千人拥有高中级技术职称人数	29
3.2.5	3 年科研项目经费平均增长率	30

(4)创新基础

创新基础		**8**
经济表现		14
基础设施		5
R&D 经费		14
最强的 3 个指标		
1.2.2	微电子控制设备费用	3
1.2.4	微电子控制设备费用占机器设备原价比例	3
1.1.3	3 年主营业务收入平均值	4
最弱的 3 个指标		
1.1.5	利润总额占主营业务收入比例	25
1.2.3	企业人均生产经营用机器设备原价	25
1.3.6	吸收政府资金占企业科技活动经费比例	27

(5)创新能力

创新能力		**16**
R&D 人力		16
科研条件		11
技术获取		8
最强的 3 个指标		
2.2.1	企业平均设立科技机构数	3
2.2.2	设立科技机构企业占本省市企业总数比例	3
2.1.2	3 年 R&D 人员全时当量平均值	4
最弱的 3 个指标		
2.1.3	科学家和工程师占科技活动人员比例	26
2.2.4	科研基建支出占科技活动内部支出比例	28
2.1.4	企业每千人拥有高中级技术职称人数	29

(6)创新活动

创新活动		**13**
技术研发		8
项目研究		27
科研合作		8
最强的 3 个指标		
3.1.3	3 年技术改造经费平均值	2
3.3.2	对科研院所和高校科技支出	4
3.3.3	对其他企业科技支出	4
最弱的 3 个指标		
3.2.2	企业平均拥有新产品开发项目数	23
3.2.1	企业平均拥有 R&D 项目数	24
3.2.5	3 年科研项目经费平均增长率	30

(7)创新绩效

创新绩效		**7**
知识产权		14
产品开发		4
技术进步		14
最强的 3 个指标		
4.2.1	有新产品销售企业占本省市企业总数比例	2
4.3.1	享受各级政府技术开发减免税	3
4.3.4	3 年工业总产值平均增加值	4
最弱的 3 个指标		
4.3.3	全员劳动生产率	26
4.3.2	国家认定创新型企业占全部企业的比例	27
4.1.3	发明专利申请量占全部专利申请量比例	28

12. 安徽

(1)基本情况

创新发展指数基本排序	排名	基本项目	数值	排名
全国总体排名	8	企业数(个)	871	14
中部省市排名	1	从业人员年平均人数(人)	1 182 596	13
工业总产值≥5 000 亿元省市排名	8	工业总产值(万元)	72 872 056	15
企业从业人数≥100 万人省市排名	6	主营业务收入(万元)	72 834 665	15
		利润总额(万元)	4 094 443	18

(2)安徽企业创新发展指数12个子要素排名山峰图

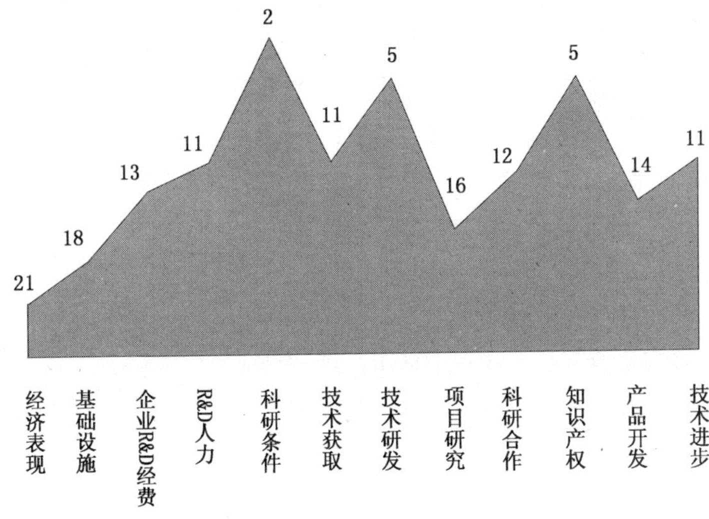

(3)安徽企业创新发展指数排名最前的8个指标与最后的8个指标

排名最前的8个指标		
2. 2. 1	企业平均设立科技机构数	2
2. 2. 2	设立科技机构企业占本省市企业总数比例	2
4. 1. 2	每千人拥有发明专利数量	3
2. 2. 3	企业平均科技机构经费支出	4
4. 1. 4	每百万元 R&D 经费产生发明专利数量	4
4. 2. 1	有新产品销售企业占本省市企业总数比例	4
2. 2. 4	科研基建支出占科技活动内部支出比例	5
4. 1. 5	3年发明专利申请量平均增长率	5
排名最后的8个指标		
1. 1. 1	企业人均主营业务收入	18
1. 3. 2	R&D 人员平均 R&D 经费	18
1. 1. 4	3年利润总额平均值	19

续表

排名最后的 8 个指标		
2.1.3	科学家和工程师占科技活动人员比例	19
4.1.3	发明专利申请量占全部专利申请量比例	20
1.2.3	企业人均生产经营用机器设备原价	22
3.2.3	企业 R&D 项目数占企业科研项目数的比例	24
4.2.2	单位新产品开发经费获得新产品产值	27

(4)创新基础

创新基础		**17**
经济表现		21
基础设施		18
R&D 经费		13
最强的 3 个指标		
1.3.5	企业人均科技活动经费	6
1.3.4	3 年 R&D 经费平均增长率	7
1.2.4	微电子控制设备费用占机器设备原价比例	10
最弱的 3 个指标		
1.1.1	企业人均主营业务收入	18
1.1.4	3 年利润总额平均值	19
1.2.3	企业人均生产经营用机器设备原价	22

(5)创新能力

创新能力		**4**
R&D 人力		11
科研条件		2
技术获取		11
最强的 3 个指标		
2.2.1	企业平均设立科技机构数	2
2.2.2	设立科技机构企业占本省市企业总数比例	2
2.2.3	企业平均科技机构经费支出	4
最弱的 3 个指标		
2.3.2	企业对国外技术的依存度	15
2.1.2	3 年 R&D 人员全时当量平均值	17
2.1.3	科学家和工程师占科技活动人员比例	19

(6)创新活动

创新活动		**11**
技术研发		5
项目研究		16
科研合作		12
最强的 3 个指标		
3.1.2	技术改造经费支出占主营业务收入比例	6
3.1.3	3 年技术改造经费平均值	6
3.2.2	企业平均拥有新产品开发项目数	6
最弱的 3 个指标		
3.2.5	3 年科研项目经费平均增长率	16
3.3.3	对其他企业科技支出	16
3.2.3	企业 R&D 项目数占企业科研项目数的比例	24

(7)创新绩效

创新绩效		**8**
知识产权		5
产品开发		14
技术进步		11
最强的 3 个指标		
4.1.2	每千人拥有发明专利数量	3
4.1.4	每百万元 R&D 经费产生发明专利数量	4
4.2.1	有新产品销售企业占本省市企业总数比例	4
最弱的 3 个指标		
4.2.5	企业人均新产品销售收入	17
4.1.3	发明专利申请量占全部专利申请量比例	20
4.2.2	单位新产品开发经费获得新产品产值	27

13. 福建

(1)基本情况

创新发展指数基本排序	排名	基本项目	数值	排名
全国总体排名	26	企业数(个)	1 825	6
东部省市排名	10	从业人员年平均人数(人)	1 840 062	8
工业总产值≥5 000 亿元省市排名	18	工业总产值(万元)	90 410 080	10
企业从业人数≥100 万人省市排名	13	主营业务收入(万元)	88 521 407	11
		利润总额(万元)	5 744 982	13

(2)福建企业创新发展指数12个子要素排名山峰图

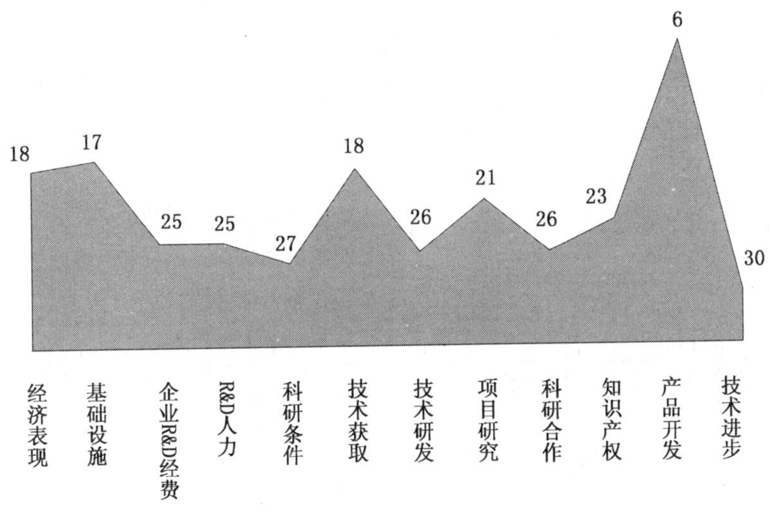

(3)福建企业创新发展指数排名最前的8个指标与最后的8个指标

排名最前的8个指标		
4.2.4	新产品出口额占新产品销售收入比例	1
3.2.3	企业 R&D 项目数占企业科研项目数的比例	2
1.2.4	微电子控制设备费用占机器设备原价比例	4
4.1.5	3 年发明专利申请量平均增长率	8
1.1.3	3 年主营业务收入平均值	11
1.2.2	微电子控制设备费用	11
2.1.2	3 年 R&D 人员全时当量平均值	11
4.2.3	新产品销售收入占主营业务收入比例	11
排名最后的8个指标		
4.1.3	发明专利申请量占全部专利申请量比例	25
3.2.1	企业平均拥有 R&D 项目数	26
3.1.2	技术改造经费支出占主营业务收入比例	27

续表

排名最后的 8 个指标		
4. 3. 3	全员劳动生产率	27
1. 1. 1	企业人均主营业务收入	29
1. 3. 6	吸收政府资金占企业科技活动经费比例	29
1. 2. 3	企业人均生产经营用机器设备原价	30
2. 1. 4	企业每千人拥有高中级技术职称人数	30

(4)创新基础

创新基础		**24**
经济表现		18
基础设施		17
R&D 经费		25
最强的 3 个指标		
1. 2. 4	微电子控制设备费用占机器设备原价比例	4
1. 1. 3	3 年主营业务收入平均值	11
1. 2. 2	微电子控制设备费用	11
最弱的 3 个指标		
1. 1. 1	企业人均主营业务收入	29
1. 3. 6	吸收政府资金占企业科技活动经费比例	29
1. 2. 3	企业人均生产经营用机器设备原价	30

(5)创新能力

创新能力		**26**
R&D 人力		25
科研条件		27
技术获取		18
最强的 3 个指标		
2. 1. 2	3 年 R&D 人员全时当量平均值	11
2. 1. 3	科学家和工程师占科技活动人员比例	11
2. 2. 5	科技机构人均仪器设备原价	12
最弱的 3 个指标		
2. 2. 4	科研基建支出占科技活动内部支出比例	24
2. 1. 5	企业每千人拥有博士和硕士人数	25
2. 1. 4	企业每千人拥有高中级技术职称人数	30

(6)创新活动

创新活动		**27**
技术研发		26
项目研究		21
科研合作		26
最强的 3 个指标		
3. 2. 3	企业 R&D 项目数占企业科研项目数的比例	2
3. 1. 1	有 R&D 活动企业占本省市企业总数比例	14
3. 2. 4	项目人员平均科研项目经费	14
最弱的 3 个指标		
3. 3. 4	对科研院所和高校科技支出与对其他企业科技支出比值	25
3. 2. 1	企业平均拥有 R&D 项目数	26
3. 1. 2	技术改造经费支出占主营业务收入比例	27

(7)创新绩效

创新绩效		**15**
知识产权		23
产品开发		6
技术进步		30
最强的 3 个指标		
4. 2. 4	新产品出口额占新产品销售收入比例	1
4. 1. 5	3 年发明专利申请量平均增长率	8
4. 2. 3	新产品销售收入占主营业务收入比例	11
最弱的 3 个指标		
4. 1. 2	每千人拥有发明专利数量	23
4. 1. 3	发明专利申请量占全部专利申请量比例	25
4. 3. 3	全员劳动生产率	27

14. 江西

（1）基本情况

创新发展指数基本排序	排名	基本项目	数值	排名
全国总体排名	21	企业数（个）	604	18
中部省市排名	6	从业人员年平均人数（人）	768 594	18
工业总产值 <5 000 亿元省市排名	6	工业总产值（万元）	40 673 197	21
企业从业人数 <100 万人省市排名	10	主营业务收入（万元）	41 710 067	22
		利润总额（万元）	1 871 409	24

（2）江西企业创新发展指数12个子要素排名山峰图

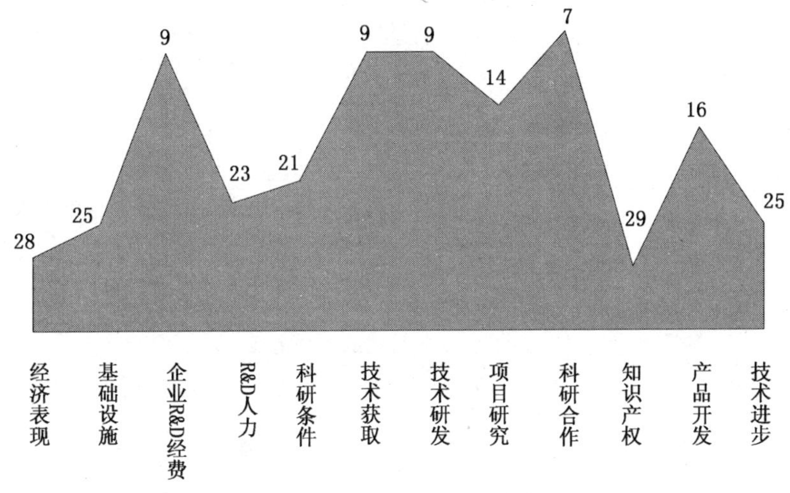

（3）江西企业创新发展指数排名最前的8个指标与最后的8个指标

排名最前的8个指标		
1.3.3	R&D 经费占主营业务收入比例	3
2.3.3	购买国内技术经费支出占主营业务收入比例	4
3.1.4	消化吸收支出占主营业务收入比例	4
3.3.1	科技活动外部支出占科技活动总额比例	5
1.3.6	吸收政府资金占企业科技活动经费比例	6
2.3.1	技术引进支出占主营业务收入比例	6
2.1.1	R&D 人员占从业人员比例	7
2.3.2	企业对国外技术的依存度	8
排名最后的8个指标		
1.2.1	生产经营用机器设备原价	26
1.2.3	企业人均生产经营用机器设备原价	26
4.1.2	每千人拥有发明专利数量	26

续表

排名最后的 8 个指标		
1.1.2	企业人均利润总额	27
2.1.3	科学家和工程师占科技活动人员比例	27
2.2.4	科研基建支出占科技活动内部支出比例	27
4.1.1	每千人申请专利数量	28
4.1.4	每百万元 R&D 经费产生发明专利数量	30

(4)创新基础

创新基础		20
经济表现		28
基础设施		25
R&D 经费		9
最强的 3 个指标		
1.3.3	R&D 经费占主营业务收入比例	3
1.3.6	吸收政府资金占企业科技活动经费比例	6
1.2.4	微电子控制设备费用占机器设备原价比例	11
最弱的 3 个指标		
1.2.1	生产经营用机器设备原价	26
1.2.3	企业人均生产经营用机器设备原价	26
1.1.2	企业人均利润总额	27

(5)创新能力

创新能力		20
R&D 人力		23
科研条件		21
技术获取		9
最强的 3 个指标		
2.3.3	购买国内技术经费支出占主营业务收入比例	4
2.3.1	技术引进支出占主营业务收入比例	6
2.1.1	R&D 人员占从业人员比例	7
最弱的 3 个指标		
2.2.3	企业平均科技机构经费支出	24
2.1.3	科学家和工程师占科技活动人员比例	27
2.2.4	科研基建支出占科技活动内部支出比例	27

(6)创新活动

创新活动		8
技术研发		9
项目研究		15
科研合作		7
最强的 3 个指标		
3.1.4	消化吸收支出占主营业务收入比例	4
3.3.1	科技活动外部支出占科技活动总额比例	5
3.3.2	对科研院所和高校科技支出	8
最弱的 3 个指标		
3.2.2	企业平均拥有新产品开发项目数	17
3.2.4	项目人员平均科研项目经费	19
3.2.5	3 年科研项目经费平均增长率	25

(7)创新绩效

创新绩效		28
知识产权		29
产品开发		16
技术进步		25
最强的 3 个指标		
4.2.4	新产品出口额占新产品销售收入比例	10
4.1.3	发明专利申请量占全部专利申请量比例	11
4.2.1	有新产品销售企业占本省市企业总数比例	12
最弱的 3 个指标		
4.1.2	每千人拥有发明专利数量	26
4.1.1	每千人申请专利数量	28
4.1.4	每百万元 R&D 经费产生发明专利数量	30

15. 山东

(1)基本情况

创新发展指数基本排序	排名	基本项目	数值	排名
全国总体排名	5	企业数(个)	3 658	4
东部省市排名	5	从业人员年平均人数(人)	5 571 426	2
工业总产值≥5 000 亿元省市排名	5	工业总产值(万元)	352 265 629	3
企业从业人数≥100 万人省市排名	3	主营业务收入(万元)	362 438 876	3
		利润总额(万元)	24 189 809	2

(2)山东企业创新发展指数 12 个子要素排名山峰图

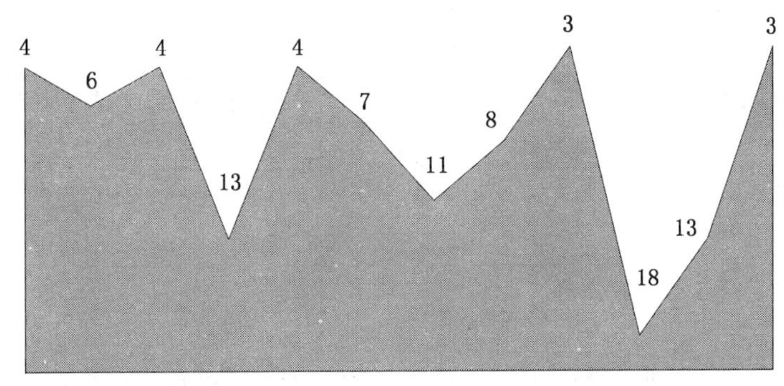

(3)山东企业创新发展指数排名最前的 8 个指标与最后的 8 个指标

排名最前的 8 个指标		
1. 1. 4	3 年利润总额平均值	1
3. 3. 2	对科研院所和高校科技支出	2
4. 3. 1	享受各级政府技术开发减免税	2
1. 3. 1	3 年 R&D 经费平均值	3
1. 3. 2	R&D 人员平均 R&D 经费	3
2. 1. 2	3 年 R&D 人员全时当量平均值	3
2. 3. 4	3 年购买国内技术经费平均值	3
4. 3. 4	3 年工业总产值平均增加值	3
排名最后的 8 个指标		
4. 1. 4	每百万元 R&D 经费产生发明专利数量	21
2. 3. 5	购买国内技术经费与技术引进支出比值	22
1. 3. 6	吸收政府资金占企业科技活动经费比例	23
3. 1. 2	技术改造经费支出占主营业务收入比例	23

续表

排名最后的8个指标		
4.1.3	发明专利申请量占全部专利申请量比例	23
2.1.4	企业每千人拥有高中级技术职称人数	24
4.3.2	国家认定创新型企业占全部企业的比例	25
1.2.3	企业人均生产经营用机器设备原价	27

(4)创新基础

创新基础		4
经济表现		4
基础设施		6
R&D 经费		4
最强的3个指标		
1.1.4	3年利润总额平均值	1
1.3.1	3年 R&D 经费平均值	3
1.3.2	R&D 人员平均 R&D 经费	3
最弱的3个指标		
1.2.4	微电子控制设备费用占机器设备原价比例	18
1.3.6	吸收政府资金占企业科技活动经费比例	23
1.2.3	企业人均生产经营用机器设备原价	27

(5)创新能力

创新能力		7
R&D 人力		13
科研条件		4
技术获取		7
最强的3个指标		
2.1.2	3年 R&D 人员全时当量平均值	3
2.2.3	企业平均科技机构经费支出	3
2.3.4	3年购买国内技术经费平均值	3
最弱的3个指标		
2.1.1	R&D 人员占从业人员比例	18
2.3.5	购买国内技术经费与技术引进支出比值	22
2.1.4	企业每千人拥有高中级技术职称人数	24

(6)创新活动

创新活动		4
技术研发		11
项目研究		8
科研合作		3
最强的3个指标		
3.3.2	对科研院所和高校科技支出	2
3.1.3	3年技术改造经费平均值	4
3.3.4	对科研院所和高校科技支出与对其他企业科技支出比值	4
最弱的3个指标		
3.2.2	企业平均拥有新产品开发项目数	14
3.3.1	科技活动外部支出占科技活动总额比例	19
3.1.2	技术改造经费支出占主营业务收入比例	23

(7)创新绩效

创新绩效		9
知识产权		18
产品开发		13
技术进步		3
最强的3个指标		
4.3.1	享受各级政府技术开发减免税	2
4.3.4	3年工业总产值平均增加值	3
4.2.4	新产品出口额占新产品销售收入比例	9
最弱的3个指标		
4.1.4	每百万元 R&D 经费产生发明专利数量	21
4.1.3	发明专利申请量占全部专利申请量比例	23
4.3.2	国家认定创新型企业占全部企业的比例	25

16. 河南

(1)基本情况

创新发展指数基本排序	排名	基本项目	数值	排名
全国总体排名	20	企业数(个)	2 120	5
中部省市排名	5	从业人员年平均人数(人)	2 429 828	5
工业总产值≥5 000 亿元省市排名	15	工业总产值(万元)	153 609 135	7
企业从业人数≥100 万人省市排名	11	主营业务收入(万元)	150 626 971	7
		利润总额(万元)	11 024 242	5

(2)河南企业创新发展指数12个子要素排名山峰图

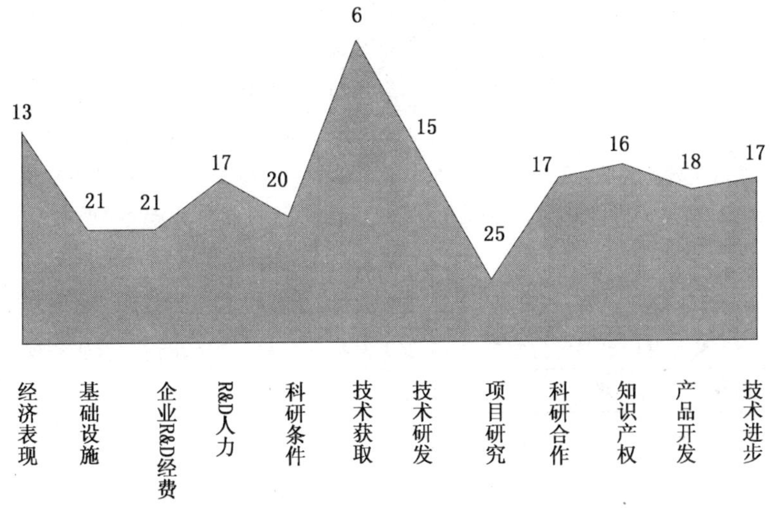

(3)河南企业创新发展指数排名最前的8个指标与最后的8个指标

排名最前的8个指标		
2.3.5	购买国内技术经费与技术引进支出比值	2
3.1.5	消化吸收支出与技术引进支出比值	2
2.1.2	3年R&D人员全时当量平均值	5
4.3.4	3年工业总产值增加值平均值	5
1.1.4	3年利润总额平均值	6
1.1.5	利润总额占主营业务收入比例	6
4.1.5	3年发明专利申请量平均增长率	6
1.3.1	3年R&D经费平均值	7
排名最后的8个指标		
1.2.3	企业人均生产经营用机器设备原价	24
2.1.3	科学家和工程师占科技活动人员比例	24
1.3.5	企业人均科技活动经费	25

续表

排名最后的 8 个指标		
2.2.5	科技机构人均仪器设备原价	25
3.2.4	项目人员平均科研项目经费	25
2.3.1	技术引进支出占主营业务收入比例	28
2.3.2	企业对国外技术的依存度	28
4.3.2	国家认定创新型企业占全部企业的比例	28

(4)创新基础

创新基础		**18**
经济表现		13
基础设施		21
R&D 经费		21
最强的 3 个指标		
1.1.4	3 年利润总额平均值	6
1.1.5	利润总额占主营业务收入比例	6
1.3.1	3 年 R&D 经费平均值	7
最弱的 3 个指标		
1.3.2	R&D 人员平均 R&D 经费	22
1.2.3	企业人均生产经营用机器设备原价	24
1.3.5	企业人均科技活动经费	25

(5)创新能力

创新能力		**18**
R&D 人力		17
科研条件		20
技术获取		6
最强的 3 个指标		
2.3.5	购买国内技术经费与技术引进支出比值	2
2.1.2	3 年 R&D 人员全时当量平均值	5
2.3.4	3 年购买国内技术经费平均值	8
最弱的 3 个指标		
2.2.5	科技机构人均仪器设备原价	25
2.3.1	技术引进支出占主营业务收入比例	28
2.3.2	企业对国外技术的依存度	28

(6)创新活动

创新活动		**24**
技术研发		15
项目研究		25
科研合作		17
最强的 3 个指标		
3.1.5	消化吸收支出与技术引进支出比值	2
3.1.3	3 年技术改造经费平均值	10
3.3.3	对其他企业科技支出	11
最弱的 3 个指标		
3.1.2	技术改造经费支出占主营业务收入比例	21
3.3.1	科技活动外部支出占科技活动总额比例	22
3.2.4	项目人员平均科研项目经费	25

(7)创新绩效

创新绩效		**21**
知识产权		16
产品开发		18
技术进步		17
最强的 3 个指标		
4.3.4	3 年工业总产值平均增加值	5
4.1.5	3 年发明专利申请量平均增长率	6
4.3.1	享受各级政府技术开发减免税	8
最弱的 3 个指标		
4.2.5	企业人均新产品销售收入	20
4.2.2	单位新产品开发经费获得新产品产值	23
4.3.2	国家认定创新型企业占全部企业的比例	28

17. 湖北

（1）基本情况

创新发展指数基本排序	排名	基本项目	数值	排名
全国总体排名	12	企业数（个）	1 053	12
中部省市排名	3	从业人员年平均人数（人）	1 289 451	12
工业总产值≥5 000 亿元省市排名	11	工业总产值（万元）	92 030 316	9
企业从业人数≥100 万人省市排名	7	主营业务收入（万元）	90 364 786	10
		利润总额（万元）	6 496 229	10

（2）湖北企业创新发展指数 12 个子要素排名山峰图

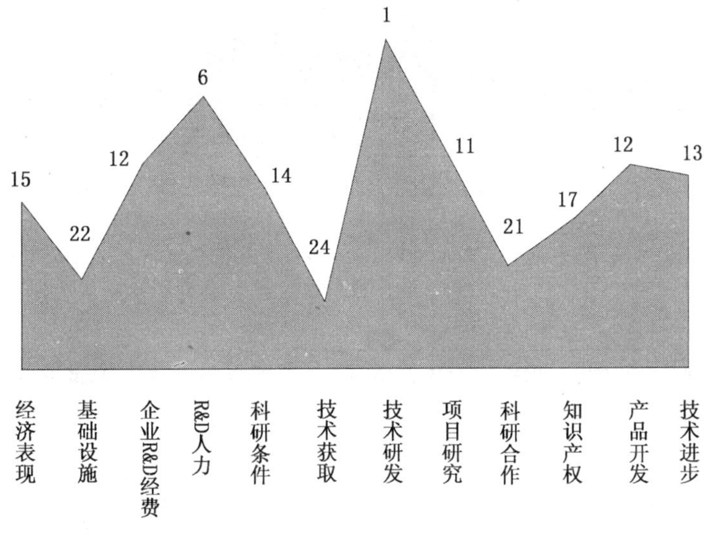

（3）湖北企业创新发展指数排名最前的 8 个指标与最后的 8 个指标

排名最前的 8 个指标		
3. 1. 2	技术改造经费支出占主营业务收入比例	2
3. 1. 3	3 年技术改造经费平均值	3
2. 2. 4	科研基建支出占科技活动内部支出比例	3
1. 3. 4	3 年 R&D 经费平均增长率	4
4. 3. 3	全员劳动生产率	5
2. 1. 1	R&D 人员占从业人员比例	6
2. 1. 5	企业每千人拥有博士和硕士人数	6
1. 1. 5	利润总额占主营业务收入比例	7
排名最后的 8 个指标		
3. 2. 3	企业 R&D 项目数占企业科研项目数的比例	20
2. 3. 4	3 年购买国内技术经费平均值	21
3. 3. 4	对科研院所和高校科技支出与对其他企业科技支出比值	22

续表

排名最后的 8 个指标		
3.3.1	科技活动外部支出占科技活动总额比例	23
2.3.3	购买国内技术经费支出占主营业务收入比例	26
4.2.4	新产品出口额占新产品销售收入比例	26
2.3.5	购买国内技术经费与技术引进支出比值	27
1.2.4	微电子控制设备费用占机器设备原价比例	29

(4)创新基础

创新基础		**15**
经济表现		15
基础设施		22
R&D 经费		12
最强的 3 个指标		
1.3.4	3 年 R&D 经费平均增长率	4
1.1.5	利润总额占主营业务收入比例	7
1.3.5	企业人均科技活动经费	8
最弱的 3 个指标		
1.2.2	微电子控制设备费用	19
1.3.2	R&D 人员平均 R&D 经费	19
1.2.4	微电子控制设备费用占机器设备原价比例	29

(5)创新能力

创新能力		**14**
R&D 人力		6
科研条件		14
技术获取		24
最强的 3 个指标		
2.2.4	科研基建支出占科技活动内部支出比例	3
2.1.1	R&D 人员占从业人员比例	6
2.1.5	企业每千人拥有博士和硕士人数	6
最弱的 3 个指标		
2.3.4	3 年购买国内技术经费平均值	21
2.3.3	购买国内技术经费支出占主营业务收入比例	26
2.3.5	购买国内技术经费与技术引进支出比值	27

(6)创新活动

创新活动		**7**
技术研发		1
项目研究		11
科研合作		21
最强的 3 个指标		
3.1.2	技术改造经费支出占主营业务收入比例	2
3.1.3	3 年技术改造经费平均值	3
3.2.2	企业平均拥有新产品开发项目数	8
最弱的 3 个指标		
3.2.3	企业 R&D 项目数占企业科研项目数的比例	20
3.3.4	对科研院所和高校科技支出与对其他企业科技支出比值	22
3.3.1	科技活动外部支出占科技活动总额比例	23

(7)创新绩效

创新绩效		**12**
知识产权		17
产品开发		12
技术进步		13
最强的 3 个指标		
4.3.3	全员劳动生产率	5
4.2.5	企业人均新产品销售收入	7
4.2.3	新产品销售收入占主营业务收入比例	8
最弱的 3 个指标		
4.1.3	发明专利申请量占全部专利申请量比例	16
4.3.2	国家认定创新型企业占全部企业的比例	18
4.2.4	新产品出口额占新产品销售收入比例	26

18. 湖南

(1)基本情况

创新发展指数基本排序	排名	基本项目	数值	排名
全国总体排名	9	企业数(个)	904	13
中部省市排名	2	从业人员年平均人数(人)	949 242	15
工业总产值≥5 000 亿元省市排名	9	工业总产值(万元)	59 075 155	17
企业从业人数<100 万人省市排名	3	主营业务收入(万元)	57 828 347	17
		利润总额(万元)	3 373 526	19

(2)湖南企业创新发展指数 12 个子要素排名山峰图

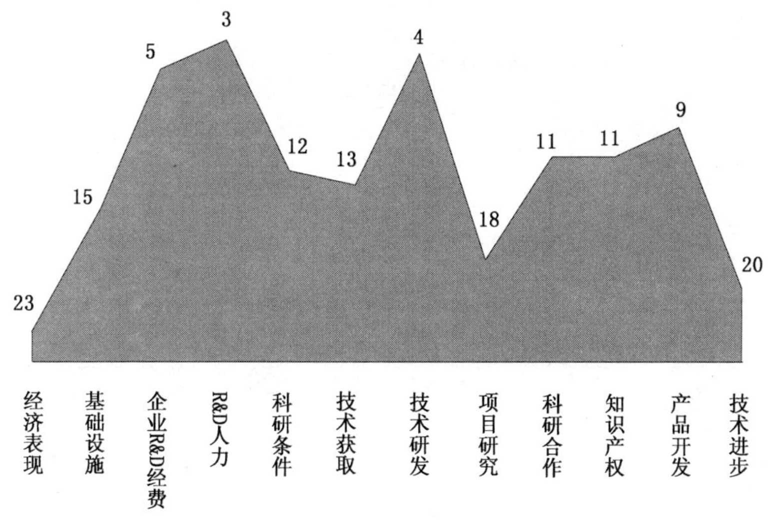

(3)湖南企业创新发展指数排名最前的 8 个指标与最后的 8 个指标

排名最前的 8 个指标		
1. 3. 4	3 年 R&D 经费平均增长率	1
3. 1. 1	有 R&D 活动企业占本省市企业总数比例	1
1. 3. 3	R&D 经费占主营业务收入比例	2
2. 1. 1	R&D 人员占从业人员比例	2
2. 1. 4	企业每千人拥有高中级技术职称人数	2
3. 2. 5	3 年科研项目经费平均增长率	2
3. 3. 4	对科研院所和高校科技支出与对其他企业科技支出比值	3
4. 2. 1	有新产品销售企业占本省市企业总数比例	3
排名最后的 8 个指标		
2. 3. 1	技术引进支出占主营业务收入比例	22
4. 3. 2	国家认定创新型企业占全部企业的比例	23
3. 3. 3	对其他企业科技支出	24

续表

排名最后的 8 个指标		
3.3.1	科技活动外部支出占科技活动总额比例	26
2.3.2	企业对国外技术的依存度	27
3.2.3	企业 R&D 项目数占企业科研项目数的比例	27
3.2.4	项目人员平均科研项目经费	27
2.2.5	科技机构人均仪器设备原价	29

(4)创新基础

创新基础		**13**
经济表现		23
基础设施		15
R&D 经费		5
最强的 3 个指标		
1.3.4	3 年 R&D 经费平均增长率	1
1.3.3	R&D 经费占主营业务收入比例	2
1.3.5	企业人均科技活动经费	9
最弱的 3 个指标		
1.1.1	企业人均主营业务收入	19
1.3.2	R&D 人员平均 R&D 经费	20
1.1.4	3 年利润总额平均值	22

(5)创新能力

创新能力		**6**
R&D 人力		3
科研条件		12
技术获取		13
最强的 3 个指标		
2.1.1	R&D 人员占从业人员比例	2
2.1.4	企业每千人拥有高中级技术职称人数	2
2.3.5	购买国内技术经费与技术引进支出比值	4
最弱的 3 个指标		
2.3.1	技术引进支出占主营业务收入比例	22
2.3.2	企业对国外技术的依存度	27
2.2.5	科技机构人均仪器设备原价	29

(6)创新活动

创新活动		**10**
技术研发		4
项目研究		18
科研合作		11
最强的 3 个指标		
3.1.1	有 R&D 活动企业占本省市企业总数比例	1
3.2.5	3 年科研项目经费平均增长率	2
3.3.4	对科研院所和高校科技支出与对其他企业科技支出比值	3
最弱的 3 个指标		
3.3.1	科技活动外部支出占科技活动总额比例	26
3.2.3	企业 R&D 项目数占企业科研项目数的比例	27
3.2.4	项目人员平均科研项目经费	27

(7)创新绩效

创新绩效		**10**
知识产权		11
产品开发		9
技术进步		20
最强的 3 个指标		
4.2.1	有新产品销售企业占本省市企业总数比例	3
4.1.2	每千人拥有发明专利数量	6
4.2.3	新产品销售收入占主营业务收入比例	7
最弱的 3 个指标		
4.2.4	新产品出口额占新产品销售收入比例	17
4.1.5	3 年发明专利申请量平均增长率	18
4.3.2	国家认定创新型企业占全部企业的比例	23

19. 广东

(1)基本情况

创新发展指数基本排序	排名	基本项目	数值	排名
全国总体排名	6	企业数(个)	6 539	1
东部省市排名	6	从业人员年平均人数(人)	8 311 491	1
工业总产值≥5 000 亿元省市排名	6	工业总产值(万元)	438 697 473	1
企业从业人数≥100 万人省市排名	4	主营业务收入(万元)	426 505 793	1
		利润总额(万元)	22 454 481	3

(2)广东企业创新发展指数 12 个子要素排名山峰图

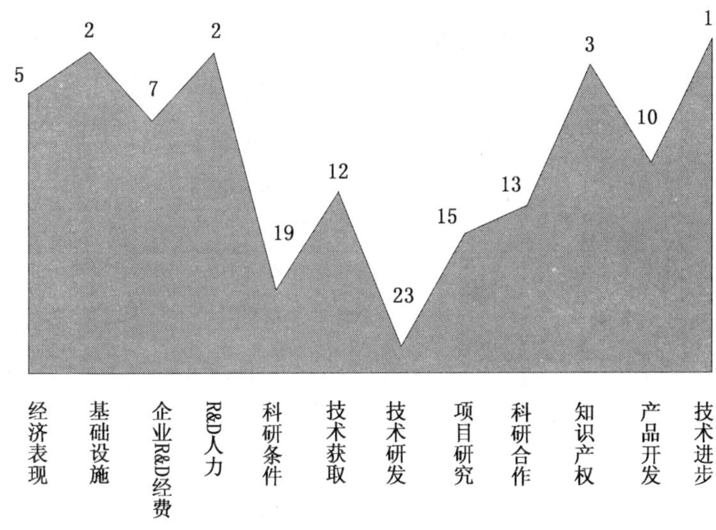

(3)广东企业创新发展指数排名最前的 8 个指标与最后的 8 个指标

排名最前的 8 个指标		
1.1.3	3 年主营业务收入平均值	1
1.3.1	3 年 R&D 经费平均值	1
2.1.2	3 年 R&D 人员全时当量平均值	1
4.3.4	3 年工业总产值平均增加值	1
1.1.4	3 年利润总额平均值	2
1.2.1	生产经营用机器设备原价	2
1.2.2	微电子控制设备费用	2
2.1.5	企业每千人拥有博士和硕士人数	3
排名最后的 8 个指标		
1.1.2	企业人均利润总额	26
1.3.6	吸收政府资金占企业科技活动经费比例	26
2.1.4	企业每千人拥有高中级技术职称人数	27

续表

排名最后的 8 个指标		
1.2.3	企业人均生产经营用机器设备原价	29
3.1.2	技术改造经费支出占主营业务收入比例	30
3.3.1	科技活动外部支出占科技活动总额比例	30
4.3.2	国家认定创新型企业占全部企业的比例	30
4.3.3	全员劳动生产率	30

（4）创新基础

创新基础		**2**
经济表现		5
基础设施		2
R&D 经费		7
最强的 3 个指标		
1.1.3	3 年主营业务收入平均值	1
1.3.1	3 年 R&D 经费平均值	1
1.1.4	3 年利润总额平均值	2
最弱的 3 个指标		
1.1.2	企业人均利润总额	26
1.3.6	吸收政府资金占企业科技活动经费比例	26
1.2.3	企业人均生产经营用机器设备原价	29

（5）创新能力

创新能力		**9**
R&D 人力		2
科研条件		19
技术获取		12
最强的 3 个指标		
2.1.2	3 年 R&D 人员全时当量平均值	1
2.1.3	科学家和工程师占科技活动人员比例	3
2.1.5	企业每千人拥有博士和硕士人数	3
最弱的 3 个指标		
2.2.4	科研基建支出占科技活动内部支出比例	23
2.3.5	购买国内技术经费与技术引进支出比值	26
2.1.4	企业每千人拥有高中级技术职称人数	27

（6）创新活动

创新活动		**22**
技术研发		23
项目研究		15
科研合作		13
最强的 3 个指标		
3.3.3	对其他企业科技支出	5
3.3.2	对科研院所和高校科技支出	7
3.1.3	3 年技术改造经费平均值	9
最弱的 3 个指标		
3.1.5	消化吸收支出与技术引进支出比值	25
3.1.2	技术改造经费支出占主营业务收入比例	30
3.3.1	科技活动外部支出占科技活动总额比例	30

（7）创新绩效

创新绩效		**3**
知识产权		3
产品开发		10
技术进步		1
最强的 3 个指标		
4.3.4	3 年工业总产值平均增加值	1
4.1.3	发明专利申请量占全部专利申请量比例	3
4.2.4	新产品出口额占新产品销售收入比例	3
最弱的 3 个指标		
4.2.1	有新产品销售企业占本省市企业总数比例	22
4.3.2	国家认定创新型企业占全部企业的比例	30
4.3.3	全员劳动生产率	30

20. 广西

(1)基本情况

创新发展指数基本排序	排名	基本项目	数值	排名
全国总体排名	24	企业数(个)	568	19
西部省市排名	9	从业人员年平均人数(人)	519 259	23
工业总产值 <5 000 亿元省市排名	7	工业总产值(万元)	33 880 438	25
企业从业人数 <100 万人省市排名	12	主营业务收入(万元)	31 299 939	26
		利润总额(万元)	1 448 788	27

(2)广西企业创新发展指数 12 个子要素排名山峰图

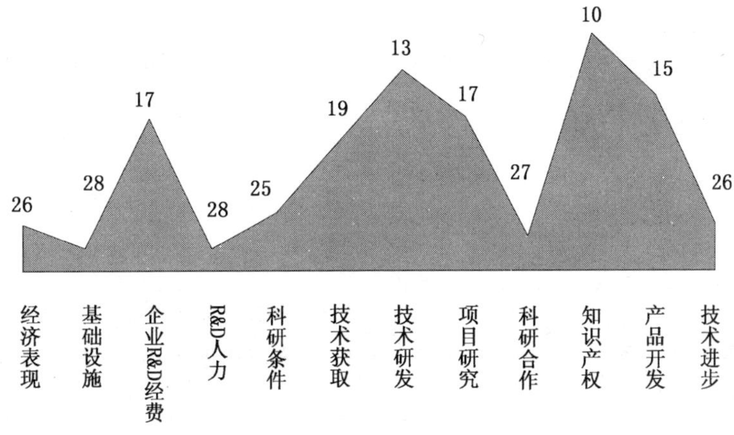

(3)广西企业创新发展指数排名最前的 8 个指标与最后的 8 个指标

排名最前的 8 个指标		
4.1.5	3 年发明专利申请量平均增长率	2
2.3.5	购买国内技术经费与技术引进支出比值	3
3.1.2	技术改造经费支出占主营业务收入比例	4
3.1.5	消化吸收支出与技术引进支出比值	6
3.2.4	项目人员平均科研项目经费	6
4.2.3	新产品销售收入占主营业务收入比例	9
1.3.4	3 年 R&D 经费平均增长率	10
4.2.5	企业人均新产品销售收入	10
排名最后的 8 个指标		
2.2.4	科研基建支出占科技活动内部支出比例	25
1.1.4	3 年利润总额平均值	26
2.3.4	3 年购买国内技术经费平均值	26
2.2.3	企业平均科技机构经费支出	27
2.1.4	企业每千人拥有高中级技术职称人数	28

续表

排名最后的 8 个指标		
2.2.5	科技机构人均仪器设备原价	28
2.3.1	技术引进支出占主营业务收入比例	29
2.3.2	企业对国外技术的依存度	29

(4)创新基础

创新基础		**27**
经济表现		26
基础设施		28
R&D 经费		17
最强的 3 个指标		
1.3.4	3 年 R&D 经费平均增长率	10
1.3.2	R&D 人员平均 R&D 经费	13
1.2.3	企业人均生产经营用机器设备原价	14
最弱的 3 个指标		
1.1.3	3 年主营业务收入平均值	25
1.2.2	微电子控制设备费用	25
1.1.4	3 年利润总额平均值	26

(5)创新能力

创新能力		**28**
R&D 人力		28
科研条件		25
技术获取		19
最强的 3 个指标		
2.3.5	购买国内技术经费与技术引进支出比值	3
2.2.2	设立科技机构企业占本省市企业总数比例	16
2.2.1	企业平均设立科技机构数	18
最弱的 3 个指标		
2.2.5	科技机构人均仪器设备原价	28
2.3.1	技术引进支出占主营业务收入比例	29
2.3.2	企业对国外技术的依存度	29

(6)创新活动

创新活动		**21**
技术研发		13
项目研究		17
科研合作		27
最强的 3 个指标		
3.1.2	技术改造经费支出占主营业务收入比例	4
3.1.5	消化吸收支出与技术引进支出比值	6
3.2.4	项目人员平均科研项目经费	6
最弱的 3 个指标		
3.3.2	对科研院所和高校科技支出	24
3.3.4	对科研院所和高校科技支出与对其他企业科技支出比值	24
3.1.4	消化吸收支出占主营业务收入比例	25

(7)创新绩效

创新绩效		**18**
知识产权		10
产品开发		15
技术进步		26
最强的 3 个指标		
4.1.5	3 年发明专利申请量平均增长率	2
4.2.3	新产品销售收入占主营业务收入比例	9
4.2.5	企业人均新产品销售收入	10
最弱的 3 个指标		
4.2.4	新产品出口额占新产品销售收入比例	20
4.3.4	3 年工业总产值平均增加值	23
4.1.3	发明专利申请量占全部专利申请量比例	24

21. 海南

(1) 基本情况

创新发展指数基本排序	排名	基本项目	数值	排名
全国总体排名	30	企业数(个)	99	29
东部省市排名	11	从业人员年平均人数(人)	75 737	30
工业总产值 <5 000 亿元省市排名	10	工业总产值(万元)	8 271 506	30
企业从业人数 <100 万人省市排名	16	主营业务收入(万元)	8 053 927	30
		利润总额(万元)	445 435	29

(2) 海南企业创新发展指数 12 个子要素排名山峰图

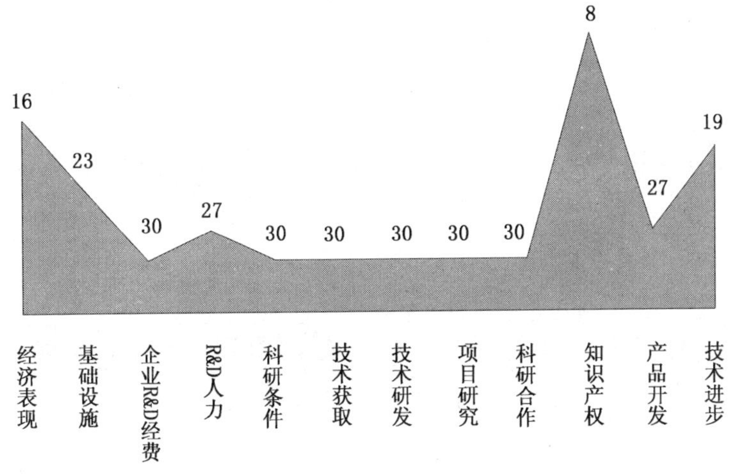

(3) 海南企业创新发展指数排名最前的 8 个指标与最后的 8 个指标

排名最前的 8 个指标		
2. 3. 2	企业对国外技术的依存度	1
3. 2. 4	项目人员平均科研项目经费	1
4. 1. 5	3 年发明专利申请量平均增长率	1
2. 1. 3	科学家和工程师占科技活动人员比例	2
2. 3. 1	技术引进支出占主营业务收入比例	2
1. 2. 3	企业人均生产经营用机器设备原价	3
4. 3. 2	国家认定创新型企业占全部企业的比例	3
1. 1. 1	企业人均主营业务收入	5
排名最后的 8 个指标		
1. 2. 2	微电子控制设备费用	30
2. 1. 2	3 年 R&D 人员全时当量平均值	30
2. 1. 5	企业每千人拥有博士和硕士人数	30
2. 2. 3	企业平均科技机构经费支出	30

续表

排名最后的 8 个指标		
2.2.4	科研基建支出占科技活动内部支出比例	30
2.3.4	3 年购买国内技术经费平均值	30
3.3.2	对科研院所和高校科技支出	30
4.1.3	发明专利申请量占全部专利申请量比例	30

(4)创新基础

创新基础		**28**
经济表现		16
基础设施		23
R&D 经费		30
最强的 3 个指标		
1.2.3	企业人均生产经营用机器设备原价	3
1.1.1	企业人均主营业务收入	5
1.1.2	企业人均利润总额	8
最弱的 3 个指标		
1.2.4	微电子控制设备费用占机器设备原价比例	30
1.3.1	3 年 R&D 经费平均值	30
1.2.2	微电子控制设备费用	30

(5)创新能力

创新能力		**30**
R&D 人力		27
科研条件		30
技术获取		30
最强的 3 个指标		
2.3.2	企业对国外技术的依存度	1
2.1.3	科学家和工程师占科技活动人员比例	2
2.3.1	技术引进支出占主营业务收入比例	2
最弱的 3 个指标		
2.2.3	企业平均科技机构经费支出	30
2.2.4	科研基建支出占科技活动内部支出比例	30
2.3.4	3 年购买国内技术经费平均值	30

(6)创新活动

创新活动		**30**
技术研发		30
项目研究		30
科研合作		30
最强的 3 个指标		
3.2.4	项目人员平均科研项目经费	1
3.3.4	对科研院所和高校科技支出与对其他企业科技支出比值	16
3.3.1	科技活动外部支出占科技活动总额比例	25
最弱的 3 个指标		
3.2.1	企业平均拥有 R&D 项目数	30
3.2.3	企业 R&D 项目数占企业科研项目数的比例	30
3.3.2	对科研院所和高校科技支出	30

(7)创新绩效

创新绩效		**22**
知识产权		8
产品开发		27
技术进步		19
最强的 3 个指标		
4.1.5	3 年发明专利申请量平均增长率	1
4.3.2	国家认定创新型企业占全部企业的比例	3
4.2.2	单位新产品开发经费获得新产品产值	14
最弱的 3 个指标		
4.1.3	发明专利申请量占全部专利申请量比例	30
4.2.1	有新产品销售企业占本省市企业总数比例	30
4.3.1	享受各级政府技术开发减免税	30

22. 重庆

（1）基本情况

创新发展指数基本排序	排名	基本项目	数值	排名
全国总体排名	10	企业数（个）	633	17
西部省市排名	1	从业人员年平均人数（人）	700 219	20
工业总产值 <5 000 亿元省市排名	1	工业总产值（万元）	38 830 684	22
企业从业人数 <100 万人省市排名	4	主营业务收入（万元）	38 377 505	23
		利润总额（万元）	2 060 520	23

（2）重庆企业创新发展指数 12 个子要素排名山峰图

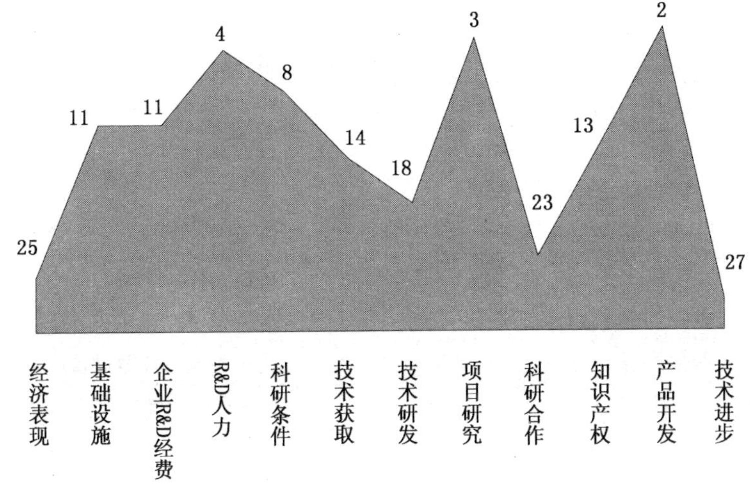

（3）重庆企业创新发展指数排名最前的 8 个指标与最后的 8 个指标

排名最前的 8 个指标		
1. 2. 4	微电子控制设备费用占机器设备原价比例	1
1. 3. 3	R&D 经费占主营业务收入比例	1
4. 2. 1	有新产品销售企业占本省市企业总数比例	1
4. 2. 3	新产品销售收入占主营业务收入比例	1
4. 1. 1	每千人申请专利数量	2
4. 2. 2	单位新产品开发经费获得新产品产值	3
1. 3. 5	企业人均科技活动经费	4
4. 2. 5	企业人均新产品销售收入	4
排名最后的 8 个指标		
1. 1. 4	3 年利润总额平均值	24
2. 3. 5	购买国内技术经费与技术引进支出比值	24
4. 1. 5	3 年发明专利申请量平均增长率	24
1. 2. 1	生产经营用机器设备原价	25

续表

排名最后的 8 个指标		
4.3.4	3 年工业总产值平均增加值	25
3.3.4	对科研院所和高校科技支出与对其他企业科技支出比值	27
3.1.5	消化吸收支出与技术引进支出比值	28
4.1.3	发明专利申请量占全部专利申请量比例	29

（4）创新基础

创新基础		**16**
经济表现		25
基础设施		11
R&D 经费		11
最强的 3 个指标		
1.2.4	微电子控制设备费用占机器设备原价比例	1
1.3.3	R&D 经费占主营业务收入比例	1
1.3.5	企业人均科技活动经费	4
最弱的 3 个指标		
1.1.3	3 年主营业务收入平均值	23
1.1.4	3 年利润总额平均值	24
1.2.1	生产经营用机器设备原价	25

（5）创新能力

创新能力		**11**
R&D 人力		4
科研条件		8
技术获取		14
最强的 3 个指标		
2.1.1	R&D 人员占从业人员比例	4
2.3.1	技术引进支出占主营业务收入比例	5
2.3.3	购买国内技术经费支出占主营业务收入比例	5
最弱的 3 个指标		
2.1.2	3 年 R&D 人员全时当量平均值	18
2.2.5	科技机构人均仪器设备原价	20
2.3.5	购买国内技术经费与技术引进支出比值	24

（6）创新活动

创新活动		**12**
技术研发		18
项目研究		3
科研合作		23
最强的 3 个指标		
3.1.1	有 R&D 活动企业占本省市企业总数比例	4
3.2.2	企业平均拥有新产品开发项目数	4
3.2.3	企业 R&D 项目数占企业科研项目数的比例	5
最弱的 3 个指标		
3.1.3	3 年技术改造经费平均值	23
3.3.4	对科研院所和高校科技支出与对其他企业科技支出比值	27
3.1.5	消化吸收支出与技术引进支出比值	28

（7）创新绩效

创新绩效		**7**
知识产权		13
产品开发		2
技术进步		27
最强的 3 个指标		
4.2.1	有新产品销售企业占本省市企业总数比例	1
4.2.3	新产品销售收入占主营业务收入比例	1
4.1.1	每千人申请专利数量	2
最弱的 3 个指标		
4.1.5	3 年发明专利申请量平均增长率	24
4.3.4	3 年工业总产值平均增加值	25
4.1.3	发明专利申请量占全部专利申请量比例	29

23. 四川

(1)基本情况

创新发展指数基本排序	排名	基本项目	数值	排名
全国总体排名	15	企业数(个)	1 397	9
西部省市排名	4	从业人员年平均人数(人)	1 663 705	10
工业总产值≥5 000 亿元省市排名	13	工业总产值(万元)	84 309 368	12
企业从业人数≥100 万人省市排名	9	主营业务收入(万元)	82 681 397	14
		利润总额(万元)	4 552 091	16

(2)四川企业创新发展指数 12 个子要素排名山峰图

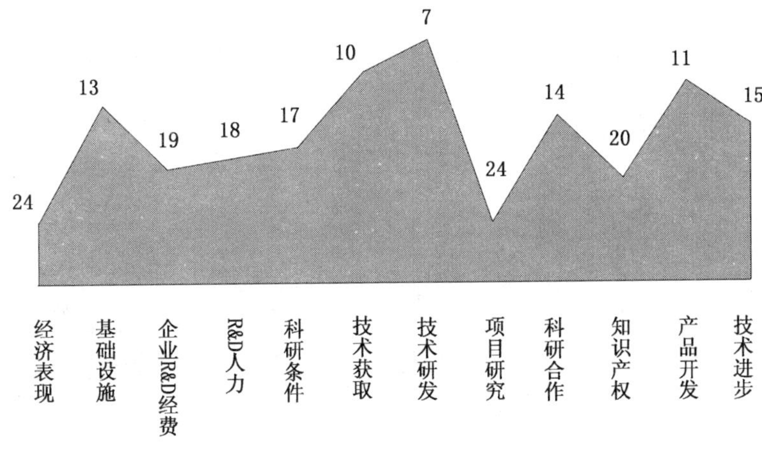

(3)四川企业创新发展指数排名最前的 8 个指标与最后的 8 个指标

排名最前的 8 个指标		
3. 1. 5	消化吸收支出与技术引进支出比值	3
3. 1. 4	消化吸收支出占主营业务收入比例	5
3. 3. 4	对科研院所和高校科技支出与对其他企业科技支出比值	5
1. 2. 4	微电子控制设备费用占机器设备原价比例	6
2. 2. 4	科研基建支出占科技活动内部支出比例	6
4. 2. 1	有新产品销售企业占本省市企业总数比例	6
4. 2. 2	单位新产品开发经费获得新产品产值	6
3. 1. 2	技术改造经费支出占主营业务收入比例	7
排名最后的 8 个指标		
1. 1. 2	企业人均利润总额	25
1. 1. 1	企业人均主营业务收入	26
1. 3. 4	3 年 R&D 经费平均增长率	26
1. 3. 2	R&D 人员平均 R&D 经费	27
4. 1. 5	3 年发明专利申请量平均增长率	27

续表

排名最后的 8 个指标		
1.2.3	企业人均生产经营用机器设备原价	28
2.1.3	科学家和工程师占科技活动人员比例	28
3.2.4	项目人员平均科研项目经费	28

(4)创新基础

创新基础		**21**
经济表现		24
基础设施		13
R&D 经费		19
最强的 3 个指标		
1.2.4	微电子控制设备费用占机器设备原价比例	6
1.3.6	吸收政府资金占企业科技活动经费比例	8
1.2.2	微电子控制设备费用	9
最弱的 3 个指标		
1.1.1	企业人均主营业务收入	26
1.3.2	R&D 人员平均 R&D 经费	27
1.2.3	企业人均生产经营用机器设备原价	28

(5)创新能力

创新能力		**17**
R&D 人力		18
科研条件		17
技术获取		10
最强的 3 个指标		
2.2.4	科研基建支出占科技活动内部支出比例	6
2.3.4	3 年购买国内技术经费平均值	7
2.1.2	3 年 R&D 人员全时当量平均值	8
最弱的 3 个指标		
2.3.2	企业对国外技术的依存度	22
2.3.1	技术引进支出占主营业务收入比例	23
2.1.3	科学家和工程师占科技活动人员比例	28

(6)创新活动

创新活动		**14**
技术研发		7
项目研究		24
科研合作		14
最强的 3 个指标		
3.1.5	消化吸收支出与技术引进支出比值	3
3.1.4	消化吸收支出占主营业务收入比例	5
3.3.4	对科研院所和高校科技支出与对其他企业科技支出比值	5
最弱的 3 个指标		
3.3.3	对其他企业科技支出	20
3.2.5	3 年科研项目经费平均增长率	24
3.2.4	项目人员平均科研项目经费	28

(7)创新绩效

创新绩效		**13**
知识产权		20
产品开发		11
技术进步		15
最强的 3 个指标		
4.2.1	有新产品销售企业占本省市企业总数比例	6
4.2.2	单位新产品开发经费获得新产品产值	6
4.3.4	3 年工业总产值平均增加值	9
最弱的 3 个指标		
4.1.1	每千人申请专利数量	19
4.2.4	新产品出口额占新产品销售收入比例	21
4.1.5	3 年发明专利申请量平均增长率	27

24. 贵州

(1)基本情况

创新发展指数基本排序	排名	基本项目	数值	排名
全国总体排名	25	企业数(个)	356	25
西部省市排名	10	从业人员年平均人数(人)	454 187	26
工业总产值 <5 000 亿元省市排名	8	工业总产值(万元)	22 192 257	27
企业从业人数 <100 万人省市排名	13	主营业务收入(万元)	21 230 145	27
		利润总额(万元)	1 461 284	26

(2)贵州企业创新发展指数 12 个子要素排名山峰图

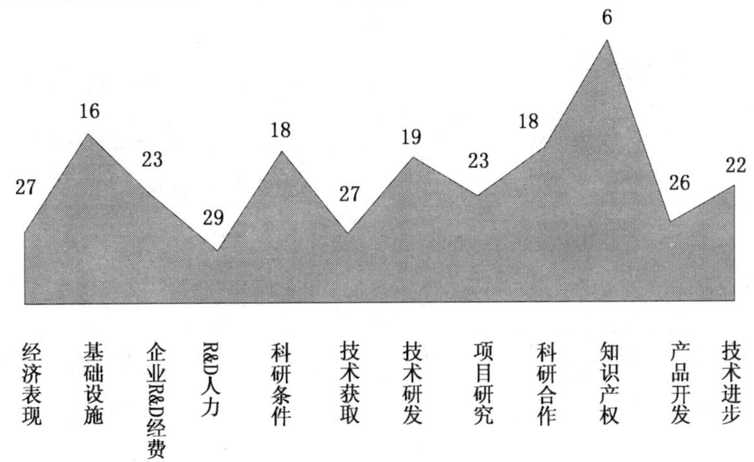

(3)贵州企业创新发展指数排名最前的 8 个指标与最后的 8 个指标

排名最前的 8 个指标		
3.1.2	技术改造经费支出占主营业务收入比例	3
4.1.4	每百万元 R&D 经费产生发明专利数量	3
4.1.3	发明专利申请量占全部专利申请量比例	6
1.3.6	吸收政府资金占企业科技活动经费比例	7
2.2.5	科技机构人均仪器设备原价	7
3.3.4	对科研院所和高校科技支出与对其他企业科技支出比值	7
1.1.5	利润总额占主营业务收入比例	8
4.3.2	国家认定创新型企业占全部企业的比例	8
排名最后的 8 个指标		
1.1.3	3 年主营业务收入平均值	27
2.3.3	购买国内技术经费支出占主营业务收入比例	27
4.2.4	新产品出口额占新产品销售收入比例	27
1.3.4	3 年 R&D 经费平均增长率	28
2.3.4	3 年购买国内技术经费平均值	28

续表

排名最后的 8 个指标		
2. 1. 3	科学家和工程师占科技活动人员比例	29
4. 2. 2	单位新产品开发经费获得新产品产值	29
1. 1. 1	企业人均主营业务收入	30

（4）创新基础

创新基础		**26**
经济表现		27
基础设施		16
R&D 经费		23
最强的 3 个指标		
1. 3. 6	吸收政府资金占企业科技活动经费比例	7
1. 1. 5	利润总额占主营业务收入比例	8
1. 2. 3	企业人均生产经营用机器设备原价	11
最弱的 3 个指标		
1. 1. 3	3 年主营业务收入平均值	27
1. 3. 4	3 年 R&D 经费平均增长率	28
1. 1. 1	企业人均主营业务收入	30

（5）创新能力

创新能力		**27**
R&D 人力		29
科研条件		18
技术获取		27
最强的 3 个指标		
2. 2. 5	科技机构人均仪器设备原价	7
2. 2. 1	企业平均设立科技机构数	14
2. 2. 3	企业平均科技机构经费支出	14
最弱的 3 个指标		
2. 3. 3	购买国内技术经费支出占主营业务收入比例	27
2. 3. 4	3 年购买国内技术经费平均值	28
2. 1. 3	科学家和工程师占科技活动人员比例	29

（6）创新活动

创新活动		**25**
技术研发		19
项目研究		23
科研合作		18
最强的 3 个指标		
3. 1. 2	技术改造经费支出占主营业务收入比例	3
3. 3. 4	对科研院所和高校科技支出与对其他企业科技支出比值	7
3. 2. 2	企业平均拥有新产品开发项目数	10
最弱的 3 个指标		
3. 1. 4	消化吸收支出占主营业务收入比例	26
3. 1. 5	消化吸收支出与技术引进支出比值	26
3. 2. 3	企业 R&D 项目数占企业科研项目数的比例	26

（7）创新绩效

创新绩效		**20**
知识产权		6
产品开发		26
技术进步		22
最强的 3 个指标		
4. 1. 4	每百万元 R&D 经费产生发明专利数量	3
4. 1. 3	发明专利申请量占全部专利申请量比例	6
4. 3. 2	国家认定创新型企业占全部企业的比例	8
最弱的 3 个指标		
4. 3. 1	享受各级政府技术开发减免税	27
4. 2. 4	新产品出口额占新产品销售收入比例	27
4. 2. 2	单位新产品开发经费获得新产品产值	29

25. 云南

(1)基本情况

创新发展指数基本排序	排名	基本项目	数值	排名
全国总体排名	27	企业数(个)	546	22
西部省市排名	11	从业人员年平均人数(人)	505 346	24
工业总产值 <5 000 亿元省市排名	9	工业总产值(万元)	38 532 709	23
企业从业人数 <100 万人省市排名	14	主营业务收入(万元)	37 230 449	24
		利润总额(万元)	2 267 004	22

(2)云南企业创新发展指数 12 个子要素排名山峰图

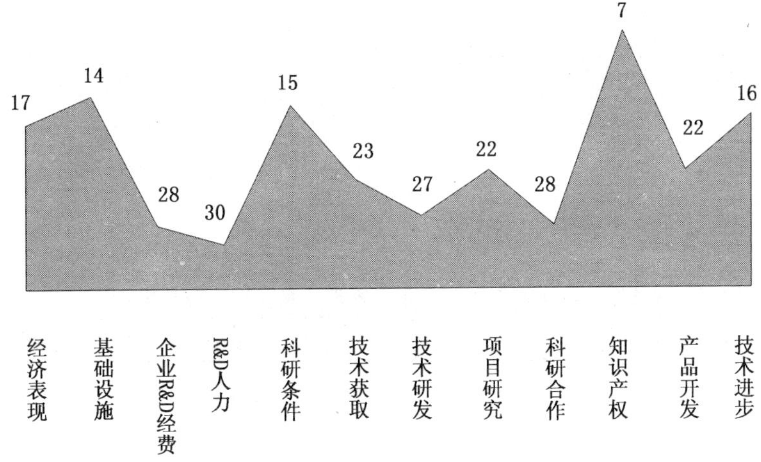

(3)云南企业创新发展指数排名最前的 8 个指标与最后的 8 个指标

排名最前的 8 个指标		
2.2.5	科技机构人均仪器设备原价	1
2.3.2	企业对国外技术的依存度	5
4.1.3	发明专利申请量占全部专利申请量比例	5
4.1.4	每百万元 R&D 经费产生发明专利数量	6
4.3.3	全员劳动生产率	6
1.2.3	企业人均生产经营用机器设备原价	7
3.2.5	3 年科研项目经费平均增长率	7
4.2.2	单位新产品开发经费获得新产品产值	8
排名最后的 8 个指标		
1.3.3	R&D 经费占主营业务收入比例	27
2.2.1	企业平均设立科技机构数	27
2.2.2	设立科技机构企业占本省市企业总数比例	27
3.3.2	对科研院所和高校科技支出	27

续表

排名最后的 8 个指标		
2. 1. 5	企业每千人拥有博士和硕士人数	28
2. 2. 3	企业平均科技机构经费支出	28
1. 3. 2	R&D 人员平均 R&D 经费	29
2. 1. 3	科学家和工程师占科技活动人员比例	30

(4)创新基础

创新基础		**22**
经济表现		17
基础设施		14
R&D 经费		28
最强的 3 个指标		
1. 2. 3	企业人均生产经营用机器设备原价	7
1. 3. 4	3 年 R&D 经费平均增长率	9
1. 1. 1	企业人均主营业务收入	10
最弱的 3 个指标		
1. 3. 1	3 年 R&D 经费平均值	26
1. 3. 3	R&D 经费占主营业务收入比例	27
1. 3. 2	R&D 人员平均 R&D 经费	29

(5)创新能力

创新能力		**25**
R&D 人力		30
科研条件		15
技术获取		23
最强的 3 个指标		
2. 2. 5	科技机构人均仪器设备原价	1
2. 3. 2	企业对国外技术的依存度	5
2. 3. 4	购买国内技术经费与技术引进支出比值	14
最弱的 3 个指标		
2. 1. 5	企业每千人拥有博士和硕士人数	28
2. 2. 3	企业平均科技机构经费支出	28
2. 1. 3	科学家和工程师占科技活动人员比例	30

(6)创新活动

创新活动		**28**
技术研发		27
项目研究		22
科研合作		28
最强的 3 个指标		
3. 2. 5	3 年科研项目经费平均增长率	7
3. 3. 1	科技活动外部支出占科技活动总额比例	10
3. 2. 4	项目人员平均科研项目经费	10
最弱的 3 个指标		
3. 1. 3	3 年技术改造经费平均值	26
3. 2. 2	企业平均拥有新产品开发项目数	26
3. 3. 2	对科研院所和高校科技支出	27

(7)创新绩效

创新绩效		**16**
知识产权		7
产品开发		22
技术进步		16
最强的 3 个指标		
4. 1. 3	发明专利申请量占全部专利申请量比例	5
4. 1. 4	每百万元 R&D 经费产生发明专利数量	6
4. 3. 3	全员劳动生产率	6
最弱的 3 个指标		
4. 2. 1	有新产品销售企业占本省市企业总数比例	25
4. 2. 4	新产品出口额占新产品销售收入比例	25
4. 1. 1	每千人申请专利数量	26

26. 陕西

(1)基本情况

创新发展指数基本排序	排名	基本项目	数值	排名
全国总体排名	11	企业数(个)	560	21
西部省市排名	2	从业人员年平均人数(人)	941 315	16
工业总产值≥5 000 亿元省市排名	10	工业总产值(万元)	57 466 868	18
企业从业人数<100 万人省市排名	5	主营业务收入(万元)	56 198 839	18
		利润总额(万元)	8 553 684	8

(2)陕西企业创新发展指数 12 个子要素排名山峰图

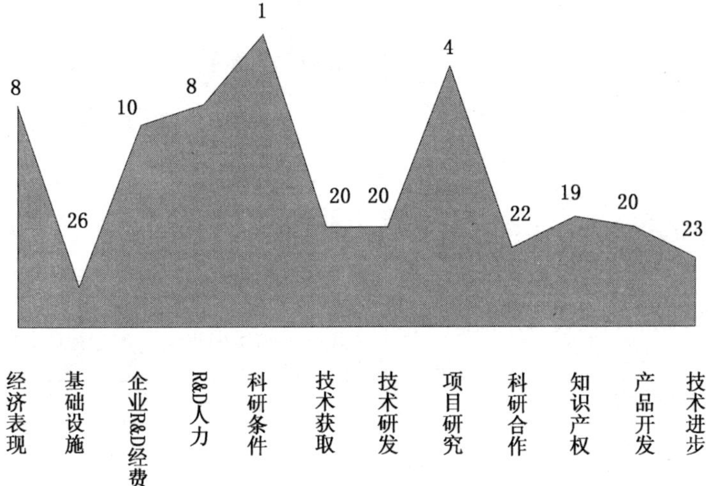

(3)陕西企业创新发展指数排名最前的 8 个指标与最后的 8 个指标

排名最前的 8 个指标		
1. 3. 6	吸收政府资金占企业科技活动经费比例	1
2. 2. 1	企业平均设立科技机构数	1
2. 2. 2	设立科技机构企业占本省市企业总数比例	1
2. 2. 4	科研基建支出占科技活动内部支出比例	1
3. 2. 2	企业平均拥有新产品开发项目数	2
1. 1. 5	利润总额占主营业务收入比例	3
2. 1. 4	企业每千人拥有高中级技术职称人数	3
3. 2. 1	企业平均拥有 R&D 项目数	3
排名最后的 8 个指标		
1. 2. 2	微电子控制设备费用	23
4. 2. 5	企业人均新产品销售收入	23
1. 2. 4	微电子控制设备费用占机器设备原价比例	25
1. 3. 4	3 年 R&D 经费平均增长率	25

续表

排名最后的 8 个指标		
4.2.2	单位新产品开发经费获得新产品产值	25
3.2.4	项目人员平均科研项目经费	26
3.1.4	消化吸收支出占主营业务收入比例	27
1.3.2	R&D 人员平均 R&D 经费	28

(4) 创新基础

创新基础		**12**
经济表现		8
基础设施		26
R&D 经费		10
最强的 3 个指标		
1.3.6	吸收政府资金占企业科技活动经费比例	1
1.1.5	利润总额占主营业务收入比例	3
1.1.2	企业人均利润总额	4
最弱的 3 个指标		
1.2.4	微电子控制设备费用占机器设备原价比例	25
1.3.4	3 年 R&D 经费平均增长率	25
1.3.2	R&D 人员平均 R&D 经费	28

(5) 创新能力

创新能力		**2**
R&D 人力		8
科研条件		1
技术获取		20
最强的 3 个指标		
2.2.1	企业平均设立科技机构数	1
2.2.2	设立科技机构企业占本省市企业总数比例	1
2.2.4	科研基建支出占科技活动内部支出比例	1
最弱的 3 个指标		
2.3.1	技术引进支出占主营业务收入比例	20
2.1.3	科学家和工程师占科技活动人员比例	22
2.3.3	购买国内技术经费支出占主营业务收入比例	22

(6) 创新活动

创新活动		**15**
技术研发		20
项目研究		4
科研合作		22
最强的 3 个指标		
3.2.2	企业平均拥有新产品开发项目数	2
3.2.1	企业平均拥有 R&D 项目数	3
3.1.1	有 R&D 活动企业占本省市企业总数比例	8
最弱的 3 个指标		
3.2.3	企业 R&D 项目数占企业科研项目数的比例	22
3.2.4	项目人员平均科研项目经费	26
3.1.4	消化吸收支出占主营业务收入比例	27

(7) 创新绩效

创新绩效		**24**
知识产权		19
产品开发		20
技术进步		23
最强的 3 个指标		
4.1.5	3 年发明专利申请量平均增长率	10
4.2.1	有新产品销售企业占本省市企业总数比例	11
4.3.2	国家认定创新型企业占全部企业的比例	11
最弱的 3 个指标		
4.1.4	每百万元 R&D 经费产生发明专利数量	19
4.2.5	企业人均新产品销售收入	23
4.2.2	单位新产品开发经费获得新产品产值	25

27. 甘肃

(1)基本情况

创新发展指数基本排序	排名	基本项目	数值	排名
全国总体排名	19	企业数(个)	283	26
西部省市排名	7	从业人员年平均人数(人)	477 304	25
工业总产值 <5 000 亿元省市排名	5	工业总产值(万元)	30 758 311	26
企业从业人数 <100 万人省市排名	9	主营业务收入(万元)	32 179 102	25
		利润总额(万元)	780 770	28

(2)甘肃企业创新发展指数 12 个子要素排名山峰图

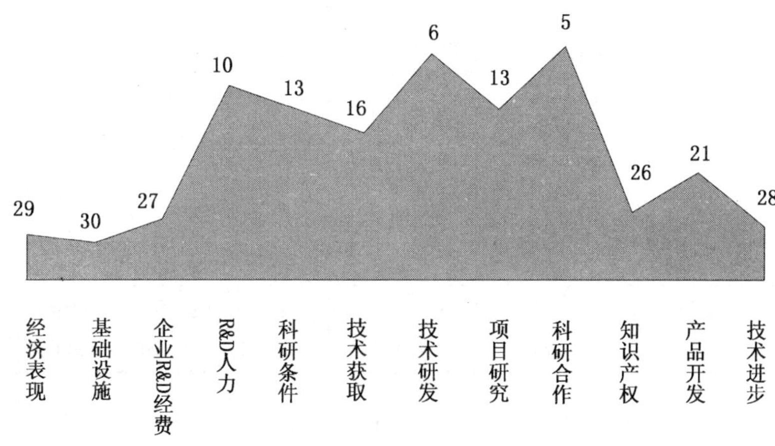

(3)甘肃企业创新发展指数排名最前的 8 个指标与最后的 8 个指标

排名最前的 8 个指标		
2.1.4	企业每千人拥有高中级技术职称人数	1
3.1.4	消化吸收支出占主营业务收入比例	1
3.3.1	科技活动外部支出占科技活动总额比例	1
3.2.5	3 年科研项目经费平均增长率	3
3.1.5	消化吸收支出与技术引进支出比值	4
2.2.1	企业平均设立科技机构数	6
2.3.3	购买国内技术经费支出占主营业务收入比例	6
4.3.2	国家认定创新型企业占全部企业的比例	6
排名最后的 8 个指标		
4.3.4	3 年工业总产值平均增加值	26
1.2.2	微电子控制设备费用	27
1.1.2	企业人均利润总额	28
1.1.4	3 年利润总额平均值	28
4.1.5	3 年发明专利申请量平均增长率	28

续表

排名最后的 8 个指标		
1.1.5	利润总额占主营业务收入比例	29
4.3.3	全员劳动生产率	29
3.2.4	项目人员平均科研项目经费	30

(4)创新基础

创新基础		**30**
经济表现		29
基础设施		30
R&D 经费		27
最强的 3 个指标		
1.2.3	企业人均生产经营用机器设备原价	13
1.1.1	企业人均主营业务收入	13
1.3.5	企业人均科技活动经费)	14
最弱的 3 个指标		
1.1.2	企业人均利润总额	28
1.1.4	3 年利润总额平均值	28
1.1.5	利润总额占主营业务收入比例	29

(5)创新能力

创新能力		**15**
R&D 人力		10
科研条件		13
技术获取		16
最强的 3 个指标		
2.1.4	企业每千人拥有高中级技术职称人数	1
2.2.1	企业平均设立科技机构数	6
2.3.3	购买国内技术经费支出占主营业务收入比例	6
最弱的 3 个指标		
2.3.4	3 年购买国内技术经费平均值	19
2.2.3	企业平均科技机构经费支出	21
2.1.2	3 年 R&D 人员全时当量平均值	23

(6)创新活动

创新活动		**5**
技术研发		6
项目研究		13
科研合作		5
最强的 3 个指标		
3.1.4	消化吸收支出占主营业务收入比例	1
3.3.1	科技活动外部支出占科技活动总额比例	1
3.2.5	3 年科研项目经费平均增长率	3
最弱的 3 个指标		
3.3.4	对科研院所和高校科技支出与对其他企业科技支出比值	20
3.1.3	3 年技术改造经费平均值	25
3.2.4	项目人员平均科研项目经费	30

(7)创新绩效

创新绩效		**29**
知识产权		26
产品开发		21
技术进步		28
最强的 3 个指标		
4.3.2	国家认定创新型企业占全部企业的比例	6
4.1.1	每千人申请专利数量	15
4.2.4	新产品出口额占新产品销售收入比例	15
最弱的 3 个指标		
4.3.4	3 年工业总产值平均增加值	26
4.1.5	3 年发明专利申请量平均增长率	28
4.3.3	全员劳动生产率	29

28. 青海

(1)基本情况

创新发展指数基本排序	排名	基本项目	数值	排名
全国总体排名	14	企业数(个)	84	30
西部省市排名	3	从业人员年平均人数(人)	130 374	29
工业总产值 <5 000 亿元省市排名	2	工业总产值(万元)	8 654 413	29
企业从业人数 <100 万人省市排名	6	主营业务收入(万元)	8 362 948	29
		利润总额(万元)	1 487 883	25

(2)青海企业创新发展指数 12 个子要素排名山峰图

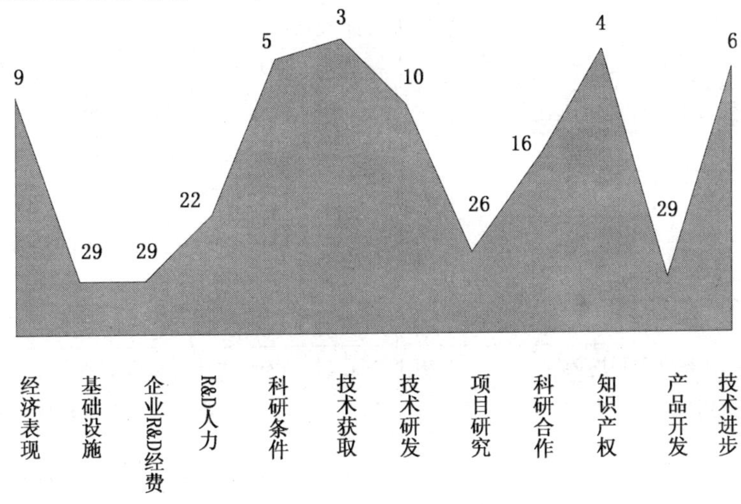

(3)青海企业创新发展指数排名最前的 8 个指标与最后的 8 个指标

排名最前的 8 个指标		
2.1.3	科学家和工程师占科技活动人员比例	1
2.3.5	购买国内技术经费与技术引进支出比值	1
3.1.5	消化吸收支出与技术引进支出比值	1
4.1.4	每百万元 R&D 经费产生发明专利数量	1
1.1.5	利润总额占主营业务收入比例	2
2.2.4	科研基建支出占科技活动内部支出比例	2
4.3.2	国家认定创新型企业占全部企业的比例	2
1.1.2	企业人均利润总额	3
排名最后的 8 个指标		
3.1.3	3 年技术改造经费平均值	29
1.1.3	3 年主营业务收入平均值	30
1.2.1	生产经营用机器设备原价	30
1.3.4	3 年 R&D 经费平均增长率	30

续表

排名最后的 8 个指标		
2.3.1	技术引进支出占主营业务收入比例	30
2.3.2	企业对国外技术的依存度	30
4.2.4	新产品出口额占新产品销售收入比例	30
4.3.4	3 年工业总产值平均增加值	30

(4)创新基础

创新基础		**25**
经济表现		9
基础设施		29
R&D 经费		29
最强的 3 个指标		
1.1.5	利润总额占主营业务收入比例	2
1.1.2	企业人均利润总额	3
1.3.2	R&D 人员平均 R&D 经费	14
最弱的 3 个指标		
1.1.3	3 年主营业务收入平均值	30
1.2.1	生产经营用机器设备原价	30
1.3.4	3 年 R&D 经费平均增长率	30

(5)创新能力

创新能力		**10**
R&D 人力		22
科研条件		5
技术获取		3
最强的 3 个指标		
2.1.3	科学家和工程师占科技活动人员比例	1
2.3.5	购买国内技术经费与技术引进支出比值	1
2.2.4	科研基建支出占科技活动内部支出比例	2
最弱的 3 个指标		
2.1.2	3 年 R&D 人员全时当量平均值	29
2.3.1	技术引进支出占主营业务收入比例	30
2.3.2	企业对国外技术的依存度	30

(6)创新活动

创新活动		**19**
技术研发		10
项目研究		26
科研合作		14
最强的 3 个指标		
3.1.5	消化吸收支出与技术引进支出比值	1
3.3.1	科技活动外部支出占科技活动总额比例	4
3.2.5	3 年科研项目经费平均增长率	5
最弱的 3 个指标		
3.1.3	3 年技术改造经费平均值	29
3.2.3	企业 R&D 项目数占企业科研项目数的比例	29
3.3.2	对科研院所和高校科技支出	29

(7)创新绩效

创新绩效		**11**
知识产权		4
产品开发		29
技术进步		6
最强的 3 个指标		
4.1.4	每百万元 R&D 经费产生发明专利数量	1
4.3.2	国家认定创新型企业占全部企业的比例	2
4.1.2	每千人拥有发明专利数量	4
最弱的 3 个指标		
4.1.5	3 年发明专利申请量平均增长率	29
4.2.4	新产品出口额占新产品销售收入比例	30
4.3.4	3 年工业总产值平均增加值	30

29. 宁夏

(1)基本情况

创新发展指数基本排序	排名	基本项目	数值	排名
全国总体排名	16	企业数(个)	131	28
西部省市排名	5	从业人员年平均人数(人)	192 883	28
工业总产值 <5 000 亿元省市排名	3	工业总产值(万元)	9 897 007	28
企业从业人数 <100 万人省市排名	7	主营业务收入(万元)	9 566 329	28
		利润总额(万元)	281 171	30

(2)宁夏企业创新发展指数12个子要素排名山峰图

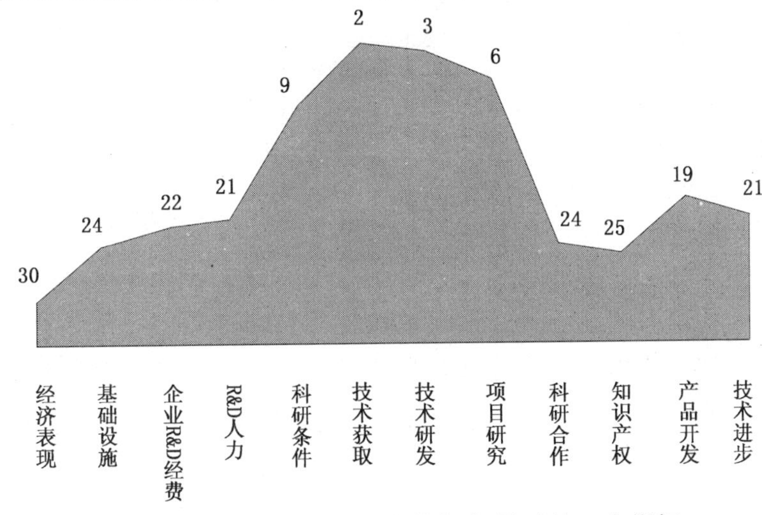

(3)宁夏企业创新发展指数排名最前的8个指标与最后的8个指标

排名最前的8个指标		
2.3.1	技术引进支出占主营业务收入比例	1
2.3.3	购买国内技术经费支出占主营业务收入比例	1
3.1.2	技术改造经费支出占主营业务收入比例	1
2.3.2	企业对国外技术的依存度	2
3.1.4	消化吸收支出占主营业务收入比例	2
3.2.3	企业 R&D 项目数占企业科研项目数的比例	4
4.3.2	国家认定创新型企业占全部企业的比例	4
1.3.6	吸收政府资金占企业科技活动经费比例	5
排名最后的8个指标		
2.1.2	3年 R&D 人员全时当量平均值	28
2.3.5	购买国内技术经费与技术引进支出比值	28
1.1.2	企业人均利润总额	29
3.1.5	消化吸收支出与技术引进支出比值	29

续表

排名最后的 8 个指标		
3.3.3	对其他企业科技支出	29
4.3.4	3 年工业总产值平均增加值	29
1.1.4	3 年利润总额平均值	30
4.2.5	企业人均新产品销售收入	30

(4)创新基础

创新基础		**29**
经济表现		30
基础设施		24
R&D 经费		22
最强的 3 个指标		
1.3.6	吸收政府资金占企业科技活动经费比例	5
1.2.4	微电子控制设备费用占机器设备原价比例	12
1.2.3	企业人均生产经营用机器设备原价	18
最弱的 3 个指标		
1.2.2	微电子控制设备费用	28
1.1.2	企业人均利润总额	29
1.1.4	3 年利润总额平均值	30

(5)创新能力

创新能力		**8**
R&D 人力		21
科研条件		9
技术获取		2
最强的 3 个指标		
2.3.3	购买国内技术经费支出占主营业务收入比例	1
2.3.1	技术引进支出占主营业务收入比例	1
2.3.2	企业对国外技术的依存度	2
最弱的 3 个指标		
2.3.4	3 年购买国内技术经费平均值	24
2.1.2	3 年 R&D 人员全时当量平均值	28
2.3.5	购买国内技术经费与技术引进支出比值	28

(6)创新活动

创新活动		**6**
技术研发		3
项目研究		6
科研合作		24
最强的 3 个指标		
3.1.2	技术改造经费支出占主营业务收入比例	1
3.1.4	消化吸收支出占主营业务收入比例	2
3.2.3	企业 R&D 项目数占企业科研项目数的比例	4
最弱的 3 个指标		
3.3.2	对科研院所和高校科技支出	28
3.1.5	消化吸收支出与技术引进支出比值	29
3.3.3	对其他企业科技支出	29

(7)创新绩效

创新绩效		**27**
知识产权		25
产品开发		19
技术进步		21
最强的 3 个指标		
4.3.2	国家认定创新型企业占全部企业的比例	4
4.2.1	有新产品销售企业占本省市企业总数比例	10
4.2.4	新产品出口额占新产品销售收入比例	11
最弱的 3 个指标		
4.2.2	单位新产品开发经费获得新产品产值	28
4.3.4	3 年工业总产值平均增加值	29
4.2.5	企业人均新产品销售收入	30

30. 新疆

(1)基本情况

创新发展指数基本排序	排名	基本项目	数值	排名
全国总体排名	17	企业数(个)	282	27
西部省市排名	6	从业人员年平均人数(人)	412 310	27
工业总产值<5 000 亿元省市排名	4	工业总产值(万元)	35 016 235	24
企业从业人数<100 万人省市排名	8	主营业务收入(万元)	47 873 232	21
		利润总额(万元)	7 169 363	9

(2)新疆企业创新发展指数12个子要素排名山峰图

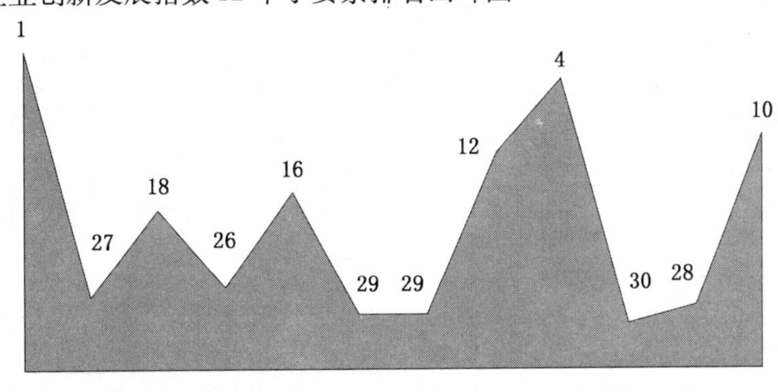

(3)新疆企业创新发展指数排名最前的8个指标与最后的8个指标

排名最前的8个指标		
1.1.2	企业人均利润总额	1
3.3.4	对科研院所和高校科技支出与对其他企业科技支出比值	1
1.3.4	3年R&D经费平均增长率	3
2.2.5	科技机构人均仪器设备原价	3
1.1.1	企业人均主营业务收入	4
1.1.5	利润总额占主营业务收入比例	4
2.2.4	科研基建支出占科技活动内部支出比例	4
4.3.3	全员劳动生产率	4
排名最后的8个指标		
2.3.3	购买国内技术经费支出占主营业务收入比例	28
3.1.3	3年技术改造经费平均值	28
4.1.2	每千人拥有发明专利数量	28
1.3.3	R&D经费占主营业务收入比例	29

续表

排名最后的 8 个指标		
3.1.1	有 R&D 活动企业占本省市企业总数比例	29
3.2.2	企业平均拥有新产品开发项目数	29
3.1.4	消化吸收支出占主营业务收入比例	30
4.2.3	新产品销售收入占主营业务收入比例	30

(4)创新基础

创新基础		**9**
经济表现		1
基础设施		27
R&D 经费		18
最强的 3 个指标		
1.1.2	企业人均利润总额	1
1.3.4	3 年 R&D 经费平均增长率	3
1.1.1	企业人均主营业务收入	4
最弱的 3 个指标		
1.2.1	生产经营用机器设备原价	27
1.3.1	3 年 R&D 经费平均值	27
1.3.3	R&D 经费占主营业务收入比例	29

(5)创新能力

创新能力		**22**
R&D 人力		26
科研条件		16
技术获取		29
最强的 3 个指标		
2.2.5	科技机构人均仪器设备原价	3
2.2.4	科研基建支出占科技活动内部支出比例	4
2.2.3	企业平均科技机构经费支出	9
最弱的 3 个指标		
2.1.2	3 年 R&D 人员全时当量平均值	27
2.1.1	R&D 人员占从业人员比例	28
2.3.3	购买国内技术经费支出占主营业务收入比例	28

(6)创新活动

创新活动		**17**
技术研发		29
项目研究		12
科研合作		4
最强的 3 个指标		
3.3.4	对科研院所和高校科技支出与对其他企业科技支出比值	1
3.2.5	3 年科研项目经费平均增长率	6
3.3.1	科技活动外部支出占科技活动总额比例	6
最弱的 3 个指标		
3.1.1	有 R&D 活动企业占本省市企业总数比例	29
3.2.2	企业平均拥有新产品开发项目数	29
3.1.4	消化吸收支出占主营业务收入比例	30

(7)创新绩效

创新绩效		**25**
知识产权		30
产品开发		28
技术进步		10
最强的 3 个指标		
4.3.3	全员劳动生产率	4
4.3.2	国家认定创新型企业占全部企业的比例	5
4.2.4	新产品出口额占新产品销售收入比例	16
最弱的 3 个指标		
4.1.2	每千人拥有发明专利数量	28
4.3.1	享受各级政府技术开发减免税	28
4.2.3	新产品销售收入占主营业务收入比例	30

附录2　我国工业行业企业创新发展指数排序表

一、我国工业行业企业创新发展指数总排名

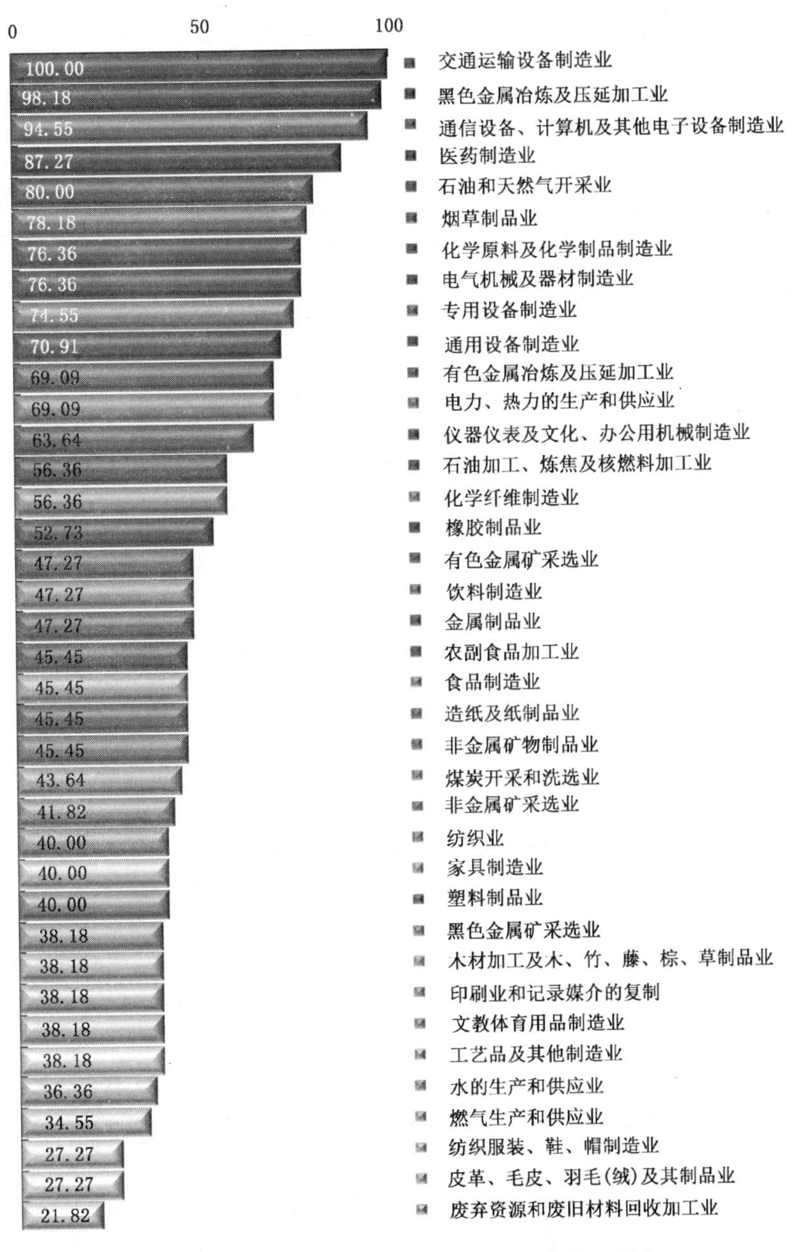

附图2-1　我国工业行业企业创新发展指数总排名

二、各大行业企业创新发展指数排名

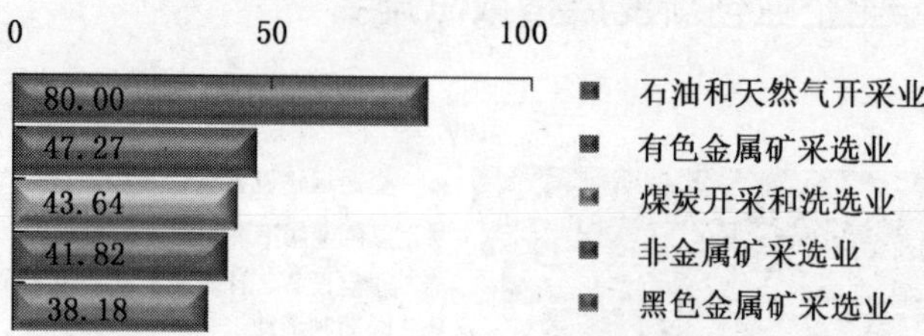

附图 2-2　采矿业企业创新发展指数排名

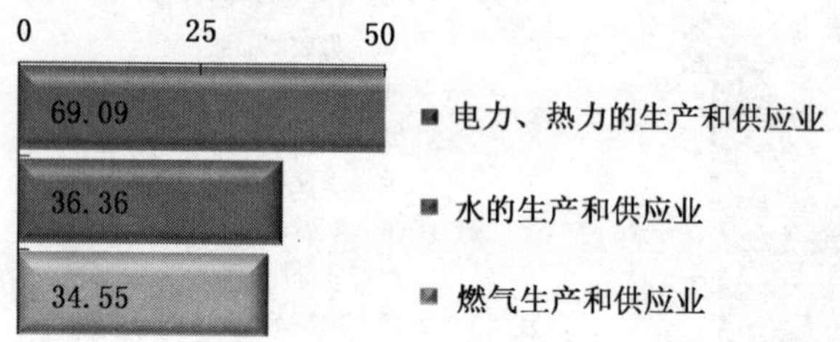

附图 2-3　电力、燃气及水的生产和供应业企业创新发展指数排名

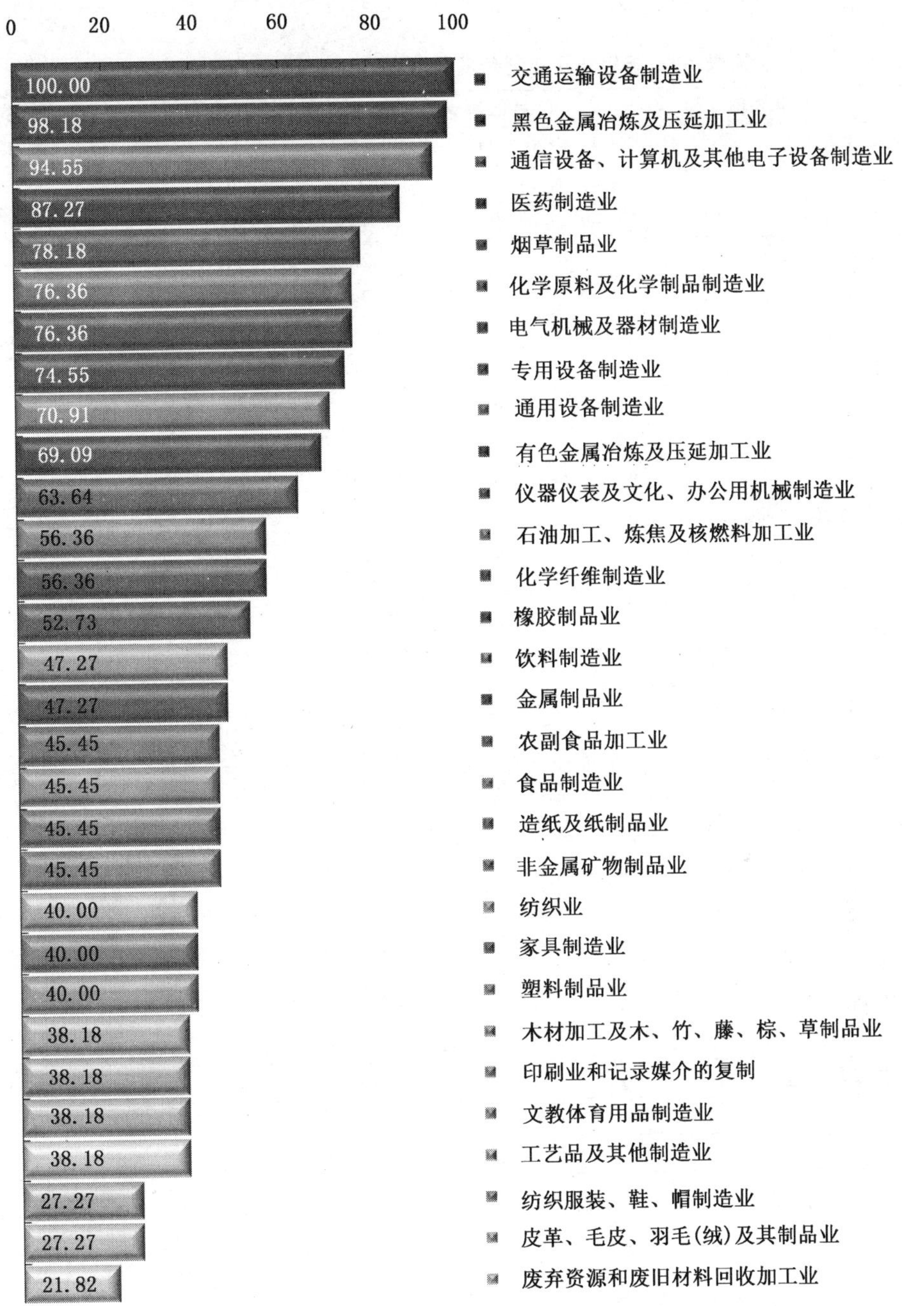

附图 2-4　制造业企业创新发展指数排名

三、各行业企业创新发展指数组成要素与子要素排名

附表 2-1　各行业企业创新发展指数总排名与组成要素排名

行业名称	总体排名	创新基础	创新能力	创新活动	创新绩效
煤炭开采和洗选业	24	20	30	17	30
石油和天然气开采业	5	5	3	5	13
黑色金属矿采选业	29	19	35	26	35
有色金属矿采选业	17	26	16	22	25
非金属矿采选业	25	34	21	15	33
农副食品加工业	20	25	26	19	26
食品制造业	21	28	25	24	19
饮料制造业	18	18	18	23	32
烟草制品业	6	6	10	8	7
纺织业	26	23	31	27	27
纺织服装、鞋、帽制造业	36	32	36	37	34
皮革、毛皮、羽毛(绒)及其制品业	37	36	38	35	31
木材加工及木、竹、藤、棕、草制品业	30	31	28	33	22
家具制造业	27	37	34	13	23
造纸及纸制品业	22	17	27	28	20
印刷业和记录媒介的复制	31	22	33	29	29
文教体育用品制造业	32	33	32	30	21
石油加工、炼焦及核燃料加工业	14	12	23	21	11
化学原料及化学制品制造业	7	7	8	7	9
医药制造业	4	11	1	3	3
化学纤维制造业	15	14	13	18	16
橡胶制品业	16	16	19	14	15
塑料制品业	28	27	24	31	28
非金属矿物制品业	23	21	22	20	24
黑色金属冶炼及压延加工业	2	2	2	1	6
有色金属冶炼及压延加工业	11	13	12	4	12
金属制品业	19	24	20	25	14
通用设备制造业	10	9	7	12	8
专用设备制造业	9	10	6	9	5
交通运输设备制造业	1	3	4	2	2
电气机械及器材制造业	8	8	9	11	4
通信设备、计算机及其他电子设备制造业	3	1	5	10	1
仪器仪表及文化、办公用机械制造业	13	15	11	16	10
工艺品及其他制造业	33	35	29	32	18
废弃资源和废旧材料回收加工业	38	38	37	34	38
电力、热力的生产和供应业	12	4	17	6	17
燃气生产和供应业	35	29	15	38	37
水的生产和供应业	34	30	14	36	36

附表 2-2　各行业企业创新发展指数组成要素与子要素排名

行业名称	创新基础			创新能力			创新活动			创新绩效		
	经济表现	基础设施	R&D经费	R&D人力	科研条件	技术获取	技术研发	项目研究	科研合作	知识产权	产品开发	技术进步
煤炭开采和洗选业	10	23	29	21	34	31	21	33	5	36	32	15
石油和天然气开采业	1	8	32	5	1	29	33	1	10	30	18	11
黑色金属矿采选业	7	37	14	31	38	25	28	26	18	27	35	17
有色金属矿采选业	12	36	18	20	14	10	32	13	21	18	31	22
非金属矿采选业	30	33	30	26	22	17	19	18	11	11	33	36
农副食品加工业	17	32	15	25	27	23	23	23	12	34	29	14
食品制造业	20	25	23	23	20	36	30	16	22	13	25	21
饮料制造业	16	19	17	17	17	20	16	28	15	33	28	23
烟草制品业	2	4	22	11	2	37	14	2	14	4	4	13
纺织业	22	14	26	32	30	21	18	30	23	32	22	26
纺织服装、鞋、帽制造业	29	29	34	36	36	33	36	37	31	35	27	31
皮革、毛皮、羽毛(绒)及其制品业	35	34	36	38	37	34	35	36	30	37	16	34
木材加工及木、竹、藤、棕、草制品业	31	31	25	33	19	18	31	32	25	20	24	27
家具制造业	36	35	33	34	32	28	11	29	8	22	13	35
造纸及纸制品业	21	10	16	24	23	26	15	24	34	19	19	28
印刷业和记录媒介的复制	25	9	28	29	33	30	17	25	36	21	30	30
文教体育用品制造业	37	26	27	37	18	32	34	17	33	17	20	33
石油加工、炼焦及核燃料加工业	15	7	20	16	25	35	24	21	16	14	17	5
化学原料及化学制品制造业	8	5	7	10	11	5	4	15	9	8	14	7
医药制造业	14	17	8	4	3	3	2	6	7	2	9	3
化学纤维制造业	27	15	10	15	4	14	8	20	35	24	7	38
橡胶制品业	32	12	11	28	7	24	13	10	19	25	10	24
塑料制品业	28	18	24	22	28	22	22	27	32	29	23	29
非金属矿物制品业	19	21	21	27	26	12	12	22	27	28	26	18
黑色金属冶炼及压延加工业	3	3	2	9	16	1	1	3	6	26	11	1
有色金属冶炼及压延加工业	11	16	12	12	13	6	3	11	4	12	12	12
金属制品业	23	28	13	19	29	13	29	19	24	16	15	20
通用设备制造业	13	13	6	6	9	7	7	8	17	15	6	9
专用设备制造业	18	20	4	3	10	8	6	5	20	5	8	8
交通运输设备制造业	5	6	1	2	6	4	5	4	2	10	1	2
电气机械及器材制造业	9	11	5	8	8	11	9	7	13	6	3	6
通信设备、计算机及其他电子设备制造业	4	2	3	1	15	15	25	9	3	1	2	4
仪器仪表及文化、办公用机械制造业	26	24	9	7	12	19	10	14	26	3	5	19
工艺品及其他制造业	34	30	31	30	31	16	20	34	29	7	21	32
废弃资源和废旧材料回收加工业	33	38	38	35	24	38	38	12	38	38	34	16
电力、热力的生产和供应业	6	1	35	13	21	27	27	31	1	9	36	10
燃气生产和供应业	24	22	37	14	35	2	37	35	37	31	37	25
水的生产和供应业	38	27	19	18	5	9	26	38	28	23	38	37

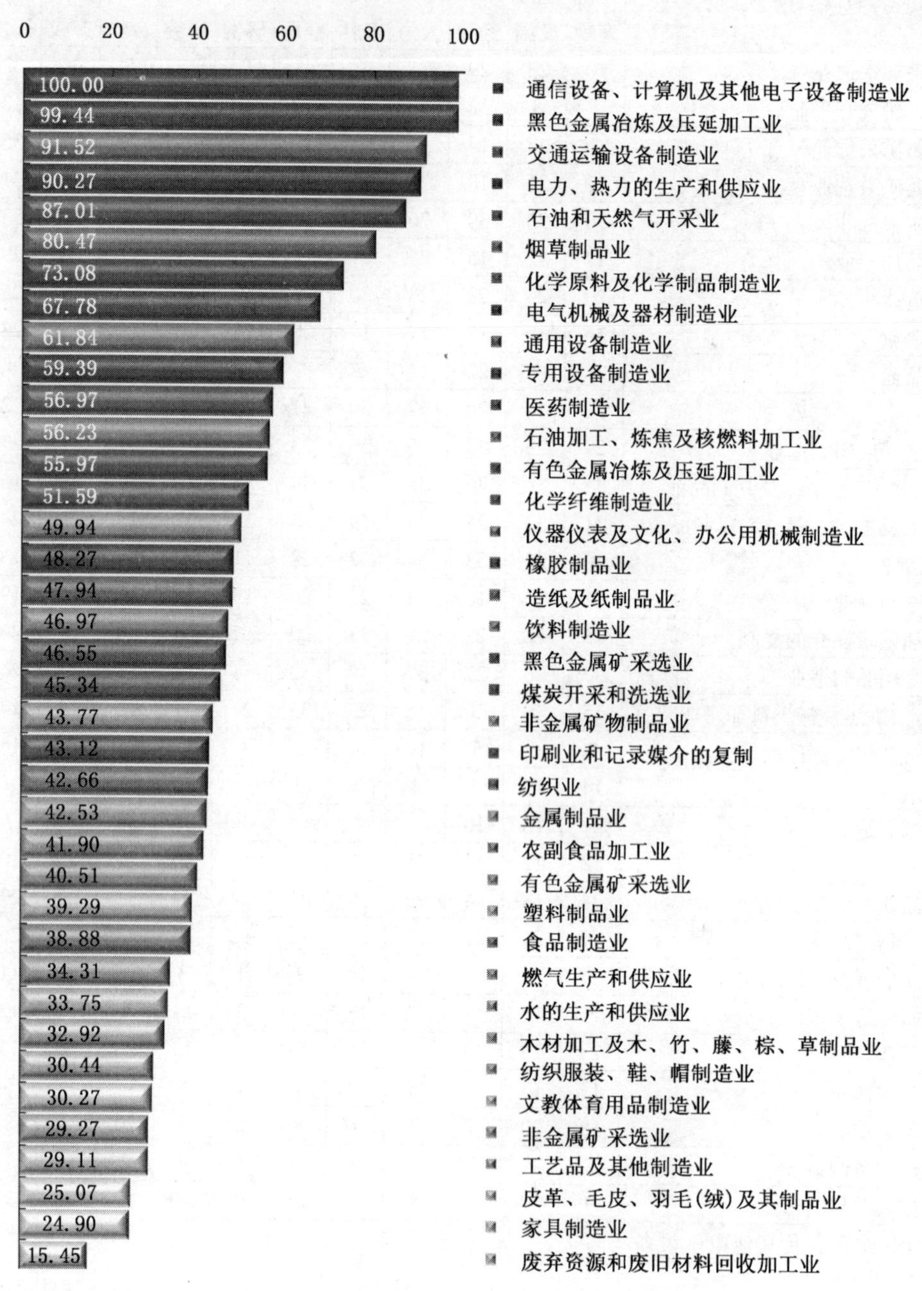

附图 2-5 各行业企业创新发展指数创新基础要素排名

附图 2-6　各行业企业创新发展指数创新能力要素排名

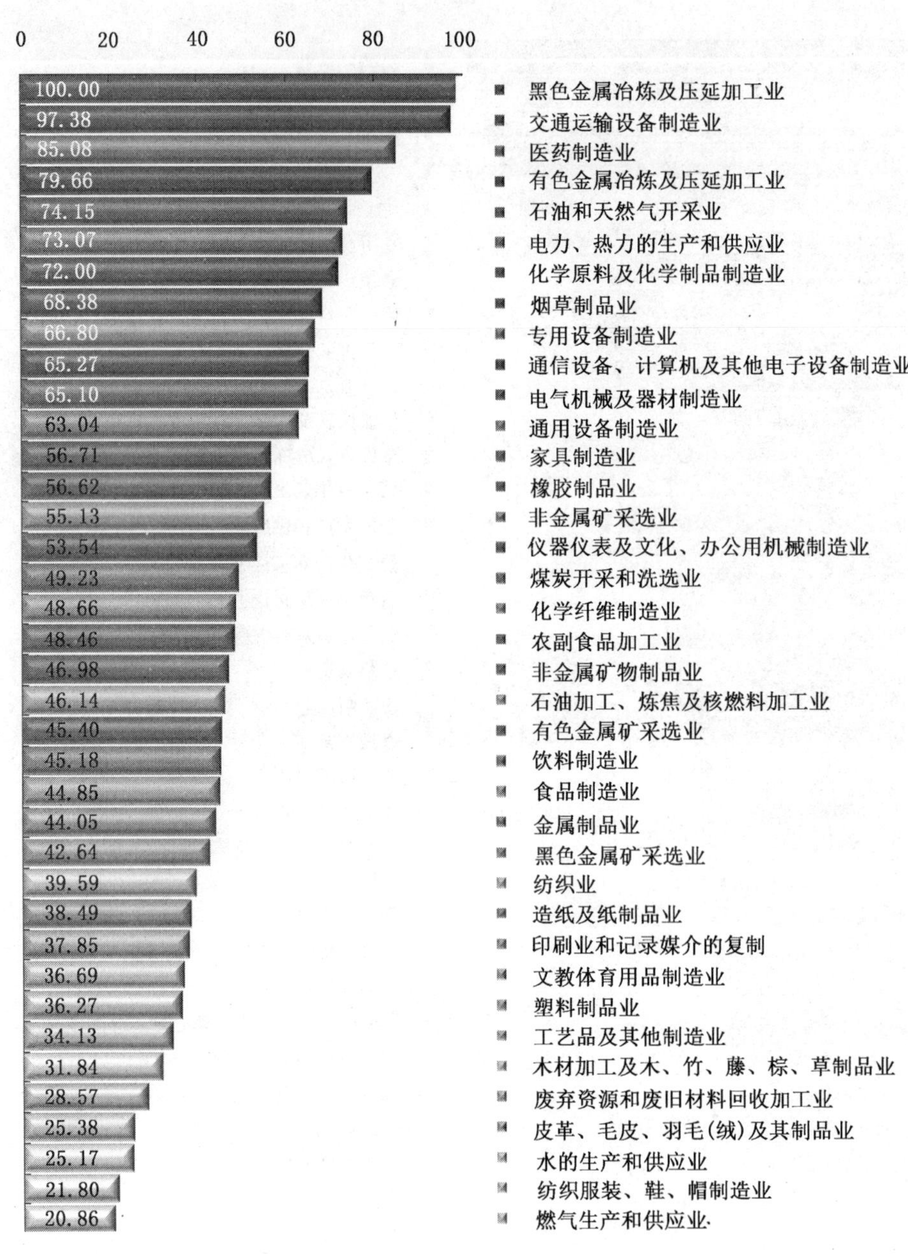

附图 2-7　各行业企业创新发展指数创新活动要素排名

附图 2-8　各行业企业创新发展指数创新绩效要素排名

四、各行业企业创新发展指数评价指标排名

指标名称:企业人均主营业务收入(万元)
指标编号:1.1.1

行业	指标值	排名
石油加工、炼焦及核燃料加工业	289.70	1
烟草制品业	228.51	2
黑色金属冶炼及压延加工业	152.48	3
电力、热力的生产和供应业	127.75	4
石油和天然气开采业	106.42	5
有色金属冶炼及压延加工业	103.34	6
化学纤维制造业	92.20	7
化学原料及化学制品制造业	84.11	8
交通运输设备制造业	83.96	9
废弃资源和废旧材料回收加工业	78.63	10
农副食品加工业	73.73	11
通信设备、计算机及其他电子设备制造业	72.51	12
燃气生产和供应业	63.47	13
饮料制造业	61.91	14
电气机械及器材制造业	61.05	15
造纸及纸制品业	57.33	16
通用设备制造业	55.28	17
食品制造业	53.68	18
医药制造业	50.92	19
专用设备制造业	50.05	20
橡胶制品业	48.94	21
金属制品业	47.56	22
有色金属矿采选业	47.11	23
仪器仪表及文化、办公用机械制造业	46.25	24
黑色金属矿采选业	42.33	25
木材加工及木、竹、藤、棕、草制品业	39.71	26
非金属矿物制品业	39.36	27
塑料制品业	35.14	28

指标名称:企业人均利润总额(万元)
指标编号:1.1.2

行业	指标值	排名
石油和天然气开采业	40.34	1
烟草制品业	38.14	2
黑色金属矿采选业	11.10	3
有色金属矿采选业	8.88	4
医药制造业	6.00	5
交通运输设备制造业	5.98	6
饮料制造业	5.74	7
黑色金属冶炼及压延加工业	5.25	8
燃气生产和供应业	4.65	9
有色金属冶炼及压延加工业	4.41	10
化学原料及化学制品制造业	4.40	11
电气机械及器材制造业	4.10	12
通用设备制造业	3.98	13
煤炭开采和洗选业	3.92	14
专用设备制造业	3.71	15
食品制造业	3.63	16
造纸及纸制品业	3.57	17
农副食品加工业	3.55	18
印刷业和记录媒介的复制	3.42	19
非金属矿物制品业	3.04	20
仪器仪表及文化、办公用机械制造业	2.88	21
木材加工及木、竹、藤、棕、草制品业	2.80	22
金属制品业	2.66	23
非金属矿采选业	2.61	24
通信设备、计算机及其他电子设备制造业	2.55	25
电力、热力的生产和供应业	2.40	26
塑料制品业	2.17	27
工艺品及其他制造业	1.85	28

续表

行业	指标值	排名	行业	指标值	排名
工艺品及其他制造业	31.57	29	橡胶制品业	1.68	29
纺织业	31.35	30	纺织服装、鞋、帽制造业	1.54	30
印刷业和记录媒介的复制	31.07	31	化学纤维制造业	1.49	31
非金属矿采选业	26.57	32	废弃资源和废旧材料回收加工业	1.46	32
家具制造业	26.30	33	纺织业	1.37	33
煤炭开采和洗选业	24.46	34	皮革、毛皮、羽毛(绒)及其制品业	1.23	34
纺织服装、鞋、帽制造业	23.35	35	家具制造业	1.09	35
水的生产和供应业	22.31	36	文教体育用品制造业	0.48	36
皮革、毛皮、羽毛(绒)及其制品业	19.67	37	水的生产和供应业	0.22	37
文教体育用品制造业	16.91	38	石油加工、炼焦及核燃料加工业	-16.02	38

指标名称:3年主营业务收入平均值(万元)　　**指标名称:**3年利润总额平均值(万元)

指标编号:1.1.3　　**指标编号:**1.1.4

行业	指标值	排名	行业	指标值	排名
通信设备、计算机及其他电子设备制造业	341 363 720	1	石油和天然气开采业	37 264 193	1
黑色金属冶炼及压延加工业	294 830 762	2	黑色金属冶炼及压延加工业	14 798 476	2
电力、热力的生产和供应业	211 772 872	3	交通运输设备制造业	13 609 531	3
交通运输设备制造业	211 317 404	4	电力、热力的生产和供应业	12 064 815	4
石油加工、炼焦及核燃料加工业	165 595 856	5	通信设备、计算机及其他电子设备制造业	11 883 516	5
电气机械及器材制造业	148 766 320	6	煤炭开采和洗选业	9 986 353	6
化学原料及化学制品制造业	146 504 932	7	化学原料及化学制品制造业	9 316 238	7
有色金属冶炼及压延加工业	103 979 752	8	电气机械及器材制造业	8 803 514	8
石油和天然气开采业	100 383 252	9	有色金属冶炼及压延加工业	7 324 504	9
通用设备制造业	90 227 985	10	通用设备制造业	6 292 580	10
纺织业	88 925 338	11	烟草制品业	5 835 677	11
煤炭开采和洗选业	77 496 032	12	非金属矿物制品业	4 587 305	12
农副食品加工业	71 747 491	13	专用设备制造业	4 463 682	13
非金属矿物制品业	62 301 266	14	医药制造业	4 083 910	14
专用设备制造业	58 787 234	15	纺织业	3 845 600	15
金属制品业	44 559 458	16	农副食品加工业	3 676 969	16

续表

行业	指标值	排名	行业	指标值	排名
医药制造业	37 163 972	17	饮料制造业	3 214 412	17
烟草制品业	36 526 691	18	有色金属矿采选业	2 663 720	18
饮料制造业	34 009 008	19	金属制品业	2 447 119	19
食品制造业	33 924 323	20	食品制造业	2 338 867	20
纺织服装、鞋、帽制造业	33 097 525	21	黑色金属矿采选业	2 248 820	21
造纸及纸制品业	31 948 759	22	纺织服装、鞋、帽制造业	2 106 844	22
化学纤维制造业	28 211 121	23	造纸及纸制品业	2 056 019	23
仪器仪表及文化、办公用机械制造业	27 891 891	24	仪器仪表及文化、办公用机械制造业	1 575 019	24
塑料制品业	27 252 264	25	塑料制品业	1 548 169	25
皮革、毛皮、羽毛(绒)及其制品业	24 389 837	26	皮革、毛皮、羽毛(绒)及其制品业	1 358 909	26
橡胶制品业	21 548 560	27	橡胶制品业	863 374	27
工艺品及其他制造业	13 047 166	28	印刷业和记录媒介的复制	800 634	28
有色金属矿采选业	11 373 770	29	工艺品及其他制造业	743 752	29
家具制造业	10 717 646	30	化学纤维制造业	726 331	30
黑色金属矿采选业	10 461 824	31	木材加工及木、竹、藤、棕、草制品业	561 824	31
文教体育用品制造业	9 754 696	32	家具制造业	492 042	32
木材加工及木、竹、藤、棕、草制品业	8 898 037	33	非金属矿采选业	335 637	33
印刷业和记录媒介的复制	7 886 860	34	燃气生产和供应业	335 238	34
燃气生产和供应业	5 801 453	35	文教体育用品制造业	318 757	35
水的生产和供应业	4 181 269	36	水的生产和供应业	116 695	36
非金属矿采选业	3 539 675	37	废弃资源和废旧材料回收加工业	27 773	37
废弃资源和废旧材料回收加工业	1 207 014	38	石油加工、炼焦及核燃料加工业	-47 383 38	38

指标名称:利润总额占主营业务收入比例(%)

指标编号:1.1.5

行业	指标值	排名
石油和天然气开采业	37.90	1
黑色金属矿采选业	26.23	2
有色金属矿采选业	18.84	3
烟草制品业	16.69	4
煤炭开采和洗选业	16.04	5
医药制造业	11.78	6
印刷业和记录媒介的复制	11.02	7
非金属矿采选业	9.81	8
饮料制造业	9.27	9
非金属矿物制品业	7.73	10
专用设备制造业	7.41	11
燃气生产和供应业	7.33	12
通用设备制造业	7.19	13
交通运输设备制造业	7.12	14
木材加工及木、竹、藤、棕、草制品业	7.05	15
食品制造业	6.76	16
电气机械及器材制造业	6.72	17
纺织服装、鞋、帽制造业	6.61	18
皮革、毛皮、羽毛(绒)及其制品业	6.24	19
造纸及纸制品业	6.23	20
仪器仪表及文化、办公用机械制造业	6.23	21
塑料制品业	6.18	22
工艺品及其他制造业	5.85	23
金属制品业	5.60	24
化学原料及化学制品制造业	5.23	25

指标名称:生产经营用机器设备原价(万元)

指标编号:1.2.1

行业	指标值	排名
电力、热力的生产和供应业	263 901 796	1
黑色金属冶炼及压延加工业	114 207 877	2
通信设备、计算机及其他电子设备制造业	69 463 448	3
化学原料及化学制品制造业	65 529 201	4
石油和天然气开采业	61 578 689	5
交通运输设备制造业	48 641 319	6
石油加工、炼焦及核燃料加工业	46 908 539	7
煤炭开采和洗选业	35 347 925	8
非金属矿物制品业	31 481 220	9
纺织业	29 394 583	10
有色金属冶炼及压延加工业	27 355 125	11
电气机械及器材制造业	22 833 842	12
通用设备制造业	21 091 886	13
造纸及纸制品业	19 934 463	14
专用设备制造业	14 133 677	15
农副食品加工业	12 100 009	16
饮料制造业	11 936 533	17
医药制造业	10 794 444	18
化学纤维制造业	9 509 116	19
食品制造业	8 990 123	20
金属制品业	8 772 731	21
橡胶制品业	8 401 372	22
塑料制品业	7 492 238	23
水的生产和供应业	7 466 135	24
烟草制品业	7 361 670	25

续表

行业	指标值	排名	行业	指标值	排名
农副食品加工业	4. 81	26	燃气生产和供应业	6 641 090	26
纺织业	4. 38	27	纺织服装、鞋、帽制造业	5 000 369	27
有色金属冶炼及压延加工业	4. 26	28	印刷业和记录媒介的复制	4 559 348	28
家具制造业	4. 13	29	仪器仪表及文化、办公用机械制造业	4 439 878	29
通信设备、计算机及其他电子设备制造业	3. 52	30	皮革、毛皮、羽毛(绒)及其制品业	3 130 204	30
黑色金属冶炼及压延加工业	3. 45	31	黑色金属矿采选业	3 078 993	31
橡胶制品业	3. 43	32	有色金属矿采选业	2 514 757	32
文教体育用品制造业	2. 83	33	工艺品及其他制造业	2 487 495	33
电力、热力的生产和供应业	1. 88	34	木材加工及木、竹、藤、棕、草制品业	2 238 357	34
废弃资源和废旧材料回收加工业	1. 86	35	文教体育用品制造业	1 968 291	35
化学纤维制造业	1. 61	36	家具制造业	1 874 158	36
水的生产和供应业	0. 98	37	非金属矿采选业	1 161 607	37
石油加工、炼焦及核燃料加工业	-5. 53	38	废弃资源和废旧材料回收加工业	65 635	38

指标名称:微电子控制设备费用(万元)

指标编号:1. 2. 2

行业	指标值	排名
通信设备、计算机及其他电子设备制造业	21 918 632	1
电力、热力的生产和供应业	15 696 344	2
黑色金属冶炼及压延加工业	11 362 929	3
交通运输设备制造业	9 634 618	4
化学原料及化学制品制造业	9 225 702	5
石油加工、炼焦及核燃料加工业	4 703 440	6
纺织业	4 354 726	7
电气机械及器材制造业	4 285 521	8
通用设备制造业	3 708 168	9

指标名称:企业人均生产经营用机器设备原价(万元)

指标编号:1. 2. 3

行业	指标值	排名
电力、热力的生产和供应业	127. 76	1
石油加工、炼焦及核燃料加工业	67. 13	2
燃气生产和供应业	56. 85	3
石油和天然气开采业	55. 73	4
黑色金属冶炼及压延加工业	45. 82	5
烟草制品业	39. 95	6
水的生产和供应业	35. 04	7
化学原料及化学制品制造业	30. 97	8
造纸及纸制品业	30. 95	9

续表

行业	指标值	排名	行业	指标值	排名
煤炭开采和洗选业	3 468 137	10	化学纤维制造业	30.42	10
石油和天然气开采业	3 188 363	11	有色金属冶炼及压延加工业	22.94	11
有色金属冶炼及压延加工业	2 910 354	12	饮料制造业	18.11	12
非金属矿物制品业	2 905 043	13	橡胶制品业	16.31	13
造纸及纸制品业	2 857 554	14	非金属矿物制品业	15.85	14
烟草制品业	2 568 320	15	交通运输设备制造业	15.81	15
专用设备制造业	2 214 755	16	印刷业和记录媒介的复制	15.59	16
医药制造业	1 956 028	17	通信设备、计算机及其他电子设备制造业	13.27	17
橡胶制品业	1 798 399	18	医药制造业	12.08	18
饮料制造业	1 703 609	19	食品制造业	11.61	19
化学纤维制造业	1 483 340	20	通用设备制造业	10.58	20
塑料制品业	1 402 948	21	农副食品加工业	9.58	21
印刷业和记录媒介的复制	1 271 640	22	纺织业	9.45	22
食品制造业	1 067 758	23	专用设备制造业	9.38	23
金属制品业	995 098	24	有色金属矿采选业	8.75	24
仪器仪表及文化、办公用机械制造业	842 005	25	黑色金属矿采选业	8.46	25
农副食品加工业	771 719	26	塑料制品业	8.43	26
纺织服装、鞋、帽制造业	669 335	27	木材加工及木、竹、藤、棕、草制品业	8.28	27
水的生产和供应业	412 202	28	煤炭开采和洗选业	7.93	28
文教体育用品制造业	325 521	29	金属制品业	7.68	29
燃气生产和供应业	310 543	30	电气机械及器材制造业	7.62	30
工艺品及其他制造业	272 793	31	非金属矿采选业	7.13	31
皮革、毛皮、羽毛（绒）及其制品业	253 711	32	仪器仪表及文化、办公用机械制造业	6.59	32
木材加工及木、竹、藤、棕、草制品业	211 321	33	工艺品及其他制造业	5.02	33
家具制造业	134 511	34	家具制造业	4.01	34
黑色金属矿采选业	96 770	35	纺织服装、鞋、帽制造业	3.00	35
非金属矿采选业	85 888	36	文教体育用品制造业	3.00	36
有色金属矿采选业	80 938	37	废弃资源和废旧材料回收加工业	2.65	37
废弃资源和废旧材料回收加工业	974	38	皮革、毛皮、羽毛(绒)及其制品业	2.17	38

指标名称:微电子设备费用占机器设备原价比例(%)

指标编号:1.2.4

行业	指标值	排名
烟草制品业	34.89	1
通信设备、计算机及其他电子设备制造业	31.55	2
印刷业和记录媒介的复制	27.89	3
橡胶制品业	21.41	4
交通运输设备制造业	19.81	5
仪器仪表及文化、办公用机械制造业	18.96	6
电气机械及器材制造业	18.77	7
塑料制品业	18.73	8
医药制造业	18.12	9
通用设备制造业	17.58	10
文教体育用品制造业	16.54	11
专用设备制造业	15.67	12
化学纤维制造业	15.60	13
纺织业	14.81	14
造纸及纸制品业	14.33	15
饮料制造业	14.27	16
化学原料及化学制品制造业	14.08	17
纺织服装、鞋、帽制造业	13.39	18
食品制造业	11.88	19
金属制品业	11.34	20
工艺品及其他制造业	10.97	21
有色金属冶炼及压延加工业	10.64	22
石油加工、炼焦及核燃料加工业	10.03	23
黑色金属冶炼及压延加工业	9.95	24
煤炭开采和洗选业	9.81	25
木材加工及木、竹、藤、棕、草制品业	9.44	26

指标名称:3年R&D经费平均值(万元)

指标编号:1.3.1

行业	指标值	排名
通信设备、计算机及其他电子设备制造业	4 111 308	1
交通运输设备制造业	2 993 642	2
黑色金属冶炼及压延加工业	2 277 570	3
电气机械及器材制造业	2 186 303	4
通用设备制造业	1 388 951	5
化学原料及化学制品制造业	1 385 469	6
专用设备制造业	1 102 882	7
有色金属冶炼及压延加工业	692 710	8
医药制造业	658 524	9
煤炭开采和洗选业	493 232	10
纺织业	436 588	11
非金属矿物制品业	336 374	12
金属制品业	321 138	13
石油和天然气开采业	287 757	14
仪器仪表及文化、办公用机械制造业	285 749	15
橡胶制品业	270 107	16
饮料制造业	259 381	17
化学纤维制造业	256 183	18
石油加工、炼焦及核燃料加工业	212 561	19
农副食品加工业	205 435	20
电力、热力的生产和供应业	203 146	21
造纸及纸制品业	192 594	22
塑料制品业	177 395	23
食品制造业	151 844	24
纺织服装、鞋、帽制造业	102 609	25
烟草制品业	81 769	26

续表

行业	指标值	排名	行业	指标值	排名
非金属矿物制品业	9.23	27	工艺品及其他制造业	62 732	27
皮革、毛皮、羽毛(绒)及其制品业	8.11	28	木材加工及木、竹、藤、棕、草制品业	47 006	28
非金属矿采选业	7.39	29	皮革、毛皮、羽毛(绒)及其制品业	43 438	29
家具制造业	7.18	30	文教体育用品制造业	42 967	30
农副食品加工业	6.38	31	印刷业和记录媒介的复制	41 099	31
电力、热力的生产和供应业	5.95	32	家具制造业	33 416	32
水的生产和供应业	5.52	33	有色金属矿采选业	31 529	33
石油和天然气开采业	5.18	34	非金属矿采选业	18 526	34
燃气生产和供应业	4.68	35	黑色金属矿采选业	13 035	35
有色金属矿采选业	3.22	36	水的生产和供应业	6 122	36
黑色金属矿采选业	3.14	37	燃气生产和供应业	2 075	37
废弃资源和废旧材料回收加工业	1.48	38	废弃资源和废旧材料回收加工业	87	38

指标名称:R&D 人员平均 R&D 经费(万元)

指标编号:1.3.2

行业	指标值	排名
黑色金属冶炼及压延加工业	44.79	1
化学纤维制造业	30.31	2
橡胶制品业	26.18	3
农副食品加工业	25.91	4
电气机械及器材制造业	25.59	5
交通运输设备制造业	24.82	6
有色金属冶炼及压延加工业	23.99	7
石油加工、炼焦及核燃料加工业	23.25	8
化学原料及化学制品制造业	23.17	9
造纸及纸制品业	23.15	10

指标名称:R&D 经费占主营业务收入比例(%)

指标编号:1.3.3

行业	指标值	排名
专用设备制造业	1.93	1
医药制造业	1.74	2
通用设备制造业	1.59	3
电气机械及器材制造业	1.50	4
交通运输设备制造业	1.44	5
橡胶制品业	1.27	6
通信设备、计算机及其他电子设备制造业	1.27	7
仪器仪表及文化、办公用机械制造业	1.22	8
化学纤维制造业	1.06	9
化学原料及化学制品制造业	0.99	10

续表

行业	指标值	排名	行业	指标值	排名
通信设备、计算机及其他电子设备制造业	21.82	11	塑料制品业	0.80	11
烟草制品业	20.98	12	金属制品业	0.80	12
木材加工及木、竹、藤、棕、草制品业	20.96	13	饮料制造业	0.79	13
纺织服装、鞋、帽制造业	20.31	14	黑色金属冶炼及压延加工业	0.79	14
通用设备制造业	19.61	15	造纸及纸制品业	0.69	15
家具制造业	19.59	16	有色金属冶炼及压延加工业	0.69	16
食品制造业	19.34	17	煤炭开采和洗选业	0.58	17
金属制品业	18.98	18	非金属矿物制品业	0.58	18
专用设备制造业	18.89	19	纺织业	0.55	19
饮料制造业	18.72	20	印刷业和记录媒介的复制	0.54	20
医药制造业	16.40	21	木材加工及木、竹、藤、棕、草制品业	0.53	21
非金属矿物制品业	15.63	22	文教体育用品制造业	0.52	22
纺织业	15.45	23	非金属矿采选业	0.51	23
文教体育用品制造业	14.39	24	食品制造业	0.43	24
塑料制品业	14.36	25	工艺品及其他制造业	0.42	25
皮革、毛皮、羽毛(绒)及其制品业	14.27	26	纺织服装、鞋、帽制造业	0.32	26
仪器仪表及文化、办公用机械制造业	14.02	27	石油和天然气开采业	0.31	27
印刷业和记录媒介的复制	12.76	28	家具制造业	0.31	28
有色金属矿采选业	12.51	29	有色金属矿采选业	0.30	29
电力、热力的生产和供应业	11.92	30	农副食品加工业	0.30	30
石油和天然气开采业	11.81	31	烟草制品业	0.23	31
工艺品及其他制造业	11.57	32	皮革、毛皮、羽毛(绒)及其制品业	0.19	32
煤炭开采和洗选业	10.40	33	黑色金属矿采选业	0.14	33
水的生产和供应业	10.23	34	石油加工、炼焦及核燃料加工业	0.14	34
非金属矿采选业	9.87	35	水的生产和供应业	0.14	35
黑色金属矿采选业	8.78	36	电力、热力的生产和供应业	0.10	36
燃气生产和供应业	5.08	37	燃气生产和供应业	0.04	37
废弃资源和废旧材料回收加工业	3.12	38	废弃资源和废旧材料回收加工业	0.00	38

指标名称：3 年 R&D 经费平均增长率(%)

指标编号：1.3.4

行业	指标值	排名
黑色金属矿采选业	128.15	1
有色金属矿采选业	66.80	2
燃气生产和供应业	60.75	3
印刷业和记录媒介的复制	44.09	4
金属制品业	43.95	5
农副食品加工业	43.85	6
仪器仪表及文化、办公用机械制造业	42.00	7
专用设备制造业	38.49	8
皮革、毛皮、羽毛(绒)及其制品业	36.64	9
黑色金属冶炼及压延加工业	36.33	10
化学原料及化学制品制造业	34.35	11
木材加工及木、竹、藤、棕、草制品业	34.04	12
文教体育用品制造业	33.54	13
非金属矿物制品业	33.30	14
非金属矿采选业	33.05	15
塑料制品业	32.82	16
石油加工、炼焦及核燃料加工业	32.50	17
饮料制造业	31.29	18
煤炭开采和洗选业	31.01	19
造纸及纸制品业	30.28	20
通用设备制造业	30.26	21
电力、热力的生产和供应业	29.14	22
交通运输设备制造业	29.02	23
电气机械及器材制造业	28.40	24
石油和天然气开采业	26.60	25
纺织业	24.73	26

指标名称：企业人均科技活动经费(万元)

指标编号：1.3.5

行业	指标值	排名
黑色金属冶炼及压延加工业	2.76	1
交通运输设备制造业	2.35	2
化学纤维制造业	1.81	3
化学原料及化学制品制造业	1.75	4
烟草制品业	1.69	5
专用设备制造业	1.63	6
电气机械及器材制造业	1.60	7
医药制造业	1.57	8
有色金属冶炼及压延加工业	1.53	9
通用设备制造业	1.43	10
通信设备、计算机及其他电子设备制造业	1.42	11
橡胶制品业	1.30	12
饮料制造业	1.15	13
仪器仪表及文化、办公用机械制造业	1.00	14
石油加工、炼焦及核燃料加工业	0.94	15
石油和天然气开采业	0.86	16
造纸及纸制品业	0.86	17
金属制品业	0.70	18
电力、热力的生产和供应业	0.62	19
非金属矿采选业	0.52	20
食品制造业	0.52	21
塑料制品业	0.51	22
非金属矿物制品业	0.51	23
有色金属矿采选业	0.41	24
农副食品加工业	0.41	25
木材加工及木、竹、藤、棕、草制品业	0.38	26

续表

行业	指标值	排名	行业	指标值	排名
化学纤维制造业	24.53	27	煤炭开采和洗选业	0.37	27
有色金属冶炼及压延加工业	24.26	28	纺织业	0.36	28
橡胶制品业	23.69	29	印刷业和记录媒介的复制	0.35	29
家具制造业	23.52	30	工艺品及其他制造业	0.27	30
食品制造业	23.24	31	黑色金属矿采选业	0.24	31
烟草制品业	22.81	32	纺织服装、鞋、帽制造业	0.17	32
医药制造业	22.64	33	家具制造业	0.17	33
纺织服装、鞋、帽制造业	18.09	34	文教体育用品制造业	0.16	34
通信设备、计算机及其他电子设备制造业	17.48	35	水的生产和供应业	0.14	35
水的生产和供应业	15.12	36	皮革、毛皮、羽毛(绒)及其制品业	0.11	36
工艺品及其他制造业	6.48	37	燃气生产和供应业	0.10	37
废弃资源和废旧材料回收加工业	6.48	38	废弃资源和废旧材料回收加工业	0.00	38

指标名称:吸收政府资金占企业科技活动经费比例(%)

指标编号:1.3.6

行业	指标值	排名
水的生产和供应业	14.42	1
交通运输设备制造业	9.21	2
仪器仪表及文化、办公用机械制造业	8.74	3
工艺品及其他制造业	6.17	4
专用设备制造业	5.04	5
医药制造业	4.89	6
通用设备制造业	4.89	7
有色金属矿采选业	4.33	8
农副食品加工业	4.16	9
金属制品业	4.09	10
食品制造业	4.05	11

指标名称:R&D 人员占从业人员比例(%)

指标编号:2.1.1

行业	指标值	排名
医药制造业	5.40	1
专用设备制造业	5.11	2
交通运输设备制造业	4.88	3
通用设备制造业	4.49	4
通信设备、计算机及其他电子设备制造业	4.21	5
仪器仪表及文化、办公用机械制造业	4.01	6
化学原料及化学制品制造业	3.60	7
电气机械及器材制造业	3.59	8
化学纤维制造业	3.21	9
有色金属冶炼及压延加工业	2.99	10
石油和天然气开采业	2.79	11

续表

行业	指标值	排名	行业	指标值	排名
非金属矿物制品业	3.77	12	黑色金属冶炼及压延加工业	2.70	12
通信设备、计算机及其他电子设备制造业	3.24	13	饮料制造业	2.62	13
纺织业	3.02	14	烟草制品业	2.46	14
有色金属冶炼及压延加工业	2.99	15	橡胶制品业	2.38	15
文教体育用品制造业	2.94	16	金属制品业	2.00	16
化学原料及化学制品制造业	2.85	17	塑料制品业	1.97	17
废弃资源和废旧材料回收加工业	2.84	18	石油加工、炼焦及核燃料加工业	1.73	18
石油加工、炼焦及核燃料加工业	2.67	19	造纸及纸制品业	1.72	19
电气机械及器材制造业	2.64	20	非金属矿物制品业	1.47	20
非金属矿采选业	2.49	21	非金属矿采选业	1.38	21
造纸及纸制品业	2.22	22	煤炭开采和洗选业	1.37	22
黑色金属矿采选业	2.12	23	印刷业和记录媒介的复制	1.32	23
塑料制品业	2.04	24	食品制造业	1.19	24
化学纤维制造业	1.81	25	工艺品及其他制造业	1.14	25
煤炭开采和洗选业	1.70	26	有色金属矿采选业	1.13	26
饮料制造业	1.58	27	纺织业	1.11	27
木材加工及木、竹、藤、棕、草制品业	1.48	28	电力、热力的生产和供应业	1.04	28
橡胶制品业	1.35	29	木材加工及木、竹、藤、棕、草制品业	1.01	29
家具制造业	1.01	30	农副食品加工业	0.85	30
纺织服装、鞋、帽制造业	0.91	31	黑色金属矿采选业	0.68	31
黑色金属冶炼及压延加工业	0.86	32	文教体育用品制造业	0.61	32
燃气生产和供应业	0.81	33	燃气生产和供应业	0.55	33
印刷业和记录媒介的复制	0.80	34	家具制造业	0.42	34
电力、热力的生产和供应业	0.59	35	纺织服装、鞋、帽制造业	0.36	35
石油和天然气开采业	0.51	36	水的生产和供应业	0.30	36
烟草制品业	0.28	37	皮革、毛皮、羽毛(绒)及其制品业	0.27	37
皮革、毛皮、羽毛(绒)及其制品业	0.15	38	废弃资源和废旧材料回收加工业	0.11	38

指标名称:3 年 R&D 人员全时当量平均值(人年)

指标编号:2.1.2

行业	指标值	排名
通信设备、计算机及其他电子设备制造业	164 815	1
交通运输设备制造业	108 960	2
电气机械及器材制造业	74 417	3
通用设备制造业	60 773	4
化学原料及化学制品制造业	53 743	5
专用设备制造业	52 119	6
黑色金属冶炼及压延加工业	45 294	7
煤炭开采和洗选业	40 085	8
医药制造业	32 120	9
石油和天然气开采业	24 520	10
有色金属冶炼及压延加工业	23 119	11
纺织业	22 328	12
仪器仪表及文化、办公用机械制造业	17 857	13
非金属矿物制品业	17 488	14
金属制品业	13 581	15
电力、热力的生产和供应业	11 916	16
塑料制品业	10 318	17
饮料制造业	9 949	18
石油加工、炼焦及核燃料加工业	8 498	19
橡胶制品业	7 631	20
农副食品加工业	7 571	21
化学纤维制造业	7 135	22
食品制造业	6 359	23
造纸及纸制品业	6 099	24
纺织服装、鞋、帽制造业	4 799	25
工艺品及其他制造业	4 738	26

指标名称:科学家和工程师占科技活动人员比例(%)

指标编号:2.1.3

行业	指标值	排名
水的生产和供应业	76.52	1
石油和天然气开采业	75.71	2
通信设备、计算机及其他电子设备制造业	75.61	3
电力、热力的生产和供应业	73.47	4
烟草制品业	71.52	5
电气机械及器材制造业	68.33	6
有色金属矿采选业	67.88	7
仪器仪表及文化、办公用机械制造业	67.81	8
专用设备制造业	66.30	9
医药制造业	65.75	10
饮料制造业	65.69	11
石油加工、炼焦及核燃料加工业	65.60	12
交通运输设备制造业	64.63	13
农副食品加工业	63.05	14
化学纤维制造业	62.62	15
黑色金属冶炼及压延加工业	62.56	16
有色金属冶炼及压延加工业	62.43	17
通用设备制造业	61.64	18
非金属矿采选业	61.20	19
食品制造业	61.17	20
化学原料及化学制品制造业	60.29	21
造纸及纸制品业	60.26	22
金属制品业	60.03	23
工艺品及其他制造业	59.70	24
废弃资源和废旧材料回收加工业	58.97	25
非金属矿物制品业	57.46	26

续表

行业	指标值	排名	行业	指标值	排名
烟草制品业	3 175	27	印刷业和记录媒介的复制	56.09	27
文教体育用品制造业	2 933	28	塑料制品业	55.68	28
皮革、毛皮、羽毛(绒)及其制品业	2 852	29	燃气生产和供应业	55.12	29
印刷业和记录媒介的复制	2 311	30	煤炭开采和洗选业	54.72	30
木材加工及木、竹、藤、棕、草制品业	1 925	31	橡胶制品业	53.89	31
有色金属矿采选业	1 724	32	家具制造业	51.99	32
非金属矿采选业	1 485	33	黑色金属矿采选业	51.69	33
家具制造业	1 226	34	纺织服装、鞋、帽制造业	49.07	34
黑色金属矿采选业	1 075	35	纺织业	46.25	35
水的生产和供应业	633	36	文教体育用品制造业	44.02	36
燃气生产和供应业	274	37	木材加工及木、竹、藤、棕、草制品业	40.89	37
废弃资源和废旧材料回收加工业	9	38	皮革、毛皮、羽毛(绒)及其制品业	39.22	38

指标名称:企业每千人拥有高中级技术职称人数(人)

指标编号:2.1.4

指标名称:企业每千人拥有博士和硕士人数(人)

指标编号:2.1.5

行业	指标值	排名	行业	指标值	排名
专用设备制造业	35.72	1	燃气生产和供应业	350.52	1
医药制造业	33.13	2	通信设备、计算机及其他电子设备制造业	183.84	2
交通运输设备制造业	31.22	3	烟草制品业	178.09	3
通用设备制造业	29.38	4	电力、热力的生产和供应业	157.23	4
石油和天然气开采业	29.32	5	石油和天然气开采业	151.17	5
黑色金属冶炼及压延加工业	26.96	6	仪器仪表及文化、办公用机械制造业	148.04	6
化学原料及化学制品制造业	26.12	7	水的生产和供应业	144.00	7
通信设备、计算机及其他电子设备制造业	25.92	8	医药制造业	136.12	8
仪器仪表及文化、办公用机械制造业	24.35	9	塑料制品业	134.94	9

续表

行业	指标值	排名	行业	指标值	排名
有色金属冶炼及压延加工业	22.53	10	黑色金属冶炼及压延加工业	128.38	10
烟草制品业	21.58	11	食品制造业	118.41	11
电气机械及器材制造业	20.29	12	农副食品加工业	104.40	12
化学纤维制造业	19.77	13	专用设备制造业	97.32	13
石油加工、炼焦及核燃料加工业	17.81	14	有色金属矿采选业	94.39	14
饮料制造业	15.82	15	石油加工、炼焦及核燃料加工业	93.55	15
电力、热力的生产和供应业	14.43	16	化学原料及化学制品制造业	91.86	16
橡胶制品业	13.56	17	有色金属冶炼及压延加工业	90.32	17
煤炭开采和洗选业	13.33	18	交通运输设备制造业	89.36	18
金属制品业	12.50	19	木材加工及木、竹、藤、棕、草制品业	87.94	19
非金属矿采选业	12.36	20	金属制品业	82.30	20
造纸及纸制品业	9.74	21	电气机械及器材制造业	75.74	21
非金属矿物制品业	9.49	22	印刷业和记录媒介的复制	75.63	22
有色金属矿采选业	9.17	23	黑色金属矿采选业	74.74	23
食品制造业	8.06	24	通用设备制造业	73.88	24
木材加工及木、竹、藤、棕、草制品业	7.55	25	煤炭开采和洗选业	73.76	25
水的生产和供应业	7.33	26	非金属矿物制品业	69.08	26
工艺品及其他制造业	6.98	27	造纸及纸制品业	69.00	27
印刷业和记录媒介的复制	6.93	28	化学纤维制造业	65.21	28
黑色金属矿采选业	6.57	29	饮料制造业	63.89	29
塑料制品业	6.55	30	非金属矿采选业	60.93	30
纺织业	5.81	31	家具制造业	51.29	31
农副食品加工业	5.25	32	纺织业	51.18	32
燃气生产和供应业	3.71	33	文教体育用品制造业	45.12	33
纺织服装、鞋、帽制造业	2.20	34	工艺品及其他制造业	44.84	34
家具制造业	2.09	35	纺织服装、鞋、帽制造业	34.61	35
文教体育用品制造业	1.96	36	橡胶制品业	32.68	36
皮革、毛皮、羽毛(绒)及其制品业	1.20	37	废弃资源和废旧材料回收加工业	28.04	37
废弃资源和废旧材料回收加工业	0.40	38	皮革、毛皮、羽毛(绒)及其制品业	28.04	38

指标名称:企业平均设立科技机构数(个)

指标编号:2.2.1

行业	指标值	排名
石油和天然气开采业	1.68	1
医药制造业	0.75	2
专用设备制造业	0.57	3
仪器仪表及文化、办公用机械制造业	0.56	4
通用设备制造业	0.51	5
化学原料及化学制品制造业	0.49	6
电气机械及器材制造业	0.49	7
交通运输设备制造业	0.46	8
化学纤维制造业	0.44	9
通信设备、计算机及其他电子设备制造业	0.40	10
烟草制品业	0.37	11
有色金属冶炼及压延加工业	0.37	12
饮料制造业	0.35	13
橡胶制品业	0.33	14
黑色金属冶炼及压延加工业	0.26	15
非金属矿采选业	0.25	16
食品制造业	0.25	17
石油加工、炼焦及核燃料加工业	0.25	18
金属制品业	0.24	19
工艺品及其他制造业	0.24	20
纺织业	0.23	21
非金属矿物制品业	0.23	22
造纸及纸制品业	0.21	23
塑料制品业	0.21	24
文教体育用品制造业	0.20	25
煤炭开采和洗选业	0.19	26
农副食品加工业	0.19	27

指标名称:设立科技机构企业占本行业企业总数比例(%)

指标编号:2.2.2

行业	指标值	排名
医药制造业	56.16	1
专用设备制造业	40.95	2
石油和天然气开采业	40.91	3
仪器仪表及文化、办公用机械制造业	39.94	4
通用设备制造业	39.82	5
电气机械及器材制造业	37.11	6
化学纤维制造业	37.08	7
烟草制品业	36.67	8
化学原料及化学制品制造业	35.43	9
交通运输设备制造业	35.43	10
通信设备、计算机及其他电子设备制造业	28.32	11
有色金属冶炼及压延加工业	27.86	12
橡胶制品业	27.51	13
饮料制造业	25.74	14
食品制造业	20.58	15
金属制品业	20.33	16
工艺品及其他制造业	18.80	17
非金属矿采选业	18.47	18
黑色金属冶炼及压延加工业	18.47	19
非金属矿物制品业	18.39	20
造纸及纸制品业	18.36	21
纺织业	18.12	22
文教体育用品制造业	16.34	23
石油加工、炼焦及核燃料加工业	16.26	24
塑料制品业	16.25	25
家具制造业	15.06	26
农副食品加工业	14.52	27

续表

行业	指标值	排名	行业	指标值	排名
木材加工及木、竹、藤、棕、草制品业	0.18	28	印刷业和记录媒介的复制	13.63	28
印刷业和记录媒介的复制	0.18	29	木材加工及木、竹、藤、棕、草制品业	13.11	29
家具制造业	0.17	30	皮革、毛皮、羽毛(绒)及其制品业	12.95	30
水的生产和供应业	0.15	31	水的生产和供应业	10.41	31
皮革、毛皮、羽毛(绒)及其制品业	0.14	32	煤炭开采和洗选业	9.02	32
有色金属矿采选业	0.13	33	有色金属矿采选业	8.65	33
纺织服装、鞋、帽制造业	0.11	34	纺织服装、鞋、帽制造业	8.58	34
电力、热力的生产和供应业	0.08	35	电力、热力的生产和供应业	6.55	35
黑色金属矿采选业	0.07	36	黑色金属矿采选业	5.76	36
废弃资源和废旧材料回收加工业	0.05	37	废弃资源和废旧材料回收加工业	4.92	37
燃气生产和供应业	0.05	38	燃气生产和供应业	4.92	38

指标名称:企业平均科技机构经费支出(万元)

指标编号:2.2.3

指标名称:科研基建支出占科技活动内部支出比例(%)

指标编号:2.2.4

行业	指标值	排名	行业	指标值	排名
石油和天然气开采业	5 013.77	1	废弃资源和废旧材料回收加工业	31.73	1
烟草制品业	1 610.43	2	木材加工及木、竹、藤、棕、草制品业	30.43	2
黑色金属冶炼及压延加工业	1 552.44	3	文教体育用品制造业	28.05	3
通信设备、计算机及其他电子设备制造业	1 393.14	4	有色金属矿采选业	22.35	4
交通运输设备制造业	1 331.54	5	水的生产和供应业	21.19	5
化学纤维制造业	1 088.72	6	非金属矿采选业	18.35	6
橡胶制品业	921.90	7	食品制造业	16.51	7
专用设备制造业	906.48	8	农副食品加工业	15.73	8
电气机械及器材制造业	883.77	9	医药制造业	13.53	9
有色金属冶炼及压延加工业	712.65	10	非金属矿物制品业	13.15	10
医药制造业	710.04	11	电力、热力的生产和供应业	12.59	11

续表

行业	指标值	排名	行业	指标值	排名
化学原料及化学制品制造业	681.40	12	通用设备制造业	11.85	12
饮料制造业	651.94	13	烟草制品业	11.20	13
通用设备制造业	581.53	14	家具制造业	11.11	14
仪器仪表及文化、办公用机械制造业	476.09	15	有色金属冶炼及压延加工业	11.06	15
石油加工、炼焦及核燃料加工业	422.79	16	电气机械及器材制造业	10.66	16
造纸及纸制品业	344.35	17	交通运输设备制造业	10.31	17
煤炭开采和洗选业	295.13	18	塑料制品业	9.72	18
金属制品业	235.47	19	金属制品业	9.02	19
食品制造业	219.93	20	化学原料及化学制品制造业	8.83	20
非金属矿采选业	217.54	21	专用设备制造业	8.63	21
非金属矿物制品业	207.76	22	纺织业	8.29	22
塑料制品业	199.54	23	饮料制造业	7.84	23
农副食品加工业	199.46	24	石油加工、炼焦及核燃料加工业	7.76	24
纺织业	172.51	25	仪器仪表及文化、办公用机械制造业	7.75	25
工艺品及其他制造业	166.06	26	煤炭开采和洗选业	7.62	26
有色金属矿采选业	125.60	27	黑色金属矿采选业	7.22	27
印刷业和记录媒介的复制	122.56	28	造纸及纸制品业	6.49	28
家具制造业	100.21	29	纺织服装、鞋、帽制造业	6.27	29
文教体育用品制造业	97.66	30	工艺品及其他制造业	6.11	30
纺织服装、鞋、帽制造业	97.16	31	橡胶制品业	5.61	31
木材加工及木、竹、藤、棕、草制品业	89.92	32	化学纤维制造业	5.50	32
皮革、毛皮、羽毛(绒)及其制品业	83.19	33	通信设备、计算机及其他电子设备制造业	4.87	33
电力、热力的生产和供应业	77.80	34	石油和天然气开采业	4.53	34
黑色金属矿采选业	69.91	35	皮革、毛皮、羽毛(绒)及其制品业	4.03	35
水的生产和供应业	34.64	36	黑色金属冶炼及压延加工业	3.90	36
废弃资源和废旧材料回收加工业	11.62	37	印刷业和记录媒介的复制	3.27	37
燃气生产和供应业	11.62	38	燃气生产和供应业	0.00	38

指标名称:科技机构人均仪器设备原价(万元)

指标编号:2.2.5

行业	指标值	排名
水的生产和供应业	69.78	1
电力、热力的生产和供应业	48.60	2
橡胶制品业	47.81	3
烟草制品业	46.39	4
化学纤维制造业	45.05	5
有色金属矿采选业	41.46	6
燃气生产和供应业	33.66	7
黑色金属冶炼及压延加工业	28.88	8
造纸及纸制品业	27.70	9
石油加工、炼焦及核燃料加工业	24.00	10
有色金属冶炼及压延加工业	23.62	11
饮料制造业	22.04	12
塑料制品业	20.66	13
交通运输设备制造业	19.53	14
印刷业和记录媒介的复制	19.33	15
电气机械及器材制造业	19.23	16
纺织业	18.33	17
化学原料及化学制品制造业	17.33	18
通信设备、计算机及其他电子设备制造业	17.17	19
食品制造业	17.03	20
工艺品及其他制造业	16.93	21
农副食品加工业	15.98	22
通用设备制造业	15.70	23
非金属矿物制品业	15.66	24
医药制造业	15.16	25
家具制造业	14.67	26
黑色金属矿采选业	13.36	27

指标名称:技术引进支出占主营业务收入比例(%)

指标编号:2.3.1

行业	指标值	排名
交通运输设备制造业	0.37	1
造纸及纸制品业	0.30	2
有色金属冶炼及压延加工业	0.25	3
煤炭开采和洗选业	0.22	4
化学原料及化学制品制造业	0.22	5
通用设备制造业	0.21	6
通信设备、计算机及其他电子设备制造业	0.20	7
黑色金属冶炼及压延加工业	0.18	8
仪器仪表及文化、办公用机械制造业	0.17	9
印刷业和记录媒介的复制	0.14	10
金属制品业	0.12	11
烟草制品业	0.10	12
医药制造业	0.10	13
电气机械及器材制造业	0.10	14
化学纤维制造业	0.09	15
食品制造业	0.08	16
专用设备制造业	0.08	17
纺织业	0.07	18
木材加工及木、竹、藤、棕、草制品业	0.06	19
橡胶制品业	0.05	20
饮料制造业	0.04	21
工艺品及其他制造业	0.04	22
非金属矿采选业	0.03	23
非金属矿物制品业	0.03	24
纺织服装、鞋、帽制造业	0.02	25
石油加工、炼焦及核燃料加工业	0.02	26
水的生产和供应业	0.02	27

续表

行业	指标值	排名	行业	指标值	排名
仪器仪表及文化、办公用机械制造业	13. 35	28	石油和天然气开采业	0. 01	28
金属制品业	13. 17	29	有色金属矿采选业	0. 01	29
非金属矿采选业	12. 80	30	农副食品加工业	0. 01	30
纺织服装、鞋、帽制造业	12. 27	31	皮革、毛皮、羽毛(绒)及其制品业	0. 01	31
专用设备制造业	11. 09	32	家具制造业	0. 01	32
皮革、毛皮、羽毛(绒)及其制品业	9. 48	33	文教体育用品制造业	0. 01	33
文教体育用品制造业	9. 26	34	塑料制品业	0. 01	34
木材加工及木、竹、藤、棕、草制品业	8. 24	35	电力、热力的生产和供应业	0. 01	35
石油和天然气开采业	7. 75	36	黑色金属矿采选业	0. 00	36
煤炭开采和洗选业	7. 54	37	废弃资源和废旧材料回收加工业	0. 00	37
废弃资源和废旧材料回收加工业	7. 54	38	燃气生产和供应业	0. 00	38

指标名称:企业对国外技术的依存度(%)

指标编号:2. 3. 2

行业	指标值	排名
燃气生产和供应业	0. 91	1
塑料制品业	1. 60	2
家具制造业	1. 93	3
文教体育用品制造业	2. 49	4
黑色金属矿采选业	3. 25	5
有色金属矿采选业	3. 37	6
农副食品加工业	3. 47	7
石油和天然气开采业	3. 53	8
橡胶制品业	3. 77	9
专用设备制造业	3. 86	10
非金属矿物制品业	4. 65	11
饮料制造业	5. 17	12
医药制造业	5. 43	13

指标名称:购买国内技术经费支出占主营业务收入比例(%)

指标编号:2. 3. 3

行业	指标值	排名
黑色金属冶炼及压延加工业	0. 19	1
医药制造业	0. 14	2
有色金属冶炼及压延加工业	0. 10	3
化学原料及化学制品制造业	0. 08	4
交通运输设备制造业	0. 06	5
烟草制品业	0. 05	6
化学纤维制造业	0. 05	7
金属制品业	0. 05	8
专用设备制造业	0. 05	9
木材加工及木、竹、藤、棕、草制品业	0. 04	10
通用设备制造业	0. 04	11
工艺品及其他制造业	0. 04	12
水的生产和供应业	0. 04	13

续表

行业	指标值	排名	行业	指标值	排名
电气机械及器材制造业	5.94	14	煤炭开采和洗选业	0.03	14
非金属矿采选业	6.06	15	非金属矿采选业	0.03	15
纺织服装、鞋、帽制造业	6.97	16	纺织业	0.03	16
皮革、毛皮、羽毛(绒)及其制品业	7.00	17	造纸及纸制品业	0.03	17
化学纤维制造业	7.60	18	印刷业和记录媒介的复制	0.03	18
电力、热力的生产和供应业	8.13	19	非金属矿物制品业	0.03	19
工艺品及其他制造业	9.63	20	电气机械及器材制造业	0.03	20
木材加工及木、竹、藤、棕、草制品业	10.32	21	有色金属矿采选业	0.02	21
水的生产和供应业	11.24	22	食品制造业	0.02	22
石油加工、炼焦及核燃料加工业	11.31	23	饮料制造业	0.02	23
通用设备制造业	11.43	24	仪器仪表及文化、办公用机械制造业	0.02	24
纺织业	11.98	25	石油和天然气开采业	0.01	25
仪器仪表及文化、办公用机械制造业	12.14	26	农副食品加工业	0.01	26
金属制品业	12.63	27	纺织服装、鞋、帽制造业	0.01	27
通信设备、计算机及其他电子设备制造业	13.37	28	皮革、毛皮、羽毛(绒)及其制品业	0.01	28
食品制造业	16.48	29	石油加工、炼焦及核燃料加工业	0.01	29
化学原料及化学制品制造业	17.98	30	橡胶制品业	0.01	30
黑色金属冶炼及压延加工业	18.59	31	塑料制品业	0.01	31
印刷业和记录媒介的复制	20.01	32	通信设备、计算机及其他电子设备制造业	0.01	32
交通运输设备制造业	20.33	33	电力、热力的生产和供应业	0.01	33
有色金属冶炼及压延加工业	26.11	34	黑色金属矿采选业	0.00	34
煤炭开采和洗选业	27.89	35	家具制造业	0.00	35
烟草制品业	29.67	36	文教体育用品制造业	0.00	36
造纸及纸制品业	30.19	37	废弃资源和废旧材料回收加工业	0.00	37
废弃资源和废旧材料回收加工业	30.19	38	燃气生产和供应业	0.00	38

指标名称:3 年购买国内技术经费平均值(万元)

指标编号:2. 3. 4

行业	指标值	排名
黑色金属冶炼及压延加工业	504 057	1
交通运输设备制造业	125 626	2
化学原料及化学制品制造业	114 889	3
有色金属冶炼及压延加工业	63 603	4
医药制造业	55 519	5
电气机械及器材制造业	48 112	6
通用设备制造业	45 276	7
通信设备、计算机及其他电子设备制造业	40 670	8
专用设备制造业	40 650	9
纺织业	34 228	10
煤炭开采和洗选业	23 345	11
烟草制品业	21 404	12
非金属矿物制品业	20 215	13
石油加工、炼焦及核燃料加工业	17 520	14
金属制品业	17 063	15
电力、热力的生产和供应业	16 005	16
饮料制造业	11 799	17
石油和天然气开采业	8 538	18
农副食品加工业	8 171	19
食品制造业	7 797	20
造纸及纸制品业	7 793	21
化学纤维制造业	6 898	22
橡胶制品业	5 620	23
工艺品及其他制造业	5 209	24
仪器仪表及文化、办公用机械制造业	4 748	25
木材加工及木、竹、藤、棕、草制品业	3 850	26

指标名称:购买国内技术经费与技术引进支出比值

指标编号:2. 3. 5

行业	指标值	排名
燃气生产和供应业	7. 71	1
水的生产和供应业	2. 51	2
有色金属矿采选业	2. 10	3
医药制造业	1. 41	4
电力、热力的生产和供应业	1. 19	5
非金属矿物制品业	1. 18	6
黑色金属矿采选业	1. 04	7
黑色金属冶炼及压延加工业	1. 03	8
工艺品及其他制造业	1. 01	9
农副食品加工业	0. 97	10
非金属矿采选业	0. 95	11
塑料制品业	0. 83	12
木材加工及木、竹、藤、棕、草制品业	0. 70	13
专用设备制造业	0. 61	14
家具制造业	0. 59	15
烟草制品业	0. 56	16
皮革、毛皮、羽毛(绒)及其制品业	0. 56	17
饮料制造业	0. 54	18
石油加工、炼焦及核燃料加工业	0. 53	19
化学纤维制造业	0. 52	20
石油和天然气开采业	0. 48	21
金属制品业	0. 47	22
纺织业	0. 41	23
有色金属冶炼及压延加工业	0. 41	24
纺织服装、鞋、帽制造业	0. 40	25
化学原料及化学制品制造业	0. 36	26

续表

行业	指标值	排名	行业	指标值	排名
印刷业和记录媒介的复制	3 117	27	电气机械及器材制造业	0. 31	27
家具制造业	2 771	28	橡胶制品业	0. 29	28
纺织服装、鞋、帽制造业	2 530	29	文教体育用品制造业	0. 26	29
塑料制品业	2 434	30	印刷业和记录媒介的复制	0. 24	30
皮革、毛皮、羽毛(绒)及其制品业	2 210	31	食品制造业	0. 20	31
水的生产和供应业	1 257	32	通用设备制造业	0. 20	32
有色金属矿采选业	1 113	33	交通运输设备制造业	0. 16	33
黑色金属矿采选业	1 028	34	仪器仪表及文化、办公用机械制造业	0. 13	34
非金属矿采选业	916	35	煤炭开采和洗选业	0. 11	35
文教体育用品制造业	773	36	造纸及纸制品业	0. 09	36
废弃资源和废旧材料回收加工业	553	37	通信设备、计算机及其他电子设备制造业	0. 07	37
燃气生产和供应业	553	38	废弃资源和废旧材料回收加工业	0. 07	38

指标名称:有 R&D 活动企业占本行业企业总数比例(%)

指标编号:3. 1. 1

行业	指标值	排名
医药制造业	56. 56	1
仪器仪表及文化、办公用机械制造业	45. 62	2
烟草制品业	44. 44	3
石油和天然气开采业	42. 05	4
通用设备制造业	40. 27	5
专用设备制造业	40. 21	6
电气机械及器材制造业	37. 95	7
化学纤维制造业	37. 08	8
交通运输设备制造业	36. 92	9
化学原料及化学制品制造业	34. 22	10
通信设备、计算机及其他电子设备制造业	32. 09	11

指标名称:技术改造经费支出占主营业务收入比例(%)

指标编号:3. 1. 2

行业	指标值	排名
黑色金属冶炼及压延加工业	3. 37	1
水的生产和供应业	2. 75	2
有色金属冶炼及压延加工业	2. 27	3
化学原料及化学制品制造业	1. 92	4
非金属矿采选业	1. 87	5
专用设备制造业	1. 87	6
化学纤维制造业	1. 80	7
煤炭开采和洗选业	1. 65	8
交通运输设备制造业	1. 42	9
饮料制造业	1. 41	10
通用设备制造业	1. 32	11

续表

行业	指标值	排名	行业	指标值	排名
有色金属冶炼及压延加工业	30.17	12	印刷业和记录媒介的复制	1.30	12
橡胶制品业	25.98	13	非金属矿物制品业	1.30	13
非金属矿采选业	22.93	14	造纸及纸制品业	1.25	14
饮料制造业	21.13	15	烟草制品业	1.20	15
金属制品业	21.11	16	医药制造业	1.13	16
黑色金属冶炼及压延加工业	20.38	17	橡胶制品业	1.10	17
石油加工、炼焦及核燃料加工业	18.52	18	石油加工、炼焦及核燃料加工业	1.00	18
非金属矿物制品业	17.92	19	电力、热力的生产和供应业	1.00	19
食品制造业	17.69	20	黑色金属矿采选业	0.99	20
造纸及纸制品业	17.46	21	电气机械及器材制造业	0.92	21
工艺品及其他制造业	17.00	22	纺织业	0.71	22
纺织业	16.37	23	有色金属矿采选业	0.70	23
塑料制品业	15.33	24	燃气生产和供应业	0.68	24
木材加工及木、竹、藤、棕、草制品业	13.93	25	金属制品业	0.66	25
印刷业和记录媒介的复制	13.87	26	木材加工及木、竹、藤、棕、草制品业	0.63	26
文教体育用品制造业	13.23	27	仪器仪表及文化、办公用机械制造业	0.63	27
有色金属矿采选业	12.39	28	食品制造业	0.55	28
农副食品加工业	12.13	29	塑料制品业	0.41	29
电力、热力的生产和供应业	10.46	30	农副食品加工业	0.37	30
煤炭开采和洗选业	9.93	31	通信设备、计算机及其他电子设备制造业	0.30	31
燃气生产和供应业	9.84	32	工艺品及其他制造业	0.21	32
家具制造业	9.64	33	皮革、毛皮、羽毛(绒)及其制品业	0.20	33
水的生产和供应业	9.05	34	纺织服装、鞋、帽制造业	0.19	34
皮革、毛皮、羽毛(绒)及其制品业	8.60	35	家具制造业	0.14	35
黑色金属矿采选业	7.19	36	石油和天然气开采业	0.12	36
纺织服装、鞋、帽制造业	7.09	37	文教体育用品制造业	0.12	37
废弃资源和废旧材料回收加工业	2.44	38	废弃资源和废旧材料回收加工业	0.00	38

指标名称:3 年技术改造经费平均值(万元)

指标编号:3. 1. 3

行业	指标值	排名
黑色金属冶炼及压延加工业	11 234 926	1
交通运输设备制造业	3 052 867	2
化学原料及化学制品制造业	3 021 175	3
石油加工、炼焦及核燃料加工业	2 211 764	4
有色金属冶炼及压延加工业	2 160 041	5
电力、热力的生产和供应业	2 042 976	6
煤炭开采和洗选业	1 540 204	7
电气机械及器材制造业	1 350 420	8
通用设备制造业	1 212 534	9
专用设备制造业	1 175 061	10
通信设备、计算机及其他电子设备制造业	920 440	11
非金属矿物制品业	771 921	12
纺织业	637 051	13
饮料制造业	578 675	14
医药制造业	490 079	15
烟草制品业	482 568	16
化学纤维制造业	448 024	17
造纸及纸制品业	435 863	18
金属制品业	300 376	19
橡胶制品业	290 673	20
农副食品加工业	277 744	21
仪器仪表及文化、办公用机械制造业	181 209	22
食品制造业	173 234	23
石油和天然气开采业	148 260	24
有色金属矿采选业	139 192	25

指标名称:消化吸收支出占主营业务收入比例(%)

指标编号:3. 1. 4

行业	指标值	排名
医药制造业	0. 09	1
有色金属冶炼及压延加工业	0. 07	2
化学原料及化学制品制造业	0. 06	3
黑色金属冶炼及压延加工业	0. 06	4
通用设备制造业	0. 05	5
交通运输设备制造业	0. 05	6
仪器仪表及文化、办公用机械制造业	0. 05	7
纺织业	0. 04	8
造纸及纸制品业	0. 04	9
印刷业和记录媒介的复制	0. 04	10
橡胶制品业	0. 04	11
电气机械及器材制造业	0. 04	12
工艺品及其他制造业	0. 04	13
食品制造业	0. 03	14
化学纤维制造业	0. 03	15
非金属矿物制品业	0. 03	16
金属制品业	0. 03	17
专用设备制造业	0. 03	18
煤炭开采和洗选业	0. 02	19
饮料制造业	0. 02	20
木材加工及木、竹、藤、棕、草制品业	0. 02	21
家具制造业	0. 02	22
通信设备、计算机及其他电子设备制造业	0. 02	23
黑色金属矿采选业	0. 01	24
有色金属矿采选业	0. 01	25

续表

行业	指标值	排名	行业	指标值	排名
塑料制品业	134 469	26	非金属矿采选业	0.01	26
水的生产和供应业	133 583	27	农副食品加工业	0.01	27
纺织服装、鞋、帽制造业	92 277	28	烟草制品业	0.01	28
非金属矿采选业	91 401	29	纺织服装、鞋、帽制造业	0.01	29
印刷业和记录媒介的复制	86 040	30	皮革、毛皮、羽毛(绒)及其制品业	0.01	30
黑色金属矿采选业	70 150	31	文教体育用品制造业	0.01	31
皮革、毛皮、羽毛(绒)及其制品业	62 317	32	塑料制品业	0.01	32
工艺品及其他制造业	53 078	33	石油和天然气开采业	0.00	33
木材加工及木、竹、藤、棕、草制品业	50 493	34	石油加工、炼焦及核燃料加工业	0.00	34
燃气生产和供应业	36 354	35	电力、热力的生产和供应业	0.00	35
文教体育用品制造业	18 507	36	水的生产和供应业	0.00	36
家具制造业	16 302	37	废弃资源和废旧材料回收加工业	0.00	37
废弃资源和废旧材料回收加工业	658	38	燃气生产和供应业	0.00	38

指标名称:消化吸收支出与技术引进支出比值

指标编号:3. 1. 5

指标名称:企业平均拥有 R&D 项目数(个)

指标编号:3. 2. 1

行业	指标值	排名	行业	指标值	排名
家具制造业	2.69	1	石油和天然气开采业	32.63	1
农副食品加工业	1.24	2	烟草制品业	10.38	2
黑色金属矿采选业	1.14	3	专用设备制造业	6.22	3
塑料制品业	1.11	4	医药制造业	5.77	4
非金属矿物制品业	1.00	5	交通运输设备制造业	5.08	5
医药制造业	0.95	6	黑色金属冶炼及压延加工业	4.42	6
工艺品及其他制造业	0.89	7	通信设备、计算机及其他电子设备制造业	4.25	7
橡胶制品业	0.74	8	通用设备制造业	4.08	8
皮革、毛皮、羽毛(绒)及其制品业	0.73	9	仪器仪表及文化、办公用机械制造业	3.79	9

续表

行业	指标值	排名	行业	指标值	排名
文教体育用品制造业	0.71	10	电气机械及器材制造业	3.72	10
有色金属矿采选业	0.69	11	橡胶制品业	2.96	11
电力、热力的生产和供应业	0.57	12	有色金属冶炼及压延加工业	2.67	12
纺织服装、鞋、帽制造业	0.51	13	化学原料及化学制品制造业	2.49	13
纺织业	0.50	14	化学纤维制造业	2.32	14
专用设备制造业	0.42	15	石油加工、炼焦及核燃料加工业	2.18	15
饮料制造业	0.39	16	煤炭开采和洗选业	2.08	16
电气机械及器材制造业	0.39	17	饮料制造业	1.86	17
木材加工及木、竹、藤、棕、草制品业	0.37	18	文教体育用品制造业	1.74	18
食品制造业	0.33	19	工艺品及其他制造业	1.23	19
化学纤维制造业	0.33	20	食品制造业	1.22	20
黑色金属冶炼及压延加工业	0.31	21	金属制品业	1.22	21
印刷业和记录媒介的复制	0.30	22	印刷业和记录媒介的复制	1.16	22
有色金属冶炼及压延加工业	0.30	23	电力、热力的生产和供应业	1.12	23
仪器仪表及文化、办公用机械制造业	0.30	24	非金属矿采选业	1.05	24
非金属矿采选业	0.28	25	非金属矿物制品业	0.92	25
化学原料及化学制品制造业	0.28	26	纺织业	0.81	26
石油加工、炼焦及核燃料加工业	0.27	27	造纸及纸制品业	0.76	27
通用设备制造业	0.24	28	塑料制品业	0.68	28
金属制品业	0.22	29	有色金属矿采选业	0.65	29
造纸及纸制品业	0.14	30	黑色金属矿采选业	0.63	30
交通运输设备制造业	0.14	31	农副食品加工业	0.56	31
烟草制品业	0.12	32	木材加工及木、竹、藤、棕、草制品业	0.48	32
通信设备、计算机及其他电子设备制造业	0.12	33	燃气生产和供应业	0.46	33
煤炭开采和洗选业	0.10	34	皮革、毛皮、羽毛(绒)及其制品业	0.41	34
石油和天然气开采业	0.08	35	水的生产和供应业	0.33	35
水的生产和供应业	0.08	36	家具制造业	0.28	36
废弃资源和废旧材料回收加工业	0.00	37	纺织服装、鞋、帽制造业	0.24	37
燃气生产和供应业	0.00	38	废弃资源和废旧材料回收加工业	0.05	38

指标名称:企业平均拥有新产品开发项目数(个)

指标编号:3.2.2

行业	指标值	排名
石油和天然气开采业	9.95	1
交通运输设备制造业	6.85	2
医药制造业	6.70	3
通信设备、计算机及其他电子设备制造业	6.08	4
专用设备制造业	5.48	5
仪器仪表及文化、办公用机械制造业	5.28	6
烟草制品业	5.26	7
通用设备制造业	5.15	8
电气机械及器材制造业	5.06	9
橡胶制品业	4.67	10
黑色金属冶炼及压延加工业	3.32	11
化学原料及化学制品制造业	2.85	12
化学纤维制造业	2.54	13
有色金属冶炼及压延加工业	2.28	14
文教体育用品制造业	2.23	15
饮料制造业	2.10	16
食品制造业	1.78	17
工艺品及其他制造业	1.68	18
金属制品业	1.55	19
纺织业	1.50	20
石油加工、炼焦及核燃料加工业	1.27	21
印刷业和记录媒介的复制	1.08	22
非金属矿物制品业	1.07	23
塑料制品业	1.06	24
非金属矿采选业	0.90	25
皮革、毛皮、羽毛(绒)及其制品业	0.87	26

指标名称:企业R&D项目数占企业科研项目数比例(%)

指标编号:3.2.3

行业	指标值	排名
废弃资源和废旧材料回收加工业	66.67	1
烟草制品业	66.62	2
石油和天然气开采业	64.49	3
有色金属矿采选业	64.47	4
专用设备制造业	62.78	5
医药制造业	59.43	6
文教体育用品制造业	57.82	7
通用设备制造业	57.37	8
化学纤维制造业	57.08	9
有色金属冶炼及压延加工业	56.51	10
通信设备、计算机及其他电子设备制造业	55.24	11
工艺品及其他制造业	53.58	12
金属制品业	53.29	13
交通运输设备制造业	53.08	14
黑色金属冶炼及压延加工业	51.78	15
化学原料及化学制品制造业	50.95	16
仪器仪表及文化、办公用机械制造业	50.35	17
造纸及纸制品业	50.17	18
石油加工、炼焦及核燃料加工业	50.17	19
电气机械及器材制造业	50.01	20
印刷业和记录媒介的复制	49.79	21
非金属矿物制品业	48.89	22
塑料制品业	48.07	23
食品制造业	46.18	24
非金属矿采选业	44.24	25
纺织业	42.48	26

续表

行业	指标值	排名	行业	指标值	排名
煤炭开采和洗选业	0.86	27	电力、热力的生产和供应业	41.12	27
农副食品加工业	0.81	28	农副食品加工业	39.22	28
造纸及纸制品业	0.79	29	家具制造业	37.94	29
木材加工及木、竹、藤、棕、草制品业	0.74	30	橡胶制品业	36.67	30
电力、热力的生产和供应业	0.72	31	黑色金属矿采选业	36.40	31
纺织服装、鞋、帽制造业	0.60	32	饮料制造业	35.61	32
家具制造业	0.52	33	皮革、毛皮、羽毛(绒)及其制品业	34.71	33
黑色金属矿采选业	0.28	34	燃气生产和供应业	33.33	34
水的生产和供应业	0.23	35	煤炭开采和洗选业	30.89	35
有色金属矿采选业	0.15	36	木材加工及木、竹、藤、棕、草制品业	30.85	36
燃气生产和供应业	0.08	37	纺织服装、鞋、帽制造业	26.93	37
废弃资源和废旧材料回收加工业	0.02	38	水的生产和供应业	6.18	38

指标名称:项目人员平均科研项目经费(万元)

指标编号:3.2.4

指标名称:3年科研项目经费平均增长率(%)

指标编号:3.2.5

行业	指标值	排名	行业	指标值	排名
黑色金属冶炼及压延加工业	45.03	1	废弃资源和废旧材料回收加工业	78.89	1
橡胶制品业	30.38	2	非金属矿采选业	60.96	2
有色金属冶炼及压延加工业	27.25	3	黑色金属矿采选业	57.83	3
造纸及纸制品业	26.96	4	有色金属矿采选业	44.68	4
烟草制品业	26.80	5	食品制造业	41.12	5
化学原料及化学制品制造业	26.26	6	金属制品业	39.30	6
交通运输设备制造业	26.17	7	文教体育用品制造业	38.86	7
电气机械及器材制造业	25.69	8	专用设备制造业	36.20	8
饮料制造业	25.01	9	黑色金属冶炼及压延加工业	34.21	9
化学纤维制造业	24.51	10	非金属矿物制品业	33.38	10
农副食品加工业	23.47	11	燃气生产和供应业	33.03	11
食品制造业	22.97	12	农副食品加工业	31.92	12
石油加工、炼焦及核燃料加工业	21.51	13	交通运输设备制造业	31.63	13

续表

行业	指标值	排名	行业	指标值	排名
通信设备、计算机及其他电子设备制造业	21.45	14	家具制造业	31.39	14
通用设备制造业	20.18	15	木材加工及木、竹、藤、棕、草制品业	31.23	15
专用设备制造业	19.48	16	印刷业和记录媒介的复制	30.81	16
有色金属矿采选业	19.31	17	电气机械及器材制造业	30.73	17
金属制品业	18.62	18	橡胶制品业	30.62	18
非金属矿物制品业	18.29	19	煤炭开采和洗选业	30.15	19
纺织服装、鞋、帽制造业	17.78	20	仪器仪表及文化、办公用机械制造业	29.95	20
家具制造业	17.50	21	塑料制品业	28.63	21
塑料制品业	16.61	22	烟草制品业	28.15	22
医药制造业	16.16	23	水的生产和供应业	26.50	23
纺织业	15.30	24	电力、热力的生产和供应业	26.21	24
非金属矿采选业	14.87	25	有色金属冶炼及压延加工业	25.66	25
仪器仪表及文化、办公用机械制造业	14.75	26	通用设备制造业	25.62	26
印刷业和记录媒介的复制	14.49	27	石油加工、炼焦及核燃料加工业	25.58	27
木材加工及木、竹、藤、棕、草制品业	14.22	28	医药制造业	24.87	28
文教体育用品制造业	14.04	29	化学原料及化学制品制造业	24.66	29
皮革、毛皮、羽毛(绒)及其制品业	13.97	30	石油和天然气开采业	21.95	30
电力、热力的生产和供应业	12.89	31	纺织业	21.62	31
煤炭开采和洗选业	11.74	32	通信设备、计算机及其他电子设备制造业	18.99	32
水的生产和供应业	11.56	33	饮料制造业	16.72	33
燃气生产和供应业	11.05	34	皮革、毛皮、羽毛(绒)及其制品业	16.66	34
石油和天然气开采业	11.02	35	化学纤维制造业	15.35	35
黑色金属矿采选业	10.83	36	纺织服装、鞋、帽制造业	15.04	36
工艺品及其他制造业	10.82	37	造纸及纸制品业	10.12	37
废弃资源和废旧材料回收加工业	2.93	38	工艺品及其他制造业	1.08	38

指标名称:科技活动外部支出占科技活动总额比例(%)

指标编号:3.3.1

行业	指标值	排名
电力、热力的生产和供应业	38.09	1
烟草制品业	18.17	2
石油和天然气开采业	13.73	3
医药制造业	12.82	4
交通运输设备制造业	11.90	5
有色金属矿采选业	11.84	6
煤炭开采和洗选业	11.83	7
石油加工、炼焦及核燃料加工业	11.71	8
黑色金属矿采选业	10.16	9
有色金属冶炼及压延加工业	9.80	10
水的生产和供应业	8.27	11
通信设备、计算机及其他电子设备制造业	8.05	12
皮革、毛皮、羽毛(绒)及其制品业	7.01	13
金属制品业	6.31	14
化学原料及化学制品制造业	6.17	15
通用设备制造业	6.02	16
黑色金属冶炼及压延加工业	5.71	17
饮料制造业	5.45	18
电气机械及器材制造业	5.41	19
仪器仪表及文化、办公用机械制造业	5.40	20
农副食品加工业	5.34	21
非金属矿采选业	4.90	22
专用设备制造业	4.41	23
文教体育用品制造业	4.27	24
印刷业和记录媒介的复制	4.16	25
食品制造业	4.09	26
燃气生产和供应业	4.03	27

指标名称:对科研院所和高校科技支出(万元)

指标编号:3.3.2

行业	指标值	排名
电力、热力的生产和供应业	245 006	1
交通运输设备制造业	228 097	2
黑色金属冶炼及压延加工业	134 102	3
有色金属冶炼及压延加工业	132 127	4
煤炭开采和洗选业	129 006	5
化学原料及化学制品制造业	120 402	6
医药制造业	108 375	7
电气机械及器材制造业	99 699	8
石油和天然气开采业	70 408	9
通信设备、计算机及其他电子设备制造业	67 581	10
通用设备制造业	57 412	11
专用设备制造业	47 344	12
饮料制造业	29 807	13
石油加工、炼焦及核燃料加工业	26 318	14
纺织业	24 281	15
烟草制品业	19 599	16
农副食品加工业	18 577	17
金属制品业	17 399	18
非金属矿物制品业	15 847	19
仪器仪表及文化、办公用机械制造业	14 795	20
橡胶制品业	14 555	21
食品制造业	9 483	22
黑色金属矿采选业	5 454	23
有色金属矿采选业	5 171	24
化学纤维制造业	4 147	25
造纸及纸制品业	3 740	26
非金属矿采选业	3 584	27

续表

行业	指标值	排名	行业	指标值	排名
纺织业	3.58	28	塑料制品业	3 090	28
非金属矿物制品业	3.54	29	纺织服装、鞋、帽制造业	2 697	29
工艺品及其他制造业	3.31	30	工艺品及其他制造业	2 619	30
橡胶制品业	2.98	31	木材加工及木、竹、藤、棕、草制品业	1 845	31
木材加工及木、竹、藤、棕、草制品业	2.72	32	皮革、毛皮、羽毛(绒)及其制品业	1 472	32
家具制造业	2.33	33	家具制造业	1 082	33
纺织服装、鞋、帽制造业	2.04	34	文教体育用品制造业	1 032	34
化学纤维制造业	1.89	35	水的生产和供应业	794	35
造纸及纸制品业	1.65	36	印刷业和记录媒介的复制	699	36
塑料制品业	1.44	37	燃气生产和供应业	85	37
废弃资源和废旧材料回收加工业	1.44	38	废弃资源和废旧材料回收加工业	0	38

指标名称:对其他企业科技支出(万元)

指标编号:3.3.3

指标名称:对科研院所和高校科技支出与对其他企业科技支出比值

指标编号:3.3.4

行业	指标值	排名	行业	指标值	排名
交通运输设备制造业	570 476	1	家具制造业	8.45	1
通信设备、计算机及其他电子设备制造业	497 341	2	非金属矿采选业	5.99	2
黑色金属冶炼及压延加工业	248 617	3	农副食品加工业	5.03	3
电力、热力的生产和供应业	226 372	4	有色金属冶炼及压延加工业	3.98	4
电气机械及器材制造业	108 205	5	橡胶制品业	3.11	5
通用设备制造业	78 494	6	饮料制造业	2.71	6
医药制造业	56 903	7	煤炭开采和洗选业	2.41	7
煤炭开采和洗选业	53 426	8	木材加工及木、竹、藤、棕、草制品业	2.41	8
化学原料及化学制品制造业	51 794	9	食品制造业	2.35	9
石油和天然气开采业	49 784	10	化学原料及化学制品制造业	2.32	10
专用设备制造业	46 489	11	黑色金属矿采选业	1.98	11
石油加工、炼焦及核燃料加工业	45 713	12	纺织业	1.93	12

续表

行业	指标值	排名	行业	指标值	排名
有色金属冶炼及压延加工业	33 200	13	医药制造业	1.90	13
烟草制品业	30 926	14	工艺品及其他制造业	1.63	14
金属制品业	15 294	15	石油和天然气开采业	1.41	15
仪器仪表及文化、办公用机械制造业	15 170	16	非金属矿物制品业	1.34	16
纺织业	12 574	17	金属制品业	1.14	17
非金属矿物制品业	11 802	18	塑料制品业	1.11	18
饮料制造业	10 993	19	电力、热力的生产和供应业	1.08	19
皮革、毛皮、羽毛(绒)及其制品业	9 246	20	纺织服装、鞋、帽制造业	1.07	20
有色金属矿采选业	8 733	21	专用设备制造业	1.02	21
化学纤维制造业	5 683	22	仪器仪表及文化、办公用机械制造业	0.98	22
橡胶制品业	4 681	23	电气机械及器材制造业	0.92	23
造纸及纸制品业	4 355	24	造纸及纸制品业	0.86	24
食品制造业	4 038	25	化学纤维制造业	0.73	25
农副食品加工业	3 690	26	通用设备制造业	0.73	26
文教体育用品制造业	3 262	27	烟草制品业	0.63	27
印刷业和记录媒介的复制	3 162	28	有色金属矿采选业	0.59	28
塑料制品业	2 787	29	石油加工、炼焦及核燃料加工业	0.58	29
黑色金属矿采选业	2 759	30	黑色金属冶炼及压延加工业	0.54	30
纺织服装、鞋、帽制造业	2 531	31	水的生产和供应业	0.54	31
工艺品及其他制造业	1 603	32	交通运输设备制造业	0.40	32
水的生产和供应业	1 459	33	文教体育用品制造业	0.32	33
木材加工及木、竹、藤、棕、草制品业	766	34	印刷业和记录媒介的复制	0.22	34
非金属矿采选业	598	35	燃气生产和供应业	0.21	35
燃气生产和供应业	400	36	皮革、毛皮、羽毛(绒)及其制品业	0.16	36
家具制造业	128	37	通信设备、计算机及其他电子设备制造业	0.14	37
废弃资源和废旧材料回收加工业	0	38	废弃资源和废旧材料回收加工业	0.00	38

指标名称:企业每千人申请专利数量(件)

指标编号:4.1.1

行业	指标值	排名
通信设备、计算机及其他电子设备制造业	6.07	1
电气机械及器材制造业	4.62	2
交通运输设备制造业	4.26	3
医药制造业	3.70	4
专用设备制造业	3.68	5
仪器仪表及文化、办公用机械制造业	3.07	6
通用设备制造业	3.04	7
文教体育用品制造业	2.47	8
家具制造业	2.19	9
工艺品及其他制造业	2.13	10
有色金属冶炼及压延加工业	2.00	11
金属制品业	1.93	12
烟草制品业	1.86	13
纺织业	1.48	14
化学原料及化学制品制造业	1.45	15
食品制造业	1.44	16
饮料制造业	1.38	17
化学纤维制造业	1.37	18
石油和天然气开采业	1.37	19
非金属矿物制品业	1.26	20
木材加工及木、竹、藤、棕、草制品业	1.19	21
黑色金属冶炼及压延加工业	1.15	22
塑料制品业	1.13	23
印刷业和记录媒介的复制	0.93	24

指标名称:企业每千人拥有发明专利数量(件)

指标编号:4.1.2

行业	指标值	排名
电气机械及器材制造业	3.10	1
医药制造业	3.01	2
非金属矿物制品业	2.16	3
通信设备、计算机及其他电子设备制造业	2.11	4
石油加工、炼焦及核燃料加工业	1.44	5
化学原料及化学制品制造业	1.30	6
仪器仪表及文化、办公用机械制造业	1.26	7
专用设备制造业	1.22	8
通用设备制造业	1.19	9
有色金属冶炼及压延加工业	1.06	10
金属制品业	1.06	11
木材加工及木、竹、藤、棕、草制品业	0.95	12
化学纤维制造业	0.83	13
烟草制品业	0.83	14
工艺品及其他制造业	0.79	15
黑色金属冶炼及压延加工业	0.72	16
饮料制造业	0.67	17
交通运输设备制造业	0.66	18
文教体育用品制造业	0.64	19
家具制造业	0.63	20
石油和天然气开采业	0.62	21
橡胶制品业	0.49	22
食品制造业	0.46	23
塑料制品业	0.44	24

续表

行业	指标值	排名	行业	指标值	排名
橡胶制品业	0.87	25	印刷业和记录媒介的复制	0.37	25
造纸及纸制品业	0.43	26	非金属矿采选业	0.23	26
农副食品加工业	0.40	27	有色金属矿采选业	0.21	27
纺织服装、鞋、帽制造业	0.35	28	农副食品加工业	0.20	28
电力、热力的生产和供应业	0.32	29	造纸及纸制品业	0.19	29
石油加工、炼焦及核燃料加工业	0.31	30	纺织业	0.18	30
有色金属矿采选业	0.30	31	电力、热力的生产和供应业	0.17	31
非金属矿采选业	0.29	32	纺织服装、鞋、帽制造业	0.16	32
皮革、毛皮、羽毛(绒)及其制品业	0.22	33	黑色金属矿采选业	0.16	33
黑色金属矿采选业	0.13	34	皮革、毛皮、羽毛(绒)及其制品业	0.13	34
煤炭开采和洗选业	0.12	35	水的生产和供应业	0.12	35
燃气生产和供应业	0.10	36	燃气生产和供应业	0.11	36
水的生产和供应业	0.04	37	煤炭开采和洗选业	0.06	37
废弃资源和废旧材料回收加工业	0.04	38	废弃资源和废旧材料回收加工业	0.06	38

指标名称:发明专利申请量占全部专利申请量比例(%)

指标编号:4.1.3

指标名称:每百万元 R&D 经费产生发明专利数量(件)

指标编号:4.1.4

行业	指标值	排名	行业	指标值	排名
石油加工、炼焦及核燃料加工业	75.49	1	非金属矿物制品业	1.26	1
水的生产和供应业	75.00	2	文教体育用品制造业	0.95	2
通信设备、计算机及其他电子设备制造业	69.72	3	家具制造业	0.74	3
非金属矿采选业	68.89	4	燃气生产和供应业	0.72	4
化学纤维制造业	50.88	5	工艺品及其他制造业	0.60	5
医药制造业	48.53	6	石油加工、炼焦及核燃料加工业	0.49	6
有色金属矿采选业	47.44	7	木材加工及木、竹、藤、棕、草制品业	0.47	7
化学原料及化学制品制造业	47.04	8	电气机械及器材制造业	0.38	8
黑色金属冶炼及压延加工业	40.65	9	医药制造业	0.38	9
黑色金属矿采选业	36.67	10	皮革、毛皮、羽毛(绒)及其制品业	0.37	10
烟草制品业	35.76	11	水的生产和供应业	0.34	11

续表

行业	指标值	排名	行业	指标值	排名
专用设备制造业	32.36	12	金属制品业	0.34	12
造纸及纸制品业	30.94	13	黑色金属矿采选业	0.29	13
食品制造业	29.28	14	仪器仪表及文化、办公用机械制造业	0.27	14
电力、热力的生产和供应业	28.76	15	纺织服装、鞋、帽制造业	0.26	15
有色金属冶炼及压延加工业	28.37	16	塑料制品业	0.26	16
橡胶制品业	26.90	17	通信设备、计算机及其他电子设备制造业	0.24	17
煤炭开采和洗选业	26.59	18	印刷业和记录媒介的复制	0.23	18
农副食品加工业	25.23	19	食品制造业	0.20	19
通用设备制造业	24.95	20	石油和天然气开采业	0.19	20
电气机械及器材制造业	24.74	21	化学原料及化学制品制造业	0.18	21
仪器仪表及文化、办公用机械制造业	24.06	22	烟草制品业	0.18	22
金属制品业	21.02	23	非金属矿采选业	0.17	23
非金属矿物制品业	19.70	24	饮料制造业	0.17	24
石油和天然气开采业	19.50	25	有色金属冶炼及压延加工业	0.16	25
工艺品及其他制造业	19.37	26	电力、热力的生产和供应业	0.16	26
印刷业和记录媒介的复制	18.75	27	通用设备制造业	0.16	27
燃气生产和供应业	18.18	28	专用设备制造业	0.15	28
塑料制品业	18.17	29	有色金属矿采选业	0.14	29
皮革、毛皮、羽毛(绒)及其制品业	15.99	30	纺织业	0.13	30
交通运输设备制造业	15.62	31	农副食品加工业	0.11	31
木材加工及木、竹、藤、棕、草制品业	14.24	32	化学纤维制造业	0.10	32
饮料制造业	12.39	33	橡胶制品业	0.08	33
纺织服装、鞋、帽制造业	10.26	34	黑色金属冶炼及压延加工业	0.08	34
文教体育用品制造业	9.78	35	造纸及纸制品业	0.07	35
纺织业	8.45	36	交通运输设备制造业	0.06	36
家具制造业	4.25	37	煤炭开采和洗选业	0.04	37
废弃资源和废旧材料回收加工业	4.25	38	废弃资源和废旧材料回收加工业	0.04	38

指标名称:3年发明专利申请量平均增长率(%)

指标编号:4.1.5

行业	指标值	排名
非金属矿采选业	293.70	1
有色金属矿采选业	115.06	2
电力、热力的生产和供应业	86.82	3
仪器仪表及文化、办公用机械制造业	74.54	4
纺织服装、鞋、帽制造业	71.68	5
化学纤维制造业	67.48	6
纺织业	64.84	7
专用设备制造业	60.71	8
黑色金属冶炼及压延加工业	60.10	9
工艺品及其他制造业	59.30	10
通信设备、计算机及其他电子设备制造业	59.27	11
皮革、毛皮、羽毛(绒)及其制品业	53.30	12
交通运输设备制造业	50.63	13
烟草制品业	48.20	14
农副食品加工业	47.53	15
食品制造业	46.46	16
文教体育用品制造业	46.16	17
通用设备制造业	42.77	18
有色金属冶炼及压延加工业	42.52	19
石油和天然气开采业	32.29	20
橡胶制品业	28.91	21
化学原料及化学制品制造业	22.27	22
塑料制品业	22.11	23
黑色金属矿采选业	17.26	24
印刷业和记录媒介的复制	14.76	25

指标名称:有新产品销售企业占本行业企业总数比例(%)

指标编号:4.2.1

行业	指标值	排名
医药制造业	52.25	1
仪器仪表及文化、办公用机械制造业	48.69	2
通用设备制造业	45.91	3
专用设备制造业	45.54	4
交通运输设备制造业	42.81	5
电气机械及器材制造业	41.95	6
化学纤维制造业	40.42	7
通信设备、计算机及其他电子设备制造业	33.81	8
橡胶制品业	32.75	9
化学原料及化学制品制造业	31.38	10
烟草制品业	31.11	11
有色金属冶炼及压延加工业	28.55	12
金属制品业	25.44	13
饮料制造业	25.15	14
纺织业	23.58	15
工艺品及其他制造业	22.00	16
食品制造业	21.97	17
木材加工及木、竹、藤、棕、草制品业	19.95	18
塑料制品业	19.76	19
黑色金属冶炼及压延加工业	19.43	20
家具制造业	19.08	21
造纸及纸制品业	18.74	22
文教体育用品制造业	18.68	23
非金属矿物制品业	18.43	24
皮革、毛皮、羽毛(绒)及其制品业	15.75	25

续表

行业	指标值	排名	行业	指标值	排名
造纸及纸制品业	14.09	26	印刷业和记录媒介的复制	15.33	26
饮料制造业	13.04	27	农副食品加工业	15.06	27
金属制品业	12.72	28	非金属矿采选业	13.38	28
煤炭开采和洗选业	12.68	29	纺织服装、鞋、帽制造业	12.64	29
非金属矿物制品业	10.71	30	石油和天然气开采业	12.50	30
家具制造业	9.81	31	石油加工、炼焦及核燃料加工业	10.08	31
木材加工及木、竹、藤、棕、草制品业	5.00	32	煤炭开采和洗选业	3.97	32
电气机械及器材制造业	3.76	33	有色金属矿采选业	3.75	33
医药制造业	-5.45	35	黑色金属矿采选业	3.24	34
石油加工、炼焦及核燃料加工业	-10.44	36	废弃资源和废旧材料回收加工业	2.44	35
燃气生产和供应业	-18.35	37	电力、热力的生产和供应业	1.45	36
水的生产和供应业	-50.00	34	水的生产和供应业	1.36	37
废弃资源和废旧材料回收加工业	-50.00	38	燃气生产和供应业	0.00	38

指标名称:单位新产品开发经费获得新产品产值(万元)

指标编号:4.2.2

指标名称:新产品销售收入占主营业务收入比例(%)

指标编号:4.2.3

行业	指标值	排名	行业	指标值	排名
烟草制品业	58.28	1	交通运输设备制造业	39.95	1
石油加工、炼焦及核燃料加工业	41.64	2	电气机械及器材制造业	28.92	2
石油和天然气开采业	41.14	3	通信设备、计算机及其他电子设备制造业	28.72	3
有色金属矿采选业	36.50	4	专用设备制造业	26.14	4
煤炭开采和洗选业	23.90	5	通用设备制造业	25.72	5
皮革、毛皮、羽毛(绒)及其制品业	23.85	6	化学纤维制造业	21.34	6
交通运输设备制造业	22.54	7	医药制造业	20.86	7
造纸及纸制品业	21.04	8	橡胶制品业	20.41	8
有色金属冶炼及压延加工业	20.11	9	仪器仪表及文化、办公用机械制造业	18.15	9
食品制造业	19.85	10	黑色金属冶炼及压延加工业	14.88	10
农副食品加工业	19.50	11	造纸及纸制品业	13.81	11

续表

行业	指标值	排名	行业	指标值	排名
废弃资源和废旧材料回收加工业	19.04	12	塑料制品业	13.36	12
通信设备、计算机及其他电子设备制造业	17.94	13	化学原料及化学制品制造业	13.00	13
黑色金属冶炼及压延加工业	17.74	14	金属制品业	12.46	14
木材加工及木、竹、藤、棕、草制品业	17.33	15	有色金属冶炼及压延加工业	11.97	15
化学纤维制造业	17.07	16	木材加工及木、竹、藤、棕、草制品业	11.57	16
家具制造业	16.74	17	纺织业	10.45	17
印刷业和记录媒介的复制	15.90	18	饮料制造业	9.92	18
电气机械及器材制造业	15.70	19	印刷业和记录媒介的复制	9.78	19
纺织服装、鞋、帽制造业	15.44	20	食品制造业	9.11	20
纺织业	14.27	21	非金属矿物制品业	8.78	21
化学原料及化学制品制造业	13.67	22	烟草制品业	8.12	22
通用设备制造业	13.66	23	皮革、毛皮、羽毛(绒)及其制品业	7.68	23
仪器仪表及文化、办公用机械制造业	13.30	24	文教体育用品制造业	7.54	24
非金属矿物制品业	12.68	25	工艺品及其他制造业	7.06	25
金属制品业	12.53	26	家具制造业	6.90	26
工艺品及其他制造业	12.12	27	纺织服装、鞋、帽制造业	6.63	27
医药制造业	11.69	28	农副食品加工业	6.11	28
橡胶制品业	11.58	29	煤炭开采和洗选业	5.32	29
塑料制品业	11.53	30	石油加工、炼焦及核燃料加工业	4.49	30
专用设备制造业	10.67	31	非金属矿采选业	4.13	31
文教体育用品制造业	10.63	32	有色金属矿采选业	3.77	32
饮料制造业	10.41	33	石油和天然气开采业	2.71	33
非金属矿采选业	9.49	34	黑色金属矿采选业	0.70	34
燃气生产和供应业	6.81	35	水的生产和供应业	0.47	35
黑色金属矿采选业	5.54	36	电力、热力的生产和供应业	0.09	36
水的生产和供应业	2.74	37	废弃资源和废旧材料回收加工业	0.04	37
电力、热力的生产和供应业	1.22	38	燃气生产和供应业	0.00	38

指标名称:新产品出口额占新产品销售收入比例(%)

指标编号:4.2.4

行业	指标值	排名
家具制造业	60.02	1
文教体育用品制造业	55.10	2
通信设备、计算机及其他电子设备制造业	55.03	3
工艺品及其他制造业	46.49	4
皮革、毛皮、羽毛(绒)及其制品业	42.94	5
仪器仪表及文化、办公用机械制造业	39.81	6
纺织服装、鞋、帽制造业	37.14	7
橡胶制品业	36.50	8
纺织业	32.66	9
金属制品业	31.31	10
塑料制品业	29.08	11
非金属矿物制品业	27.71	12
电气机械及器材制造业	23.99	13
石油和天然气开采业	23.23	14
木材加工及木、竹、藤、棕、草制品业	18.73	15
专用设备制造业	17.98	16
有色金属冶炼及压延加工业	16.55	17
通用设备制造业	15.87	18
医药制造业	15.42	19
交通运输设备制造业	15.05	20
黑色金属冶炼及压延加工业	14.78	21
化学原料及化学制品制造业	14.41	22
造纸及纸制品业	13.98	23
煤炭开采和洗选业	13.36	24
化学纤维制造业	11.58	25
食品制造业	11.57	26
电力、热力的生产和供应业	8.70	27
农副食品加工业	6.33	28
印刷业和记录媒介的复制	5.87	29

指标名称:企业人均新产品销售收入(万元)

指标编号:4.2.5

行业	指标值	排名
交通运输设备制造业	33.54	1
黑色金属冶炼及压延加工业	22.69	2
通信设备、计算机及其他电子设备制造业	20.82	3
化学纤维制造业	19.67	4
烟草制品业	18.55	5
电气机械及器材制造业	17.65	6
通用设备制造业	14.22	7
专用设备制造业	13.08	8
石油加工、炼焦及核燃料加工业	13.02	9
有色金属冶炼及压延加工业	12.37	10
化学原料及化学制品制造业	10.94	11
医药制造业	10.62	12
橡胶制品业	9.99	13
仪器仪表及文化、办公用机械制造业	8.40	14
造纸及纸制品业	7.92	15
饮料制造业	6.14	16
金属制品业	5.92	17
食品制造业	4.89	18
塑料制品业	4.70	19
木材加工及木、竹、藤、棕、草制品业	4.59	20
农副食品加工业	4.51	21
非金属矿物制品业	3.45	22
纺织业	3.28	23
印刷业和记录媒介的复制	3.04	24
石油和天然气开采业	2.88	25
工艺品及其他制造业	2.23	26
家具制造业	1.82	27
有色金属矿采选业	1.78	28
纺织服装、鞋、帽制造业	1.55	29

续表

行业	指标值	排名	行业	指标值	排名
黑色金属矿采选业	2.11	30	皮革、毛皮、羽毛(绒)及其制品业	1.51	30
饮料制造业	2.03	31	煤炭开采和洗选业	1.30	31
非金属矿采选业	1.32	32	文教体育用品制造业	1.27	32
烟草制品业	1.04	33	非金属矿采选业	1.10	33
有色金属矿采选业	0.13	34	黑色金属矿采选业	0.29	34
石油加工、炼焦及核燃料加工业	0.13	35	废弃资源和废旧材料回收加工业	0.12	35
废弃资源和废旧材料回收加工业	0.13	36	电力、热力的生产和供应业	0.12	36
燃气生产和供应业	0.13	37	燃气生产和供应业	0.12	37
水的生产和供应业	0.13	38	水的生产和供应业	0.12	38

指标名称:享受各级政府技术开发减免税(万元)

指标编号:4.3.1

行业	指标值	排名
交通运输设备制造业	194 641	1
黑色金属冶炼及压延加工业	103 344	2
电气机械及器材制造业	102 583	3
通用设备制造业	101 889	4
通信设备、计算机及其他电子设备制造业	101 518	5
化学原料及化学制品制造业	94 574	6
专用设备制造业	74 142	7
医药制造业	68 200	8
煤炭开采和洗选业	30 872	9
有色金属冶炼及压延加工业	29 625	10
电力、热力的生产和供应业	28 290	11
非金属矿物制品业	26 228	12
金属制品业	20 820	13
印刷业和记录媒介的复制	17 970	14
石油加工、炼焦及核燃料加工业	15 368	15
仪器仪表及文化、办公用机械制造业	14 277	16
烟草制品业	12 089	17

指标名称:国家认定创新型企业占全部企业的比例(%)

指标编号:4.3.2

行业	指标值	排名
医药制造业	7.21	1
专用设备制造业	3.46	2
石油和天然气开采业	2.27	3
通用设备制造业	2.24	4
化学原料及化学制品制造业	2.14	5
仪器仪表及文化、办公用机械制造业	2.00	6
交通运输设备制造业	1.92	7
通信设备、计算机及其他电子设备制造业	1.87	8
黑色金属冶炼及压延加工业	1.82	9
电气机械及器材制造业	1.74	10
有色金属冶炼及压延加工业	1.62	11
黑色金属矿采选业	1.44	12
有色金属矿采选业	1.15	13
农副食品加工业	1.02	14
电力、热力的生产和供应业	0.90	15
化学纤维制造业	0.83	16
木材加工及木、竹、藤、棕、草制品业	0.82	17

续表

行业	指标值	排名	行业	指标值	排名
纺织业	11 462	18	煤炭开采和洗选业	0.74	18
塑料制品业	10 658	19	橡胶制品业	0.66	19
饮料制造业	9 601	20	金属制品业	0.64	20
橡胶制品业	9 549	21	非金属矿物制品业	0.47	21
食品制造业	6 963	22	石油加工、炼焦及核燃料加工业	0.41	22
石油和天然气开采业	5 114	23	文教体育用品制造业	0.39	23
化学纤维制造业	4 895	24	食品制造业	0.35	24
工艺品及其他制造业	4 390	25	纺织业	0.26	25
农副食品加工业	3 814	26	皮革、毛皮、羽毛(绒)及其制品业	0.10	26
木材加工及木、竹、藤、棕、草制品业	3 175	27	塑料制品业	0.09	27
皮革、毛皮、羽毛(绒)及其制品业	1 501	28	非金属矿采选业	0.00	28
文教体育用品制造业	1 257	29	饮料制造业	0.00	29
造纸及纸制品业	1 057	30	烟草制品业	0.00	30
纺织服装、鞋、帽制造业	991	31	纺织服装、鞋、帽制造业	0.00	31
家具制造业	483	32	家具制造业	0.00	32
黑色金属矿采选业	400	33	造纸及纸制品业	0.00	33
非金属矿采选业	312	34	印刷业和记录媒介的复制	0.00	34
有色金属矿采选业	240	35	工艺品及其他制造业	0.00	35
燃气生产和供应业	66	36	废弃资源和废旧材料回收加工业	0.00	36
废弃资源和废旧材料回收加工业	0	37	燃气生产和供应业	0.00	37
水的生产和供应业	0	38	水的生产和供应业	0.00	38

指标名称：全员劳动生产率（万元）

指标编号：4.3.3

行业	指标值	排名
石油加工、炼焦及核燃料加工业	61.20	1
烟草制品业	40.44	2
黑色金属冶炼及压延加工业	38.84	3
废弃资源和废旧材料回收加工业	37.52	4
石油和天然气开采业	26.00	5
电力、热力的生产和供应业	22.98	6

指标名称：3年工业总产值平均增加值（万元）

指标编号：4.3.4

行业	指标值	排名
黑色金属冶炼及压延加工业	66 073 112	1
通信设备、计算机及其他电子设备制造业	50 459 926	2
交通运输设备制造业	43 809 705	3
电力、热力的生产和供应业	41 436 477	4
电气机械及器材制造业	33 637 747	5
石油加工、炼焦及核燃料加工业	31 493 155	6

续表

行业	指标值	排名	行业	指标值	排名
黑色金属矿采选业	18.85	7	化学原料及化学制品制造业	27 444 737	7
农副食品加工业	18.47	8	有色金属冶炼及压延加工业	25 128 875	8
燃气生产和供应业	16.81	9	煤炭开采和洗选业	19 687 007	9
化学原料及化学制品制造业	14.91	10	通用设备制造业	19 307 498	10
交通运输设备制造业	14.31	11	农副食品加工业	16 679 353	11
有色金属冶炼及压延加工业	13.26	12	石油和天然气开采业	15 325 954	12
专用设备制造业	12.67	13	非金属矿物制品业	13 908 852	13
电气机械及器材制造业	11.51	14	专用设备制造业	13 724 357	14
医药制造业	11.50	15	纺织业	11 432 227	15
食品制造业	11.11	16	金属制品业	10 332 111	16
通用设备制造业	10.95	17	医药制造业	7 143 639	17
饮料制造业	10.67	18	饮料制造业	7 105 693	18
金属制品业	9.51	19	食品制造业	7 028 255	19
造纸及纸制品业	9.38	20	纺织服装、鞋、帽制造业	6 607 979	20
煤炭开采和洗选业	8.49	21	烟草制品业	5 840 308	21
非金属矿物制品业	8.46	22	造纸及纸制品业	5 802 205	22
木材加工及木、竹、藤、棕、草制品业	6.73	23	仪器仪表及文化、办公用机械制造业	4 521 444	23
有色金属矿采选业	6.46	24	塑料制品业	4 492 262	24
通信设备、计算机及其他电子设备制造业	6.46	25	皮革、毛皮、羽毛（绒）及其制品业	4 176 993	25
橡胶制品业	6.19	26	橡胶制品业	3 574 398	26
工艺品及其他制造业	4.92	27	黑色金属矿采选业	3 457 309	27
塑料制品业	4.70	28	化学纤维制造业	3 053 059	28
非金属矿采选业	4.16	29	工艺品及其他制造业	2 648 697	29
仪器仪表及文化、办公用机械制造业	4.12	30	有色金属矿采选业	2 367 903	30
纺织服装、鞋、帽制造业	3.91	31	家具制造业	2 042 777	31
印刷业和记录媒介的复制	3.75	32	木材加工及木、竹、藤、棕、草制品业	2 007 800	32
家具制造业	3.07	33	文教体育用品制造业	1 516 506	33
水的生产和供应业	2.86	34	燃气生产和供应业	1 416 311	34
皮革、毛皮、羽毛(绒)及其制品业	2.35	35	印刷业和记录媒介的复制	1 239 174	35
文教体育用品制造业	2.11	36	非金属矿采选业	725 840	36
纺织业	2.09	37	水的生产和供应业	631 420	37
化学纤维制造业	-9.31	38	废弃资源和废旧材料回收加工业	511 102	38

五、各行业企业创新发展指数综合评价

1. 煤炭开采和洗选业

(1)基本情况

创新发展指数基本排序	排名	基本项目	数值	排名
总体排名	24	企业数量(个)	1 209	13
采矿业排名	3	从业人员年平均人数(人年)	4 456 529	2
		工业总产值(万元)	101 710 941	10
		主营业务收入(万元)	109 028 699	11
		利润总额(万元)	17 485 997	3

(2)煤炭开采和洗选业企业创新发展指数12个子要素排名山峰图

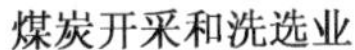

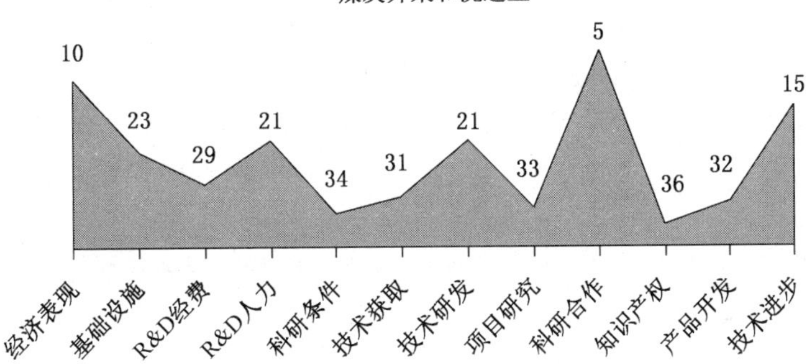

(3)煤炭开采和洗选业企业创新发展指数排名最前的8个指标与最后的8个指标

排名最前的8个指标		
2. 3. 1	技术引进支出占主营业务收入比例	4
1. 1. 5	利润总额占主营业务收入比例	5
3. 3. 2	对研究院所和高校科技活动经费支出	5
4. 2. 2	单位新产品开发经费获得新产品产值	5
1. 1. 4	3年利润总额平均值	6
3. 1. 3	3年技术改造经费平均值	7
3. 3. 1	企业科技活动外部支出占科技活动经费总额的比例	7
3. 3. 4	对科研院所和高校科技支出与对其他企业科技支出比值	7
排名最后的8个指标		
3. 1. 5	消化吸收支出与技术引进支出比值	34
2. 3. 2	企业对国外技术的依存度	35
2. 3. 5	购买国内技术经费与技术引进支出比值	35
3. 2. 3	企业R&D项目数占企业科研项目数的比例	35

续表

排名最后的 8 个指标		
4.1.1	每千人申请专利数量	35
2.2.5	科技机构人均仪器设备原价	37
4.1.2	每千人拥有发明专利数量	37
4.1.4	每百万元 R&D 经费产生发明专利数量	37

(4) 创新基础

创新基础		**20**
经济表现		10
基础设施		23
R&D 经费		29
最强的 3 个指标		
1.1.5	利润总额占主营业务收入比例	5
1.1.4	3 年利润总额平均值	6
1.2.1	生产经营用机器设备原价	8
最弱的 3 个指标		
1.2.3	企业人均生产经营用机器设备原价	28
1.3.2	R&D 人员平均 R&D 经费	33
1.1.1	企业人均主营业务收入	34

(5) 创新能力

创新能力		**30**
R&D 人力		21
科研条件		34
技术获取		31
最强的 3 个指标		
2.3.1	技术引进支出占主营业务收入比例	4
2.1.2	3 年 R&D 人员折合全时当量平均值	8
2.3.4	3 年购买国内技术经费平均值	11
最弱的 3 个指标		
2.3.2	企业对国外技术的依存度	35
2.3.5	购买国内技术经费与技术引进支出比值	35
2.2.5	科技机构人均仪器设备原价	37

(6) 创新活动

创新活动		**17**
技术研发		21
项目研究		33
科研合作		5
最强的 3 个指标		
3.3.2	对研究院所和高校科技活动经费支出	5
3.1.3	3 年技术改造经费平均值	7
3.3.1	企业科技活动外部支出占科技活动经费总额的比例	7
最弱的 3 个指标		
3.2.4	项目人员平均科研项目经费	32
3.1.5	消化吸收支出与技术引进支出比值	34
3.2.3	企业 R&D 项目数占企业科研项目数的比例	35

(7) 创新绩效

创新绩效		**30**
知识产权		36
产品开发		32
技术进步		15
最强的 3 个指标		
4.2.2	单位新产品开发经费获得新产品产值	5
4.3.1	享受各级政府对技术开发的减免税	9
4.3.4	3 年工业总产值平均增加值	9
最弱的 3 个指标		
4.1.1	每千人申请专利数量	35
4.1.2	每千人拥有发明专利数量	37
4.1.4	每百万元 R&D 经费产生发明专利数量	37

2. 石油和天然气开采业

(1) 基本情况

创新发展指数基本排序	排名	基本项目	数值	排名
总体排名	5	企业数量(个)	88	37
采矿业排名	1	从业人员年平均人数(人年)	1 104 968	19
		工业总产值(万元)	101 312 624	11
		主营业务收入(万元)	117 591 945	11
		利润总额(万元)	44 569 358	1

(2) 石油和天然气开采业企业创新发展指数 12 个子要素排名山峰图

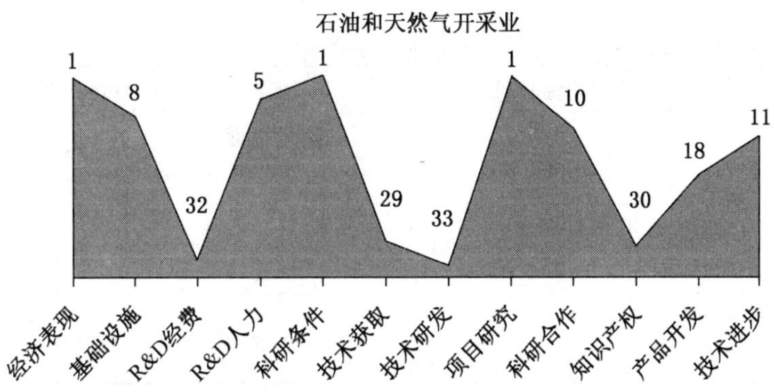

(3) 石油和天然气开采业企业创新发展指数排名最前的 8 个指标与最后的 8 个指标

排名最前的 8 个指标		
1. 1. 2	企业人均利润总额	1
1. 1. 4	3 年利润总额平均值	1
1. 1. 5	利润总额占主营业务收入比例	1
2. 2. 1	企业平均设立科技机构数	1
2. 2. 3	企业平均科技机构经费支出	1
3. 2. 1	企业平均拥有 R&D 项目数	1
3. 2. 2	企业平均拥有新产品开发项目数	1
2. 1. 3	科学家和工程师占科技活动人员比例	2
排名最后的 8 个指标		
4. 2. 3	新产品销售收入占主营业务收入比例	33
1. 2. 4	微电子控制设备费用占机器设备原价比例	34
2. 2. 4	科研基建支出占科技活动经费内部支出比例	34
3. 1. 5	消化吸收支出与技术引进支出比值	35
3. 2. 4	项目人员平均科研项目经费	35
1. 3. 6	吸收政府资金占企业科技活动经费比例	36

续表

排名最后的 8 个指标		
2.2.5	科技机构人均仪器设备原价	36
3.1.2	技术改造费用占主营业务收入比例	36

(4)创新基础

创新基础		5
经济表现		1
基础设施		8
R&D 经费		32
最强的 3 个指标		
1.1.2	企业人均利润总额	1
1.1.4	3 年利润总额平均值	1
1.1.5	利润总额占主营业务收入比例	1
最弱的 3 个指标		
1.3.2	R&D 人员平均 R&D 经费	31
1.2.4	微电子控制设备费用占机器设备原价比例	34
1.3.6	吸收政府资金占企业科技活动经费比例	36

(5)创新能力

创新能力		3
R&D 人力		5
科研条件		1
技术获取		29
最强的 3 个指标		
2.2.1	企业平均设立科技机构数	1
2.2.3	企业平均科技机构经费支出	1
2.1.3	科学家和工程师占科技活动人员比例	2
最弱的 3 个指标		
2.3.1	技术引进支出占主营业务收入比例	28
2.2.4	科研基建支出占科技活动经费内部支出比例	34
2.2.5	科技机构人均仪器设备原价	36

(6)创新活动

创新活动		5
技术研发		33
项目研究		1
科研合作		10
最强的 3 个指标		
3.2.1	企业平均拥有 R&D 项目数	1
3.2.2	企业平均拥有新产品开发项目数	1
3.2.3	企业 R&D 项目数占企业科研项目数的比例	3
最弱的 3 个指标		
3.1.5	消化吸收支出与技术引进支出比值	35
3.2.4	项目人员平均科研项目经费	35
3.1.2	技术改造费用占主营业务收入比例	36

(7)创新绩效

创新绩效		13
知识产权		30
产品开发		18
技术进步		11
最强的 3 个指标		
4.2.2	单位新产品开发经费获得新产品产值	3
4.3.2	国家认定创新型企业占全部企业比例	3
4.3.3	全员劳动生产率	5
最弱的 3 个指标		
4.1.3	发明专利申请量占全部专利申请量比例	33
4.2.1	有新产品销售企业占本行业企业总数比例	34
4.2.3	新产品销售收入占主营业务收入比例	35

3. 黑色金属矿采选业

(1)基本情况

创新发展指数基本排序	排名	基本项目	数值	排名
总体排名	29	企业数量(个)	278	31
采矿业排名	5	从业人员年平均人数(人年)	364 039	29
		工业总产值(万元)	15 719 811	28
		主营业务收入(万元)	15 408 397	29
		利润总额(万元)	4 042 381	17

(2)黑色金属矿采选业企业创新发展指数12个子要素排名山峰图

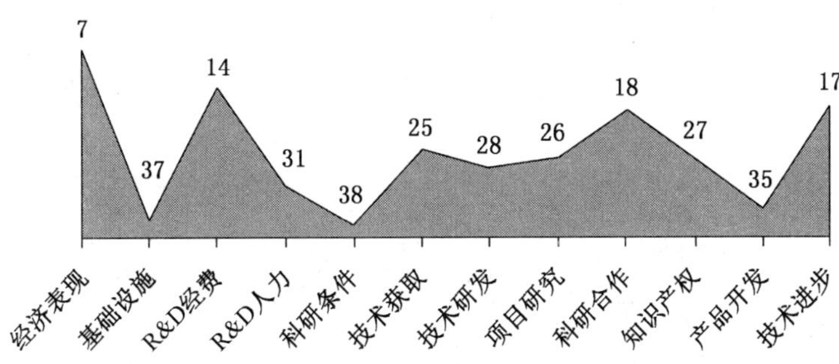

(3)黑色金属矿采选业企业创新发展指数排名最前的8个指标与最后的8个指标

排名最前的8个指标		
1.3.4	3年R&D经费平均增长率	1
1.1.5	利润总额占主营业务收入比例	2
1.1.2	企业人均利润总额	3
3.1.5	消化吸收支出与技术引进支出比值	3
3.2.5	3年科研项目经费平均增长率	3
2.3.2	企业对国外技术的依存度	5
2.3.5	购买国内技术经费与技术引进支出比值	7
4.3.3	全员劳动生产率	7
排名最后的8个指标		
1.3.2	R&D人员平均R&D经费	36
2.2.1	企业平均设立科技机构数	36
2.2.2	设立科技机构企业占本行业企业总数比例	36
2.3.1	技术引进支出占主营业务收入比例	36
3.1.1	有R&D活动企业占本行业企业总数比例	36
3.2.4	项目人员平均科研项目经费	36

续表

排名最后的 8 个指标		
4. 2. 2	单位新产品开发经费获得新产品产值	36
1. 2. 4	微电子控制设备费用占机器设备原价比例	37

(4)创新基础

创新基础		**19**
经济表现		7
基础设施		37
R&D 经费		14
最强的 3 个指标		
1. 3. 4	3 年 R&D 经费平均增长率	1
1. 1. 5	利润总额占主营业务收入比例	2
1. 1. 2	企业人均利润总额	3
最弱的 3 个指标		
1. 2. 2	微电子控制设备费用	35
1. 3. 2	R&D 人员平均 R&D 经费	36
1. 2. 4	微电子控制设备费用占机器设备原价比例	37

(5)创新能力

创新能力		**35**
R&D 人力		31
科研条件		38
技术获取		25
最强的 3 个指标		
2. 3. 2	企业对国外技术的依存度	5
2. 3. 5	购买国内技术经费与技术引进支出比值	7
2. 1. 5	企业每千人拥有博士和硕士人数	23
最弱的 3 个指标		
2. 2. 1	企业平均设立科技机构数	36
2. 2. 2	设立科技机构企业占本行业企业总数比例	36
2. 3. 1	技术引进支出占主营业务收入比例	36

(6)创新活动

创新活动		**26**
技术研发		28
项目研究		26
科研合作		18
最强的 3 个指标		
3. 1. 5	消化吸收支出与技术引进支出比值	3
3. 2. 5	3 年科研项目经费平均增长率	3
3. 3. 1	企业科技活动外部支出占科技活动经费总额的比例	9
最弱的 3 个指标		
3. 2. 2	企业平均拥有新产品开发项目数	34
3. 1. 1	有 R&D 活动企业占本行业企业总数比例	36
3. 2. 4	项目人员平均科研项目经费	36

(7)创新绩效

创新绩效		**35**
知识产权		27
产品开发		35
技术进步		17
最强的 3 个指标		
4. 3. 3	全员劳动生产率	7
4. 1. 3	发明专利申请量占全部专利申请量比例	10
4. 3. 2	国家认定创新型企业占全部企业比例	12
最弱的 3 个指标		
4. 1. 1	每千人申请专利数量	34
4. 2. 1	有新产品销售企业占本行业企业总数比例	34
4. 2. 2	单位新产品开发经费获得新产品产值	36

4. 有色金属矿采选业

(1)基本情况

创新发展指数基本排序	排名	基本项目	数值	排名
总体排名	17	企业数量(个)	347	30
采矿业排名	2	从业人员年平均人数(人年)	287 365	32
		工业总产值(万元)	13 139 475	30
		主营业务收入(万元)	13 537 837	30
		利润总额(万元)	2 550 392	22

(2)有色金属矿采选业企业创新发展指数 12 个子要素排名山峰图

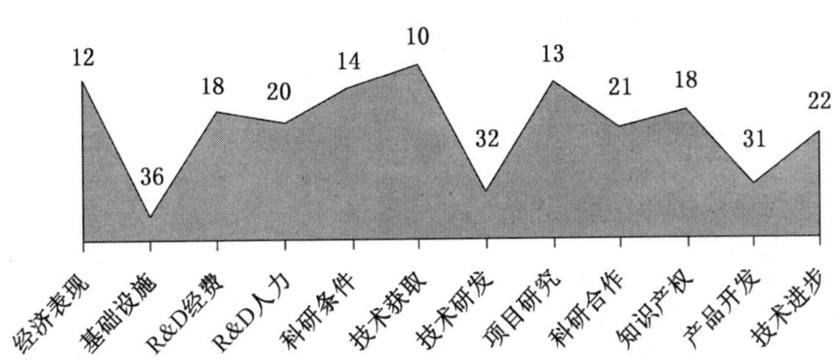

(3)有色金属矿采选业企业创新发展指数排名最前的 8 个指标与最后的 8 个指标

排名最前的 8 个指标		
1.3.4	3 年 R&D 经费平均增长率	2
4.1.5	3 年发明专利申请量平均增长率	2
1.1.5	利润总额占主营业务收入比例	3
2.3.5	购买国内技术经费与技术引进支出比值	3
1.1.2	企业人均利润总额	4
2.2.4	科研基建支出占科技活动经费内部支出比例	4
3.2.3	企业 R&D 项目数占企业科研项目数的比例	4
3.2.5	3 年科研项目经费平均增长率	4
排名最后的 8 个指标		
2.2.2	设立科技机构企业占本行业企业总数比例	33
2.3.4	3 年购买国内技术经费平均值	33
4.2.1	有新产品销售企业占本行业企业总数比例	33
4.2.4	新产品出口额占新产品销售收入比例	34
4.3.1	享受各级政府对技术开发的减免税	35
1.2.4	微电子控制设备费用占机器设备原价比例	36

续表

排名最后的 8 个指标		
3.2.2	企业平均拥有新产品开发项目数	36
1.2.2	微电子控制费用	37

(4)创新基础

创新基础		**26**
经济表现		12
基础设施		36
R&D 经费		18
最强的 3 个指标		
1.3.4	3 年 R&D 经费平均增长率	2
1.1.5	利润总额占主营业务收入比例	3
1.1.2	企业人均利润总额	4
最弱的 3 个指标		
1.3.1	3 年 R&D 经费平均值	33
1.2.4	微电子控制设备费用占机器设备原价比例	36
1.2.2	微电子控制设备费用	37

(5)创新能力

创新能力		**16**
R&D 人力		20
科研条件		14
技术获取		10
最强的 3 个指标		
2.3.5	购买国内技术经费与技术引进支出比值	3
2.2.4	科研基建支出占科技活动经费内部支出比例	4
2.2.5	科技机构人均仪器设备原价	6
最弱的 3 个指标		
2.2.1	企业平均设立科技机构数	33
2.2.2	设立科技机构企业占本行业企业总数比例	33
2.3.4	3 年购买国内技术经费平均值	33

(6)创新活动

创新活动		**22**
技术研发		32
项目研究		13
科研合作		21
最强的 3 个指标		
3.2.3	企业 R&D 项目数占企业科研项目数的比例	4
3.2.5	3 年科研项目经费平均增长率	4
3.3.1	企业科技活动外部支出占科技活动经费总额的比例	6
最弱的 3 个指标		
3.1.1	有 R&D 活动企业占本行业企业总数比例	28
3.2.1	企业平均拥有 R&D 项目数	29
3.2.2	企业平均拥有新产品开发项目数	36

(7)创新绩效

创新绩效		**25**
知识产权		18
产品开发		31
技术进步		22
最强的 3 个指标		
4.1.5	3 年发明专利申请量平均增长率	2
4.2.2	单位新产品开发经费获得新产品产值	4
4.1.3	发明专利申请量占全部专利申请量比例	7
最弱的 3 个指标		
4.2.1	有新产品销售企业占本行业企业总数比例	33
4.2.4	新产品出口额占新产品销售收入比例	34
4.3.1	享受各级政府对技术开发的减免税	35

5. 非金属矿采选业

(1)基本情况

创新发展指数基本排序	排名	基本项目	数值	排名
总体排名	25	企业数量(个)	157	34
采矿业排名	4	从业人员年平均人数(人年)	162 833	36
		工业总产值(万元)	4 302 145	37
		主营业务收入(万元)	4 325 882	37
		利润总额(万元)	424 253	34

(2)非金属矿采选业企业创新发展指数12个子要素排名山峰图

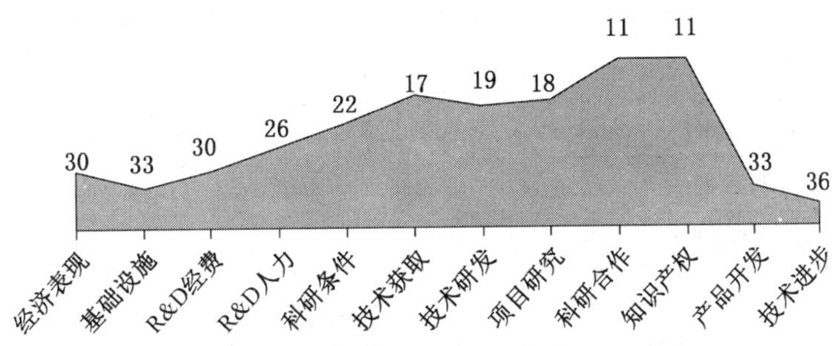

(3)非金属矿采选业企业创新发展指数排名最前的8个指标与最后的8个指标

排名最前的8个指标		
4.1.5	3年发明专利申请量平均增长率	1
3.2.5	3年科研项目经费平均增长率	2
3.3.4	对科研院所和高校科技支出与对其他企业科技支出比值	2
4.1.3	发明专利申请量占全部专利申请量比例	4
3.1.2	技术改造费用占主营业务收入比例	5
2.2.4	科研基建支出占科技活动经费内部支出比例	6
1.1.5	利润总额占主营业务收入比例	8
2.3.5	购买国内技术经费与技术引进支出比值	11
排名最后的8个指标		
4.3.1	享受各级政府对技术开发的减免税	34
1.3.2	R&D人员平均R&D经费	35
2.3.4	3年购买国内技术经费平均值	35
3.3.3	对其他企业科技活动经费支出	35
1.2.2	微电子控制费用	36
4.3.4	3年工业总产值平均增加值	36
1.1.3	3年主营业务收入平均值	37
1.2.1	生产经营用机器设备原价	37

（4）创新基础

创新基础		**34**
经济表现		30
基础设施		33
R&D 经费		30
最强的 3 个指标		
1.1.5	利润总额占主营业务收入比例	8
1.3.4	3 年 R&D 经费平均增长率	15
1.3.5	企业人均科技活动经费	20
最弱的 3 个指标		
1.2.2	微电子控制设备费用	36
1.1.3	3 年主营业务收入平均值	37
1.2.1	生产经营用机器设备原价	37

（5）创新能力

创新能力		**21**
R&D 人力		26
科研条件		22
技术获取		17
最强的 3 个指标		
2.2.4	科研基建支出占科技活动经费内部支出比例	6
2.3.5	购买国内技术经费与技术引进支出比值	11
2.3.2	企业对国外技术的依存度	15
最弱的 3 个指标		
2.1.5	企业每千人拥有博士和硕士人数	30
2.1.2	3 年 R&D 人员折合全时当量平均值	33
2.3.4	3 年购买国内技术经费平均值	35

（6）创新活动

创新活动		**15**
技术研发		19
项目研究		18
科研合作		11
最强的 3 个指标		
3.2.5	3 年科研项目经费平均增长率	2
3.3.4	对科研院所和高校科技支出与对其他企业科技支出比值	2
3.1.2	技术改造费用占主营业务收入比例	5
最弱的 3 个指标		
3.3.2	对研究院所和高校科技活动经费支出	27
3.1.3	3 年技术改造经费平均值	29
3.3.3	对其他企业科技活动经费支出	35

（7）创新绩效

创新绩效		**33**
知识产权		11
产品开发		33
技术进步		36
最强的 3 个指标		
4.1.5	3 年发明专利申请量平均增长率	1
4.1.3	发明专利申请量占全部专利申请量比例	4
4.1.4	每百万元 R&D 经费产生发明专利数量	23
最弱的 3 个指标		
4.2.2	单位新产品开发经费获得新产品产值	34
4.3.1	享受各级政府对技术开发的减免税	34
4.3.4	3 年工业总产值平均增加值	36

6. 农副食品加工业

（1）基本情况

创新发展指数基本排序	排名	基本项目	数值	排名
总体排名	20	企业数量（个）	1 467	11
制造业排名	17	从业人员年平均人数（人年）	1 262 543	14
		工业总产值（万元）	93 521 364	13
		主营业务收入（万元）	93 087 916	13
		利润总额（万元）	4 478 696	15

（2）农副食品加工业企业创新发展指数 12 个子要素排名山峰图

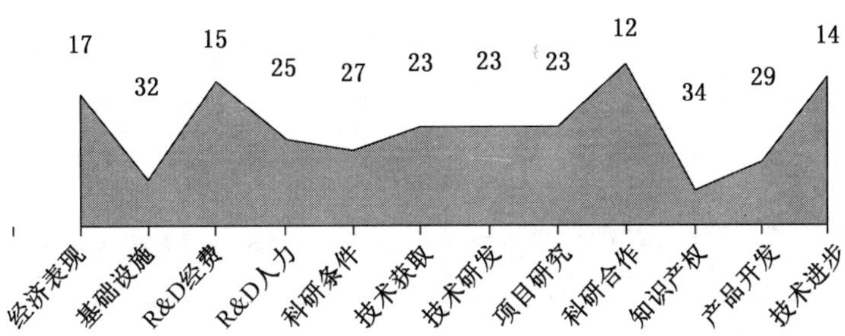

（3）农副食品加工业企业创新发展指数排名最前的 8 个指标与最后的 8 个指标

排名最前的 8 个指标		
3.1.5	消化吸收支出与技术引进支出比值	2
3.3.4	对科研院所和高校科技支出与对其他企业科技支出比值	3
1.3.2	R&D 人员平均 R&D 经费	4
1.3.4	3 年 R&D 经费平均增长率	6
2.3.2	企业对国外技术的依存度	7
2.2.4	科研基建支出占科技活动经费内部支出比例	8
4.3.3	全员劳动生产率	8
1.3.6	吸收政府资金占企业科技活动经费比例	9
排名最后的 8 个指标		
1.3.3	R&D 经费占主营业务收入比例	30
2.1.1	R&D 人员占从业人员比例	30
2.3.1	技术引进支出占主营业务收入比例	30
3.1.2	技术改造费用占主营业务收入比例	30
1.2.4	微电子控制设备费用占机器设备原价比例	31
3.2.1	企业平均拥有 R&D 项目数	31
4.1.4	每百万元 R&D 经费产生发明专利数量	31
2.1.4	企业每千人拥有高中级技术职称人数	32

（4）创新基础

创新基础		**25**
经济表现		17
基础设施		32
R&D 经费		15
最强的 3 个指标		
1.3.2	R&D 人员平均 R&D 经费	4
1.3.4	3 年 R&D 经费平均增长率	6
1.3.6	吸收政府资金占企业科技活动经费比例	9
最弱的 3 个指标		
1.1.5	利润总额占主营业务收入比例	26
1.3.3	R&D 经费占主营业务收入比例	30
1.2.4	微电子控制设备费用占机器设备原价比例	31

（5）创新能力

创新能力		**26**
R&D 人力		25
科研条件		27
技术获取		23
最强的 3 个指标		
2.3.2	企业对国外技术的依存度	7
2.2.4	科研基建支出占科技活动经费内部支出比例	8
2.3.5	购买国内技术经费与技术引进支出比值	10
最弱的 3 个指标		
2.1.1	R&D 人员占从业人员比例	30
2.3.1	技术引进支出占主营业务收入比例	30
2.1.4	企业每千人拥有高中级技术职称人数	32

（6）创新活动

创新活动		**19**
技术研发		23
项目研究		23
科研合作		12
最强的 3 个指标		
3.1.5	消化吸收支出与技术引进支出比值	2
3.3.4	对科研院所和高校科技支出与对其他企业科技支出比值	3
3.2.4	项目人员平均科研项目经费	11
最弱的 3 个指标		
3.1.1	有 R&D 活动企业占本行业企业总数比例	29
3.1.2	技术改造费用占主营业务收入比例	30
3.2.1	企业平均拥有 R&D 项目数	31

（7）创新绩效

创新绩效		**26**
知识产权		34
产品开发		29
技术进步		14
最强的 3 个指标		
4.3.3	全员劳动生产率	8
4.2.2	单位新产品开发经费获得新产品产值	11
4.3.4	3 年工业总产值平均增加值	11
最弱的 3 个指标		
4.1.2	每千人拥有发明专利数量	28
4.2.3	新产品销售收入占主营业务收入比例	30
4.1.4	每百万元 R&D 经费产生发明专利数量	31

7. 食品制造业

(1)基本情况

创新发展指数基本排序	排名	基本项目	数值	排名
总体排名	21	企业数量(个)	865	18
制造业排名	18	从业人员年平均人数(人年)	774 347	20
		工业总产值(万元)	42 885 172	19
		主营业务收入(万元)	41 569 607	19
		利润总额(万元)	2 808 902	20

(2)食品制造业企业创新发展指数 12 个子要素排名山峰图

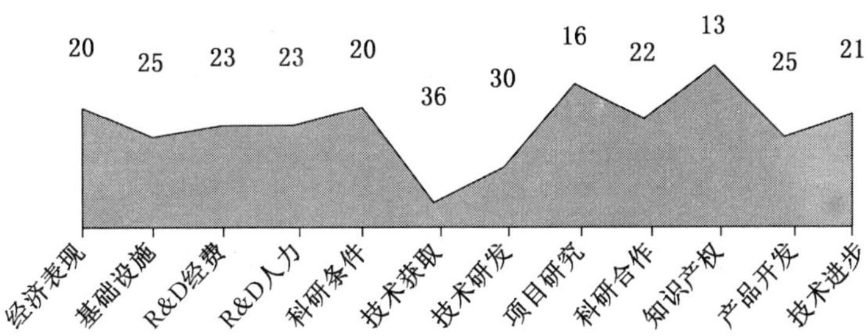

(3)食品制造业企业创新发展指数排名最前的 8 个指标与最后的 8 个指标

排名最前的 8 个指标		
3.2.5	3 年科研项目经费平均增长率	5
2.2.4	科研基建支出占科技活动经费内部支出比例	7
3.3.4	对科研院所和高校科技支出与对其他企业科技支出比值	9
4.2.2	单位新产品开发经费获得新产品产值	10
1.3.6	吸收政府资金占企业科技活动经费比例	11
2.1.5	企业每千人拥有博士和硕士人数	11
3.2.4	项目人员平均科研项目经费	12
3.1.4	消化吸收支出占主营业务收入比例	14
排名最后的 8 个指标		
4.3.2	国家认定创新型企业占全部企业比例	24
3.3.3	对其他企业科技活动经费支出	25
3.3.1	企业科技活动外部支出占科技活动经费总额的比例	26
4.2.4	新产品出口额占新产品销售收入比例	26
3.1.2	技术改造费用占主营业务收入比例	28
2.3.2	企业对国外技术的依存度	29
1.3.4	3 年 R&D 经费平均增长率	31
2.3.5	购买国内技术经费与技术引进支出比值	31

(4)创新基础

创新基础		**28**
经济表现		20
基础设施		25
R&D 经费		23
最强的 3 个指标		
1.3.6	吸收政府资金占企业科技活动经费比例	11
1.1.2	企业人均利润总额	16
1.1.5	利润总额占主营业务收入比例	16
最弱的 3 个指标		
1.3.1	3 年 R&D 经费平均值	24
1.3.3	R&D 经费占主营业务收入比例	24
1.3.4	3 年 R&D 经费平均增长率	31

(5)创新能力

创新能力		**25**
R&D 人力		23
科研条件		20
技术获取		36
最强的 3 个指标		
2.2.4	科研基建支出占科技活动经费内部支出比例	7
2.1.5	企业每千人拥有博士和硕士人数	11
2.2.2	设立科技机构企业占本行业企业总数比例	15
最弱的 3 个指标		
2.1.1	R&D 人员占从业人员比例	24
2.3.2	企业对国外技术的依存度	29
2.3.5	购买国内技术经费与技术引进支出比值	31

(6)创新活动

创新活动		**24**
技术研发		30
项目研究		16
科研合作		22
最强的 3 个指标		
3.2.5	3 年科研项目经费平均增长率	5
3.3.4	对科研院所和高校科技支出与对其他企业科技支出比值	9
3.2.4	项目人员平均科研项目经费	12
最弱的 3 个指标		
3.3.3	对其他企业科技活动经费支出	25
3.3.1	企业科技活动外部支出占科技活动经费总额的比例	26
3.1.2	技术改造费用占主营业务收入比例	28

(7)创新绩效

创新绩效		**29**
知识产权		13
产品开发		25
技术进步		21
最强的 3 个指标		
4.2.2	单位新产品开发经费获得新产品产值	10
4.1.3	发明专利申请量占全部专利申请量比例	14
4.1.1	每千人申请专利数量	16
最弱的 3 个指标		
4.1.2	每千人拥有发明专利数量	23
4.3.2	国家认定创新型企业占全部企业比例	24
4.2.4	新产品出口额占新产品销售收入比例	26

8. 饮料制造业

(1)基本情况

创新发展指数基本排序	排名	基本项目	数值	排名
总体排名	18	企业数量(个)	672	21
制造业排名	15	从业人员年平均人数(人年)	659 278	23
		工业总产值(万元)	42 331 828	20
		主营业务收入(万元)	40 816 840	20
		利润总额(万元)	3 782 328	18

(2)饮料制造业企业创新发展指数12个子要素排名山峰图

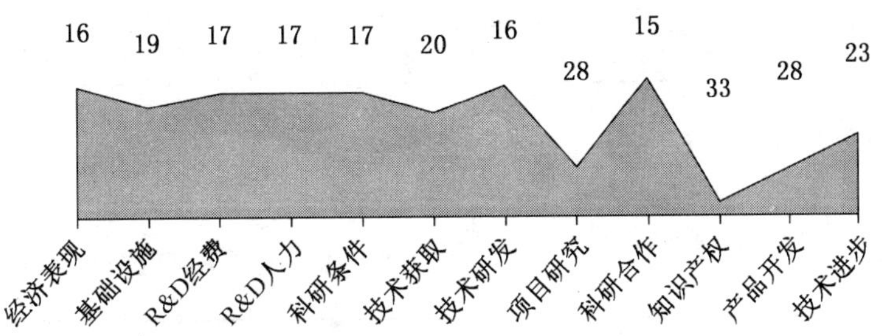

(3)饮料制造业企业创新发展指数排名最前的8个指标与最后的8个指标

排名最前的8个指标		
3.3.4	对科研院所和高校科技支出与对其他企业科技支出比值	6
1.1.2	企业人均利润总额	7
1.1.5	利润总额占主营业务收入比例	9
3.2.4	项目人员平均科研项目经费	9
3.1.2	技术改造费用占主营业务收入比例	10
2.1.3	科学家和工程师占科技活动人员比例	11
1.2.3	企业人均生产经营用机器设备原价	12
2.2.5	科技机构人均仪器设备原价	12
排名最后的8个指标		
4.1.5	3年发明专利申请量平均增长率	27
2.1.5	企业每千人拥有博士和硕士人数	29
4.3.2	国家认定创新型企业占全部企业比例	29
4.2.4	新产品出口额占新产品销售收入比例	31
3.2.3	企业R&D项目数占企业科研项目数的比例	32
3.2.5	3年科研项目经费平均增长率	33
4.1.3	发明专利申请量占全部专利申请量比例	33
4.2.2	单位新产品开发经费获得新产品产值	33

(4)创新基础

创新基础		**18**
经济表现		16
基础设施		19
R&D 经费		17
最强的 3 个指标		
1.1.2	企业人均利润总额	7
1.1.5	利润总额占主营业务收入比例	9
1.2.3	企业人均生产经营用机器设备原价	12
最弱的 3 个指标		
1.1.3	3 年主营业务收入平均值	19
1.3.2	R&D 人员平均 R&D 经费	20
1.3.6	吸收政府资金占企业科技活动经费比例	27

(5)创新能力

创新能力		**18**
R&D 人力		17
科研条件		17
技术获取		20
最强的 3 个指标		
2.1.3	科学家和工程师占科技活动人员比例	11
2.2.5	科技机构人均仪器设备原价	12
2.3.2	企业对国外技术的依存度	12
最弱的 3 个指标		
2.2.4	科研基建支出占科技活动经费内部支出比例	23
2.3.3	购买国内技术经费支出占主营业务收入比例	23
2.1.5	企业每千人拥有博士和硕士人数	29

(6)创新活动

创新活动		**23**
技术研发		16
项目研究		28
科研合作		15
最强的 3 个指标		
3.3.4	对科研院所和高校科技支出与对其他企业科技支出比值	6
3.2.4	项目人员平均科研项目经费	9
3.1.2	技术改造费用占主营业务收入比例	10
最弱的 3 个指标		
3.1.4	消化吸收支出占主营业务收入比例	20
3.2.3	企业 R&D 项目数占企业科研项目数的比例	32
3.2.5	3 年科研项目经费平均增长率	33

(7)创新绩效

创新绩效		**32**
知识产权		33
产品开发		28
技术进步		23
最强的 3 个指标		
4.2.1	有新产品销售企业占本行业企业总数比例	14
4.2.5	企业人均新产品销售收入	16
4.1.1	每千人申请专利数量	17
最弱的 3 个指标		
4.2.4	新产品出口额占新产品销售收入比例	31
4.1.3	发明专利申请量占全部专利申请量比例	33
4.2.2	单位新产品开发经费获得新产品产值	33

9. 烟草制品业

(1)基本情况

创新发展指数基本排序	排名	基本项目	数值	排名
总体排名	6	企业数量(个)	90	36
制造业排名	5	从业人员年平均人数(人年)	184 278	35
		工业总产值(万元)	44 008 842	18
		主营业务收入(万元)	42 109 018	18
		利润总额(万元)	7 027 503	9

(2)烟草制品业企业创新发展指数 12 个子要素排名山峰图

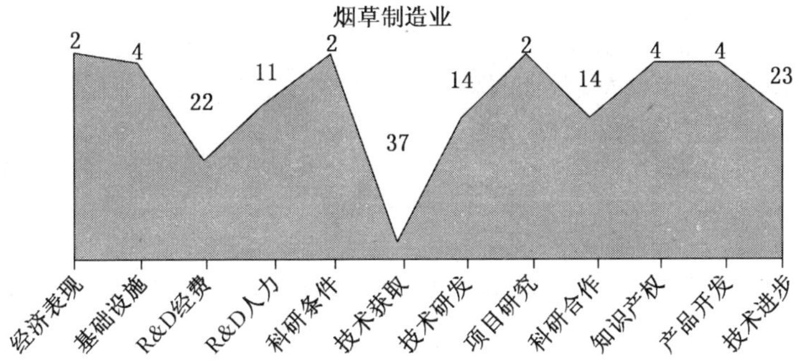

(3)烟草制品业企业创新发展指数排名最前的 8 个指标与最后的 8 个指标

排名最前的 8 个指标		
1.2.4	微电子控制设备费用占机器设备原价比例	1
4.2.2	单位新产品开发经费获得新产品产值	1
1.1.1	企业人均主营业务收入	2
1.1.2	企业人均利润总额	2
2.2.3	企业平均科技机构经费支出	2
3.2.1	企业平均拥有 R&D 项目数	2
3.2.3	企业 R&D 项目数占企业科研项目数的比例	2
3.3.1	企业科技活动外部支出占科技活动经费总额的比例	2
排名最后的 8 个指标		
3.1.4	消化吸收支出占主营业务收入比例	28
4.3.2	国家认定创新型企业占全部企业比例	30
1.3.3	R&D 经费占主营业务收入比例	31
1.3.4	3 年 R&D 经费平均增长率	32
3.1.5	消化吸收支出与技术引进支出比值	32
4.2.4	新产品出口额占新产品销售收入比例	33
2.3.2	企业对国外技术的依存度	36
1.3.6	吸收政府资金占企业科技活动经费比例	37

(4)创新基础

创新基础		**6**
经济表现		2
基础设施		4
R&D 经费		22
最强的 3 个指标		
1.2.4	微电子控制设备费用占机器设备原价比例	1
1.1.1	企业人均主营业务收入	2
1.1.2	企业人均利润总额	2
最弱的 3 个指标		
1.3.3	R&D 经费占主营业务收入比例	31
1.3.4	3 年 R&D 经费平均增长率	32
1.3.6	吸收政府资金占企业科技活动经费比例	37

(5)创新能力

创新能力		**10**
R&D 人力		11
科研条件		2
技术获取		37
最强的 3 个指标		
2.2.3	企业平均科技机构经费支出	2
2.1.5	企业每千人拥有博士和硕士人数	3
2.2.5	科技机构人均仪器设备原价	4
最弱的 3 个指标		
2.3.5	购买国内技术经费与技术引进支出比值	16
2.1.2	3 年 R&D 人员折合全时当量平均值	27
2.3.2	企业对国外技术的依存度	36

(6)创新活动

创新活动		**8**
技术研发		14
项目研究		2
科研合作		14
最强的 3 个指标		
3.2.1	企业平均拥有 R&D 项目数	2
3.2.3	企业 R&D 项目数占企业科研项目数的比例	2
3.3.1	企业科技活动外部支出占科技活动经费总额的比例	2
最弱的 3 个指标		
3.3.4	对科研院所和高校科技支出与对其他企业科技支出比值	27
3.1.4	消化吸收支出占主营业务收入比例	28
3.1.5	消化吸收支出与技术引进支出比值	32

(7)创新绩效

创新绩效		**7**
知识产权		4
产品开发		4
技术进步		13
最强的 3 个指标		
4.2.2	单位新产品开发经费获得新产品产值	1
4.3.3	全员劳动生产率	2
4.2.5	企业人均新产品销售收入	5
最弱的 3 个指标		
4.1.4	每百万元 R&D 经费产生发明专利数量	22
4.3.2	国家认定创新型企业占全部企业比例	30
4.2.4	新产品出口额占新产品销售收入比例	33

10. 纺织业

(1)基本情况

创新发展指数基本排序	排名	基本项目	数值	排名
总体排名	26	企业数量(个)	3 024	2
制造业排名	21	从业人员年平均人数(人年)	3 110 470	3
		工业总产值(万元)	100 448 781	12
		主营业务收入(万元)	97 516 307	12
		利润总额(万元)	4 269 677	16

(2)纺织业企业创新发展指数12个子要素排名山峰图

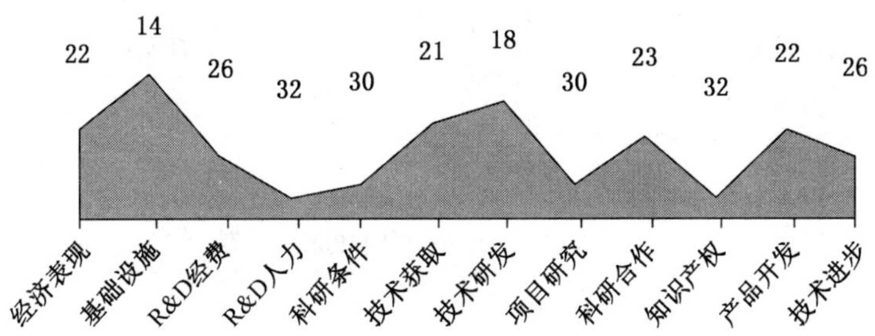

(3)纺织业企业创新发展指数排名最前的8个指标与最后的8个指标

排名最前的8个指标		
1.2.2	微电子控制费用(万元)	7
4.1.5	3年发明专利申请量平均增长率	7
3.1.4	消化吸收支出占主营业务收入比例	8
4.2.4	新产品出口额占新产品销售收入比例	9
1.2.1	生产经营用机器设备原价	10
2.3.4	3年购买国内技术经费平均值	10
1.1.3	3年主营业务收入平均值	11
1.3.1	3年R&D经费平均值	11
排名最后的8个指标		
4.1.4	每百万元R&D经费产生发明专利数量	30
2.1.4	企业每千人拥有高中级技术职称人数	31
3.2.5	3年科研项目经费平均增长率	31
2.1.5	企业每千人拥有博士和硕士人数	32
1.1.2	企业人均利润总额	33
2.1.3	科学家和工程师占科技活动人员比例	35
4.1.3	发明专利申请量占全部专利申请量比例	36
4.3.3	全员劳动生产率	37

（4）创新基础

创新基础		**23**
经济表现		22
基础设施		14
R&D 经费		26
最强的 3 个指标		
1.2.2	微电子控制设备费用	7
1.2.1	生产经营用机器设备原价	10
1.1.3	3 年主营业务收入平均值	11
最弱的 3 个指标		
1.3.5	企业人均科技活动经费	28
1.1.1	企业人均主营业务收入	30
1.1.2	企业人均利润总额	33

（5）创新能力

创新能力		**31**
R&D 人力		32
科研条件		30
技术获取		21
最强的 3 个指标		
2.3.4	3 年购买国内技术经费平均值	10
2.1.2	3 年 R&D 人员折合全时当量平均值	12
2.3.3	购买国内技术经费支出占主营业务收入比例	16
最弱的 3 个指标		
2.1.4	企业每千人拥有高中级技术职称人数	31
2.1.5	企业每千人拥有博士和硕士人数	32
2.1.3	科学家和工程师占科技活动人员比例	35

（6）创新活动

创新活动		**27**
技术研发		18
项目研究		30
科研合作		23
最强的 3 个指标		
3.1.4	消化吸收支出占主营业务收入比例	8
3.3.4	对科研院所和高校科技支出与对其他企业科技支出比值	12
3.1.3	3 年技术改造经费平均值	13
最弱的 3 个指标		
3.2.1	企业平均拥有 R&D 项目数	26
3.3.1	企业科技活动外部支出占科技活动经费总额的比例	28
3.2.5	3 年科研项目经费平均增长率	31

（7）创新绩效

创新绩效		**27**
知识产权		32
产品开发		22
技术进步		26
最强的 3 个指标		
4.1.5	3 年发明专利申请量平均增长率	7
4.2.4	新产品出口额占新产品销售收入比例	9
4.1.1	每千人申请专利数量	14
最弱的 3 个指标		
4.1.2	每千人拥有发明专利数量	30
4.1.3	发明专利申请量占全部专利申请量比例	36
4.3.3	全员劳动生产率	37

11. 纺织服装、鞋、帽制造业

（1）基本情况

创新发展指数基本排序	排名	基本项目	数值	排名
总体排名	36	企业数量（个）	1 551	9
制造业排名	28	从业人员年平均人数（人年）	1 665 807	11
		工业总产值（万元）	40 831 353	21
		主营业务收入（万元）	38 902 567	21
		利润总额（万元）	2 573 249	21

（2）纺织服装、鞋、帽制造业企业创新发展指数12个子要素排名山峰图

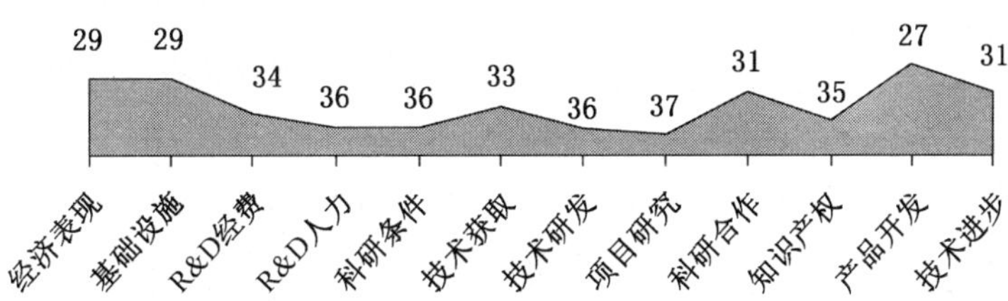

（3）纺织服装、鞋、帽制造业企业创新发展指数排名最前的8个指标与最后的8个指标

排名最前的8个指标		
4.1.5	3年发明专利申请量平均增长率	5
4.2.4	新产品出口额占新产品销售收入比例	7
3.1.5	消化吸收支出与技术引进支出比值	13
1.3.2	R&D人员平均R&D经费	14
4.1.4	每百万元R&D经费产生发明专利数量	15
2.3.2	企业对国外技术的依存度	16
1.1.5	利润总额占主营业务收入比例	18
1.2.4	微电子控制设备费用占机器设备原价比例	18
排名最后的8个指标		
1.1.1	企业人均主营业务收入	35
1.2.3	企业人均生产经营用机器设备原价	35
2.1.1	R&D人员占从业人员比例	35
2.1.5	企业每千人拥有博士和硕士人数	35
3.2.5	3年科研项目经费平均增长率	36
3.1.1	有R&D活动企业占本行业企业总数比例	37
3.2.1	企业平均拥有R&D项目数	37
3.2.3	企业R&D项目数占企业科研项目数的比例	37

(4)创新基础

创新基础		32
经济表现		29
基础设施		29
R&D 经费		34
最强的 3 个指标		
1.3.2	R&D 人员平均 R&D 经费	14
1.1.5	利润总额占主营业务收入比例	18
1.2.4	微电子控制设备费用占机器设备原价比例	18
最弱的 3 个指标		
1.3.4	3 年 R&D 经费平均增长率	34
1.1.1	企业人均主营业务收入	35
1.2.3	企业人均生产经营用机器设备原价	35

(5)创新能力

创新能力		36
R&D 人力		36
科研条件		36
技术获取		33
最强的 3 个指标		
2.3.2	企业对国外技术的依存度	16
2.1.2	3 年 R&D 人员折合全时当量平均值	25
2.3.1	技术引进支出占主营业务收入比例	25
最弱的 3 个指标		
2.1.3	科学家和工程师占科技活动人员比例	34
2.1.1	R&D 人员占从业人员比例	35
2.1.5	企业每千人拥有博士和硕士人数	35

(6)创新活动

创新活动		37
技术研发		36
项目研究		37
科研合作		31
最强的 3 个指标		
3.1.5	消化吸收支出与技术引进支出比值	13
3.2.4	项目人员平均科研项目经费	20
3.3.4	对科研院所和高校科技支出与对其他企业科技支出比值	20
最弱的 3 个指标		
3.1.1	有 R&D 活动企业占本行业企业总数比例	37
3.2.1	企业平均拥有 R&D 项目数	37
3.2.3	企业 R&D 项目数占企业科研项目数的比例	37

(7)创新绩效

创新绩效		34
知识产权		35
产品开发		27
技术进步		31
最强的 3 个指标		
4.1.5	3 年发明专利申请量平均增长率	5
4.2.4	新产品出口额占新产品销售收入比例	7
4.1.4	每百万元 R&D 经费产生发明专利数量	15
最弱的 3 个指标		
4.3.1	享受各级政府对技术开发的减免税	31
4.1.2	每千人拥有发明专利数量	32
4.1.3	发明专利申请量占全部专利申请量比例	34

12. 皮革、毛皮、羽毛(绒)及其制品业

(1)基本情况

创新发展指数基本排序	排名	基本项目	数值	排名
总体排名	37	企业数量(个)	965	17
制造业排名	29	从业人员年平均人数(人年)	1 441 678	13
		工业总产值(万元)	29 435 237	25
		主营业务收入(万元)	28 351 903	26
		利润总额(万元)	1 768 409	26

(2)皮革、毛皮、羽毛(绒)及其制品业企业创新发展指数12个子要素排名山峰图

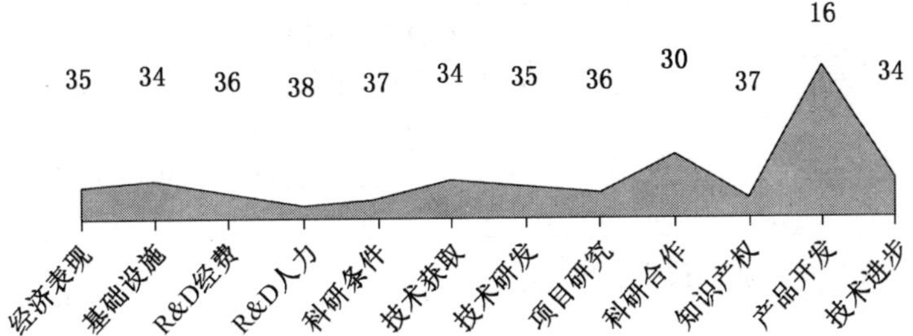

(3)皮革、毛皮、羽毛(绒)及其制品业企业创新发展指数排名最前的8个指标与最后的8个指标

排名最前的8个指标		
4.2.4	新产品出口额占新产品销售收入比例	5
4.2.2	单位新产品开发经费获得新产品产值	6
1.3.4	3年R&D经费平均增长率	9
3.1.5	消化吸收支出与技术引进支出比值	9
4.1.4	每百万元R&D经费产生发明专利数量	10
4.1.5	3年发明专利申请量平均增长率	12
3.3.1	企业科技活动外部支出占科技活动经费总额的比例	13
2.3.2	企业对国外技术的依存度	17
排名最后的8个指标		
3.3.4	对科研院所和高校科技支出与对其他企业科技支出比值	36
1.1.1	企业人均主营业务收入	37
2.1.1	R&D人员占从业人员比例	37
2.1.4	企业每千人拥有高中级技术职称人数	37
1.2.3	企业人均生产经营用机器设备原价	38
1.3.6	吸收政府资金占企业科技活动经费比例	38
2.1.3	科学家和工程师占科技活动人员比例	38
2.1.5	企业每千人拥有博士和硕士人数	38

(4)创新基础

创新基础		**36**
经济表现		35
基础设施		34
R&D 经费		36
最强的 3 个指标		
1.3.4	3 年 R&D 经费平均增长率	9
1.1.5	利润总额占主营业务收入比例	19
1.1.3	3 年主营业务收入平均值	26
最弱的 3 个指标		
1.1.1	企业人均主营业务收入	37
1.2.3	企业人均生产经营用机器设备原价	38
1.3.6	吸收政府资金占企业科技活动经费比例	38

(5)创新能力

创新能力		**38**
R&D 人力		38
科研条件		37
技术获取		34
最强的 3 个指标		
2.3.2	企业对国外技术的依存度	17
2.3.5	购买国内技术经费与技术引进支出比值	17
2.3.3	购买国内技术经费支出占主营业务收入比例	28
最弱的 3 个指标		
2.1.1	R&D 人员占从业人员比例	37
2.1.3	科学家和工程师占科技活动人员比例	38
2.1.5	企业每千人拥有博士和硕士人数	38

(6)创新活动

创新活动		**35**
技术研发		35
项目研究		36
科研合作		30
最强的 3 个指标		
3.1.5	消化吸收支出与技术引进支出比值	9
3.3.1	企业科技活动外部支出占科技活动经费总额的比例	13
3.3.3	对其他企业科技活动经费支出	20
最弱的 3 个指标		
3.2.1	企业平均拥有 R&D 项目数	34
3.1.1	有 R&D 活动企业占本行业企业总数比例	35
3.3.4	对科研院所和高校科技支出与对其他企业科技支出比值	36

(7)创新绩效

创新绩效		**31**
知识产权		37
产品开发		16
技术进步		34
最强的 3 个指标		
4.2.4	新产品出口额占新产品销售收入比例	5
4.2.2	单位新产品开发经费获得新产品产值	6
4.1.4	每百万元 R&D 经费产生发明专利数量	10
最弱的 3 个指标		
4.1.1	每千人申请专利数量	33
4.1.2	每千人拥有发明专利数量	34
4.3.3	全员劳动生产率	35

13. 木材加工及木、竹、藤、棕、草制品业

(1)基本情况

创新发展指数基本排序	排名	基本项目	数值	排名
总体排名	30	企业数量(个)	366	29
制造业排名	24	从业人员年平均人数(人年)	270 489	33
		工业总产值(万元)	11 076 099	33
		主营业务收入(万元)	10 740 530	33
		利润总额(万元)	756 797	30

(2)木材加工及木、竹、藤、棕、草制品业企业创新发展指数12个子要素排名山峰图

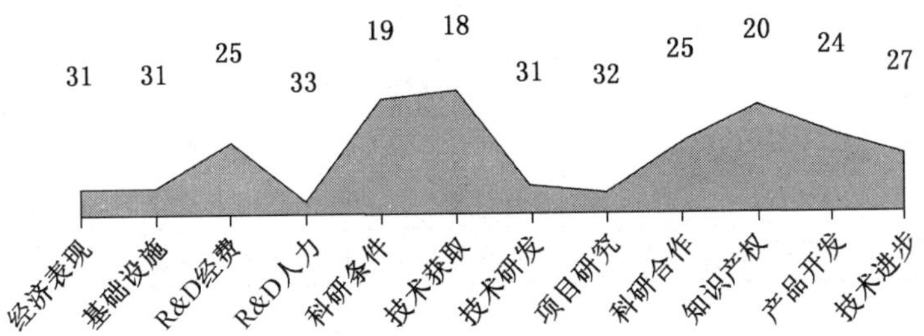

(3)木材加工及木、竹、藤、棕、草制品业企业创新发展指数排名最前的8个指标与最后的8个指标

排名最前的8个指标		
2.2.4	科研基建支出占科技活动经费内部支出比例	2
4.1.4	每百万元R&D经费产生发明专利数量	7
3.3.4	对科研院所和高校科技支出与对其他企业科技支出比值	8
2.3.3	购买国内技术经费支出占主营业务收入比例	10
1.3.4	3年R&D经费平均增长率	12
4.1.2	每千人拥有发明专利数量	12
1.3.2	R&D人员平均R&D经费	13
2.3.5	购买国内技术经费与技术引进支出比值	13
排名最后的8个指标		
1.1.3	3年主营业务收入平均值	33
1.2.2	微电子控制费用	33
1.2.1	生产经营用机器设备原价	34
3.1.3	3年技术改造经费平均值	34
3.3.3	对其他企业科技活动经费支出	34
2.2.5	科技机构人均仪器设备原价	35
3.2.3	企业R&D项目数占企业科研项目数的比例	36
2.1.3	科学家和工程师占科技活动人员比例	37

(4)创新基础

创新基础		31
经济表现		31
基础设施		31
R&D 经费		25
最强的 3 个指标		
1.3.4	3 年 R&D 经费平均增长率	12
1.3.2	R&D 人员平均 R&D 经费	13
1.1.5	利润总额占主营业务收入比例	15
最弱的 3 个指标		
1.1.3	3 年主营业务收入平均值	33
1.2.2	微电子控制设备费用	33
1.2.1	生产经营用机器设备原价	34

(5)创新能力

创新能力		28
R&D 人力		33
科研条件		19
技术获取		18
最强的 3 个指标		
2.2.4	科研基建支出占科技活动经费内部支出比例	2
2.3.3	购买国内技术经费支出占主营业务收入比例	10
2.3.5	购买国内技术经费与技术引进支出比值	13
最弱的 3 个指标		
2.2.3	企业平均科技机构经费支出	32
2.2.5	科技机构人均仪器设备原价	35
2.1.3	科学家和工程师占科技活动人员比例	37

(6)创新活动

创新活动		33
技术研发		31
项目研究		32
科研合作		25
最强的 3 个指标		
3.3.4	对科研院所和高校科技支出与对其他企业科技支出比值	8
3.2.5	3 年科研项目经费平均增长率	15
3.1.5	消化吸收支出与技术引进支出比值	18
最弱的 3 个指标		
3.1.3	3 年技术改造经费平均值	34
3.3.3	对其他企业科技活动经费支出	34
3.2.3	企业 R&D 项目数占企业科研项目数的比例	36

(7)创新绩效

创新绩效		22
知识产权		20
产品开发		24
技术进步		27
最强的 3 个指标		
4.1.4	每百万元 R&D 经费产生发明专利数量	7
4.1.2	每千人拥有发明专利数量	12
4.2.2	每百万元新产品开发经费获得新产品产值	15
最弱的 3 个指标		
4.1.3	发明专利申请量占全部专利申请量比例	32
4.1.5	3 年发明专利申请量平均增长率	32
4.3.4	3 年工业总产值平均增加值	32

14. 家具制造业

(1)基本情况

创新发展指数基本排序	排名	基本项目	数值	排名
总体排名	27	企业数量(个)	498	25
制造业排名	22	从业人员年平均人数(人年)	466 843	28
		工业总产值(万元)	12 467 044	31
		主营业务收入(万元)	12 279 762	31
		利润总额(万元)	507 287	32

(2)家具制造业企业创新发展指数12个子要素排名山峰图

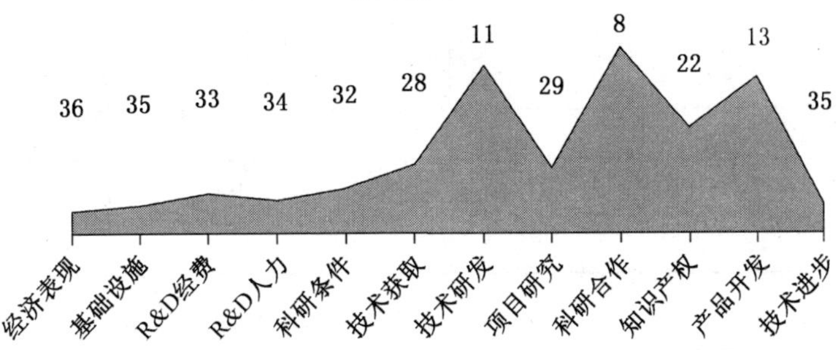

(3)家具制造业企业创新发展指数排名最前的8个指标与最后的8个指标

排名最前的8个指标		
3.1.5	消化吸收支出与技术引进支出比值	1
3.3.4	对科研院所和高校科技支出与对其他企业科技支出比值	1
4.2.4	新产品出口额占新产品销售收入比例	1
2.3.2	企业对国外技术的依存度	3
4.1.4	每百万元R&D经费产生发明专利数量	3
4.1.1	每千人申请专利数量	9
2.2.4	科研基建支出占科技活动经费内部支出比例	14
3.2.5	3年科研项目经费平均增长率	14
排名最后的8个指标		
2.1.4	企业每千人拥有高中级技术职称人数(人/千人)	35
2.3.3	购买国内技术经费支出占主营业务收入比例	35
3.1.2	技术改造费用占主营业务收入比例	35
1.2.1	生产经营用机器设备原价	36
3.2.1	企业平均拥有R&D项目数	36
3.1.3	3年技术改造经费平均值	37
3.3.3	对其他企业科技活动经费支出	37
4.1.3	发明专利申请量占全部专利申请量比例	37

(4)创新基础

创新基础		37
经济表现		36
基础设施		35
R&D 经费		33
最强的 3 个指标		
1.3.2	R&D 人员平均 R&D 经费	16
1.3.3	R&D 经费占主营业务收入比例	28
1.1.5	利润总额占主营业务收入比例	29
最弱的 3 个指标		
1.2.2	微电子控制设备费用	34
1.1.2	企业人均利润总额	35
1.2.1	生产经营用机器设备原价	36

(5)创新能力

创新能力		34
R&D 人力		34
科研条件		32
技术获取		28
最强的 3 个指标		
2.3.2	企业对国外技术的依存度	3
2.2.4	科研基建支出占科技活动经费内部支出比例	14
2.3.5	购买国内技术经费与技术引进支出比值	15
最弱的 3 个指标		
2.1.1	R&D 人员占从业人员比例	34
2.1.4	企业每千人拥有高中级技术职称人数	35
2.3.3	购买国内技术经费支出占主营业务收入比例	35

(6)创新活动

创新活动		13
技术研发		11
项目研究		29
科研合作		8
最强的 3 个指标		
3.1.5	消化吸收支出与技术引进支出比值	1
3.3.4	对科研院所和高校科技支出与对其他企业科技支出比值	1
3.2.5	3 年科研项目经费平均增长率	14
最弱的 3 个指标		
3.2.1	企业平均拥有 R&D 项目数	36
3.1.3	3 年技术改造经费平均值	37
3.3.3	对其他企业科技活动经费支出	37

(7)创新绩效

创新绩效		23
知识产权		22
产品开发		13
技术进步		35
最强的 3 个指标		
4.2.4	新产品出口额占新产品销售收入比例	1
4.1.4	每百万元 R&D 经费产生发明专利数量	3
4.1.1	每千人申请专利数量	9
最弱的 3 个指标		
4.3.1	享受各级政府对技术开发的减免税	32
4.3.3	全员劳动生产率	33
4.1.3	发明专利申请量占全部专利申请量比例	37

15. 造纸及纸制品业

(1)基本情况

创新发展指数基本排序	排名	基本项目	数值	排名
总体排名	22	企业数量(个)	779	20
制造业排名	19	从业人员年平均人数(人年)	644 087	25
		工业总产值(万元)	39 220 559	22
		主营业务收入(万元)	36 925 938	22
		利润总额(万元)	2 302 308	23

(2)造纸及纸制品业企业创新发展指数12个子要素排名山峰图

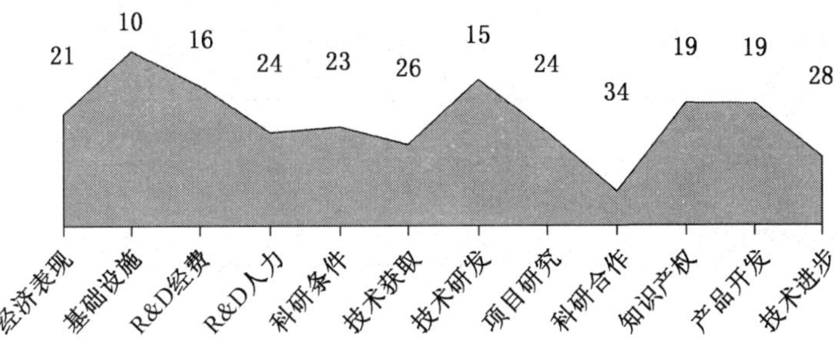

(3)造纸及纸制品业企业创新发展指数排名最前的8个指标与最后的8个指标

排名最前的8个指标		
2.3.1	技术引进支出占主营业务收入比例	2
3.2.4	项目人员平均科研项目经费	4
4.2.2	单位新产品开发经费获得新产品产值	8
1.2.3	企业人均生产经营用机器设备原价	9
2.2.5	科技机构人均仪器设备原价	9
3.1.4	消化吸收支出占主营业务收入比例	9
1.3.2	R&D人员平均R&D经费	10
4.2.3	新产品销售收入占主营业务收入比例	11
排名最后的8个指标		
3.1.5	消化吸收支出与技术引进支出比值	30
4.3.1	享受各级政府对技术开发的减免税	30
4.3.2	国家认定创新型企业占全部企业比例	33
4.1.4	每百万元R&D经费产生发明专利数量	35
2.3.5	购买国内技术经费与技术引进支出比值	36
3.3.1	企业科技活动外部支出占科技活动经费总额的比例	36
2.3.2	企业对国外技术的依存度	37
3.2.5	3年科研项目经费平均增长率	37

(4)创新基础

创新基础		**17**
经济表现		21
基础设施		10
R&D 经费		16
最强的 3 个指标		
1.2.3	企业人均生产经营用机器设备原价	9
1.3.2	R&D 人员平均 R&D 经费	10
1.2.1	生产经营用机器设备原价	14
最弱的 3 个指标		
1.1.3	3 年主营业务收入平均值	22
1.3.1	3 年 R&D 经费平均值	22
1.1.4	3 年利润总额平均值	23

(5)创新能力

创新能力		**27**
R&D 人力		24
科研条件		23
技术获取		26
最强的 3 个指标		
2.3.1	技术引进支出占主营业务收入比例	2
2.2.5	科技机构人均仪器设备原价	9
2.2.3	企业平均科技机构经费支出	17
最弱的 3 个指标		
2.2.4	科研基建支出占科技活动经费内部支出比例	28
2.3.5	购买国内技术经费与技术引进支出比值	36
2.3.2	企业对国外技术的依存度	37

(6)创新活动

创新活动		**28**
技术研发		15
项目研究		24
科研合作		34
最强的 3 个指标		
3.2.4	项目人员平均科研项目经费	4
3.1.4	消化吸收支出占主营业务收入比例	9
3.1.2	技术改造费用占主营业务收入比例	14
最弱的 3 个指标		
3.1.5	消化吸收支出与技术引进支出比值	30
3.3.1	企业科技活动外部支出占科技活动经费总额的比例	36
3.2.5	3 年科研项目经费平均增长率	37

(7)创新绩效

创新绩效		**20**
知识产权		19
产品开发		19
技术进步		28
最强的 3 个指标		
4.2.2	单位新产品开发经费获得新产品产值	8
4.2.3	新产品销售收入占主营业务收入比例	11
4.1.3	发明专利申请量占全部专利申请量比例	13
最弱的 3 个指标		
4.3.1	享受各级政府对技术开发的减免税	30
4.3.2	国家认定创新型企业占全部企业比例	33
4.1.4	每百万元 R&D 经费产生发明专利数量	35

16. 印刷业和记录媒介的复制

(1)基本情况

创新发展指数基本排序	排名	基本项目	数值	排名
总体排名	31	企业数量(个)	411	28
制造业排名	25	从业人员年平均人数(人年)	292 477	31
		工业总产值(万元)	9 382 828	34
		主营业务收入(万元)	9 087 446	34
		利润总额(万元)	1 001 715	27

(2)印刷业和记录媒介的复制企业创新发展指数12个子要素排名山峰图

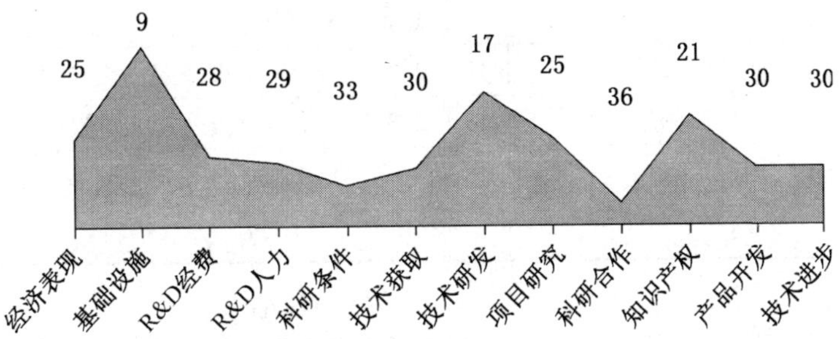

(3)印刷业和记录媒介的复制企业创新发展指数排名最前的8个指标与最后的8个指标

排名最前的8个指标		
1.2.4	微电子控制设备费用占机器设备原价比例	3
1.3.4	3年R&D经费平均增长率	4
1.1.5	利润总额占主营业务收入比例	7
2.3.1	技术引进支出占主营业务收入比例	10
3.1.3	3年技术改造经费平均值	10
3.3.2	对研究院所和高校科技活动经费支出	12
4.3.1	享受各级政府对技术开发的减免税	14
2.2.5	科技机构人均仪器设备原价	15
排名最后的8个指标		
4.3.3	全员劳动生产率	32
1.1.3	3年主营业务收入平均值	34
1.3.6	吸收政府资金占企业科技活动经费比例	34
3.1.4	消化吸收支出占主营业务收入比例	34
4.3.2	国家认定创新型企业占全部企业比例	34
4.3.4	3年工业总产值平均增加值	35
3.2.2	企业平均拥有新产品开发项目数	36
2.2.4	科研基建支出占科技活动经费内部支出比例	37

（4）创新基础

创新基础		**22**
经济表现		25
基础设施		9
R&D 经费		28
最强的 3 个指标		
1.2.4	微电子控制设备费用占机器设备原价比例	3
1.3.4	3 年 R&D 经费平均增长率	4
1.1.5	利润总额占主营业务收入比例	7
最弱的 3 个指标		
1.1.1	企业人均主营业务收入	31
1.1.3	3 年主营业务收入平均值	34
1.3.6	吸收政府资金占企业科技活动经费比例	34

（5）创新能力

创新能力		**33**
R&D 人力		29
科研条件		33
技术获取		30
最强的 3 个指标		
2.3.1	技术引进支出占主营业务收入比例	10
2.2.5	科技机构人均仪器设备原价	15
2.3.3	购买国内技术经费支出占主营业务收入比例	18
最弱的 3 个指标		
2.1.2	3 年 R&D 人员折合全时当量平均值	30
2.3.2	企业对国外技术的依存度	32
2.2.4	科研基建支出占科技活动经费内部支出比例	37

（6）创新活动

创新活动		**29**
技术研发		17
项目研究		25
科研合作		36
最强的 3 个指标		
3.1.4	消化吸收支出占主营业务收入比例	10
3.1.2	技术改造费用占主营业务收入比例	12
3.2.5	3 年科研项目经费平均增长率	16
最弱的 3 个指标		
3.1.3	3 年技术改造经费平均值	30
3.3.4	对科研院所和高校科技支出与对其他企业科技支出比值	34
3.1.4	消化吸收支出占主营业务收入比例	10

（7）创新绩效

创新绩效		**29**
知识产权		21
产品开发		30
技术进步		30
最强的 3 个指标		
4.3.1	享受各级政府对技术开发的减免税	14
4.1.4	每百万元 R&D 经费产生发明专利数量	18
4.2.2	单位新产品开发经费获得新产品产值	18
最弱的 3 个指标		
4.3.3	全员劳动生产率	32
4.3.2	国家认定创新型企业占全部企业比例	34
4.3.4	3 年工业总产值平均增加值	35

17. 文教体育用品制造业

(1)基本情况

创新发展指数基本排序	排名	基本项目	数值	排名
总体排名	32	企业数量(个)	514	23
制造业排名	26	从业人员年平均人数(人年)	655 797	24
		工业总产值(万元)	11 422 945	32
		主营业务收入(万元)	11 086 602	32
		利润总额(万元)	314 129	35

(2)文教体育用品制造业企业创新发展指数 12 个子要素排名山峰图

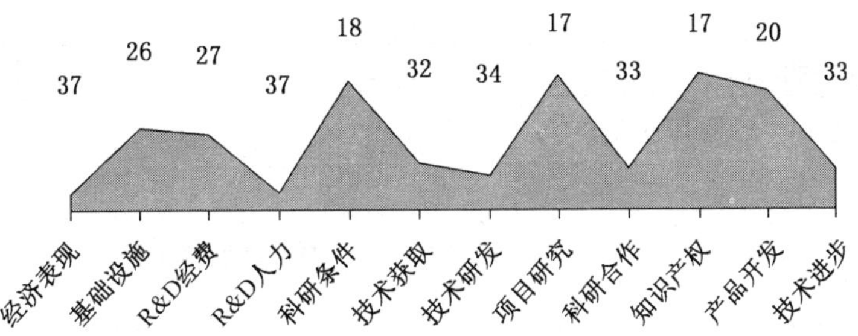

(3)文教体育用品制造业企业创新发展指数排名最前的 8 个指标与最后的 8 个指标

排名最前的 8 个指标		
4. 1. 4	每百万元 R&D 经费产生发明专利数量	2
4. 2. 4	新产品出口额占新产品销售收入比例	2
2. 2. 4	科研基建支出占科技活动经费内部支出比例	3
2. 3. 2	企业对国外技术的依存度	4
3. 2. 3	企业 R&D 项目数占企业科研项目数的比例	7
3. 2. 5	3 年科研项目经费平均增长率	7
4. 1. 1	每千人申请专利数量	8
3. 1. 5	消化吸收支出与技术引进支出比值	10
排名最后的 8 个指标		
2. 1. 3	科学家和工程师占科技活动人员比例	36
2. 1. 4	企业每千人拥有高中级技术职称人数	36
2. 3. 3	购买国内技术经费支出占主营业务收入比例	36
2. 3. 4	3 年购买国内技术经费平均值	36
3. 1. 3	3 年技术改造经费平均值	36
4. 3. 3	全员劳动生产率	36
3. 1. 2	技术改造费用占主营业务收入比例	37
1. 1. 1	企业人均主营业务收入	38

（4）创新基础

创新基础		33
经济表现		37
基础设施		26
R&D 经费		27
最强的 3 个指标		
1.2.4	微电子控制设备费用占机器设备原价比例	11
1.3.4	3 年 R&D 经费平均增长率	13
1.3.6	吸收政府资金占企业科技活动经费比例	16
最弱的 3 个指标		
1.1.2	企业人均利润总额	36
1.2.3	企业人均生产经营用机器设备原价	36
1.1.1	企业人均主营业务收入	38

（5）创新能力

创新能力		32
R&D 人力		37
科研条件		18
技术获取		32
最强的 3 个指标		
2.2.4	科研基建支出占科技活动经费内部支出比例	3
2.3.2	企业对国外技术的依存度	4
2.2.2	设立科技机构企业占本行业企业总数比例	23
最弱的 3 个指标		
2.1.3	科学家和工程师占科技活动人员比例	36
2.1.4	企业每千人拥有高中级技术职称人数	36
2.3.3	购买国内技术经费支出占主营业务收入比例	36

（6）创新活动

创新活动		30
技术研发		34
项目研究		17
科研合作		33
最强的 3 个指标		
3.2.3	企业 R&D 项目数占企业科研项目数的比例	7
3.2.5	3 年科研项目经费平均增长率	7
3.1.5	消化吸收支出与技术引进支出比值	10
最弱的 3 个指标		
3.3.2	对研究院所和高校科技活动经费支出	34
3.1.3	3 年技术改造经费平均值	36
3.1.2	技术改造费用占主营业务收入比例	37

（7）创新绩效

创新绩效		21
知识产权		17
产品开发		20
技术进步		33
最强的 3 个指标		
4.1.4	每百万元 R&D 经费产生发明专利数量	2
4.2.4	新产品出口额占新产品销售收入比例	2
4.1.1	每千人申请专利数量	8
最弱的 3 个指标		
4.3.4	3 年工业总产值平均增加值	33
4.1.3	发明专利申请量占全部专利申请量比例	35
4.3.3	全员劳动生产率	36

18. 石油加工、炼焦及核燃料加工业

(1)基本情况

创新发展指数基本排序	排名	基本项目	数值	排名
总体排名	14	企业数量(个)	486	26
制造业排名	12	从业人员年平均人数(人年)	698 815	21
		工业总产值(万元)	201 702 135	5
		主营业务收入(万元)	202 444 152	5
		利润总额(万元)	－11 194 370	38

(2)石油加工、炼焦及核燃料加工业企业创新发展指数 12 个子要素排名山峰图

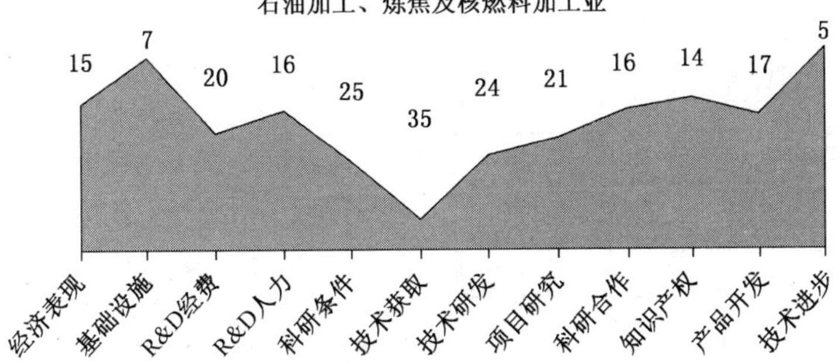

(3)石油加工、炼焦及核燃料加工业企业创新发展指数排名最前的 8 个指标与最后的 8 个指标

排名最前的 8 个指标		
1.1.1	企业人均主营业务收入	1
4.1.3	发明专利申请量占全部专利申请量比例	1
4.3.3	全员劳动生产率	1
1.2.3	企业人均生产经营用机器设备原价	2
4.2.2	单位新产品开发经费获得新产品产值	2
3.1.3	3 年技术改造经费平均值	4
1.1.3	3 年主营业务收入平均值	5
4.1.2	每千人拥有发明专利数量	5
排名最后的 8 个指标		
4.2.1	有新产品销售企业占本行业企业总数比例	31
1.3.3	R&D 经费占主营业务收入比例	34
3.1.4	消化吸收支出占主营业务收入比例	34
4.2.4	新产品出口额占新产品销售收入比例	35
4.1.5	3 年发明专利申请量平均增长率	36
1.1.2	企业人均利润总额	38
1.1.4	3 年利润总额平均值	38
1.1.5	利润总额占主营业务收入比例	38

(4) 创新基础

创新基础		12
经济表现		15
基础设施		7
R&D 经费		20
最强的 3 个指标		
1.1.1	企业人均主营业务收入	1
1.2.3	企业人均生产经营用机器设备原价	2
1.1.3	3 年主营业务收入平均值	5
最弱的 3 个指标		
1.1.2	企业人均利润总额	38
1.1.4	3 年利润总额平均值	38
1.1.5	利润总额占主营业务收入比例	38

(5) 创新能力

创新能力		23
R&D 人力		16
科研条件		25
技术获取		35
最强的 3 个指标		
2.2.5	科技机构人均仪器设备原价	10
2.1.3	科学家和工程师占科技活动人员比例	12
2.1.4	企业每千人拥有高中级技术职称人数	14
最弱的 3 个指标		
2.2.2	设立科技机构企业占本行业企业总数比例	24
2.3.1	技术引进支出占主营业务收入比例	26
2.3.3	购买国内技术经费支出占主营业务收入比例	29

(6) 创新活动

创新活动		21
技术研发		24
项目研究		21
科研合作		16
最强的 3 个指标		
3.1.3	3 年技术改造经费平均值	4
3.3.1	企业科技活动外部支出占科技活动经费总额的比例	8
3.3.3	对其他企业科技活动经费支出	12
最弱的 3 个指标		
3.1.5	消化吸收支出与技术引进支出比值	27
3.3.4	对科研院所和高校科技支出与对其他企业科技支出比值	29
3.1.4	消化吸收支出占主营业务收入比例	34

(7) 创新绩效

创新绩效		11
知识产权		14
产品开发		17
技术进步		5
最强的 3 个指标		
4.1.3	发明专利申请量占全部专利申请量比例	1
4.3.3	全员劳动生产率	1
4.2.2	单位新产品开发经费获得新产品产值	2
最弱的 3 个指标		
4.2.1	有新产品销售企业占本行业企业总数比例	31
4.2.4	新产品出口额占新产品销售收入比例	35
4.1.5	3 年发明专利申请量平均增长率	36

19. 化学原料及化学制品制造业

(1)基本情况

创新发展指数基本排序	排名	基本项目	数值	排名
总体排名	7	企业数量(个)	2151	7
制造业排名	6	从业人员年平均人数(人年)	2 115 784	7
		工业总产值(万元)	176 081 747	7
		主营业务收入(万元)	177 968 165	7
		利润总额(万元)	9 304 399	7

(2)化学原料及化学制品制造业企业创新发展指数 12 个子要素排名山峰图

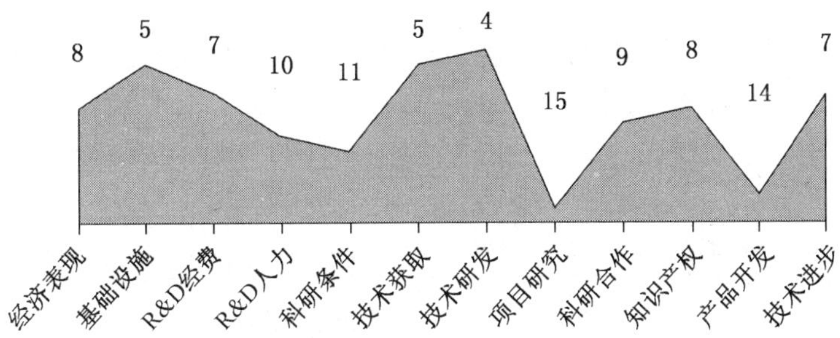

(3)化学原料及化学制品制造业企业创新发展指数排名最前的 8 个指标与最后的 8 个指标

排名最前的 8 个指标		
2.3.4	3 年购买国内技术经费平均值	3
3.1.3	3 年技术改造经费平均值	3
3.1.4	消化吸收支出占主营业务收入比例	3
1.2.1	生产经营用机器设备原价	4
1.3.5	企业人均科技活动经费	4
2.3.3	购买国内技术经费支出占主营业务收入比例	4
3.1.2	技术改造费用占主营业务收入比例	4
1.2.2	微电子控制费用	5
排名最后的 8 个指标		
4.1.5	3 年发明专利申请量平均增长率	22
4.2.2	单位新产品开发经费获得新产品产值	22
4.2.4	新产品出口额占新产品销售收入比例	22
1.1.5	利润总额占主营业务收入比例	25
2.3.5	购买国内技术经费与技术引进支出比值	26
3.1.5	消化吸收支出与技术引进支出比值	26
3.2.5	3 年科研项目经费平均增长率	29
2.3.2	企业对国外技术的依存度	30

(4) 创新基础

创新基础		**7**
经济表现		8
基础设施		5
R&D 经费		7
最强的 3 个指标		
1.2.1	生产经营用机器设备原价	4
1.3.5	企业人均科技活动经费	4
1.2.2	微电子控制设备费用	5
最弱的 3 个指标		
1.2.4	微电子控制设备费用占机器设备原价比例	17
1.3.6	吸收政府资金占企业科技活动经费比例	17
1.1.5	利润总额占主营业务收入比例	25

(5) 创新能力

创新能力		**8**
R&D 人力		10
科研条件		11
技术获取		5
最强的 3 个指标		
2.3.4	3 年购买国内技术经费平均值	3
2.3.3	购买国内技术经费支出占主营业务收入比例	4
2.1.2	3 年 R&D 人员折合全时当量平均值	5
最弱的 3 个指标		
2.1.3	科学家和工程师占科技活动人员比例	21
2.3.5	购买国内技术经费与技术引进支出比值	26
2.3.2	企业对国外技术的依存度	30

(6) 创新活动

创新活动		**7**
技术研发		4
项目研究		15
科研合作		9
最强的 3 个指标		
3.1.3	3 年技术改造经费平均值	3
3.1.4	消化吸收支出占主营业务收入比例	3
3.1.2	技术改造费用占主营业务收入比例	4
最弱的 3 个指标		
3.2.3	企业 R&D 项目数占企业科研项目数的比例	16
3.1.5	消化吸收支出与技术引进支出比值	26
3.2.5	3 年科研项目经费平均增长率	29

(7) 创新绩效

创新绩效		**9**
知识产权		8
产品开发		14
技术进步		7
最强的 3 个指标		
4.3.2	国家认定创新型企业占全部企业比例	5
4.1.2	每千人拥有发明专利数量	6
4.3.1	享受各级政府对技术开发的减免税	6
最弱的 3 个指标		
4.1.5	3 年发明专利申请量平均增长率	22
4.2.2	单位新产品开发经费获得新产品产值	22
4.2.4	新产品出口额占新产品销售收入比例	22

20. 医药制造业

（1）基本情况

创新发展指数基本排序	排名	基本项目	数值	排名
总体排名	4	企业数量（个）	999	16
制造业排名	4	从业人员年平均人数（人年）	893 388	18
		工业总产值（万元）	47 978 207	17
		主营业务收入（万元）	45 487 648	17
		利润总额（万元）	5 356 633	12

（2）医药制造业企业创新发展指数12个子要素排名山峰图

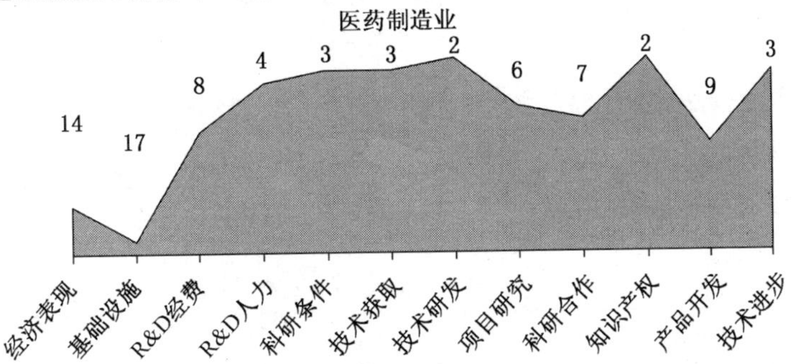

（3）医药制造业企业创新发展指数排名最前的8个指标与最后的8个指标

排名最前的8个指标		
2.1.1	R&D人员占从业人员比例	1
2.2.2	设立科技机构企业占本行业企业总数比例	1
3.1.1	有R&D活动企业占本行业企业总数比例	1
3.1.4	消化吸收支出占主营业务收入比例	1
4.2.1	有新产品销售企业占本行业企业总数比例	1
4.3.2	国家认定创新型企业占全部企业比例	1
1.3.3	R&D经费占主营业务收入比例	2
2.1.4	企业每千人拥有高中级技术职称人数	2
排名最后的8个指标		
4.2.4	新产品出口额占新产品销售收入比例	19
1.3.2	R&D人员平均R&D经费	21
3.2.4	项目人员平均科研项目经费	23
2.2.5	科技机构人均仪器设备原价	25
3.2.5	3年科研项目经费平均增长率	28
4.2.2	单位新产品开发经费获得新产品产值	28
1.3.4	3年R&D经费平均增长率	33
4.1.5	3年发明专利申请量平均增长率	35

（4）创新基础

创新基础		**11**
经济表现		14
基础设施		17
R&D 经费		8
最强的 3 个指标		
1.3.3	R&D 经费占主营业务收入比例	2
1.1.2	企业人均利润总额	5
1.1.5	利润总额占主营业务收入比例	6
最弱的 3 个指标		
1.1.1	企业人均主营业务收入	19
1.3.2	R&D 人员平均 R&D 经费	21
1.3.4	3 年 R&D 经费平均增长率	33

（5）创新能力

创新能力		**1**
R&D 人力		4
科研条件		3
技术获取		3
最强的 3 个指标		
2.1.1	R&D 人员占从业人员比例	1
2.2.2	设立科技机构企业占本行业企业总数比例	1
2.1.4	企业每千人拥有高中级技术职称人数	2
最弱的 3 个指标		
2.3.1	技术引进支出占主营业务收入比例	13
2.3.2	企业对国外技术的依存度	13
2.2.5	科技机构人均仪器设备原价	25

（6）创新活动

创新活动		**3**
技术研发		2
项目研究		6
科研合作		7
最强的 3 个指标		
3.1.1	有 R&D 活动企业占本行业企业总数比例	1
3.1.4	消化吸收支出占主营业务收入比例	1
3.2.2	企业平均拥有新产品开发项目数	3
最弱的 3 个指标		
3.1.2	技术改造费用占主营业务收入比例	16
3.2.4	项目人员平均科研项目经费	23
3.2.5	3 年科研项目经费平均增长率	28

（7）创新绩效

创新绩效		**3**
知识产权		2
产品开发		9
技术进步		3
最强的 3 个指标		
4.2.1	有新产品销售企业占本行业企业总数比例	1
4.3.2	国家认定创新型企业占全部企业比例	1
4.1.2	每千人拥有发明专利数量	2
最弱的 3 个指标		
4.2.4	新产品出口额占新产品销售收入比例	19
4.2.2	单位新产品开发经费获得新产品产值	28
4.1.5	3 年发明专利申请量平均增长率	35

21. 化学纤维制造业

(1)基本情况

创新发展指数基本排序	排名	基本项目	数值	排名
总体排名	15	企业数量(个)	240	32
制造业排名	13	从业人员年平均人数(人年)	312 586	30
		工业总产值(万元)	29 330 240	26
		主营业务收入(万元)	28 821 431	25
		利润总额(万元)	464 427	33

(2)化学纤维制造业企业创新发展指数12个子要素排名山峰图

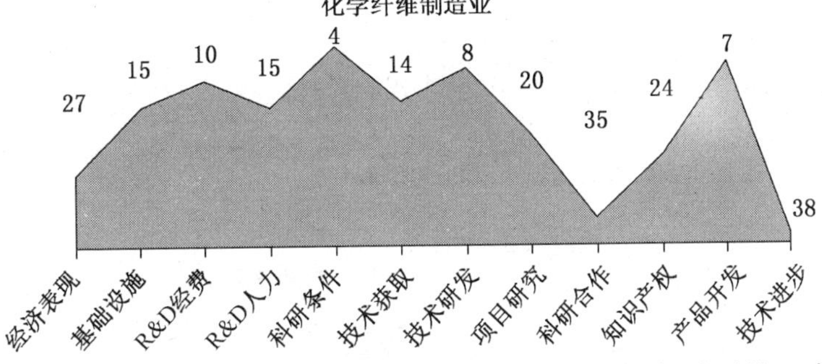

(3)化学纤维制造业企业创新发展指数排名最前的8个指标与最后的8个指标

排名最前的8个指标		
1.3.2	R&D人员平均R&D经费	2
1.3.5	企业人均科技活动经费	3
4.2.5	企业人均新产品销售收入	4
2.2.5	科技机构人均仪器设备原价	5
4.1.3	发明专利申请量占全部专利申请量比例	5
2.2.3	企业平均科技机构经费支出	6
4.1.5	3年发明专利申请量平均增长率	6
4.2.3	新产品销售收入占主营业务收入比例	6
排名最后的8个指标		
1.1.4	3年利润总额平均值	30
1.1.2	企业人均利润总额	31
2.2.4	科研基建支出占科技活动经费内部支出比例	32
4.1.4	每百万元R&D经费产生发明专利数量	32
3.2.5	3年科研项目经费平均增长率	35
3.3.1	企业科技活动外部支出占科技活动经费总额的比例	35
1.1.5	利润总额占主营业务收入比例	36
4.3.3	全员劳动生产率	38

(4)创新基础

创新基础		**14**
经济表现		27
基础设施		15
R&D 经费		10
最强的 3 个指标		
1.3.2	R&D 人员平均 R&D 经费	2
1.3.5	企业人均科技活动经费	3
1.1.1	企业人均主营业务收入	7
最弱的 3 个指标		
1.1.4	3 年利润总额平均值	30
1.1.2	企业人均利润总额	31
1.1.5	利润总额占主营业务收入比例	36

(5)创新能力

创新能力		**13**
R&D 人力		15
科研条件		4
技术获取		14
最强的 3 个指标		
2.2.5	科技机构人均仪器设备原价	5
2.2.3	企业平均科技机构经费支出	6
2.2.2	设立科技机构企业占本行业企业总数比例	7
最弱的 3 个指标		
2.1.2	3 年 R&D 人员折合全时当量平均值	22
2.1.5	企业每千人拥有博士和硕士人数	28
2.2.4	科研基建支出占科技活动经费内部支出比例	32

(6)创新活动

创新活动		**18**
技术研发		8
项目研究		20
科研合作		35
最强的 3 个指标		
3.1.2	技术改造费用占主营业务收入比例	7
3.1.1	有 R&D 活动企业占本行业企业总数比例	8
3.2.3	企业 R&D 项目数占企业科研项目数的比例	9
最弱的 3 个指标		
3.3.2	对研究院所和高校科技活动经费支出	25
3.2.5	3 年科研项目经费平均增长率	35
3.3.1	企业科技活动外部支出占科技活动经费总额的比例	35

(7)创新绩效

创新绩效		**16**
知识产权		24
产品开发		7
技术进步		38
最强的 3 个指标		
4.2.5	企业人均新产品销售收入	4
4.1.3	发明专利申请量占全部专利申请量比例	5
4.1.5	3 年发明专利申请量平均增长率	6
最弱的 3 个指标		
4.3.4	3 年工业总产值平均增加值	28
4.1.4	每百万元 R&D 经费产生发明专利数量	32
4.3.3	全员劳动生产率	38

22. 橡胶制品业

(1)基本情况

创新发展指数基本排序	排名	基本项目	数值	排名
总体排名	16	企业数量(个)	458	27
制造业排名	14	从业人员年平均人数(人年)	515 012	26
		工业总产值(万元)	25 635 709	27
		主营业务收入(万元)	25 203 308	27
		利润总额(万元)	865 123	29

(2)橡胶制品业企业创新发展指数12个子要素排名山峰图

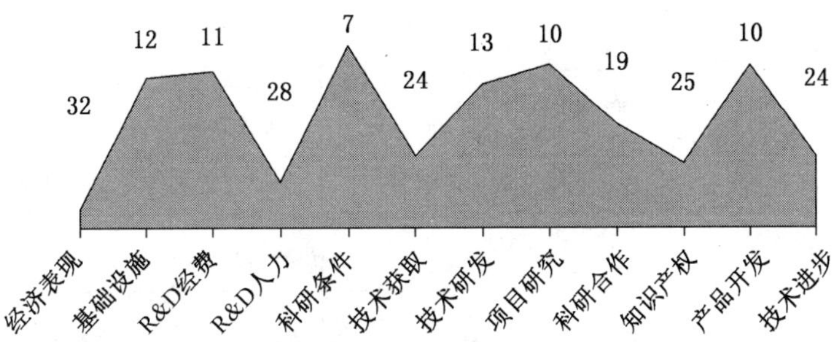

(3)橡胶制品业企业创新发展指数排名最前的8个指标与最后的8个指标

排名最前的8个指标		
3.2.4	项目人员平均科研项目经费	2
1.3.2	R&D 人员平均 R&D 经费	3
2.2.5	科技机构人均仪器设备原价	3
1.2.4	微电子控制设备费用占机器设备原价比例	4
3.3.4	对科研院所和高校科技支出与对其他企业科技支出比值	5
1.3.3	R&D 经费占主营业务收入比例	6
2.2.3	企业平均科技机构经费支出	7
3.1.5	消化吸收支出与技术引进支出比值	8
排名最后的8个指标		
2.3.3	购买国内技术经费支出占主营业务收入比例	30
3.2.3	企业 R&D 项目数占企业科研项目数的比例	30
2.1.3	科学家和工程师占科技活动人员比例	31
2.2.4	科研基建支出占科技活动经费内部支出比例	31
3.3.1	企业科技活动外部支出占科技活动经费总额的比例	31
1.1.5	利润总额占主营业务收入比例	32
4.1.4	每百万元 R&D 经费产生发明专利数量	33
2.1.5	企业每千人拥有博士和硕士人数	36

(4)创新基础

创新基础		**16**
经济表现		32
基础设施		12
R&D 经费		11
最强的3个指标		
1.3.2	R&D 人员平均 R&D 经费	3
1.2.4	微电子控制设备费用占机器设备原价比例	4
1.3.3	R&D 经费占主营业务收入比例	6
最弱的3个指标		
1.1.2	企业人均利润总额	29
1.3.4	3年 R&D 经费平均增长率	29
1.1.5	利润总额占主营业务收入比例	32

(5)创新能力

创新能力		**19**
R&D 人力		28
科研条件		7
技术获取		24
最强的3个指标		
2.2.5	科技机构人均仪器设备原价	3
2.2.3	企业平均科技机构经费支出	7
2.3.2	企业对国外技术的依存度	9
最弱的3个指标		
2.1.3	科学家和工程师占科技活动人员比例	31
2.2.4	科研基建支出占科技活动经费内部支出比例	31
2.1.5	企业每千人拥有博士和硕士人数	36

(6)创新活动

创新活动		**14**
技术研发		13
项目研究		10
科研合作		19
最强的3个指标		
3.2.4	项目人员平均科研项目经费	2
3.3.4	对科研院所和高校科技支出与对其他企业科技支出比值	5
3.1.5	消化吸收支出与技术引进支出比值	8
最弱的3个指标		
3.3.3	对其他企业科技活动经费支出	23
3.2.3	企业 R&D 项目数占企业科研项目数的比例	30
3.3.1	企业科技活动外部支出占科技活动经费总额的比例	31

(7)创新绩效

创新绩效		**15**
知识产权		25
产品开发		10
技术进步		24
最强的3个指标		
4.2.3	新产品销售收入占主营业务收入比例	8
4.2.4	新产品出口额占新产品销售收入比例	8
4.2.1	有新产品销售企业占本行业企业总数比例	9
最弱的3个指标		
4.3.3	全员劳动生产率	26
4.2.2	单位新产品开发经费获得新产品产值	29
4.1.4	每百万元 R&D 经费产生发明专利数量	33

23. 塑料制品业

(1)基本情况

创新发展指数基本排序	排名	基本项目	数值	排名
总体排名	28	企业数量(个)	1 083	15
制造业排名	23	从业人员年平均人数(人年)	888 969	19
		工业总产值(万元)	32 068 633	24
		主营业务收入(万元)	31 240 806	23
		利润总额(万元)	1 929 509	25

(2)塑料制品业企业创新发展指数12个子要素排名山峰图

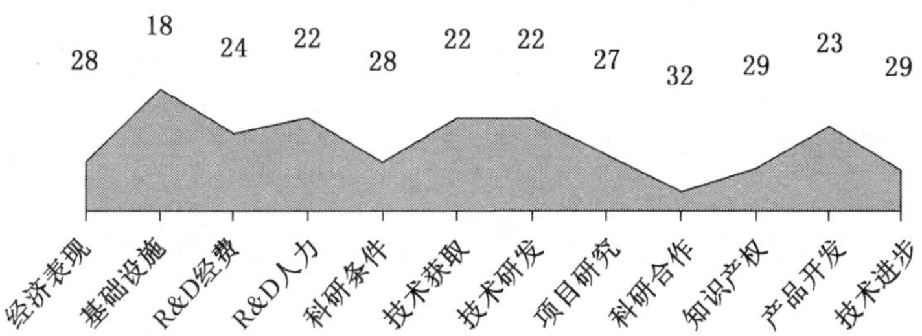

(3)塑料制品业企业创新发展指数排名最前的8个指标与最后的8个指标

排名最前的8个指标		
2.3.2	企业对国外技术的依存度	2
3.1.5	消化吸收支出与技术引进支出比值	4
1.2.4	微电子控制设备费用占机器设备原价比例	8
2.1.5	企业每千人拥有博士和硕士人数	9
1.3.3	R&D经费占主营业务收入比例	11
4.2.4	新产品出口额占新产品销售收入比例	11
2.3.5	购买国内技术经费与技术引进支出比值	12
4.2.3	新产品销售收入占主营业务收入比例	12
排名最后的8个指标		
4.1.3	发明专利申请量占全部专利申请量比例	29
2.1.4	企业每千人拥有高中级技术职称人数	30
2.3.4	3年购买国内技术经费平均值	30
4.2.2	单位新产品开发经费获得新产品产值	30
2.3.3	购买国内技术经费支出占主营业务收入比例	31
3.1.4	消化吸收支出占主营业务收入比例	32
2.3.1	技术引进支出占主营业务收入比例	34
3.3.1	企业科技活动外部支出占科技活动经费总额的比例	37

(4)创新基础

创新基础		**27**
经济表现		28
基础设施		18
R&D 经费		24
最强的 3 个指标		
1.2.4	微电子控制设备费用占机器设备原价比例	8
1.3.3	R&D 经费占主营业务收入比例	11
1.3.4	3 年 R&D 经费平均增长率	16
最弱的 3 个指标		
1.2.3	企业人均生产经营用机器设备原价	26
1.1.2	企业人均利润总额	27
1.1.1	企业人均主营业务收入	28

(5)创新能力

创新能力		**24**
R&D 人力		22
科研条件		28
技术获取		22
最强的 3 个指标		
2.3.2	企业对国外技术的依存度	2
2.1.5	企业每千人拥有博士和硕士人数	9
2.3.5	购买国内技术经费与技术引进支出比值	12
最弱的 3 个指标		
2.1.4	企业每千人拥有高中级技术职称人数	30
2.3.3	购买国内技术经费支出占主营业务收入比例	31
2.3.1	技术引进支出占主营业务收入比例	34

(6)创新活动

创新活动		**31**
技术研发		22
项目研究		27
科研合作		32
最强的 3 个指标		
3.1.5	消化吸收支出与技术引进支出比值	4
3.3.4	对科研院所和高校科技支出与对其他企业科技支出比值	18
3.2.5	3 年科研项目经费平均增长率	21
最弱的 3 个指标		
3.1.2	技术改造费用占主营业务收入比例	29
3.1.4	消化吸收支出占主营业务收入比例	32
3.3.1	企业科技活动外部支出占科技活动经费总额的比例	37

(7)创新绩效

创新绩效		**28**
知识产权		29
产品开发		23
技术进步		29
最强的 3 个指标		
4.2.4	新产品出口额占新产品销售收入比例	11
4.2.3	新产品销售收入占主营业务收入比例	12
4.1.4	每百万元 R&D 经费产生发明专利数量	16
最弱的 3 个指标		
4.3.3	全员劳动生产率	28
4.1.3	发明专利申请量占全部专利申请量比例	29
4.2.2	单位新产品开发经费获得新产品产值	30

24. 非金属矿物制品业

(1)基本情况

创新发展指数基本排序	排名	基本项目	数值	排名
总体排名	23	企业数量(个)	2 322	6
制造业排名	20	从业人员年平均人数(人年)	1 986 813	10
		工业总产值(万元)	79 610 888	14
		主营业务收入(万元)	78 194 356	14
		利润总额(万元)	6 048 146	10

(2)非金属矿物制品业企业创新发展指数12个子要素排名山峰图

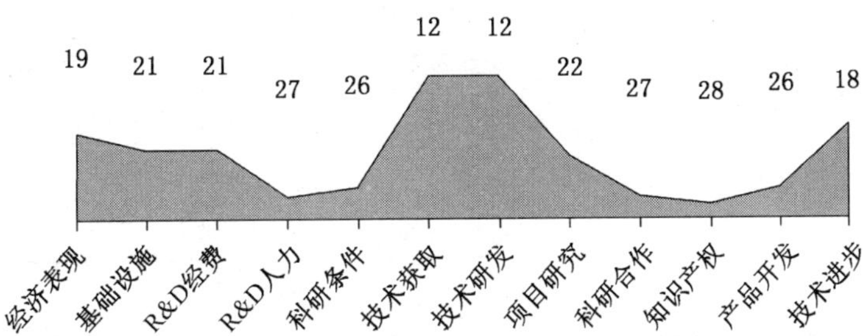

(3)非金属矿物制品业企业创新发展指数排名最前的8个指标与最后的8个指标

排名最前的8个指标		
4.1.4	每百万元R&D经费产生发明专利数量	1
4.1.2	每千人拥有发明专利数量	3
3.1.5	消化吸收支出与技术引进支出比值	5
2.3.5	购买国内技术经费与技术引进支出比值	6
1.2.1	生产经营用机器设备原价	9
1.1.5	利润总额占主营业务收入比例	10
2.2.4	科研基建支出占科技活动经费内部支出比例	10
3.2.5	3年科研项目经费平均增长率	10
排名最后的8个指标		
3.2.1	企业平均拥有R&D项目数	25
4.2.2	单位新产品开发经费获得新产品产值	25
2.1.3	科学家和工程师占科技活动人员比例	26
2.1.5	企业每千人拥有博士和硕士人数	26
1.1.1	企业人均主营业务收入	27
1.2.4	微电子控制设备费用占机器设备原价比例	27
3.3.1	企业科技活动外部支出占科技活动经费总额的比例	29
4.1.5	3年发明专利申请量平均增长率	30

(4) 创新基础

创新基础		**21**
经济表现		19
基础设施		21
R&D 经费		21
最强的 3 个指标		
1.2.1	生产经营用机器设备原价	9
1.1.5	利润总额占主营业务收入比例	10
1.1.4	3 年利润总额平均值	12
最弱的 3 个指标		
1.3.5	企业人均科技活动经费	23
1.1.1	企业人均主营业务收入	27
1.2.4	微电子控制设备费用占机器设备原价比例	27

(5) 创新能力

创新能力		**22**
R&D 人力		27
科研条件		26
技术获取		12
最强的 3 个指标		
2.3.5	购买国内技术经费与技术引进支出比值	6
2.2.4	科研基建支出占科技活动经费内部支出比例	10
2.3.2	企业对国外技术的依存度	11
最弱的 3 个指标		
2.2.5	科技机构人均仪器设备原价	24
2.1.3	科学家和工程师占科技活动人员比例	26
2.1.5	企业每千人拥有博士和硕士人数	26

(6) 创新活动

创新活动		**20**
技术研发		12
项目研究		22
科研合作		27
最强的 3 个指标		
3.1.5	消化吸收支出与技术引进支出比值	5
3.2.5	3 年科研项目经费平均增长率	10
3.1.3	3 年技术改造经费平均值	12
最弱的 3 个指标		
3.2.2	企业平均拥有新产品开发项目数	23
3.2.1	企业平均拥有 R&D 项目数	25
3.3.1	企业科技活动外部支出占科技活动经费总额的比例	29

(7) 创新绩效

创新绩效		**24**
知识产权		28
产品开发		26
技术进步		18
最强的 3 个指标		
4.1.4	每百万元 R&D 经费产生发明专利数量	1
4.1.2	每千人拥有发明专利数量	3
4.2.4	新产品出口额占新产品销售收入比例	12
最弱的 3 个指标		
4.1.3	发明专利申请量占全部专利申请量比例	24
4.2.2	单位新产品开发经费获得新产品产值	25
4.1.5	3 年发明专利申请量平均增长率	30

25. 黑色金属冶炼及压延加工业

（1）基本情况

创新发展指数基本排序	排名	基本项目	数值	排名
总体排名	2	企业数量（个）	1 153	14
制造业排名	2	从业人员年平均人数（人年）	2 492 552	6
		工业总产值（万元）	371 552 312	2
		主营业务收入（万元）	380 069 749	1
		利润总额（万元）	13 094 529	5

（2）黑色金属冶炼及压延加工业企业创新发展指数12个子要素排名山峰图

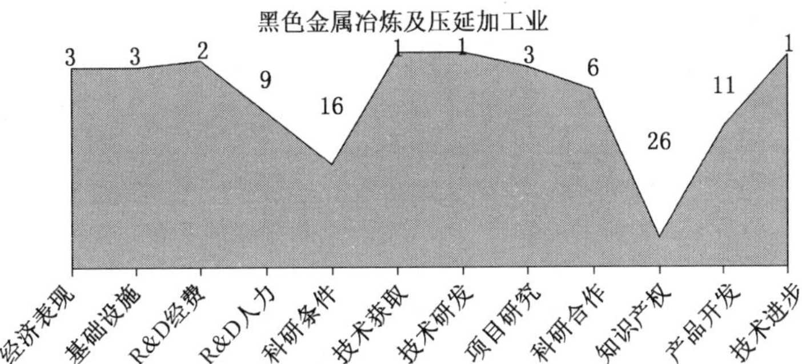

（3）黑色金属冶炼及压延加工业企业创新发展指数排名最前的8个指标与最后的8个指标

排名最前的8个指标		
1. 3. 2	R&D人员平均R&D经费	1
1. 3. 5	企业人均科技活动经费	1
2. 3. 3	购买国内技术经费支出占主营业务收入比例	1
2. 3. 4	3年购买国内技术经费平均值	1
3. 1. 2	技术改造费用占主营业务收入比例	1
3. 1. 3	3年技术改造经费平均值	1
3. 2. 4	项目人员平均科研项目经费	1
4. 3. 4	3年工业总产值平均增加值	1
排名最后的8个指标		
4. 1. 1	每千人申请专利数量	22
1. 2. 4	微电子控制设备费用占机器设备原价比例	24
3. 3. 4	对科研院所和高校科技支出与对其他企业科技支出比值	30
1. 1. 5	利润总额占主营业务收入比例	31
2. 3. 2	企业对国外技术的依存度	31
1. 3. 6	吸收政府资金占企业科技活动经费比例	32
4. 1. 4	每百万元R&D经费产生发明专利数量	34
2. 2. 4	科研基建支出占科技活动经费内部支出比例	36

（4）创新基础

创新基础		**2**
经济表现		3
基础设施		3
R&D 经费		2
最强的 3 个指标		
1.3.2	R&D 人员平均 R&D 经费	1
1.3.5	企业人均科技活动经费	1
1.1.3	3 年主营业务收入平均值	2
最弱的 3 个指标		
1.2.4	微电子控制设备费用占机器设备原价比例	24
1.1.5	利润总额占主营业务收入比例	31
1.3.6	吸收政府资金占企业科技活动经费比例	32

（5）创新能力

创新能力		**2**
R&D 人力		9
科研条件		16
技术获取		1
最强的 3 个指标		
2.3.3	购买国内技术经费支出占主营业务收入比例	1
2.3.4	3 年购买国内技术经费平均值	1
2.2.3	企业平均科技机构经费支出	3
最弱的 3 个指标		
2.2.2	设立科技机构企业占本行业企业总数比例	19
2.3.2	企业对国外技术的依存度	31
2.2.4	科研基建支出占科技活动经费内部支出比例	36

（6）创新活动

创新活动		**1**
技术研发		1
项目研究		3
科研合作		6
最强的 3 个指标		
3.1.2	技术改造费用占主营业务收入比例	1
3.1.3	3 年技术改造经费平均值	1
3.2.4	项目人员平均科研项目经费	1
最弱的 3 个指标		
3.1.1	有 R&D 活动企业占本行业企业总数比例	17
3.1.5	消化吸收支出与技术引进支出比值	21
3.3.4	对科研院所和高校科技支出与对其他企业科技支出比值	30

（7）创新绩效

创新绩效		**6**
知识产权		26
产品开发		11
技术进步		1
最强的 3 个指标		
4.3.4	3 年工业总产值平均增加值	1
4.2.5	企业人均新产品销售收入	2
4.3.1	享受各级政府对技术开发的减免税	2
最弱的 3 个指标		
4.2.4	新产品出口额占新产品销售收入比例	21
4.1.1	每千人申请专利数量	22
4.1.4	每百万元 R&D 经费产生发明专利数量	34

26. 有色金属冶炼及压延加工业

(1)基本情况

创新发展指数基本排序	排名	基本项目	数值	排名
总体排名	11	企业数量(个)	865	18
制造业排名	10	从业人员年平均人数(人年)	1 192 436	15
		工业总产值(万元)	123 203 163	8
		主营业务收入(万元)	123 230 677	8
		利润总额(万元)	5 255 753	13

(2)有色金属冶炼及压延加工业企业创新发展指数12个子要素排名山峰图

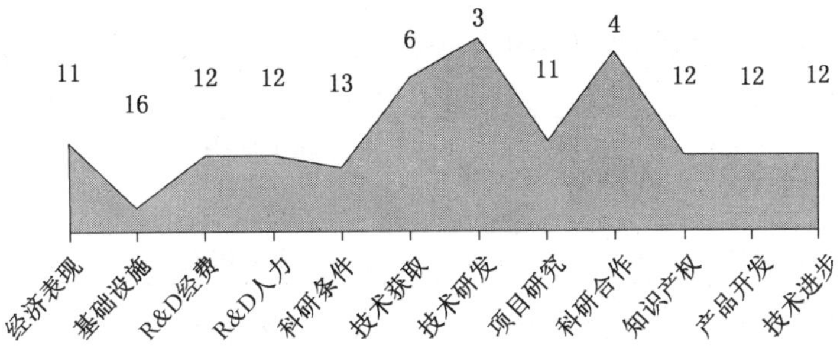

(3)有色金属冶炼及压延加工业企业创新发展指数排名最前的8个指标与最后的8个指标

排名最前的8个指标		
3.1.4	消化吸收支出占主营业务收入比例	2
2.3.1	技术引进支出占主营业务收入比例	3
2.3.3	购买国内技术经费支出占主营业务收入比例	3
3.1.2	技术改造费用占主营业务收入比例	3
3.2.4	项目人员平均科研项目经费	3
2.3.4	3年购买国内技术经费平均值	4
3.3.2	对研究院所和高校科技活动经费支出	4
3.3.4	对科研院所和高校科技支出与对其他企业科技支出比值	4
排名最后的8个指标		
1.2.4	微电子控制设备费用占机器设备原价比例	22
3.1.5	消化吸收支出与技术引进支出比值	23
2.3.5	购买国内技术经费与技术引进支出比值	24
3.2.5	3年科研项目经费平均增长率	25
4.1.4	每百万元R&D经费产生发明专利数量	25
1.1.5	利润总额占主营业务收入比例	28
1.3.4	3年R&D经费平均增长率	28
2.3.2	企业对国外技术的依存度	34

（4）创新基础

创新基础		**13**
经济表现		11
基础设施		16
R&D 经费		12
最强的 3 个指标		
1.1.1	企业人均主营业务收入	6
1.3.2	R&D 人员平均 R&D 经费	7
1.1.3	3 年主营业务收入平均值	8
最弱的 3 个指标		
1.2.4	微电子控制设备费用占机器设备原价比例	22
1.1.5	利润总额占主营业务收入比例	28
1.3.4	3 年 R&D 经费平均增长率	28

（5）创新能力

创新能力		**12**
R&D 人力		12
科研条件		13
技术获取		6
最强的 3 个指标		
2.3.1	技术引进支出占主营业务收入比例	3
2.3.3	购买国内技术经费支出占主营业务收入比例	3
2.3.4	3 年购买国内技术经费平均值	4
最弱的 3 个指标		
2.1.3	科学家和工程师占科技活动人员比例	17
2.3.5	购买国内技术经费与技术引进支出比值	24
2.3.2	企业对国外技术的依存度	34

（6）创新活动

创新活动		**4**
技术研发		3
项目研究		11
科研合作		4
最强的 3 个指标		
3.1.4	消化吸收支出占主营业务收入比例	2
3.1.2	技术改造费用占主营业务收入比例	3
3.2.4	项目人员平均科研项目经费	3
最弱的 3 个指标		
3.2.2	企业平均拥有新产品开发项目数	14
3.1.5	消化吸收支出与技术引进支出比值	23
3.2.5	3 年科研项目经费平均增长率	25

（7）创新绩效

创新绩效		**12**
知识产权		12
产品开发		12
技术进步		12
最强的 3 个指标		
4.3.4	3 年工业总产值平均增加值	8
4.2.2	单位新产品开发经费获得新产品产值	9
4.1.2	每千人拥有发明专利数量	10
最弱的 3 个指标		
4.2.4	新产品出口额占新产品销售收入比例	17
4.1.5	3 年发明专利申请量平均增长率	19
4.1.4	每百万元 R&D 经费产生发明专利数量	25

27. 金属制品业

(1) 基本情况

创新发展指数基本排序	排名	基本项目	数值	排名
总体排名	19	企业数量(个)	1 407	12
制造业排名	16	从业人员年平均人数(人年)	1 142 739	16
		工业总产值(万元)	56 776 833	16
		主营业务收入(万元)	54 350 591	16
		利润总额(万元)	3 041 269	19

(2) 金属制品业企业创新发展指数 12 个子要素排名山峰图

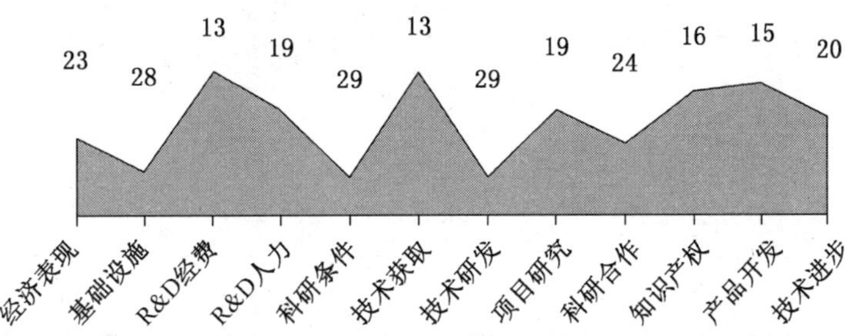

(3) 金属制品业企业创新发展指数排名最前的 8 个指标与最后的 8 个指标

排名最前的 8 个指标		
1. 3. 4	3 年 R&D 经费平均增长率	5
3. 2. 5	3 年科研项目经费平均增长率	6
2. 3. 3	购买国内技术经费支出占主营业务收入比例	8
1. 3. 6	吸收政府资金占企业科技活动经费比例	10
4. 2. 4	新产品出口额占新产品销售收入比例	10
2. 3. 1	技术引进支出占主营业务收入比例	11
4. 1. 2	每千人拥有发明专利数量	11
1. 3. 3	R&D 经费占主营业务收入比例	12
排名最后的 8 个指标		
1. 2. 2	微电子控制费用	24
3. 1. 2	技术改造费用占主营业务收入比例	25
4. 2. 2	单位新产品开发经费获得新产品产值	26
2. 3. 2	企业对国外技术的依存度	27
4. 1. 5	3 年发明专利申请量平均增长率	28
1. 2. 3	企业人均生产经营用机器设备原价	29
2. 2. 5	科技机构人均仪器设备原价	29
3. 1. 5	消化吸收支出与技术引进支出比值	29

(4)创新基础

创新基础		**24**
经济表现		23
基础设施		28
R&D 经费		13
最强的 3 个指标		
1.3.4	3 年 R&D 经费平均增长率	5
1.3.6	吸收政府资金占企业科技活动经费比例	10
1.3.3	R&D 经费占主营业务收入比例	12
最弱的 3 个指标		
1.1.5	利润总额占主营业务收入比例	24
1.2.2	微电子控制设备费用	24
1.2.3	企业人均生产经营用机器设备原价	29

(5)创新能力

创新能力		**20**
R&D 人力		19
科研条件		29
技术获取		13
最强的 3 个指标		
2.3.3	购买国内技术经费支出占主营业务收入比例	8
2.3.1	技术引进支出占主营业务收入比例	11
2.1.2	3 年 R&D 人员折合全时当量平均值	15
最弱的 3 个指标		
2.1.3	科学家和工程师占科技活动人员比例	23
2.3.2	企业对国外技术的依存度	27
2.2.5	科技机构人均仪器设备原价	29

(6)创新活动

创新活动		**25**
技术研发		29
项目研究		19
科研合作		24
最强的 3 个指标		
3.2.5	3 年科研项目经费平均增长率	6
3.2.3	企业 R&D 项目数占企业科研项目数的比例	13
3.3.1	企业科技活动外部支出占科技活动经费总额的比例	14
最弱的 3 个指标		
3.2.1	企业平均拥有 R&D 项目数	21
3.1.2	技术改造费用占主营业务收入比例	25
3.1.5	消化吸收支出与技术引进支出比值	29

(7)创新绩效

创新绩效		**14**
知识产权		16
产品开发		15
技术进步		20
最强的 3 个指标		
4.2.4	新产品出口额占新产品销售收入比例	10
4.1.2	每千人拥有发明专利数量	11
4.1.1	每千人申请专利数量	12
最弱的 3 个指标		
4.1.3	发明专利申请量占全部专利申请量比例	23
4.2.2	单位新产品开发经费获得新产品产值	26
4.1.5	3 年发明专利申请量平均增长率	28

28. 通用设备制造业

(1)基本情况

创新发展指数基本排序	排名	基本项目	数值	排名
总体排名	10	企业数量(个)	2 411	5
制造业排名	9	从业人员年平均人数(人年)	1 994 209	9
		工业总产值(万元)	113 843 064	9
		主营业务收入(万元)	110 238 657	10
		利润总额(万元)	7 928 113	8

(2)通用设备制造业企业创新发展指数 12 个子要素排名山峰图

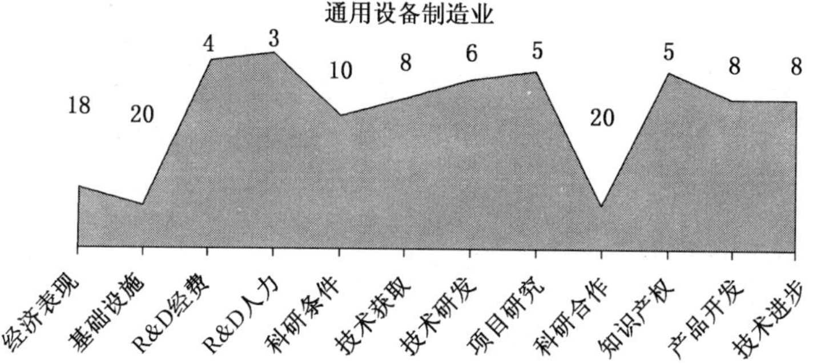

(3)通用设备制造业企业创新发展指数排名最前的 8 个指标与最后的 8 个指标

排名最前的 8 个指标		
1.3.3	R&D 经费占主营业务收入比例	3
4.2.1	有新产品销售企业占本行业企业总数比例	3
2.1.1	R&D 人员占从业人员比例	4
2.1.2	3 年 R&D 人员折合全时当量平均值	4
2.1.4	企业每千人拥有高中级技术职称人数	4
4.3.1	享受各级政府对技术开发的减免税	4
4.3.2	国家认定创新型企业占全部企业比例	4
1.3.1	3 年 R&D 经费平均值	5
排名最后的 8 个指标		
4.2.2	单位新产品开发经费获得新产品产值	23
2.1.5	企业每千人拥有博士和硕士人数	24
2.3.2	企业对国外技术的依存度	24
3.2.5	3 年科研项目经费平均增长率	26
3.3.4	对科研院所和高校科技支出与对其他企业科技支出比值	26
4.1.4	每百万元 R&D 经费产生发明专利数量	27
3.1.5	消化吸收支出与技术引进支出比值	28
2.3.5	购买国内技术经费与技术引进支出比值	32

（4）创新基础

创新基础		**9**
经济表现		13
基础设施		13
R&D 经费		6
最强的 3 个指标		
1.3.3	R&D 经费占主营业务收入比例	3
1.3.1	3 年 R&D 经费平均值	5
1.3.6	吸收政府资金占企业科技活动经费比例	7
最弱的 3 个指标		
1.1.1	企业人均主营业务收入	17
1.2.3	企业人均生产经营用机器设备原价	20
1.3.4	3 年 R&D 经费平均增长率	21

（5）创新能力

创新能力		**7**
R&D 人力		6
科研条件		9
技术获取		7
最强的 3 个指标		
2.1.1	R&D 人员占从业人员比例	4
2.1.2	3 年 R&D 人员折合全时当量平均值	4
2.1.4	企业每千人拥有高中级技术职称人数	4
最弱的 3 个指标		
2.1.5	企业每千人拥有博士和硕士人数	24
2.3.2	企业对国外技术的依存度	24
2.3.5	购买国内技术经费与技术引进支出比值	32

（6）创新活动

创新活动		**12**
技术研发		7
项目研究		8
科研合作		17
最强的 3 个指标		
3.1.1	有 R&D 活动企业占本行业企业总数比例	5
3.1.4	消化吸收支出占主营业务收入比例	5
3.3.3	对其他企业科技活动经费支出	6
最弱的 3 个指标		
3.2.5	3 年科研项目经费平均增长率	26
3.3.4	对科研院所和高校科技支出与对其他企业科技支出比值	26
3.1.5	消化吸收支出与技术引进支出比值	28

（7）创新绩效

创新绩效		**8**
知识产权		15
产品开发		6
技术进步		9
最强的 3 个指标		
4.2.1	有新产品销售企业占本行业企业总数比例	3
4.3.1	享受各级政府对技术开发的减免税	4
4.3.2	国家认定创新型企业占全部企业比例	4
最弱的 3 个指标		
4.1.3	发明专利申请量占全部专利申请量比例	20
4.2.2	单位新产品开发经费获得新产品产值	23
4.1.4	每百万元 R&D 经费产生发明专利数量	27

29. 专用设备制造业

(1)基本情况

创新发展指数基本排序	排名	基本项目	数值	排名
总体排名	9	企业数量(个)	1 502	10
制造业排名	8	从业人员年平均人数(人年)	1 507 321	12
		工业总产值(万元)	76 468 993	15
		主营业务收入(万元)	75 438 170	15
		利润总额(万元)	5 588 266	11

(2)专用设备制造业企业创新发展指数12个子要素排名山峰图

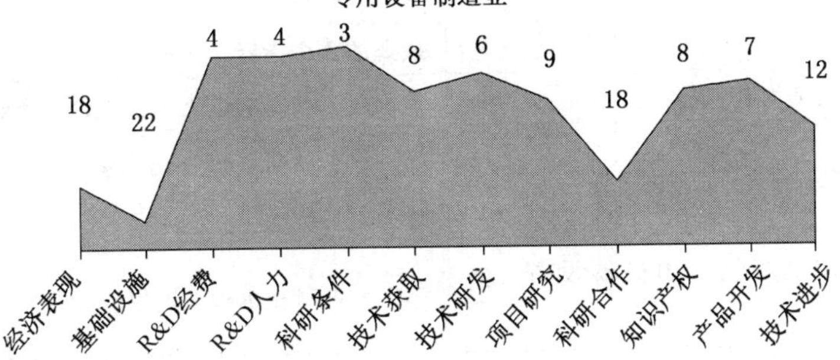

(3)专用设备制造业企业创新发展指数排名最前的8个指标与最后的8个指标

排名最前的8个指标		
1.3.3	R&D经费占主营业务收入比例	1
2.1.4	企业每千人拥有高中级技术职称人数	1
2.1.1	R&D人员占从业人员比例	2
2.2.2	设立科技机构企业占本行业企业总数比例	2
4.3.2	国家认定创新型企业占全部企业比例	2
2.2.1	企业平均设立科技机构数	3
3.2.1	企业平均拥有R&D项目数	3
4.2.1	有新产品销售企业占本行业企业总数比例	4
排名最后的8个指标		
1.1.1	企业人均主营业务收入(万元/人)	20
2.2.4	科研基建支出占科技活动经费内部支出比例	21
3.3.4	对科研院所和高校科技支出与对其他企业科技支出比值	21
1.2.3	企业人均生产经营用机器设备原价	23
3.3.1	企业科技活动外部支出占科技活动经费总额的比例	23
4.1.4	每百万元R&D经费产生发明专利数量	28
4.2.2	单位新产品开发经费获得新产品产值	31
2.2.5	科技机构人均仪器设备原价	32

(4)创新基础

创新基础		10
经济表现		18
基础设施		20
R&D 经费		4
最强的 3 个指标		
1.3.3	R&D 经费占主营业务收入比例	1
1.3.6	吸收政府资金占企业科技活动经费比例	5
1.3.5	企业人均科技活动经费	6
最弱的 3 个指标		
1.3.2	R&D 人员平均 R&D 经费	19
1.1.1	企业人均主营业务收入	20
1.2.3	企业人均生产经营用机器设备原价	23

(5)创新能力

创新能力		6
R&D 人力		3
科研条件		10
技术获取		8
最强的 3 个指标		
2.1.4	企业每千人拥有高中级技术职称人数	1
2.1.1	R&D 人员占从业人员比例	2
2.2.2	设立科技机构企业占本行业企业总数比例	2
最弱的 3 个指标		
2.3.1	技术引进支出占主营业务收入比例	17
2.2.4	科研基建支出占科技活动经费内部支出比例	21
2.2.5	科技机构人均仪器设备原价	32

(6)创新活动

创新活动		9
技术研发		6
项目研究		5
科研合作		20
最强的 3 个指标		
3.2.1	企业平均拥有 R&D 项目数	3
3.2.2	企业平均拥有新产品开发项目数	5
3.2.3	企业 R&D 项目数占企业科研项目数的比例	5
最弱的 3 个指标		
3.1.4	消化吸收支出占主营业务收入比例	18
3.3.4	对科研院所和高校科技支出与对其他企业科技支出比值	21
3.3.1	企业科技活动外部支出占科技活动经费总额的比例	23

(7)创新绩效

创新绩效		5
知识产权		5
产品开发		8
技术进步		8
最强的 3 个指标		
4.3.2	国家认定创新型企业占全部企业比例	2
4.2.1	有新产品销售企业占本行业企业总数比例	4
4.2.3	新产品销售收入占主营业务收入比例	4
最弱的 3 个指标		
4.2.4	新产品出口额占新产品销售收入比例	16
4.1.4	每百万元 R&D 经费产生发明专利数量	28
4.2.2	单位新产品开发经费获得新产品产值	31

30. 交通运输设备制造业

(1)基本情况

创新发展指数基本排序	排名	基本项目	数值	排名
总体排名	1	企业数量(个)	2 546	4
制造业排名	1	从业人员年平均人数(人年)	3 077 458	4
		工业总产值(万元)	260 298 240	3
		主营业务收入(万元)	258 369 926	4
		利润总额(万元)	18 394 128	2

(2)交通运输设备制造业企业创新发展指数 12 个子要素排名山峰图

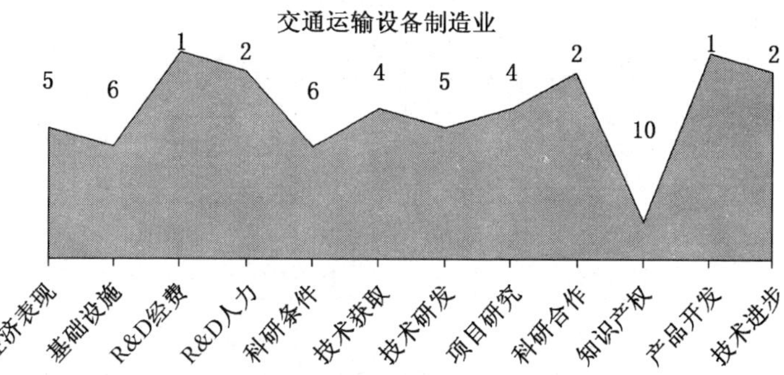

(3)交通运输设备制造业企业创新发展指数排名最前的 8 个指标与最后的 8 个指标

排名最前的 8 个指标		
2.3.1	技术引进支出占主营业务收入比例	1
3.3.3	对其他企业科技活动经费支出	1
4.2.3	新产品销售收入占主营业务收入比例	1
4.2.5	企业人均新产品销售收入	1
4.3.1	享受各级政府对技术开发的减免税	1
1.3.1	3 年 R&D 经费平均值	2
1.3.5	企业人均科技活动经费	2
1.3.6	吸收政府资金占企业科技活动经费比例	2
排名最后的 8 个指标		
4.2.4	新产品出口额占新产品销售收入比例	20
1.3.4	3 年 R&D 经费平均增长率	23
3.1.5	消化吸收支出与技术引进支出比值	31
4.1.3	发明专利申请量占全部专利申请量比例	31
3.3.4	对科研院所和高校科技支出与对其他企业科技支出比值	32
2.3.2	企业对国外技术的依存度	33
2.3.5	购买国内技术经费与技术引进支出比值	33
4.1.4	每百万元 R&D 经费产生发明专利数量	36

(4) 创新基础

创新基础		3
经济表现		5
基础设施		6
R&D 经费		1
最强的 3 个指标		
1.3.1	3 年 R&D 经费平均值	2
1.3.5	企业人均科技活动经费	2
1.3.6	吸收政府资金占企业科技活动经费比例	2
最弱的 3 个指标		
1.1.5	利润总额占主营业务收入比例	14
1.2.3	企业人均生产经营用机器设备原价	15
1.3.4	3 年 R&D 经费平均增长率	23

(5) 创新能力

创新能力		4
R&D 人力		2
科研条件		6
技术获取		4
最强的 3 个指标		
2.3.1	技术引进支出占主营业务收入比例	1
2.1.2	3 年 R&D 人员折合全时当量平均值	2
2.3.4	3 年购买国内技术经费平均值	2
最弱的 3 个指标		
2.1.5	企业每千人拥有博士和硕士人数	18
2.3.2	企业对国外技术的依存度	33
2.3.5	购买国内技术经费与技术引进支出比值	33

(6) 创新活动

创新活动		2
技术研发		5
项目研究		4
科研合作		2
最强的 3 个指标		
3.3.3	对其他企业科技活动经费支出	1
3.1.3	3 年技术改造经费平均值	2
3.2.2	企业平均拥有新产品开发项目数	2
最弱的 3 个指标		
3.2.3	企业 R&D 项目数占企业科研项目数的比例	14
3.1.5	消化吸收支出与技术引进支出比值	31
3.3.4	对科研院所和高校科技支出与对其他企业科技支出比值	32

(7) 创新绩效

创新绩效		2
知识产权		10
产品开发		1
技术进步		2
最强的 3 个指标		
4.2.3	新产品销售收入占主营业务收入比例	1
4.2.5	企业人均新产品销售收入	1
4.3.1	享受各级政府对技术开发的减免税	1
最弱的 3 个指标		
4.2.4	新产品出口额占新产品销售收入比例	20
4.1.3	发明专利申请量占全部专利申请量比例	31
4.1.4	每百万元 R&D 经费产生发明专利数量	36

31. 电气机械及器材制造业

(1)基本情况

创新发展指数基本排序	排名	基本项目	数值	排名
总体排名	8	企业数量(个)	2 875	3
制造业排名	7	从业人员年平均人数(人年)	2 995 305	5
		工业总产值(万元)	188 750 694	6
		主营业务收入(万元)	182 851 946	6
		利润总额(万元)	12 281 535	6

(2)电气机械及器材制造业企业创新发展指数 12 个子要素排名山峰图

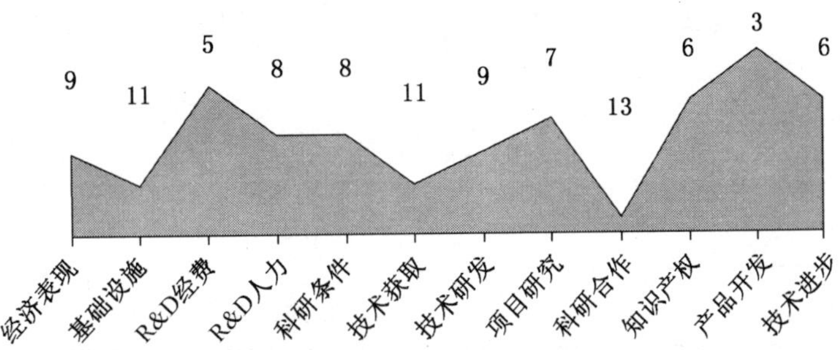

(3)电气机械及器材制造业企业创新发展指数排名最前的 8 个指标与最后的 8 个指标

排名最前的 8 个指标		
4. 1. 2	每千人拥有发明专利数量	1
4. 1. 1	每千人申请专利数量	2
4. 2. 3	新产品销售收入占主营业务收入比例	2
2. 1. 2	3 年 R&D 人员折合全时当量平均值	3
4. 3. 1	享受各级政府对技术开发的减免税	3
1. 3. 1	3 年 R&D 经费平均值	4
1. 3. 3	R&D 经费占主营业务收入比例	4
1. 3. 2	R&D 人员平均 R&D 经费	5
排名最后的 8 个指标		
2. 1. 5	企业每千人拥有博士和硕士人数(人/千人)	21
3. 1. 2	技术改造费用占主营业务收入比例	21
4. 1. 3	发明专利申请量占全部专利申请量比例	21
3. 3. 4	对科研院所和高校科技支出与对其他企业科技支出比值	23
1. 3. 4	3 年 R&D 经费平均增长率	24
2. 3. 5	购买国内技术经费与技术引进支出比值	27
1. 2. 3	企业人均生产经营用机器设备原价	30
4. 1. 5	3 年发明专利申请量平均增长率	33

(4) 创新基础

创新基础		8
经济表现		9
基础设施		11
R&D 经费		5
最强的 3 个指标		
1.3.1	3 年 R&D 经费平均值	4
1.3.3	R&D 经费占主营业务收入比例	4
1.3.2	R&D 人员平均 R&D 经费	5
最弱的 3 个指标		
1.3.6	吸收政府资金占企业科技活动经费比例	20
1.3.4	3 年 R&D 经费平均增长率	24
1.2.3	企业人均生产经营用机器设备原价	30

(5) 创新能力

创新能力		9
R&D 人力		8
科研条件		8
技术获取		11
最强的 3 个指标		
2.1.2	3 年 R&D 人员折合全时当量平均值	3
2.1.3	科学家和工程师占科技活动人员比例	6
2.2.2	设立科技机构企业占本行业企业总数比例	6
最弱的 3 个指标		
2.3.3	购买国内技术经费支出占主营业务收入比例	20
2.1.5	企业每千人拥有博士和硕士人数	21
2.3.5	购买国内技术经费与技术引进支出比值	27

(6) 创新活动

创新活动		11
技术研发		9
项目研究		7
科研合作		13
最强的 3 个指标		
3.3.3	对其他企业科技活动经费支出	5
3.1.1	有 R&D 活动企业占本行业企业总数比例	7
3.1.3	3 年技术改造经费平均值	8
最弱的 3 个指标		
3.2.3	企业 R&D 项目数占企业科研项目数的比例	20
3.1.2	技术改造费用占主营业务收入比例	21
3.3.4	对科研院所和高校科技支出与对其他企业科技支出比值	23

(7) 创新绩效

创新绩效		4
知识产权		6
产品开发		3
技术进步		6
最强的 3 个指标		
4.1.2	每千人拥有发明专利数量	1
4.1.1	每千人申请专利数量	2
4.2.3	新产品销售收入占主营业务收入比例	2
最弱的 3 个指标		
4.2.2	单位新产品开发经费获得新产品产值	19
4.1.3	发明专利申请量占全部专利申请量比例	21
4.1.5	3 年发明专利申请量平均增长率	33

32. 通信设备、计算机及其他电子设备制造业

(1)基本情况

创新发展指数基本排序	排名	基本项目	数值	排名
总体排名	3	企业数量(个)	3 203	1
制造业排名	3	从业人员年平均人数(人年)	5 235 328	1
		工业总产值(万元)	385 846 546	1
		主营业务收入(万元)	379 608 179	2
		利润总额(万元)	13 347 729	4

(2)通信设备、计算机及其他电子设备制造业企业创新发展指数12个子要素排名山峰图

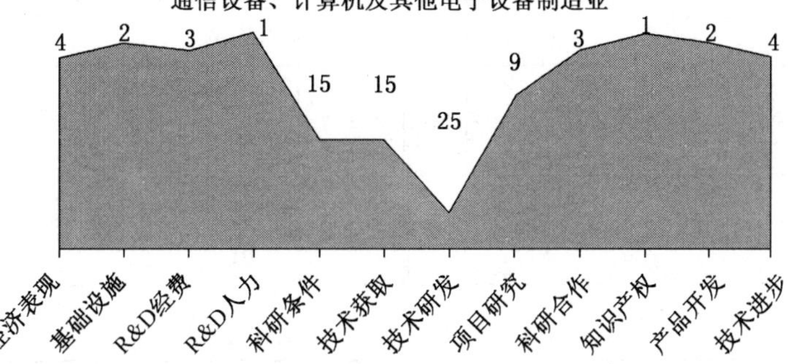

(3)通信设备、计算机及其他电子设备制造业企业创新发展指数排名最前的8个指标与最后的8个指标

排名最前的8个指标		
1.1.3	3年主营业务收入平均值	1
1.2.2	微电子控制费用	1
1.3.1	3年R&D经费平均值	1
2.1.2	3年R&D人员折合全时当量平均值	1
4.1.1	每千人申请专利数量	1
1.2.4	微电子控制设备费用占机器设备原价比例	2
2.1.5	企业每千人拥有博士和硕士人数	2
3.3.3	对其他企业科技活动经费支出	2
排名最后的8个指标		
3.1.2	技术改造费用占主营业务收入比例	31
2.3.3	购买国内技术经费支出占主营业务收入比例	32
3.2.5	3年科研项目经费平均增长率	32
2.2.4	科研基建支出占科技活动经费内部支出比例	33
3.1.5	消化吸收支出与技术引进支出比值	33
1.3.4	3年R&D经费平均增长率	35
2.3.5	购买国内技术经费与技术引进支出比值	37
3.3.4	对科研院所和高校科技支出与对其他企业科技支出比值	37

(4)创新基础

创新基础		**1**
经济表现		4
基础设施		2
R&D 经费		3
最强的 3 个指标		
1.1.3	3 年主营业务收入平均值	1
1.2.2	微电子控制设备费用	1
1.3.1	3 年 R&D 经费平均值	1
最弱的 3 个指标		
1.1.2	企业人均利润总额	25
1.1.5	利润总额占主营业务收入比例	30
1.3.4	3 年 R&D 经费平均增长率	35

(5)创新能力

创新能力		**5**
R&D 人力		1
科研条件		15
技术获取		15
最强的 3 个指标		
2.1.2	3 年 R&D 人员折合全时当量平均值	1
2.1.5	企业每千人拥有博士和硕士人数	2
2.1.3	科学家和工程师占科技活动人员比例	3
最弱的 3 个指标		
2.3.3	购买国内技术经费支出占主营业务收入比例	32
2.2.4	科研基建支出占科技活动经费内部支出比例	33
2.3.5	购买国内技术经费与技术引进支出比值	37

(6)创新活动

创新活动		**10**
技术研发		25
项目研究		9
科研合作		3
最强的 3 个指标		
3.3.3	对其他企业科技活动经费支出	2
3.2.2	企业平均拥有新产品开发项目数	4
3.2.1	企业平均拥有 R&D 项目数	7
最弱的 3 个指标		
3.2.5	3 年科研项目经费平均增长率	32
3.1.5	消化吸收支出与技术引进支出比值	33
3.3.4	对科研院所和高校科技支出与对其他企业科技支出比值	37

(7)创新绩效

创新绩效		**1**
知识产权		1
产品开发		2
技术进步		4
最强的 3 个指标		
4.1.1	每千人申请专利数量	1
4.3.4	3 年工业总产值平均增加值	2
4.1.3	发明专利申请量占全部专利申请量比例	3
最弱的 3 个指标		
4.2.2	单位新产品开发经费获得新产品产值	13
4.1.4	每百万元 R&D 经费产生发明专利数量	17
4.3.3	全员劳动生产率	25

33. 仪器仪表及文化、办公用机械制造业

(1)基本情况

创新发展指数基本排序	排名	基本项目	数值	排名
总体排名	13	企业数量(个)	651	22
制造业排名	11	从业人员年平均人数(人年)	673 589	22
		工业总产值(万元)	32 171 577	23
		主营业务收入(万元)	31 153 527	24
		利润总额(万元)	1 941 666	24

(2)仪器仪表及文化、办公用机械制造业企业创新发展指数12个子要素排名山峰图

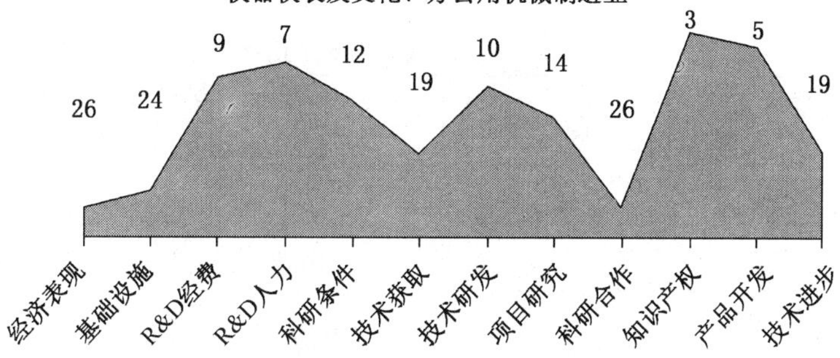

(3)仪器仪表及文化、办公用机械制造业企业创新发展指数排名最前的8个指标与最后的8个指标

排名最前的8个指标		
3.1.1	有R&D活动企业占本行业企业总数比例	2
4.2.1	有新产品销售企业占本行业企业总数比例	2
1.3.6	吸收政府资金占企业科技活动经费比例	3
2.2.1	企业平均设立科技机构数	4
2.2.2	设立科技机构企业占本行业企业总数比例	4
4.1.5	3年发明专利申请量平均增长率	4
1.2.4	微电子控制设备费用占机器设备原价比例	6
2.1.1	R&D人员占从业人员比例	6
排名最后的8个指标		
3.2.4	项目人员平均科研项目经费	26
1.3.2	R&D人员平均R&D经费	27
3.1.2	技术改造费用占主营业务收入比例	27
2.2.5	科技机构人均仪器设备原价	28
1.2.1	生产经营用机器设备原价	29
4.3.3	全员劳动生产率	30
1.2.3	企业人均生产经营用机器设备原价	32
2.3.5	购买国内技术经费与技术引进支出比值	34

(4)创新基础

创新基础		**15**
经济表现		26
基础设施		24
R&D 经费		9
最强的 3 个指标		
1.3.6	吸收政府资金占企业科技活动经费比例	3
1.2.4	微电子控制设备费用占机器设备原价比例	6
1.3.4	3 年 R&D 经费平均增长率	7
最弱的 3 个指标		
1.3.2	R&D 人员平均 R&D 经费	27
1.2.1	生产经营用机器设备原价	29
1.2.3	企业人均生产经营用机器设备原价	32

(5)创新能力

创新能力		**11**
R&D 人力		7
科研条件		12
技术获取		19
最强的 3 个指标		
2.2.1	企业平均设立科技机构数	4
2.2.2	设立科技机构企业占本行业企业总数比例	4
2.1.1	R&D 人员占从业人员比例	6
最弱的 3 个指标		
2.3.2	企业对国外技术的依存度	26
2.2.5	科技机构人均仪器设备原价	28
2.3.5	购买国内技术经费与技术引进支出比值	34

(6)创新活动

创新活动		**16**
技术研发		10
项目研究		14
科研合作		26
最强的 3 个指标		
3.1.1	有 R&D 活动企业占本行业企业总数比例	2
3.2.2	企业平均拥有新产品开发项目数	6
3.1.4	消化吸收支出占主营业务收入比例	7
最弱的 3 个指标		
3.1.5	消化吸收支出与技术引进支出比值	24
3.2.4	项目人员平均科研项目经费	26
3.1.2	技术改造费用占主营业务收入比例	27

(7)创新绩效

创新绩效		**10**
知识产权		3
产品开发		5
技术进步		19
最强的 3 个指标		
4.2.1	有新产品销售企业占本行业企业总数比例	2
4.1.5	3 年发明专利申请量平均增长率	4
4.1.1	每千人申请专利数量	6
最弱的 3 个指标		
4.3.4	3 年工业总产值平均增加值	23
4.2.2	单位新产品开发经费获得新产品产值	24
4.3.3	全员劳动生产率	30

34. 工艺品及其他制造业

(1)基本情况

创新发展指数基本排序	排名	基本项目	数值	排名
总体排名	33	企业数量(个)	500	24
制造业排名	27	从业人员年平均人数(人年)	495 762	27
		工业总产值(万元)	15 652 802	29
		主营业务收入(万元)	15 650 568	28
		利润总额(万元)	915 762	28

(2)工艺品及其他制造业企业创新发展指数12个子要素排名山峰图

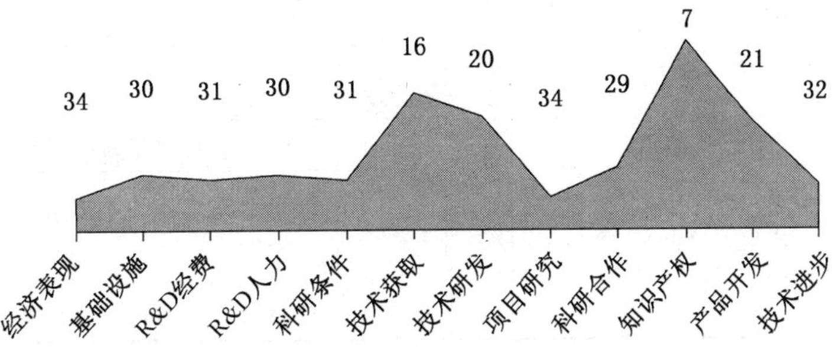

(3)工艺品及其他制造业企业创新发展指数排名最前的8个指标与最后的8个指标

排名最前的8个指标		
1.3.6	吸收政府资金占企业科技活动经费比例	4
4.2.4	新产品出口额占新产品销售收入比例	4
4.1.4	每百万元R&D经费产生发明专利数量	5
3.1.5	消化吸收支出与技术引进支出比值	7
2.3.5	购买国内技术经费与技术引进支出比值	9
4.1.1	每千人申请专利数量	10
4.1.5	3年发明专利申请量平均增长率	10
2.3.3	购买国内技术经费支出占主营业务收入比例	12
排名最后的8个指标		
1.2.1	生产经营用机器设备原价	33
1.2.3	企业人均生产经营用机器设备原价	33
3.1.3	3年技术改造经费平均值	33
2.1.5	企业每千人拥有博士和硕士人数	34
4.3.2	国家认定创新型企业占全部企业比例	35
1.3.4	3年R&D经费平均增长率	37
3.2.4	项目人员平均科研项目经费	37
3.2.5	3年科研项目经费平均增长率	38

(4)创新基础

创新基础		**35**
经济表现		34
基础设施		30
R&D 经费		31
最强的 3 个指标		
1.3.6	吸收政府资金占企业科技活动经费比例	4
1.2.4	微电子控制设备费用占机器设备原价比例	21
1.1.5	利润总额占主营业务收入比例	23
最弱的 3 个指标		
1.2.1	生产经营用机器设备原价	33
1.2.3	企业人均生产经营用机器设备原价	33
1.3.4	3 年 R&D 经费平均增长率	37

(5)创新能力

创新能力		**29**
R&D 人力		30
科研条件		31
技术获取		16
最强的 3 个指标		
2.3.5	购买国内技术经费与技术引进支出比值	9
2.3.3	购买国内技术经费支出占主营业务收入比例	12
2.2.2	设立科技机构企业占本行业企业总数比例	17
最弱的 3 个指标		
2.1.4	企业每千人拥有高中级技术职称人数	27
2.2.4	科研基建支出占科技活动经费内部支出比例	30
2.1.5	企业每千人拥有博士和硕士人数	34

(6)创新活动

创新活动		**32**
技术研发		20
项目研究		34
科研合作		29
最强的 3 个指标		
3.1.5	消化吸收支出与技术引进支出比值	7
3.2.3	企业 R&D 项目数占企业科研项目数的比例	12
3.1.4	消化吸收支出占主营业务收入比例	13
最弱的 3 个指标		
3.1.3	3 年技术改造经费平均值	33
3.2.4	项目人员平均科研项目经费	37
3.2.5	3 年科研项目经费平均增长率	38

(7)创新绩效

创新绩效		**18**
知识产权		7
产品开发		21
技术进步		32
最强的 3 个指标		
4.2.4	新产品出口额占新产品销售收入比例	4
4.1.4	每百万元 R&D 经费产生发明专利数量	5
4.1.1	每千人申请专利数量	10
最弱的 3 个指标		
4.2.2	单位新产品开发经费获得新产品产值	27
4.3.4	3 年工业总产值平均增加值	29
4.3.2	国家认定创新型企业占全部企业比例	35

35. 废弃资源和废旧材料回收加工业

(1)基本情况

创新发展指数基本排序	排名	基本项目	数值	排名
总体排名	38	企业数量(个)	41	38
制造业排名	30	从业人员年平均人数(人年)	24 785	38
		工业总产值(万元)	1 956 425	38
		主营业务收入(万元)	1 948 772	38
		利润总额(万元)	36 266	37

(2)废弃资源和废旧材料回收加工业企业创新发展指数12个子要素排名山峰图

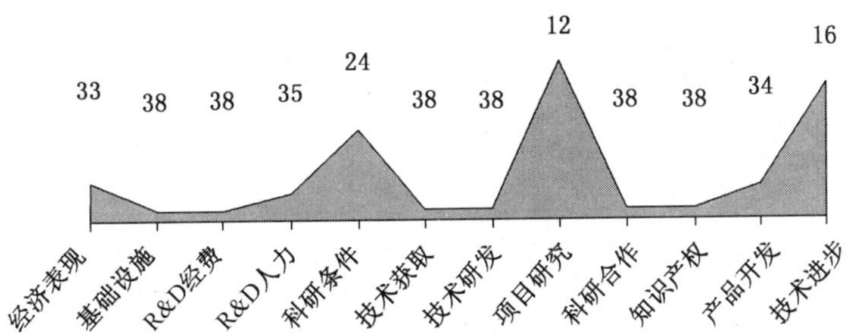

(3)废弃资源和废旧材料回收加工业企业创新发展指数排名最前的8个指标与最后的8个指标

排名最前的8个指标		
2.2.4	科研基建支出占科技活动经费内部支出比例	1
3.2.3	企业R&D项目数占企业科研项目数的比例	1
3.2.5	3年科研项目经费平均增长率	1
4.3.3	全员劳动生产率	4
1.1.1	企业人均主营业务收入	10
4.2.2	单位新产品开发经费获得新产品产值	12
1.3.6	吸收政府资金占企业科技活动经费比例	18
2.1.3	科学家和工程师占科技活动人员比例	25
排名最后的8个指标		
3.3.3	对其他企业科技活动经费支出(万元)	38
3.3.4	对科研院所和高校科技支出与对其他企业科技支出比值	38
4.1.1	每千人申请专利数量	38
4.1.2	每千人拥有发明专利数量	38
4.1.3	发明专利申请量占全部专利申请量比例	38
4.1.4	每百万元R&D经费产生发明专利数量	38
4.1.5	3年发明专利申请量平均增长率	38
4.3.4	3年工业总产值平均增加值	38

（4）创新基础

创新基础		38
经济表现		33
基础设施		38
R&D 经费		38
最强的 3 个指标		
1.1.1	企业人均主营业务收入	10
1.3.6	吸收政府资金占企业科技活动经费比例	18
1.1.2	企业人均利润总额	32
最弱的 3 个指标		
1.1.3	3 年主营业务收入平均值	38
1.2.1	生产经营用机器设备原价	38
1.2.2	微电子控制设备费用	38

（5）创新能力

创新能力		37
R&D 人力		35
科研条件		24
技术获取		38
最强的 3 个指标		
2.2.4	科研基建支出占科技活动经费内部支出比例	1
2.1.3	科学家和工程师占科技活动人员比例	25
2.1.5	企业每千人拥有博士和硕士人数	37
最弱的 3 个指标		
2.1.1	R&D 人员占从业人员比例	38
2.1.2	3 年 R&D 人员折合全时当量平均值	38
2.1.4	企业每千人拥有高中级技术职称人数	38

（6）创新活动

创新活动		34
技术研发		38
项目研究		12
科研合作		38
最强的 3 个指标		
3.2.3	企业 R&D 项目数占企业科研项目数的比例	1
3.2.5	3 年科研项目经费平均增长率	1
3.1.4	消化吸收支出占主营业务收入比例	37
最弱的 3 个指标		
3.1.1	有 R&D 活动企业占本行业企业总数比例	38
3.1.2	技术改造费用占主营业务收入比例	38
3.1.3	3 年技术改造经费平均值	38

（7）创新绩效

创新绩效		38
知识产权		38
产品开发		34
技术进步		16
最强的 3 个指标		
4.3.3	全员劳动生产率	4
4.2.2	单位新产品开发经费获得新产品产值	12
4.2.1	有新产品销售企业占本行业企业总数比例	35
最弱的 3 个指标		
4.1.1	每千人申请专利数量	38
4.1.2	每千人拥有发明专利数量	38
4.1.3	发明专利申请量占全部专利申请量比例	38

36. 电力、热力的生产和供应业

(1)基本情况

创新发展指数基本排序	排名	基本项目	数值	排名
总体排名	12	企业数量(个)	1 787	8
电力、燃气和水的生产和供应业排名	1	从业人员年平均人数(人年)	2 065 548	8
		工业总产值(万元)	249 835 958	4
		主营业务收入(万元)	263 867 080	3
		利润总额(万元)	4 957 970	14

(2)电力、热力的生产和供应业企业创新发展指数12个子要素排名山峰图

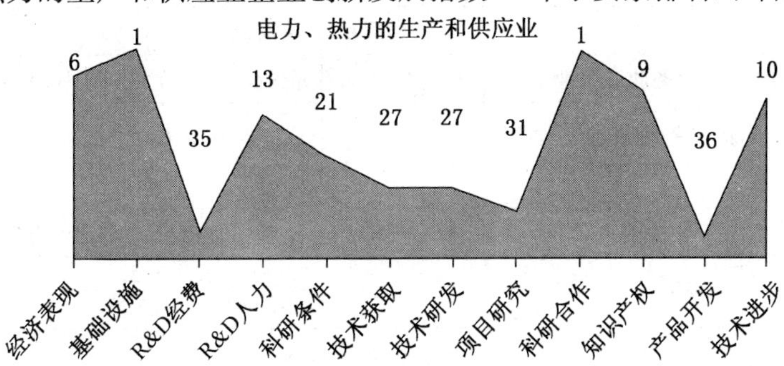

(3)电力、热力的生产和供应业企业创新发展指数排名最前的8个指标与最后的8个指标

排名最前的8个指标		
1.2.1	生产经营用机器设备原价	1
1.2.3	企业人均生产经营用机器设备原价	1
3.3.1	企业科技活动外部支出占科技活动经费总额的比例	1
3.3.2	对研究院所和高校科技活动经费支出	1
1.2.2	微电子控制设备费用	2
2.2.5	科技机构人均仪器设备原价	2
1.1.3	3年主营业务收入平均值	3
4.1.5	3年发明专利申请量平均增长率	3
排名最后的8个指标		
2.2.2	设立科技机构企业占本行业企业总数比例	35
2.3.1	技术引进支出占主营业务收入比例	35
3.1.4	消化吸收支出占主营业务收入比例	35
1.3.3	R&D经费占主营业务收入比例	36
4.2.1	有新产品销售企业占本行业企业总数比例	36
4.2.3	新产品销售收入占主营业务收入比例	36
4.2.5	企业人均新产品销售收入	36
4.2.2	单位新产品开发经费获得新产品产值	38

(4)创新基础

创新基础		**4**
经济表现		6
基础设施		1
R&D 经费		35
最强的 3 个指标		
1.2.1	生产经营用机器设备原价	1
1.2.3	企业人均生产经营用机器设备原价	1
1.2.2	微电子控制设备费用	2
最弱的 3 个指标		
1.1.5	利润总额占主营业务收入比例	34
1.3.6	吸收政府资金占企业科技活动经费比例	35
1.3.3	R&D 经费占主营业务收入比例	36

(5)创新能力

创新能力		**17**
R&D 人力		13
科研条件		21
技术获取		27
最强的 3 个指标		
2.2.5	科技机构人均仪器设备原价	2
2.1.3	科学家和工程师占科技活动人员比例	4
2.1.5	企业每千人拥有博士和硕士人数	4
最弱的 3 个指标		
2.2.1	企业平均设立科技机构数	35
2.2.2	设立科技机构企业占本行业企业总数比例	35
2.3.1	技术引进支出占主营业务收入比例	35

(6)创新活动

创新活动		**6**
技术研发		27
项目研究		31
科研合作		1
最强的 3 个指标		
3.3.1	企业科技活动外部支出占科技活动经费总额的比例	1
3.3.2	对研究院所和高校科技活动经费支出	1
3.3.3	对其他企业科技活动经费支出	4
最弱的 3 个指标		
3.2.2	企业平均拥有新产品开发项目数	31
3.2.4	项目人员平均科研项目经费	31
3.1.4	消化吸收支出占主营业务收入比例	35

(7)创新绩效

创新绩效		**17**
知识产权		9
产品开发		36
技术进步		10
最强的 3 个指标		
4.1.5	3 年发明专利申请量平均增长率	3
4.3.4	3 年工业总产值平均增加值	4
4.3.3	全员劳动生产率	6
最弱的 3 个指标		
4.2.1	有新产品销售企业占本行业企业总数比例	36
4.2.3	新产品销售收入占主营业务收入比例	36
4.2.2	单位新产品开发经费获得新产品产值	38

37. 燃气生产和供应业

(1)基本情况

创新发展指数基本排序	排名	基本项目	数值	排名
总体排名	35	企业数量(个)	122	35
电力、燃气和水的生产和供应业排名	3	从业人员年平均人数(人年)	116 824	37
		工业总产值(万元)	6 667 530	35
		主营业务收入(万元)	7 415 179	35
		利润总额(万元)	543 175	31

(2)燃气生产和供应业企业创新发展指数12个子要素排名山峰图

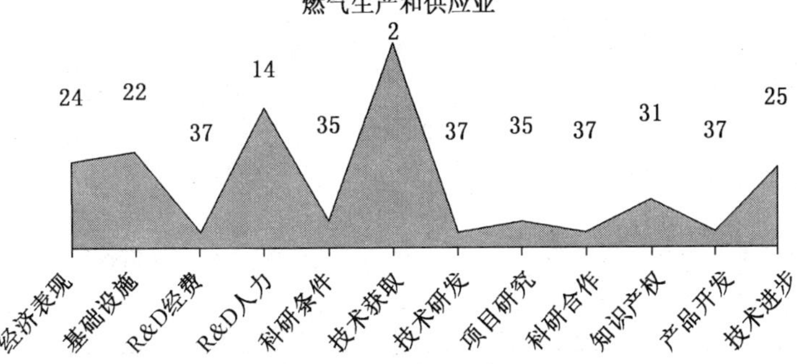

(3)燃气生产和供应业企业创新发展指数排名最前的8个指标与最后的8个指标

排名最前的8个指标		
2.1.5	企业每千人拥有博士和硕士人数	1
2.3.2	企业对国外技术的依存度	1
2.3.5	购买国内技术经费与技术引进支出比值	1
1.2.3	企业人均生产经营用机器设备原价	3
1.3.4	3年R&D经费平均增长率	3
4.1.4	每百万元R&D经费产生发明专利数量	4
2.2.5	科技机构人均仪器设备原价	7
1.1.2	企业人均利润总额	9
排名最后的8个指标		
2.2.4	科研基建支出占科技活动经费内部支出比例	38
2.3.1	技术引进支出占主营业务收入比例	38
2.3.3	购买国内技术经费支出占主营业务收入比例	38
2.3.4	3年购买国内技术经费平均值	38
3.1.4	消化吸收支出占主营业务收入比例	38
3.1.5	消化吸收支出与技术引进支出比值	38
4.2.1	有新产品销售企业占本行业企业总数比例	38
4.2.3	新产品销售收入占主营业务收入比例	38

（4）创新基础

创新基础		**29**
经济表现		24
基础设施		22
R&D 经费		37
最强的 3 个指标		
1.2.3	企业人均生产经营用机器设备原价	3
1.3.4	3 年 R&D 经费平均增长率	3
1.1.2	企业人均利润总额	9
最弱的 3 个指标		
1.3.1	3 年 R&D 经费平均值	37
1.3.2	R&D 人员平均 R&D 经费	37
1.3.3	R&D 经费占主营业务收入比例	37

（5）创新能力

创新能力		**15**
R&D 人力		14
科研条件		35
技术获取		2
最强的 3 个指标		
2.1.5	企业每千人拥有博士和硕士人数	1
2.3.2	企业对国外技术的依存度	1
2.3.5	购买国内技术经费与技术引进支出比值	1
最弱的 3 个指标		
2.2.1	企业平均设立科技机构数	38
2.2.2	设立科技机构企业占本行业企业总数比例	38
2.2.3	企业平均科技机构经费支出	38

（6）创新活动

创新活动		**38**
技术研发		37
项目研究		35
科研合作		37
最强的 3 个指标		
3.2.5	3 年科研项目经费平均增长率	11
3.1.2	技术改造费用占主营业务收入比例	24
3.3.1	企业科技活动外部支出占科技活动经费总额的比例	27
最弱的 3 个指标		
3.2.2	企业平均拥有新产品开发项目数	37
3.1.4	消化吸收支出占主营业务收入比例	38
3.1.5	消化吸收支出与技术引进支出比值	38

（7）创新绩效

创新绩效		**37**
知识产权		31
产品开发		37
技术进步		25
最强的 3 个指标		
4.1.4	每百万元 R&D 经费产生发明专利数量	4
4.3.3	全员劳动生产率	9
4.1.3	发明专利申请量占全部专利申请量比例	28
最弱的 3 个指标		
4.1.5	3 年发明专利申请量平均增长率	37
4.2.1	有新产品销售企业占本行业企业总数比例	38
4.2.3	新产品销售收入占主营业务收入比例	38

38. 水的生产和供应业

(1)基本情况

创新发展指数基本排序	排名	基本项目	数值	排名
总体排名	34	企业数量(个)	221	33
电力、燃气和水的生产和供应业排名	2	从业人员年平均人数(人年)	213 099	34
		工业总产值(万元)	4 832 325	36
		主营业务收入(万元)	4 753 911	36
		利润总额(万元)	46 496	36

(2)水的生产和供应业企业创新发展指数12个子要素排名山峰图

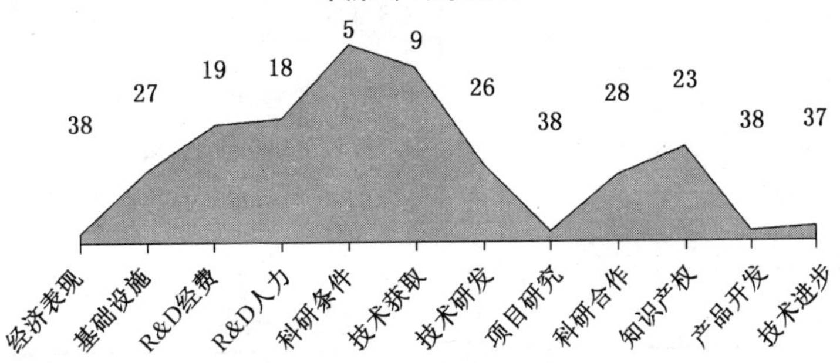

(3)水的生产和供应业企业创新发展指数排名最前的8个指标与最后的8个指标

排名最前的8个指标		
1.3.6	吸收政府资金占企业科技活动经费比例	1
2.1.3	科学家和工程师占科技活动人员比例	1
2.2.5	科技机构人均仪器设备原价	1
2.3.5	购买国内技术经费与技术引进支出比值	2
3.1.2	技术改造费用占主营业务收入比例	2
4.1.3	发明专利申请量占全部专利申请量比例	2
2.2.4	科研基建支出占科技活动经费内部支出比例	5
1.2.3	企业人均生产经营用机器设备原价	7
排名最后的8个指标		
4.2.1	有新产品销售企业占本行业企业总数比例	37
4.2.2	单位新产品开发经费获得新产品产值	37
4.3.4	3年工业总产值平均增加值	37
3.2.3	企业R&D项目数占企业科研项目数的比例	38
4.2.4	新产品出口额占新产品销售收入比例	38
4.2.5	企业人均新产品销售收入	38
4.3.1	享受各级政府对技术开发的减免税	38
4.3.2	国家认定创新型企业占全部企业比例	38

(4)创新基础

创新基础		**30**
经济表现		38
基础设施		27
R&D 经费		19
最强的 3 个指标		
1.3.6	吸收政府资金占企业科技活动经费比例	1
1.2.3	企业人均生产经营用机器设备原价	7
1.2.1	生产经营用机器设备原价	24
最弱的 3 个指标		
1.1.1	企业人均主营业务收入	36
1.1.2	企业人均利润总额	37
1.1.5	利润总额占主营业务收入比例	37

(5)创新能力

创新能力		**14**
R&D 人力		18
科研条件		5
技术获取		9
最强的 3 个指标		
2.1.3	科学家和工程师占科技活动人员比例	1
2.2.5	科技机构人均仪器设备原价	1
2.3.5	购买国内技术经费与技术引进支出比值	2
最弱的 3 个指标		
2.1.1	R&D 人员占从业人员比例	36
2.1.2	3 年 R&D 人员折合全时当量平均值	36
2.2.3	企业平均科技机构经费支出	36

(6)创新活动

创新活动		**36**
技术研发		26
项目研究		38
科研合作		28
最强的 3 个指标		
3.1.2	技术改造费用占主营业务收入比例	2
3.3.1	企业科技活动外部支出占科技活动经费总额的比例	11
3.2.5	3 年科研项目经费平均增长率	23
最弱的 3 个指标		
3.1.4	消化吸收支出占主营业务收入比例	36
3.1.5	消化吸收支出与技术引进支出比值	36
3.2.3	企业 R&D 项目数占企业科研项目数的比例	38

(7)创新绩效

创新绩效		**36**
知识产权		23
产品开发		38
技术进步		37
最强的 3 个指标		
4.1.3	发明专利申请量占全部专利申请量比例	2
4.1.4	每百万元 R&D 经费产生发明专利数量	11
4.1.5	3 年发明专利申请量平均增长率	34
最弱的 3 个指标		
4.2.4	新产品出口额占新产品销售收入比例	38
4.2.5	企业人均新产品销售收入	38
4.3.1	享受各级政府对技术开发的减免税	38

参 考 文 献

[1]国家统计局．工业企业科技活动统计资料2006[M]．北京:中国统计出版社,2006年10月

[2]国家统计局．工业企业科技活动统计资料2007[M]．北京:中国统计出版社,2007年10月

[3]国家统计局．工业企业科技活动统计资料2008[M]．北京:中国统计出版社,2008年11月

[4]国家统计局．工业企业科技活动统计资料2009[M]．北京:中国统计出版社,2009年11月

[5]科学技术部．召开产业技术创新战略联盟试点工作座谈会[EB/OL]．http://www.most.gov.cn/tpxw/201011/t20101104_83168.htm.[2010-10-08]

[6]李学勇．在产业技术创新战略联盟试点工作座谈会上的讲话[EB/OL]．http://www.istic.ac.cn/TechInfo-ArticalShow.aspx? ArticleID=89450.[2010-10-15]

[7]科学技术部．关于开展创新型企业评价工作的通知[EB/OL]．http://www.most.gov.cn/jscxgc/jscxxgwj/200810/t20081029_64623.htm.[2010-10-08]

[8]庞景安,于洁,曹燕．中国企业创新发展指数2008[M]．北京:科学技术文献出版社,2009年10月

[9]国家统计局.2008年国民经济和社会发展统计公报[EB/OL]．http://www.stats.gov.cn/tjgb/ndtjgb/qgndtjgb/t20090226_402540710.htm.[2010-12-6]

[10]国家统计局．中国统计年鉴2008[EB/OL]．http://www.stats.gov.cn/tjsj/ndsj/2008/indexch.htm.[2010-12-10]

[11]国家统计局．中国统计年鉴2009[EB/OL]．http://www.stats.gov.cn/tjsj/ndsj/2009/indexch.htm.[2010-12-16]

[12]科学技术部．关于确定第三批创新型试点企业的通知[EB/OL]．http://www.most.gov.cn/mostinfo/xinxifenlei/fgzc/gfxwj/gfxwj2009/200912/t20091221_74797.htm.[2010-11-10]

[13]科学技术部．关于确定第四批创新型试点企业的通知[EB/OL]．http://www.most.gov.cn/mostinfo/xinxifenlei/fgzc/gfxwj/gfxwj2010/201009/t20100916_82032.htm.[2010-11-14]

[14]IMD. WORLD COMPETITIVENESS YEARBOOK 2009[EB/OL]．http://www.imd.ch/research/publications/wcy/index.cfm.[2010-12-26]

[15]庞瑞芝,杨慧,白雪洁．转型时期中国大中型工业企业创新绩效研究——基于1997—2005年工业企业数据的实证考察[J]．产业经济研究,2009(2):63-69

[16]李艺,高筱培,彭小宝．提升我国大中型企业自主知识产权创新水平的思考[J]．现代商业,2010(24):135-136

[17]国务院发展研究中心信息中心．企业技术创新中值得关注的几个驱动因素[EB/OL]．http://www.drcnet.com.cn/DRCnet.common.web/DocViewSummary.aspx? docid=1615835&chnid=2002&leafid=3078&gourl=/DRCnet.common.web/DocView.aspx.[2010-12-11]

[18]刘昌年,徐荣华．我国企业技术创新现状分析[EB/OL]．http://www.sts.org.cn/fxyj/zcfx/documents/jscxfx.htm.[2010-12-27]

[19]玄兆辉．我国大中型工业企业科技活动特征分析[EB/OL]．http://www.bjkw.gov.cn/n1143/n1240/n1435/n2021/489613.html.[2010-10-6]

[20]科学技术部发展计划司.2008年大中型工业企业科技活动分析[EB/OL]．科技统计报告,2009(22)(总第460期).http://www.sts.org.cn/tjbg/dzxqy/documents/2009/20100223.htm.[2010-12-9]

图书在版编目(CIP)数据

中国企业创新发展指数.2010/中国科学技术信息研究所著.—北京：科学技术文献出版社,2011.7

ISBN 978-7-5023-6937-8

Ⅰ.①中… Ⅱ.①中… Ⅲ.①企业管理-经济评价-指数-中国-2010 Ⅳ.①F279.23

中国版本图书馆 CIP 数据核字(2011)第 094210 号

中国企业创新发展指数 2010

策划编辑:周国臻　责任编辑:白　明　责任校对:赵文珍　责任出版:王杰馨

出 版 者　科学技术文献出版社
地　　址　北京市复兴路 15 号　邮编 100038
编 务 部　(010)58882938,58882087(传真)
发 行 部　(010)58882868,58882866(传真)
邮 购 部　(010)58882873
网　　址　http://www.stdp.com.cn
发 行 者　科学技术文献出版社发行　全国各地新华书店经销
印 刷 者　北京雁林吉兆印刷有限公司
版　　次　2011 年 7 月第 1 版　2011 年 7 月第 1 次印刷
开　　本　787×1092　1/16 开
字　　数　482 千
印　　张　19.75
书　　号　ISBN 978-7-5023-6937-8
定　　价　78.00 元